全国高等院校跨境电商实训教材

KUAJING DIANSHANG
WULIU SHIYONG JIAOCHENG

跨境电商物流实用教程

羊英　陈建　吴翠红 / 主编

中国海关出版社有限公司
中国 · 北京

图书在版编目（CIP）数据

跨境电商物流实用教程/羊英，陈建，吴翠红主编．—北京：中国海关出版社有限公司，2019.9

ISBN 978-7-5175-0375-0

Ⅰ.①跨… Ⅱ.①羊… ②陈… ③吴… Ⅲ.①电子商务—物流管理—高等学校—教材 Ⅳ.①F713.365.1

中国版本图书馆 CIP 数据核字（2019）第 174735 号

跨境电商物流实用教程

KUAJING DIANSHANG WULIU SHIYONG JIAOCHENG

主　　编：羊　英　陈　建　吴翠红

责任编辑：吴　婷

出版发行：中国海关出版社有限公司

社　　址：北京市朝阳区东四环南路甲 1 号　　邮政编码：100023

网　　址：www.hgcbs.com.cn

编 辑 部：01065194242-7532（电话）

发 行 部：01065194221/4238/4246/4254/5127（电话）

社办书店：01065195616（电话）

https://weidian.com/?userid=319526934（网址）

印　　刷：北京铭成印刷有限公司　　经　　销：新华书店

开　　本：710mm×1000mm　1/16

印　　张：23.25　　字　　数：417 千字

版　　次：2019 年 9 月第 1 版

印　　次：2022 年 1 月第 2 次印刷

书　　号：ISBN 978-7-5175-0375-0

定　　价：56.00 元

前 言

随着跨境电商业务量的不断增加，对跨境物流服务的要求也不断提高。相应地，该行业对人才的需求也逐渐增加。

本书是一本以跨境电子商务、跨境物流服务、移动电子商务时代发展现状及未来发展趋势为基础的教材，内容覆盖了跨境电商物流中各方面的问题及目前现状、解决方法等，并整合了应用案例、实际操作案例、习题等资料。本书在编排上有以下特征。

1. 突出实际应用。每个章节在理论介绍的基础上，均安排一节介绍相应领域的实际操作案例，即介绍在实际业务中应该如何实践，同时理论介绍与案例进行融合。

2. 突出案例时效性。所选案例为近期事件，并为有代表性的案例。

3. 习题。考虑到对读者的知识掌握程度进行考核，本书每章后面均配有习题，便于读者阅读本书后进行检测。

本书由上海第二工业大学羊英、陈建、吴翠红担任主编。其中，羊英编写了本书的第一章、第五章到第九章，陈建编写了本书的第二章和第三章，吴翠红编写了本书的第四章。

本书在编写的过程中得到了上海第二工业大学经济与管理学院电子商务系潘海兰老师、台德艺老师的帮助，在此表示感谢！此外，本书在编写的过程中参考了国内外相关图书、报纸、期刊文献及网站上的资料等，在此一并表示感谢。

本书得到了上海第二工业大学资源循环科学与工程中心和上海市高原学科——环境科学与工程（资源循环科学与工程）的资助。

最后，感谢各位读者选择使用本书。欢迎您对本书提出批评与修改建议。编者的联系方式：yangying@ sspu. edu. cn。

编者

2019 年 5 月

目 录

第一章 跨境电商物流的基础知识 …………………………………… 1

第一节 基本概念与术语 ……………………………………………… 3

一、跨境电商的流程 ………………………………………………… 3

二、跨境电商物流的概念与特征 …………………………………… 4

三、跨境电商物流的过程与术语 …………………………………… 4

四、跨境电商物流的常用术语解释 ………………………………… 5

第二节 跨境电商与国际物流 ……………………………………… 11

一、跨境电商发展现状 ……………………………………………… 11

二、国际物流概述及发展现状 ……………………………………… 16

三、跨境电商与国际物流的关系 …………………………………… 18

四、跨境电商环境下的国际物流模式 ……………………………… 19

第三节 跨境电商物流现状及发展趋势 …………………………… 22

一、我国跨境电商物流现状 ………………………………………… 22

二、跨境电商物流发展趋势 ………………………………………… 25

三、"一带一路"背景下的跨境电商物流 ………………………… 27

第四节 本章配套案例 ……………………………………………… 29

一、跨境包装处理 …………………………………………………… 29

二、跨境运单填制 …………………………………………………… 32

第五节 本章练习 …………………………………………………… 37

第二章 跨境电商物流系统及系统规划 …………………………… 39

第一节 跨境电商物流系统的定义与基本功能 …………………… 41

一、跨境电商物流系统的定义 ……………………………………… 41

二、跨境电商物流系统的基本功能 ………………………………… 41

三、跨境电商物流系统的特点 ……………………………………… 45

第二节　跨境电商物流系统的构成要素 …… 46
一、物流系统的环境因素 …… 46
二、跨境电商物流系统构成的一般要素 …… 49
三、跨境电商物流系统构成的功能要素 …… 50
第三节　跨境电商物流系统规划 …… 52
一、跨境电商物流系统规划的定义与分类 …… 52
二、跨境电商物流系统规划的意义 …… 52
三、跨境电商物流系统规划的内容 …… 53
四、跨境电商物流系统规划的关键问题 …… 55
第四节　典型的跨境电商物流系统规划问题 …… 57
一、配送中心的物流系统设计 …… 57
二、物流园区规划 …… 62
第五节　本章配套案例 …… 70
一、大连港保顺物流企业的 SWOT 分析 …… 70
二、天津空港国际物流区 …… 73
第六节　本章练习 …… 74
第三章　跨境出口物流管理 …… 79
第一节　跨境出口物流模式的相关情况 …… 81
一、我国主要跨境出口国的物流市场情况 …… 81
二、跨境出口物流模式 …… 84
第二节　跨境电商物流的发货流程 …… 91
一、海外仓 …… 92
二、邮政物流 …… 92
三、国际快递 …… 96
四、专线快递 …… 98
第三节　跨境电商出口包装 …… 99
一、包装概述 …… 99
二、包装的种类 …… 100
三、包装容器 …… 102
四、包装技术 …… 105
五、包装与物流成本 …… 106

六、国际包装的特性及对物流的影响 …… 107
七、包装与物流的关系 …… 108
第四节 跨境出口供应链的相关问题 …… 109
一、跨境电商 ERP 系统 …… 109
二、跨境申报与退税 …… 110
三、跨境出口物流风险管理 …… 111
第五节 本章配套案例 …… 113
第六节 本章练习 …… 114
第四章 跨境进口物流管理 …… 117
第一节 跨境进口物流模式 …… 119
一、直邮模式 …… 119
二、集货模式 …… 121
三、备货模式 …… 124
第二节 跨境进口供应链 …… 127
一、供应链管理 …… 128
二、跨境电商供应链管理 …… 131
第三节 跨境进口通关便利化 …… 136
一、海关及进口查验 …… 137
二、进口通关模式 …… 138
三、跨境电商行邮税计算 …… 140
第四节 本章配套案例 …… 142
一、跨境电商、一般贸易及行邮通道的税收区别 …… 142
二、计算跨境电商行邮税 …… 144
第五节 本章练习 …… 144
第五章 海关清关常识 …… 147
第一节 海关的性质、职能和权利 …… 149
一、海关的性质 …… 149
二、海关的职能 …… 151
三、海关的权利 …… 155

第二节 美国、巴西、俄罗斯海关清关要求及报关流程 …… 159
一、美国 …… 159
二、巴西 …… 165
三、俄罗斯 …… 168
第三节 关税与海关退税流程 …… 170
一、关税的基本概念 …… 170
二、退税流程 …… 174
第四节 常见的海关清关问题 …… 178
一、海关扣关 …… 178
二、清关不利 …… 179
三、快件退回是否产生关税 …… 179
四、买家拒绝支付关税 …… 180
五、侵犯知识产权 …… 180
第五节 本章配套案例 …… 181
一、泰国海关清关案例分析 …… 181
二、巴西海关清关案例分析 …… 182
三、俄罗斯海关清关案例分析 …… 183
第六节 本章练习 …… 183
第六章 跨境电商的库存管理与库存决策 …… 187
第一节 跨境电商库存与采购模式 …… 190
一、跨境电商库存的基本概念 …… 190
二、跨境电商库存的分类 …… 191
三、跨境电商的采购模式 …… 192
第二节 跨境电商的库存管理 …… 193
一、跨境电商库存管理的基本概念 …… 193
二、跨境电商库存管理的现状 …… 194
三、跨境电商产品库存管理的方式 …… 195
第三节 跨境电商的库存决策 …… 199
一、跨境电商库存决策的主要内容 …… 199
二、进口跨境电商供应链的仓储模式 …… 199
三、跨境电商的库存管理策略 …… 200

四、跨境电商的库存控制模型 …… 203
第四节 本章配套案例 …… 209
一、跨境电商库存成本计算 …… 209
二、电商外包仓库库存管理 …… 211
第五节 本章练习 …… 217
第七章 海外仓管理 …… 219
第一节 海外仓的基础知识 …… 221
一、海外仓的兴起原因 …… 221
二、海外仓的优缺点 …… 223
三、海外仓的选品思路 …… 224
四、海外仓现存的主要问题 …… 225
第二节 常见的海外仓模式介绍 …… 228
一、亚马逊物流（FBA） …… 229
二、出口企业自建仓 …… 237
三、第三方海外仓 …… 238
四、边境贸易及边境仓 …… 240
第三节 海外仓的运作管理 …… 243
一、海外仓的规划与布局 …… 244
二、海外仓选址 …… 248
三、海外仓运营流程 …… 251
四、SKU 的含义及相关操作 …… 254
五、海外仓费用结构 …… 257
六、库存管理方法 …… 261
七、仓库管理绩效 …… 263
第四节 海外仓技术 …… 269
一、海外仓管理系统 …… 269
二、仓储自动化与智能化 …… 272
第五节 本章配套案例 …… 277
一、速卖通海外仓设置与商品发布 …… 277
二、海外仓选品 …… 280
三、计算海外仓头程及二程物流费用 …… 283

第六节　本章练习 …… 289

第八章　跨境电商运输管理 …… 289

第一节　跨境电商运输管理的基本概念 …… 294

一、运输管理的定义 …… 294

二、跨境电商运输管理的意义 …… 294

三、跨境物流运输的特点 …… 295

四、主要跨境运输方式 …… 296

第二节　集装箱运输方式 …… 297

一、国际集装箱运输概述 …… 297

二、集装箱运输系统 …… 300

三、国际集装箱运输流程 …… 302

四、集装箱运输费用 …… 308

第三节　班轮运输方式 …… 309

一、基本概念 …… 309

二、班轮运输的程序 …… 311

三、主要货运单证及其流程 …… 312

四、班轮运价与运费 …… 317

第四节　本章配套案例 …… 321

一、班轮运费的计算 …… 321

二、集装箱运输案例 …… 323

第五节　本章练习 …… 326

第九章　跨境电商物流服务成本及产品定价 …… 329

第一节　跨境电商物流服务及运营成本 …… 331

一、跨境电商物流服务及其成本 …… 331

二、物流成本 …… 332

三、营销成本 …… 333

四、税务成本 …… 334

第二节　跨境电商产品定价 …… 342

一、跨境电商中产品出口的成本与费用 …… 342

二、跨境电商产品的定价 …… 343

三、跨境电商产品的定价技巧 …………………………………………… 345
第三节 跨境电商物流成本控制 ……………………………………… 348
一、跨境电商物流发展现状 ……………………………………………… 349
二、跨境物流成本控制步骤 ……………………………………………… 350
三、物流成本控制方法 …………………………………………………… 351
四、跨境电商物流成本控制的措施 ……………………………………… 352
第四节 本章配套案例 …………………………………………………… 353
一、跨境电商产品的定价设计 …………………………………………… 353
二、跨境电商节约物流成本的小技巧 …………………………………… 354
第五节 本章练习 ………………………………………………………… 356

参考文献 …………………………………………………………………… 359

第一章　跨境电商物流的基础知识

【学习目标】

本章旨在让学习者了解跨境电子商务的基础知识，通过本章的学习，能够：

1. 掌握跨境电商物流的相关术语；

2. 掌握跨境电商物流与国际物流的基本概念和关系；

3. 通过配套案例，掌握跨境包装处理和跨境包裹单据填制。

【本章重点】

本章将着重介绍跨境电子商务物流的相关概念、跨境物流基本术语，阐述跨境电商物流与国际物流的区别与联系，并分析我国跨境电商物流模式及现存问题。

【基本概念】

跨境电商，跨境电商物流，跨境电商物流常用术语

【建议学习时间】

2~3 课时

第一节 基本概念与术语

跨境电商即跨境贸易电子商务（Cross-border E-Commerce），特指跨境网络零售，如外贸小额批发及跨境的 B2C 电子商务类。跨境电商指交易主体分属于不同关境，包括进口交易和出口交易，买卖双方借助互联网达成交易、进行支付结算，并采用快件、包裹等方式，借助国际物流将商品送达消费者手中的交易过程。

跨境电子商务这种新型的贸易方式正在快速发展，而与此同时，跨境电商物流瓶颈却越来越突显。尽管中国邮政、顺丰、菜鸟等物流公司为应对跨境电商贸易的增长已做出了相应的改变，但依旧难以满足当前跨境电商贸易的要求。若想进一步推动跨境电子商务的发展，就必须正视跨境电商物流所面临的问题。

一、跨境电商的流程

跨境零售是国际贸易的一个组成部分。跨境消费者中也含有一部分碎片化、进行小额买卖的 B 类商家用户，而 B 类商家和 C 类个人消费者很难区分。从海关角度看，跨境电商等同于网上进行的小额买卖，主要针对消费者。跨境电商将传统贸易流程数字化、网络化、碎片化，购买特点以小批量、多批次、单笔交易金额小为主，包括交易产品和交易相关服务，即“产品+服务”，可按进出口方向、交易模式、平台运营方、服务类型等角度分类。跨境电商流程如图 1–1 所示。

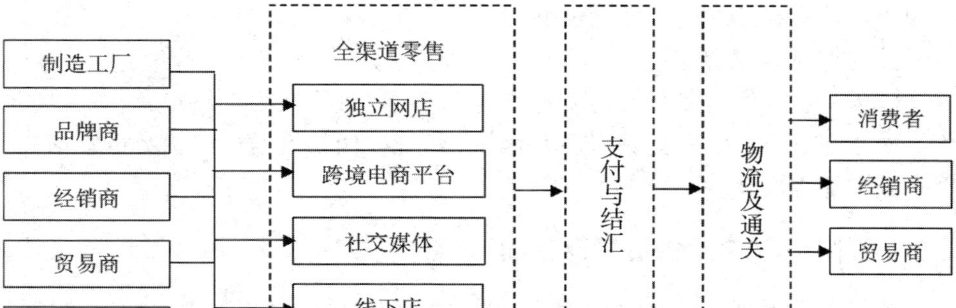

图 1–1　跨境电商流程示意图

新的全渠道零售通过跨越实体店和线上多种购物渠道、随时随地始终连接、实现无缝的购物体验，包括独立网店、跨境电商平台、社交媒体和线下实体店等。

买卖双方分别处于不同关境内，通过全渠道零售媒介达成交易后，支付过程中牵涉结汇问题，交货过程中牵涉跨境物流及海关通关等环节，整个交易才能圆满完成。所以，跨境电商与国内电商的主要差别在物流和结汇两个方面，而影响交易时间和客户满意度的则主要是物流过程。

二、跨境电商物流的概念与特征

跨境电商物流就是为了帮助在不同关境内的交易主体通过电子商务平台来完成交易，进行货物采购、包装、报关、清关、跨境运输、海外仓储等物流活动。在跨境电商交易中，物流是非常重要的一个环节。跨境电商物流有三种模式，分别是国际小包、海外仓储及聚集后规模化运输。

跨境电商物流主要有以下特征。

1. 运输区域分布广

近年来，越来越多的人在网上购物，网上购物在全球普及，电商企业不断开拓更多的市场，全球化的不断发展使全球各国（地区）联系更加紧密。作为新型跨境贸易模式的跨境电商不断发展，为了满足更多海外消费者对我国制造产品的需求，我国电商开始向海外拓宽业务，因此，带动了我国跨境物流的全球化，物流的运输路线分布在世界各地，区域分布十分广泛。

2. 运输包裹的规模小

与传统进出口贸易相比较，跨境电商物流的相关工作大不一样。个体消费者与少量购买的单个企业为跨境电商物流的主要服务对象，由此可见，大多数跨境电商物流的包裹规模较小。

3. 运输的次数频繁

因为跨境电商是在网上直接交易且随时可以进行交易，消费者不定时间、不定次数地下单，所以交易的频率增高，跨境电商物流运送的次数也就增高，运输成本随之增高。

三、跨境电商物流的过程与术语

跨境电商主要针对 B2C 的客户群体，B2C 的发货过程如下：卖家收到平台订单后将货品打包发出，包裹通过各种不同的物流渠道从发件国海关以海、陆、空运各种方式到达收件国海关（国际小包以空运方式为主），最后通过收件国目的地派送渠道送到买家手上。主要环节及其物流术语如表 1-1 所示。

表 1-1 跨境电商物流主要环节及相关术语

编号	主要环节	主要物流术语
1	发件国物流渠道	（1）实重；（2）体积重；（3）跟踪号；（4）转单号；（5）排仓；（6）爆仓；（7）偏远费；（8）上网时效；（9）起飞时效；（10）未上网；（11）申报
2	发件国海关	（12）出口总包护封开封；（13）出口总包直封分发；（14）出口总包护封分发
3	空运，在途中	（15）交航；（16）转运/中转
4	收件国海关	（17）清关；（18）税号；（19）检疫；（20）关税；（21）扣关；（22）清关时效
5	收件国物流	（23）丢弃/退件；（24）代收；（25）丢件
6	收件人签收、妥投	—

四、跨境电商物流的常用术语解释

以下是对常用术语进行的解释。

（一）发件国物流渠道

1. 实重/净重（Net Weight）：包裹放在磅秤上显示的实际重量。

2. 体积重（Dimension Weight）：在 EMS 与商业快递的收费方式中，除了包裹实重外，还会计算包裹体积重，体积重与实重择其较大者作为收费标准。当体积重>实重，则按照体积重收取运费。若实重>体积重，则按照实重收取运费。按照体积重收费的货品称为“抛货”，体积重收费又称为“计抛”。只有在长、宽、高三边中任一单边达到 60cm 以上（包含 60cm）时，EMS 才需要对其计体积重。体积重的计算公式：长（cm）×宽（cm）×高（cm）÷5000=××（kg）（EMS 以 8000 作为分母）。

3. 跟踪号（Tracking Number）：当包裹被物流渠道服务商揽收后，物流渠道服务商会提供一组英文字母加数字或是纯数字组合的物流信息跟踪号，买家可以通过这组跟踪号追查包裹的最新状况，如 RR123456789CN。根据万国邮联[①]规定，查询号码统一由字母及数字共13位组成，前面2位为字母，代表邮寄方式和包裹大小，中间是9位数字，后面2个是字母，是根据ISO 3166-1国家标准名称简码定义的发件国家代码，部分国家可能存在自己定义的特殊单号。

A# 平邮小包（不超过2千克） R# 挂号小包（不超过2千克）

V# 挂号小包（保险）（不超过2千克） C# 邮政大包（2千克以上）

L# 邮政特快专递（不超过2千克） E# 邮政特快专递（2千克以上）

EMS是中国邮政于1980年7月15日开办的全球邮政特快专递业务。EMS拥有航空和陆路运输网络，英文全称是Express Mail Service。

EMS邮件号码共13位，其中前面两位英文字母中，E是邮政快递英文缩写的第一个字母，第二个字母是序列号（两位字母一起如EA、EB、ED……EF等）只是为了避免重复。

"CS"是其他物流公司通过邮政帮助运送的单号，不过也可以在邮政物流网上查询。

KA开头：普通快包，一般为红色单面，到货时间为4~10天不等，送货上门要收费，自己去邮局取则不收费。

SA开头：挂号印刷品，到货时间为7~20天不等，免费送货上门，时间慢。

XA/XB/XC/XN/SB等开头：挂号信函，到货时间为3~10天不等，免费送货上门，方便快捷。

PA开头：普通包裹，一般为绿色单面，到货时间为7~20天不等，送货上门要收钱，自己去邮局取则不收费。

4. 转单号（Transfer Number）：某些航空包裹无法由寄件国直达目的国，在途中经过第三方国家因而产生的另外一组跟踪号；或是抵达收件国后，当地派送公司另外给出的跟踪号；也有可能是遇到异常情况给出的转单号。

5. 排仓（Row Positions）：已经被海关放行的货物由航空公司根据货物尺寸、轻重编排装载表，然后交给货站进行货物装箱或装配。由于四大快递航班仓位不足而需要等待的情况，货物可能被收取排仓费。

6. 爆仓（Blasting Warehouse）：一般指物流旺季的快递或者邮政渠道包裹太多而超出承受能力，来不及分拣，甚至没办法再收件，大量快件滞留在始发站或中转站。到达目的地的时间相对比较长。爆仓发生的原因可能是恶劣

---

① 万国邮政联盟（Universal Postal Union，UPU），简称"万国邮联"或"邮联"，是商定国际邮政事务的政府间国际组织，其前身是1874年10月9日成立的"邮政总联盟"，1878年改为现名。

天气（大雪、洪水、台风等），在网购高峰期（大多是节日前后，如圣诞、元旦、春节、情人节等），举办国际赛事（如奥运会），在长假期间等。

7. 偏远费（Remote Area Fee）：针对商业快递发货的包裹，部分地区邮路不发达，因此快递公司会收取一些额外的服务费用。邮政渠道（包括 EMS）发货无偏远费。

8. 上网时效（Information Received）：邮局收货并查货后把单号数据上传到官网的速度。如果是直封分发，那通常在拿到单号之后的 1~3 个工作日就可以查看到物流信息开始更新；通过线上发货的包裹，仓库在工作日收到包裹后的隔天，基本可以看到物流信息更新；如果是线下发货的包裹，超过3~5天仍看不到物流信息更新，卖家需认真考虑此货代处理货物的时效性了，很有可能货代将货物转手给其他货代造成物流信息更新滞后。平台促销或是购物旺季来临时，因为各个快递公司的处理能力有限，爆仓时货物堆积如山，很有可能导致物流信息更新严重滞后。

9. 起飞时效（Dispatched to Overseas）：邮局把货物送到海关查货，放行后机场等待航班，一般来说欧美的航班多、速度更快，在不发达国家需要等待更长时间。

10. 未上网（Information Failed）：单号数据在官网上还未更新或暂时查询不到包裹的任何信息。

11. 申报（Claim）：发件人对包裹内容进行陈述，将物品详情、数量、金额三大要素体现在形式发票（一般指快递）或报关单（一般是小包）上，给进口国家当地海关进行货物检查，如加收关税等动作是由这个申报信息产生的。

（二）发件国海关

1. 出口总包护封开封（Arrival at Transit Office of Exchange）：在出口贸易中，一般寄出的包裹会根据不同的目的国，装在邮递袋子里封好，这被称为总包。经过海关检查后合格的总包要再封上，称为护封。邮局把货（都是用大袋包装，一个大袋里有多个小包）交给海关，海关会把邮局的包裹大袋拆开，过机扫描，有时会抽查，看物品是否和申请一致。所以货物名称要写清楚，如果有点模糊，就会拆包检查，很耽误货物发出时间。

2. 出口总包直封分发（Departure from Outward Office of Exchange）：出口总包护封开拆以后，系统一般会显示“出口总包直封分发”，这表示包裹已经顺利地通过海关检查，重新打包好，交给航空公司，航空包裹由寄件国直达目的国，途中不经过第三方国家。

3. 出口总包护封分发（Distribution form Outward Office of Exchange）：需

要中转的包裹，根据不同地址分拣后的进口小包裹，再次封装成为总包，发往目的地投递站点。

（三）空运、在途中

1. 交航（Delivery to Airlines）：国内服务商已经把货品交给机场，包裹已经在机场或者已经交给发货的航空公司。显示交航就是已经上了去往目的国的航班，下一条更新信息就是货品已经抵达收件国了。

2. 转运/中转（Transport/Transit）：航空包裹无法由寄件国直达目的国，途中经过第三方国家。转运中物流操作人员的不规范操作或暴力分拣，可能导致货物破损或丢失。多次转运可能导致货物的信息上网非常慢。

（四）收件国海关

1. 清关（Customs Clearance）：结关，进口货物、出口货物和转运货物进出一国海关关境或国境必须向海关申报，办理海关规定的各项手续，履行各项法规规定的义务。

2. 税号（Tax Number）：纳税人识别号通常简称为“税号”。纳税人识别号就是税号登记证上的号，每个企业的识别号都是唯一的。在某些国家，除了企业税号，还有个人税号，如巴西、澳大利亚。纳税人识别号由税务部门编制，唯一且终身不变。个人税号与企业税号的区别在于清关能力。申报金额较高的物品，极有可能无法使用个人税号去报税清关。

3. 检验检疫（Quarantine Inspection）：卫生检疫、动植物检疫、商品检验的总称。电子类产品主要是要求各种认证和查“仿牌”。

4. 关税（Custom Duty/Tax）：国家授权海关对出入关境的货物和物品征收的一种税，基本每个国家都有申报关税的起征点。热门国家的关税可在网上查阅。关税有的还涉及反倾销税、增值税。当货品申报的价值超过目的国家进口货物最高免税金额时，就必须缴纳关税。表 1-2 是 2018 年 2 月查到的部分国家关税的起征点。

表 1-2 部分国家关税的起征点

国家	英文名	国家代码/巴枪①输入代码	各国缴税标准
新加坡	Singapore	SG/065	≥300 美元
韩国	Korea	KR/082	≥150 美元
马来西亚	Malaysia	MY/060	≥120 美元
日本	Japan	JP/081	≥130 美元
美国	America	US/001	≥800 美元；≥2500 美元需正式报关
泰国	Thailand	TH/066	≥42 美元
越南	Vietnam	VN/084	≥45 美元
澳大利亚	Australia	AU/061	≥1000 澳元
蒙古	Mongolia	MN/097	≥50 美元
俄罗斯	Russia	RU/007	商业物品单日价值≥200 欧元需正式报关 个人物品单月价值≥1000 欧元有关税
印度尼西亚	Indonesia	ID/062	≥50 美元
印度	India	IN/091	≥150 美元
柬埔寨	Cambodia	KH/085	≥300 美元
加拿大	Canada	CA/0001	≥20 加币
墨西哥	Mexico	MX/0052	≥50 美元
缅甸	Myanmar	MM/095	除文件外，所有包裹有关税
巴西	Brazil	BR/055	除文件外，所有包裹有关税
文莱	Brunei	BN/673	通过快递（如 DHL、UPS 等）交付的所有低于 400 文莱元的进口物品均免除关税，香烟、烟草和烈性酒除外。高于 400 文莱元的进口物品征税
阿联酋	United Arab Emirates	AE/0971	≥260 美元

① 指“巴枪”系统，该系统利用中国成熟的移动网络平台，以手机或 PAD 终端作为数据存储的载体，连接条码扫描枪，形成一套数据采集传输系统。

表1-2　续

国家	英文名	国家代码/巴枪①输入代码	各国缴税标准
新西兰	New Zealand	NZ/064	1. 低值免税品：CIF 价值<400 新西兰元的物品 2. 高值课税品：CIF 价值≥400 新西兰元的物品
斯里兰卡	Sri Lanka	LK/094	1. 低值课税品：商业价值<100 美元的物品 2. 高值课税品：商业价值≥100 美元的物品
孟加拉	Bengal	BD/880	除文件外，所有包裹有关税
巴基斯坦	Pakistan	PK/092	1. 低值课税品：商业价值<100 美元及重量小于 50kg 的物品 2. 高值课税品：商业价值≥100 美元的物品或重量≥50kg 的物品
菲律宾	Philippines	PH/063	1. 低值免税品：FOB 价值<200 美元的物品 2. 低值课税品：200 美元≤FOB 价值<500 美元的物品 3. 高值课税品：FOB 价值≥500 美元的物品

以上数据仅供参考，发货若涉及征税点，最好事先跟买家或是货代公司确认目的地国家的关税和免税额。卖家虽然没有承担关税的责任与义务，但买家极有可能因为高昂的关税导致不能清关，从而产生交易纠纷。产生纠纷主要有两方面的原因。

1. 扣关（Detained by Customs）：包裹在收件国海关因某些原因而被当地海关查扣。大多是以下几种情况：申报价值与估价不一致、品名和产品不符、装箱清单不详、收货人条件不允许（没有进出口权等）、包裹价值超过收件国免税金额（需补缴关税）、违禁产品。

2. 清关时效（Arrived at Overseas）：货物在海关完成正常手续并放行的时间。

（五）收件国物流

1. 丢弃/退件（Abandon/Return）：包裹到了收件国之后，因为任何原因无法顺利妥投，就会面临丢弃或退件的局面。在某些国家，包裹即使丢弃，也会被收取“处理费”。如选择“退件”，万国邮政明确规定了小包退回到发件目的地国家是免费的。商业快递如果需要退件，退件费用是寄件费用的 3～5 倍。所以，如果是商业快递请不要随便让客户拒签。

2. 代收（Waiting Collection）：当包裹在收件国无法顺利妥投的情况下，通常会被暂存在当地的物流服务中心 1~3 个星期，具体时间因不同的国家而有所不同，然后会通知收件人在暂存时间结束之前自行前往领取，时间结束之前若无人领取，包裹有可能会被丢弃或做退件处理。

3. 丢件（Lost）：在网上已无信息更新，邮局并未回复检查结果并且客户未签收的货物。确认丢失后，邮政有限额赔偿。

第二节 跨境电商与国际物流

随着网络技术环境改善、物流水平进步，较传统国际贸易形式流通环节少、成本可控的跨境电商行业在过去几年内快速发展。

一、跨境电商发展现状

跨境电商是信息化时代背景下的产物，也就是存在于不同关境的交易主体的交易模式，这是推动现阶段商贸业流通的一种新型模式。在 2010 年至 2018 年 11 月期间，我国进出口贸易金额由 20.2 万亿元上升至 27.88 万亿元，年均增幅为 4.19%；在此期间，我国跨境电商交易总额在 2010 年至 2017 年期间由 1.3 万亿元上升至 8 万亿元。2018 年上半年，我国跨境电商交易额 4.5 万亿元，同比增长 25%。2018 年上半年，我国跨境电商的进出口结构中出口占比达到 77.1%，进口占比为 22.9%。我国跨境电商交易总额呈现稳步上升趋势，并在国际贸易中所占比例逐年增长，跨境电商已经成为我国进行国际贸易的重要组成部分。

根据我国海关最新数据显示，2018 年，我国进出口贸易总额达 30.51 万亿元，比 2017 年的历史高位多出 2.7 万亿元，同比增长 9.7%。其中，出口 16.42 万亿元，增长 7.1%；进口 14.09 万亿元，增长 12.9%。贸易顺差 2.33 万亿元，收窄 18.3%。而根据海关总署数据，2018 年通过海关跨境电子商务管理平台零售的进出口商品总额 1347 亿元，增长 50%，其中出口 561.2 亿元，增长 67%；进口 785.8 亿元，增长 39.8%。根据此前阿里巴巴的数据测算，2020 年我国跨境电商交易额将达到 12 万亿，三年复合增长率为 16.44%，渗透率达 37.6%，未来跨境电商的发展市场空间巨大。也正因为跨境电商规模的不断扩大，跨境物流的发展规模也在扩大。

（一）国内跨境电商发展历程

国内跨境电商从1998年开始到现在的二十多年间，总共经历了三个主要发展阶段。

第一阶段（1998年—2007年）：从B2B向B2C发展，催生海淘代购模式。

第一阶段从1998年到2007年，主要经历了从B2B到B2C的发展过程，催生了海淘代购模式。其具体过程如图1-2所示。

图1-2　跨境电商发展的第一阶段

主要事件及有代表性的产品如下。

1998年，具有东方特色的独立外贸B2C网站兴起。代表产品：Good Orient，销售旗袍、中国功夫套装和鞋、玉器等。

2002年—2003年，eBay、亚马逊拓展中国市场，吸引留学生和做生意的华侨，中国卖家开始逐渐增多。

2004年左右，在线小额批发网站上线。代表产品：敦煌网。

2005年，代购兴起。

2007年，海淘网站上线，C2C模式兴起。代表产品：海淘全球购。

第二阶段（2007年—2013年）：垂直电商全面崛起，跨境行业方兴未艾。

第二阶段从2007年到2013年，跨境电商朝垂直方向发展。其具体过程如图1-3所示。

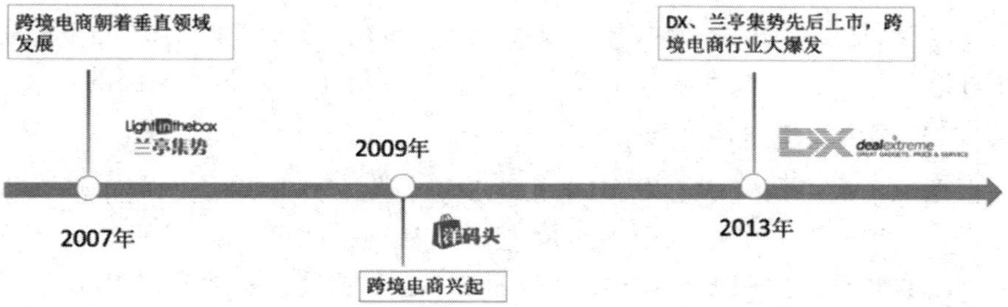

图 1-3　跨境电商发展的第二阶段

2007 年，跨境电商朝着垂直领域发展。代表产品：兰亭集势，运用博客和 Facebook 营销。

2009 年，跨境电商兴起，M2C 模式兴起。代表产品：洋码头，打造跨境物流体系——贝海国际速递。

2013 年，DX、兰亭集势先后上市，跨境电商行业大爆发。

第三阶段（2013 年至今）：从垂直向多元化转型，从平台方向品牌发力。

第三阶段从 2013 年到现在，跨境电商朝多元化方向转型。其具体过程如图 1-4 所示。

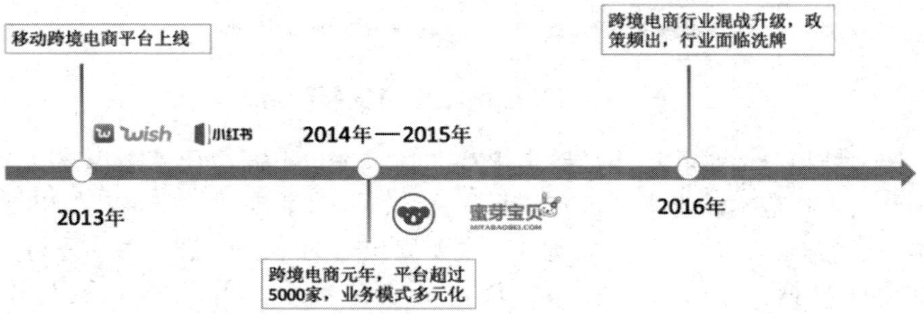

图 1-4　跨境电商发展的第三阶段

2013 年，移动跨境电商平台上线。代表产品：Wish。

2014 年—2015 年，跨境电商元年，平台超过 5000 家，业务模式多元化。代表产品：网易考拉、唯品会、蜜芽、小红书。

2016 年，跨境电商行业混战升级，政策频出，行业面临洗牌。

2017 年，《2017 年度中国出口跨境电商发展报告》显示：在“一带一路”和“网上丝绸之路”的带动下，2017 年中国出口跨境电商交易规模为 6.3 万亿元，同比增长 14.5%。中国已经是世界上最重要的线上商品出口国。

2018年，首届进博会在上海召开，全球151个国家和地区的3617家企业参展，全球首发新产品、新技术或服务570余件，首届进博会的交易采购按一年计的累计意向成交578.3亿美元。这大大促进了进口跨境电商的发展。

（二）国内跨境电商发展现状①

根据电子商务研究中心发布的《2018年（上）中国跨境电商市场数据监测报告》，2018年上半年，中国跨境电商交易规模为4.5万亿元，同比增长25%。跨境电商行业在进出口贸易中的比例越来越重，整个行业仍处于快速增长阶段，未来将占据更加重要的地位。根据智研咨询网发布的《2018—2024年中国跨境电商行业市场深度调研及未来发展趋势报告》，我国跨境电商将保持上升趋势，如图1-5所示。

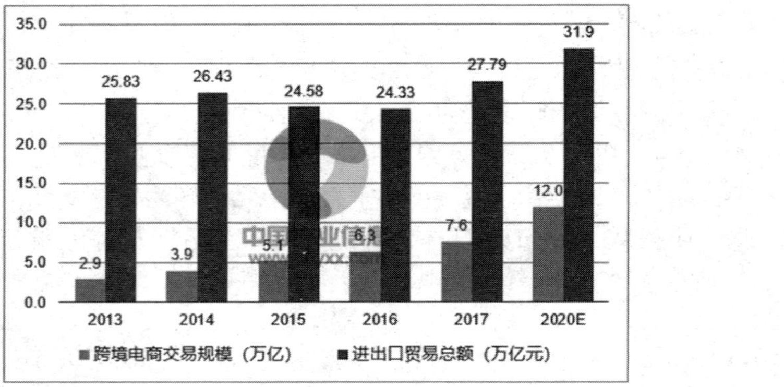

图1-5　我国跨境电商发展趋势

出口跨境电商是我国当前跨境电商主体，进口电商占比不断提高。由于我国制造业在成本及规模上具有较高的优势，同时受到“一带一路”政策及资本市场的推动，目前我国跨境电商主要以出口为主。根据海关总署与艾瑞咨询统计数据，2018年，我国跨境电商交易额中，出口/进口的比例为41.66%/58.33%，其中出口交易规模达561.2亿元，同比增长67%；进口交易规模达785.8亿，同比增长39.8%。根据预测，预计2020年，我国进出口跨境电商将继续保持较快增速，出口/进口复合增长率分别为13.1%/35.7%，随着进口电商的高速增长，2020年进口电商占比有望达到25%。

我国出口电商交易额情况及预测如图1-6所示。

① 本部分参考中国产业信息网发布的2018年中国跨境电商市场规模预测及行业发展趋势（2018年4月15日）。

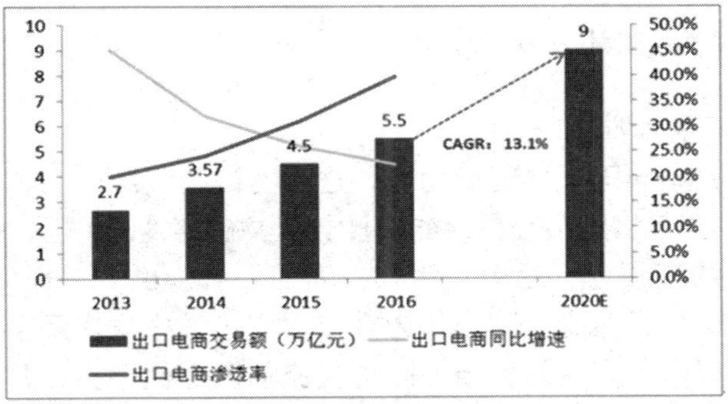

图 1-6　我国出口电商交易额情况及预测

我国进口电商交易额情况及预测如图 1-7 所示。

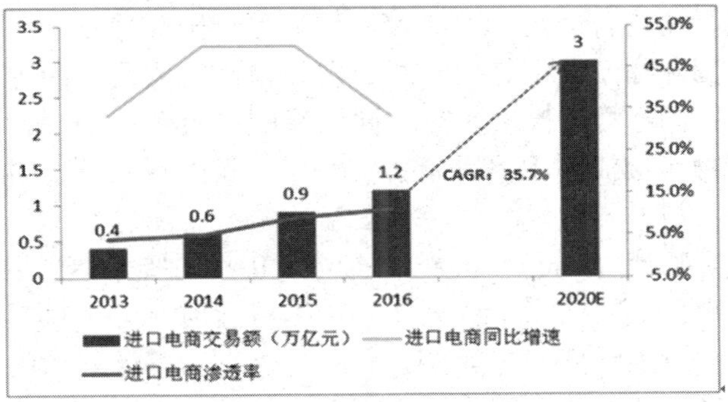

图 1-7　我国进口电商交易额情况及预测

我国跨境电商仍以 B2B 为主，B2C 发展迅速。根据中国电子商务研究院的数据来看，2016 年，我国跨境电商的交易模式中 B2B 交易占比达 88.7%，B2C 交易占比 11.3%。从交易结构上来看，由于我国 B2B 电商出现较早，目前市场还以 B2B 为主，但随着订单碎片化以及跨境电商品牌在海外消费市场的逐渐建立，交易结构正逐渐从卖给企业向直接卖给消费者转换，B2C 市场交易占比逐年快速提升。

平台型格局基本稳定，自营型格局百花齐放。从出口零售型跨境电商（2C）来看，平台型跨境电商市场格局基本稳定，目前亚马逊、eBay、速卖通、Wish 等大平台凭借着规模与先发优势，占据着较大市场规模，其中亚马逊 2017 年收入规模已达千亿级别。而自营型跨境电商依托于差异化产品，行业呈百花齐放趋势，细分领域龙头得到快速发展。主要代表为环球易购、兰亭集势、有棵树等。

二、国际物流概述及发展现状

（一）国际物流概述

国际物流是不同国家之间的物流，这种物流是国际间贸易的一个必然组成部分，各国之间的相互贸易最终通过国际物流来实现。国际物流是现代物流系统中重要的物流领域，近十几年有很大的发展，也是一种新的物流形态。美国物流管理委员会认为：物流作为客户生产过程中供应环节的一部分，它的实施及控制提供了有效的、经济的货物流动及存储服务，并提供货物从原始地到消费地的相关信息，以期满足客户的要求。

广义的国际物流研究的范围包括国际贸易物流、非贸易物流、国际物流投资、国际物流合作、国际物流交流等领域。其中，国际贸易物流主要是指组织货物在国际间的合理流动；非贸易物流是指国际展览与展品物流、国际邮政物流等；国际物流合作是指不同国别的企业完成重大的国际经济技术项目的国际物流；国际物流投资是指不同国家的物流企业共同投资建设国际物流企业；国际物流交流则主要是指物流科学、技术、教育、培训和管理方面的国际交流。

狭义的国际物流（International Logistics，IL）主要是指当生产和消费分别在两个或在两个以上的国家（或地区）独立进行时，为了克服生产和消费之间的空间间隔和时间距离，对货物（商品）进行物理性移动的一项国际商品交易或交流活动，从而达到完成国际商品交易的最终目的，即实现卖方交付单证、货物和收取货款。①

国际物流与国内物流相比，在物流环境、物流系统、信息系统及标准化要求这四个方面存在着不同。国际物流的一个非常重要的特点是物流环境的差异，这里的物流环境主要指物流的软环境。不同的国家有不同的与物流相适应的法律，这使国际物流的复杂性增强。不同国家、不同经济体的科技发展水平使国际物流处于在不同的科技条件下的支撑，甚至会因为有些地区根本无法应用某些技术，导致国际物流系统的运作水平下降；不同国家的不同标准使国际物流系统难以建立一个统一的标准；不同国家的国情特征必然使国际物流受到很大的局限。

国际物流流程如图 1-8 所示。

---

① 田贵平. 物流经济学［M］. 北京：机械工业出版社，2007 年.

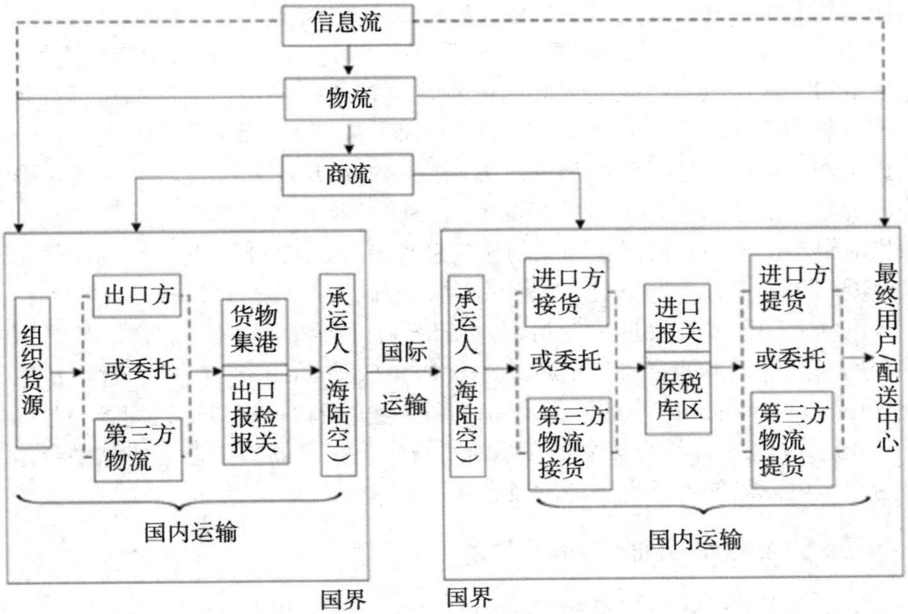

图 1-8　国际物流流程

（二）国际物流发展现状

国际物流在广义上是指国际贸易及非贸易物流、国际物流投资及合作等，在狭义上是指存在于两个不同国家的交易主体的物流服务模式。如现阶段较有影响力的 UPS、USPS、出口易、递四方等都属于国际物流范畴。

国际物流是指以不同国家海关为端点的实物和信息有效流动和存储的计划、实施和控制管理过程。我国的国际物流存在以下三点特征。

一是区域集中在东南沿海地区，尤其是深圳（普路通、怡亚通等）和上海，中西部地区的跨境物流很少；

二是跨地区、跨行业竞争较少，由于所处的行业较分散且我国跨境物流发展还很不成熟，所以我国涉及跨境物流业务的上市公司面临的同行竞争有限；

三是同质化问题倒逼企业改革，从提供海运物流或者空运物流服务到提供多式联运（如海空联运），从报关、订舱等传统服务到提供运输方案优化设计、综合物流服务。

国际物流主要面向 B2B 和 B2C 业务，其中 B2B 业务与进出口贸易增速密切相关。2015 年初以来，进出口贸易走出低谷，开始稳定回升，2017 年，全年平均增速为 12%，且月度增速波动较小（季调后），同期社会物流总额/总费用增速和中国物流业景气指数也开始进入上升阶段。

2018 年 10 月 23 日，阿里巴巴、菜鸟网络宣布，与国家物流信息平台、国际港口社区系统协会发起成立国际物流可视化任务组，共同通过标准推进全球智慧物流的建设，向“全球包裹 72 小时达”这一目标靠近。阿里巴巴方面称，四方将携手把任务组建设成为国际物流信息交互标准协商制定及合作推广的平台。这一平台产出的标准成为 ISO 及业界事实标准，并用到全球智慧供应链建设当中。同时，国家物流信息平台（LOGINK）是由交通运输部和发改委牵头，多方参与共建的一个公益、基础、开放、共享的公共物流信息服务网络。国际港口社区系统协会（IPCSA）则是国际知名的物流信息服务平台的联盟组织，拥有港口信息系统（Port Community System）、货物信息系统（Cargo Community System）、海运和航空企业及单一窗口运营商等会员，服务于 40 多个国家并且会员数量在不断增长中。我国的国际物流信息平台建设将为跨境电商发展提供良好的发展支持。

三、跨境电商与国际物流的关系

跨境电商与国际物流是相互影响、紧密联系的两个行业，跨境电商为国际物流的发展提供市场机遇，而国际物流的完善则是跨境电商发展的必要环节之一。

跨境电商企业为国际物流的发展带来市场。传统商务模式越来越不能满足人们的需求，新时代下消费者会更为重视商品质量及商品种类的丰富程度，此外消费者会更为看重购物体验，而跨境电子商务的出现则在很大程度上提升购物便捷性、满足消费者需求、优化消费者购物体验。同时，跨境电子商务的出现，则在改善企业服务质量、提高供应链有效性、增进企业经营效益、提升国际贸易成交量及开展范围等方面发挥作用。因此，现今很多传统企业都纷纷引入跨境电商经营模式，而巨大的跨境电商市场则为跨境电商必备环节“国际物流”的发展提供市场机遇。

国际物流是构建跨境电商供应链的必备环节。跨境电子商务的流程包括谈判、立约、支付、物流等多个环节。跨境电子商务的发展也为与这些环节相关的企业的发展提供市场机遇，特别是“国际物流”。

跨境电子商务之中，企业与消费者合约践行的基础就在于非虚拟性的“国际物流”，而影响消费者消费体验的因素也在于物流的效率及成本，因此跨境电子商务不仅为国际物流的发展提供市场机遇，更为其发展带来挑战。因国际物流是跨境电子商务发展的必备环节，其发展水平高低也成为跨境电商供应链融合及跨境电商供应链企业获得经营效益的关键因素[①]。跨境电子商务的发展也催生了一些新的国际物流模式。

四、跨境电商环境下的国际物流模式

（一）传统物流模式

国际快递：用于跨境电子商务物流服务的一种传统模式，它主要是通过国际快递公司来解决跨境电子商务之中商品配送及物流的问题。在国际上知名的快递公司包括 UPS、USPS、FedEx、DHL 等及我国的一些快递公司，如顺丰、圆通等，也纷纷在时代趋势之下涉足跨境电子商务。国际快递这种传统的物流模式在快递时效性及服务质量上占据着优势，可以满足世界各地客户的需求；但是其也存在着价格高、特色专线快递未开通等劣势，进而影响客户物流体验。

国际邮政小包：与国际快递一样，也是服务于跨境电子商务的一种传统物流模式，主要通过万国邮政联盟来解决商品配送及物流的问题，以个人邮包的形式进行发货。万国邮政联盟是世界邮政国际组织，它是加入其中的成员处理邮政事务的国际组织，目前其成员在 200 个左右。国际邮政小包具有成本低、通关容易等优势，但在实际运营过程中，国际邮政小包的丢包率高、安全性低、时效性不强等劣势较为突出；同时使用国际邮政小包进行物流运输，还受制于包裹形状、体积、重量等因素，国际邮政小包在一定程度上影响物流效率及物流体验。

（二）新兴物流模式

海外仓：最近几年兴起的新型跨境电商国际物流模式。它是指经营跨境电商的企业在境外目的地建立或租赁仓库，采用海陆空等运输方式将货物运输至境外目的地，通过跨境电商的方式进行线上销售，消费者成功下订单之后，企业再利用境外目的地的仓库或境外第三方物流机构直接进行商品配送及运输。与传统物流模式所存在的弊端相比，海外仓这种新兴的物流模式能够缩短物流时间、降低物流配送成本，同时还能有效解决商品检验及退换货等诸多问题；虽然其具有传统物流无可比拟的优势，但由于建设海外仓的投资额庞大，致使很多跨境电商企业望而生畏。

边境仓：与海外仓一样，都是新型跨境电商国际物流模式，都是将物流仓库设立在远离国境的国界。而边境仓与海外仓的区别就在于，海外仓位于境外目的地，而边境仓则位于商品输入国的邻国。同时，对于边境仓而言，

---

① 资料来源：泽远国际货运公司（www. zeyuan56. com）。

仓库的位置可以分为相对边境仓及绝对边境仓两种。相对边境仓也就是仓库设立在与商品输入国不相邻却相近的国家，而绝对边境仓则是仓库设立在与商品输入国相邻的国家。在实际运作中，边境仓的优势主要体现在可以有效规避商品目的国的政治、法律、税收等风险，同时设立边境仓还能够充分利用“自由贸易区”区域物流政策，从而降低物流成本及提升物流效率。

集货物流：也是现今跨境电商国际物流较常运用的一种物流模式，它使得跨境电子商务国际物流配送成本更低、效率更高，目前主要有两种操作方式，即建立仓储物流中心及建立跨境电子商务战略联盟共同构建国际物流中心。

自贸区或保税区物流：也是跨境电子商务之下的产物，它是通过将货物运输至自贸区或保税区仓库，再由跨境电商企业负责商品销售，同时由自贸区或保税区仓库负责货物分拣、检验检疫、包装等环节，最后通过自贸区或保税区实现商品集中物流配送的模式。这种模式的最大优势就是可以在最大程度上利用自贸区及保税区自身优势，为跨境电子商务国际物流的快速运行提供保障。

国际物流专线：特征主要体现在“专”上，因而国际物流专线有专门使用的物流运输工具、物流线路、物流起点与终点、物流运输周期及时间等，同时它还是根据特定国家或地区跨境电商物流特点所推出的物流专线，比如现在已开通的中欧（武汉）班列、e-ulink 专线等。其特点使得国际物流专线这种物流模式能够有效规避通关及商检风险，还具有一定的物流时效性及物流经济性；但同时也由于其“专”而产生一定的局限性。

第四方物流：现今较为先进的国际物流模式。第四方物流本身不参与物流活动，却为其他物流模式提供整套的规划方案，包括供应链设计、物流整合管理能力、信息技术、咨询服务等多个方面，从根本上提升物流供应链的完善性、改善物流运送效率、降低物流成本、增加供应链上相关企业的经营效益。

目前，跨境电商采用的发货模式主要有海外直邮模式和保税仓发货模式两种，对应着保税仓+国内物流和自建跨境物流+国内物流两种物流模式。

1. 海外直邮模式

海外直邮模式是指跨境电商企业直接参与采购、物流、仓储等海外商品的买卖流程。海外直邮模式商品入境类似于个人物品直邮入境，因而不受通关单的限制。

海外直邮模式中较常见的有 C2C，目前，也有平台采用自建跨境物流+国内物流的方式。

自建跨境物流+国内物流的模式相较保税仓模式而言，品类的选择更多，不需要在保税区内压货，主要是通过对平台上的买手商品和品牌做有效的背书，提升用户购物体验。代表产品有洋码头、亚马逊。

2. 保税仓发货模式

保税仓发货模式物流分两段：国际段和国内段。商品完成国际段的运输后，要在该平台建立的保税仓进行拆包、检验、清关、分拣和打包，再用国内快递公司寄给消费者。新政之后，保税仓商品的通关单申请被提前到商品进入保税区时进行。

保税仓+国内物流模式采取跨境直采、入库自营的模式。用户下单后，平台从保税区清关发货，再通过第三方物流送货至用户。典型的平台有天猫国际、蜜芽宝贝、小红书、京东全球购。

目前，我国国内跨境电商进口业务的通关模式有三种：快件清关、集货清关、备货清关。其中，对集货清关、备货清关的跨境电商企业征收综合税，走 BC 通关（又称保税直邮，每一单都需要缴税，并且需要进行备案，该产品需要与海关进行物流单、支付单及订单的“三单对碰”，海关与商检统一按“正面清单”进行监管，税金按跨境电商综合税缴税，无免征税金优惠，它相对较快也稳定），要求三单（物流单、支付单及订单）统一。

海关的清关速度直接决定了仓（区）内物流的速度和效率，我国进口跨境电商报关流程：企业申报（换单、电子申报、报检、现场交接单）—海关查验（审单、查验、征税）—海关放行。一般来说，不同货物的清关时间不同，木材、机械、化工清关时间通常需要 3～5 个工作日，而食品需要 7～15 个工作日，还有抽样送检过程。表 1-3 显示了三种不同通关模式的优势和劣势。

表 1-3　我国跨境电商不同通关模式的优劣势对比

通关模式	优势	劣势	适合业务	有无海关单据
快件清关	比较灵活，有订单才发货，不需要提前备货	申报品名要求高，物流通关效率较低，量大时成本会增加	企业创业初期，业务量少	无
集货清关	无须提前备货，相比快件清关，物流效率更高、成本更低	需在海外完成打包操作，成本高，海外发货物流时间长	业务量迅速增长的企业，每周有多笔订单	有

表1-3 续

通关模式	优势	劣势	适合业务	有无海关单据
备货清关	需提前批量备货，国际物流成本最低，通关效率最高，可及时响应售后服务要求	使用的保税仓库有仓储成本，备货会占用资金	业务规模较大、业务量稳定的企业	有

第三节 跨境电商物流现状及发展趋势

一、我国跨境电商物流现状

（一）我国跨境电商物流的主要模式

近年来，随着中国经济的快速发展和电子信息技术的不断完善，跨境电子商务在中国迅速发展，跨境物流也开始实现货物运输。京东、阿里巴巴等大型电商企业逐渐融入国际市场，也就意味着中国跨境电商市场正在渐渐构成。近年来，正是由于电子商务的发展越来越快，促使大量中国消费者通过跨境电子商务平台购买国外产品。跨境电子商务的物流模式主要包括邮政、商业快递、专线物流、海外仓储和国内快递。

邮政物流基本上覆盖全球、价格便宜，但是邮政快递不便于海关统计、超重物件的运费比较高、速度较慢、丢包率也比较高，因此不适合跨境电商。

商业快递主要有 UPS、DHL、FedEx、TNT。商业快递的速度相对较快、服务良好、丢包率不高。但是商业快递的价格很贵、价格变化较大、退换费用需由客户自己承担。

专用物流是由航空公司将货物运输到国外，合作公司将物品运送到目的地。跨境专线物流把货物一同发至目的地，速度快、规模大、价钱适中，但是跨境专线物流主要以发达地区为主，覆盖范围较小。

海外仓库为货物存储、分拣、包装、交付等提供一站式控制和管理服务，供应商将货物存放在当地仓库。当客户下订单时，卖家第一时间从仓库调货、分拣、包装及派送，节省时间，节约成本。

国内有跨国业务的快递以 EMS 和顺丰为主，速度快、费用较低、出关能力较强，但是国内快递开展的跨境业务并不是专业的，缺少经验，对市场不太熟悉，能力有限。

在中国居民可支配收入的增加、消费升级及人民币升值的前景下，跨境电商交易将可能实现超预期增长。从物流结构上来说，约 70%的出口跨境电商包裹通过邮政系统投递，邮政系统全球覆盖面广，但是在时效（15 天左右）和稳定性上存在不足；剩下的通过国际物流巨头或者海外仓储模式配送。目前，国内专业化的跨境物流公司在 B2C 领域有较大的发展前景，且在时效和稳定性上优于邮政系统、在经济性上优于国际物流企业和海外仓储。

（二）跨境电商物流的现存问题

1. 物流成本相对较高

在我国跨境电商物流的发展过程中，基础设施不完善及体系不完整，物流的成本较高。根据相关资料得出结论：从成本来看，我国跨境电商物流的成本远远高于其他国家甚至国际标准。跨境电商物流需要考虑的问题多而复杂，涉及国内物流、国内海关、国际运输、国外海关、国外物流众多环节，在实际操作中风险很大，因此，在一定程度上大大增加了我国跨境电商的物流成本。

如果跨境电子商务物流能够稳定运行，不仅需要建立一个完整的跨境物流网络，还有必要将跨境货物的关税、商品检验、快递等成本分类到考虑范围内。目前，我国跨境物流的运输过程比较麻烦，导致我国跨境物流耗费成本是运输总成本的 30%到 40%。在国内外物流、国外海关检查等众多交通环节中，海关和商检也存在很大的操作难度和一定的风险。因此，为了解决我国跨境物流成本高的问题，有必要进一步完善相关政策措施。

2. 跨境物流周期长

跨境物流的产业链和环节包括国内和国际物流和海关运输。中间环节太多、物流周期太长，导致顾客不能及时收货，因而消费者对跨境电商物流存在消极的主观印象，这影响消费行为的发生。然而，物流周期长是不可避免的，跨境电商固有的特点也对物流的中心环节起着决定性的作用。不仅如此，由于海关和商检的时间较长，我国跨境电子商务物流导致物流周期长。

3. 退货和换货物流实现困难

在我国跨境电商的发展过程中，由于其涉及的环节较多，在每个环节都会产生相对应的退换货情况，而跨境物流周期长导致隐藏和存在多种风险，货品的丢失、海关和商检的风险、错误的配送地址等问题大大制约了退货和换货。再者，在我国跨境物流中缺乏完善的退货通道，难以实现退换货。

目前，进口的跨境电子商务模式是直邮（如亚马逊、天猫国际等）、保税仓库（Costco、跨境平台卖家等），海淘转运直邮和保税仓库模式大多基于B2C，海淘转运代购以B2C为主。其中，海淘代购转运的方式在转运公司发货之后就不能再退货。由于转运公司普遍没有返程情况、国际运费一直都很高，如果想要退换货，就必须和转运公司进行协调配合。不管是时间成本还是资金成本都十分昂贵，消费者在考量之后就不会再坚持退货。

4. 物流信息难以实现全程追踪

在我国国内物品的物流运输中，对包裹从下单到收货的全程追踪已常态化，是对商家最基本的要求。由于跨境电商物流地区广，不能做到每个跨境物品的全程追踪，在国内，信息追踪可以实现，而当包裹出境后，由于信息水平的限制，很难对其再进行继续追踪。虽然目前在一些发达国家可以实现全程追踪，但在信息化程度不高的国家难以实现，大大制约了跨境交易及跨境物流的发展。这是由于电商物流企业无法与其他国家物流企业构建起物流信息共享网络，所以对出境的货物进行全程追踪服务很难实现。

5. 我国跨境电商物流政策支持力度不够

最近几年，我国政府部门相继颁布了《关于实施支持跨境电子商务零售出口有关政策意见的通知》《国务院办公厅关于促进跨境电子商务健康快速发展的指导意见》《关于跨境贸易电子商务进出境货物、物品有关监管事宜的公告》等促进跨境电商物流发展的相关政策。由于跨境电子商务出口在交易方式、货物运输、支付结算等方面与传统贸易方式差异较大，现行管理体制、政策、法规及现有环境条件已无法满足其发展要求，主要问题集中在海关、检验检疫、税务和收付汇等方面。虽然我国对跨境电商的发展出台了一些政策，但这些政策主要针对规范跨境电商市场的发展，对从事跨境电商物流的企业并没有针对性的政策扶持，与发达国家的政策扶持还有较大的差距。

（三）跨境电商物流改进建议

1. 完善法律法规

跨境电商在未来的更好发展在很大程度上取决于国家经济政策。一方面，跨境电商物流的成本和运输时间由跨境清关和商检决定，政府可以在此设立服务窗口对跨境物流来说无疑是件好事，这样可以缩短海关清关和商检的时间。另一方面，我国跨境物流的基础不完善，如物流体系、法律法规等各方面，因此，国家可以完善法律法规体系，促进跨境物流的健康发展，也可大大加强安全体系，减少隐患。

2. 政府加大扶持力度

扩大出境电子商务试验区的规模，鼓励与支持更多的企业走出去，为促使跨境电商物流的进一步发展，制定一系列惠及进出口的政策鼓励。政府可以在技术上给予支持，这对跨境电子商务及物流平台是极为重要的，跨境电商物流在技术方面的发展有政府提供的技术支持是非常有必要的。

3. 有效整合资源

物流联盟为整合行业资源的有效措施。在跨境物流中，存在着诸多问题，如运送环节多而繁琐、时间长、投资大等，加之跨境物流运送频率很高但批量较小，很难形成规模效用。目前为止，在我国除了邮政跨境物流以外，单个的民营物流企业的资本是薄弱的，网点覆盖范围小、规模小，从跨境物流中获取更多的利润是十分困难的。因此，快递企业在运行过程中，尤其是要发展跨境物流，首先要有资金基础，如果资金有限，通过几个行业合作对行业资源进行整合，减少竞争，共同从跨境物流中获得利润。通过这样的方式，不仅可以扩大物流规模，拓宽物流网点覆盖的范围，还可使单个企业跨境物流的成本大大降低，这样的方式是十分可行的。

4. 对海外仓进行发展

建立海外仓对解决跨境物流所面临的各种困难是十分有效的。海外仓会进行批量运输，大大缩短物品在运输过程中的时间；为更多的买家提供感觉像是从本地来的进口货这种服务速度，可以为跨境电商提供仓储、分拣、包装、配送等全方位服务。另外，海外仓使得退货和换货服务得以实现，将买家认为不合适的商品直接通过海外仓调换，不用再经过漫长而复杂的过程返回国内，同时，也解决了二次跨境通关和商检、二次长途运输等问题及无法追踪包裹位置的问题。这样不仅方便了消费者，让退换货成为可能，也可减少完成一个订单的时间，减少成本的投入，使跨境电商物流企业从中获取更多的利润。更重要的是，跨境电商具有小批量、多批次这一特点，通过批量运输，可以降低运输、清关、商检等频率，使得繁琐环节中的成本大大降低，同时，运输的货物成批成量的运送减少了小批量、小规模运送中的风险。海外仓的建立和发展是解决跨境电商物流存在的问题的有效措施。

5. 构建物流信息系统

物流信息系统的建立主要在两个层面。一是对系统中的多个基本模块进行设计，在实际运送过程中，提高订单的生成效率，通过系统实现订单的生成、传递和接收。二是更重要的对系统支持模块的设计，通过对地图及仓库的设计，使其有效分布与结合，由此组成物流信息系统的基本架构。通过系统基本模块设计与系统支持模块设计的相互支持，使得物流信息系统与移动互联网结合，提高物流信息系统处理订单的速度，使其更稳定地运转。

二、跨境电商物流发展趋势

随着我国跨境电子商务的不断发展，跨境电商物流呈现以下发展趋势。

（一）跨境物流和跨境电子商务协同发展

跨境电子商务要想实现快速发展，就需要推动跨境物流和跨境电子商务的协同发展，从而实现资源共享，促进我国跨境电子商务物流模式的快速发展。通常情况下，推动跨境物流和跨境电子商务的协同发展需要从以下几个方面进行。

首先，相关部门需要加强跨境电子商务内部的供应链整合工作，对货物的储存、包装、运输等方面内容进行优化，保证货物可以在最短的时间内运输到消费者手中，减少不必要的成本浪费，推动我国经济实力的快速提升。

其次，相关部门需要在跨境电子商务中加强对移动技术的使用，加大网络信息技术的投入工作，让跨境物流和跨境电子商务之间形成完美配合，从而促进我国跨境电子商务的快速发展。

最后，跨境物流在发展过程中需要以配合跨境电子商务发展为目标，并对相关配套服务进行整合，购入相关硬性资源，与境外物流公司展开合作，从而促进我国跨境电子商务的快速发展。

（二）跨境物流网络之间的协同发展

随着我国社会经济的快速发展，相关部门要想实现跨境电子贸易的快速发展，就需要促进跨境物流网络之间的协同发展，具体可以从以下几个方面展开。

首先，相关部门需要对跨境物流单号、收货、储存等方面内容进行整合，然后对相关货物进行有效的编码工作，再对编码信息进行整理。

其次，相关部门需要完善货物退货流程，跨境货物在运输过程中经常会受到不同国家物流的影响，并且牵扯到众多国家，在此种情况下，相关部门就需要加强各个国家物流企业之间的配合工作，针对不同的货物制定不同的货物退货流程，从而保证消费者的合法权益。

（三）多种物流模式之间协调发展，实现聚合效应

跨境物流包含国内物流和国际物流，所以相关部门要想保证跨境物流的运输质量，就需要加强多种物流模式之间的协调发展，实现聚合效应，具体可以从以下两个方面展开。

一方面，由于国际物流面向的是全世界，而不同国家的物流发展情况也存在着严重的差异性，在此种情况下，就需要对物流模式进行完善，对相关物流配送要求进行完善，从而提升我国国际物流运输质量。

另一方面，由于我国国际物流在运输过程中所花费的时间长、流程也更加复杂，所以消费者在选择物流模式过程中经常会选择一些运输速度更加快

的，所以就需要加强多种物流模式之间的协调发展，将资源进行共享，从而提升国际物流运输效率。

（四）物流外包模式的不断发展

随着跨境电子商务的快速发展，我国一些跨境电子商务企业已经建立了属于企业自己的物流体系来进行物流配送工作，但是这些物流体系程序复杂，在使用过程中经常会出现一些问题，从而造成物流传输速度缓慢，无法将货物及时送到消费者手中。面对此种情况，相关单位就需要促进物流外包模式的不断发展，开发第四方物流模式，让第四方物流模式对跨境物流链进行整合工作，将跨境物流运输路线进行优化，从而保证跨境物流链条的快速发展。

（五）与本土物流公司之间的合作

跨境电子商务的快速发展对人们的生产消费产生严重的影响，人们也更加喜欢购买一些国外的商品。在此种情况下，相关单位就需要加强与本土物流公司之间的合作，完善跨境物流运输路线，从而减少国际物流的配送时间，提高国际物流的配送速度，促进跨境电子商务的快速发展。同时也要实时关注各国的海关政策，尽可能在符合海关管理条例的同时还能提升服务质量。也可以在海外仓构建时，跟供应商洽谈货物积压问题，提出有效的解决对策。在全球范围内的调整才是长久的策略，只有问题得到有效的解决，跨境物流和跨境电子商务才能获得更大的发展空间。

三、"一带一路"背景下的跨境电商物流

"一带一路"倡议构想主要是针对目前我国对外经贸发展速度较快、经贸活动较为频繁的情况，来通过对基础设施、能源开发、投资贸易等多方面活动进行相互融合，以满足前线国家（地区）对于自身经济体制建设及基础设施建设的产业结构调整。可以说，"一带一路"倡议不仅就多国家、多产业类型结合的资源保障体系及产业分工体系进行构建，且自身倡议覆盖具有较高的广泛度，对能源、经贸、金融、交通、电力等多行业领域存在着协调建设，且加强"一带一路"背景下的多行业领域合作同样能够促进多国之间相同产业的经验共享以及相互支撑扶持，有利于经济共同体的建设。

自 2015 年以来，我国对于"一带一路"倡议发展的重要性认知不断加深，"一带一路"相关产业发展以及战略实行工作也随之有序进行。2015 年 3 月，在亚洲博鳌论坛中，国家主席习近平就"一带一路"发展倡议进行了相关演讲。其中，"一带一路"倡议建设的愿景以及相关文件得以制定，同年，我国发改委以及外交部、商务部就"一带一路"倡议发展的相关文件内容制定了"推动共建丝绸之路经济带以及 21 世纪海上丝绸之路的愿景与行动"。

截至目前，我国与“一带一路”相关国家及地区的经济贸易活动频率依旧在不断加强着，与“一带一路”相关的国家及地区受这一政策的扶持，自身双边贸易额度不断增长的同时，出口额度也在逐年提升。可以说，“一带一路”倡议作为双赢的发展倡议之一，使得我国对外贸易频率不断提升，与对外贸易相关的行业类型，诸如电商以及跨境电商物流行业，也面临着前所未有的发展机遇。就此看来，“一带一路”背景下的跨境电商物流体系建设具有较为重要的实际意义，对于我国对外经贸相关倡议的实施存在着较高的协同价值。

由于“一带一路”倡议发展进程不断加深，我国跨境电商作为电子商务产业的发展趋势之一，需要在物流途径上得到相关建设，因此跨境电商物流是我国物流业发展现阶段的主要问题所在。伴随着跨境电商贸易频率的逐步提升，我国对于跨境电商物流体系建设的实际需求还将增长。就此看来，对我国传统跨境电商物流体系中存在的弊端进行革新建设，不仅有利于我国物流产业及相关产业的实际发展，而且符合我国“一带一路”倡议落实过程中的实际需求。现阶段，我国跨境电商物流与实际电商需求依旧存在着不匹配的情况，主要体现在以下方面。

（一）跨境物流体系不合理

跨境物流体系中的不合理之处主要体现在了跨境物流的基础设施相对不完善问题上。由于跨境电商物流不同于我国传统物流体系，流程复杂且自身运输过程中存在着诸多的实际制约因素，因此就跨境电商物流体系的构建问题来看，想要实现物流体系的高效率建设需要具备相应的高效管理机制以及引进新型的物流相关设备。目前，我国跨境电商物流的发展时间相对较短，经验不足的现状与跨境物流的体系建设协调发展较为违和。同时，跨境海运、空运等基础设施相对薄弱，需要相关建设人员对配套设施的建设工作加大重视程度，满足我国跨境电商物流体系协调发展的实际需求。

（二）跨境电商物流体系构建信息化程度较低

跨境物流中境外物流不同于我国传统境内物流，在实际信息化建设上依旧存在着诸多不足。虽然我国境内物流存在着较高的实际信息化程度，对订单的运输情况等信息能够实时跟踪；但在面对境外运输时，物流体系的实际信息化建设便不足以对信息跟踪等需求进行满足。就此看来，我国跨境电商物流体系的实际建设依旧需要对多元化的信息查询需求进行满足，并在实际建设过程中对跨境商务交流以及物流信息技术之间的实际合作进行加强。目前，欧美国家对于跨境电商物流具备着较为完善的实际经验，我国相关的跨境电商物流体系建设工作者在实际工作过程中也应当对国外先进经验加以吸收利用，对自身实际跨境电商物流体系建设中存在的不足进行弥补。

（三）跨境物流相关人才匮乏

跨境电商物流作为近年来“一带一路”倡议背景下的全新问题，对于人才方面的需求也是传统电商及物流行业中所不存在的。现如今，跨境电商物流背景下的相关人才应当同时具备对于传统物流行业的认知以及对于电商跨境贸易环境下相关知识的掌握，才能够在跨境电商物流体系建设中发挥人才的实际职能。相关的高校及职业院校应当加强对这一人才培养目的的认识，对人才的培养机制以及培养内容加强相关建设工作，就实际需求进行人才输出模式的改进。只有加强进行实际物流工作的企业单位与院校之间的实际合作，才能够在人才培养中为“一带一路”背景下的跨境电商物流体系建设的实际人才需求进行具有针对性的满足。

“一带一路”背景下的我国跨境电商物流体系建设作为我国电子商务行业发展过程中的一大全新问题，在实际发展过程中依旧存在着诸多不足。想要在建设工作中对实际需求进行满足，并有效加强我国“一带一路”背景下跨境电商物流相关行业的具体发展，还需要相关研究人员对这一问题保持持续性的探讨、研究。

第四节 本章配套案例

一、跨境包装处理

（一）任务描述

杭州拓扬贸易有限公司的客服人员王萌萌发现其在速卖通平台上的店铺多了一票订单，来自美国的 John Paul 购买了一款公司之前刚上架的鼠标。恰逢圣诞期间，该产品促销出售，目前售价 15.9 美元。

接下来，客服人员就要向仓库发货人员下达相关发货指令。在商品发货前，必须要做以下事情。

（二）任务实施

1. 确定包装材料

由于鼠标体型较小且又是电子产品，如图 1-9 所示，所以在选择瓦楞纸箱时，应该考虑受力度更高的材料。与聚苯乙烯只能承受一次的冲撞力相比，聚乙烯和聚氨基甲酸酯的材质有较高的受力度。因为这些材质不仅薄、力度强，相对可以消耗较少的量来达到包装的效果，并节省运费。

易碎的商品一定要使用聚苯乙烯填充粒子或是气泡纸来包装。有必要时可以使用双层包装。考虑到鼠标属于电子产品，又是跨境运输，所以应该在包装后的商品中间加入填充泡绵，避免移动中相互碰撞。最后在箱子的外面一定要注明“易碎”的标示，如图 1-10 所示。

图 1-9　鼠标

图 1-10　包装标示

2. 确定包装箱的尺寸

过大的箱子会造成较高运费以及填充物的浪费。大小合适的箱子可以减少商品与箱子之间的碰撞。挑选适合的箱子非常重要。

该案例中的鼠标属于小商品的范围，一般选择 12 号（130 毫米×80 毫米×90 毫米）纸箱。这类型的纸箱一般适用于比较小型的物品，如图 1-11 所示。

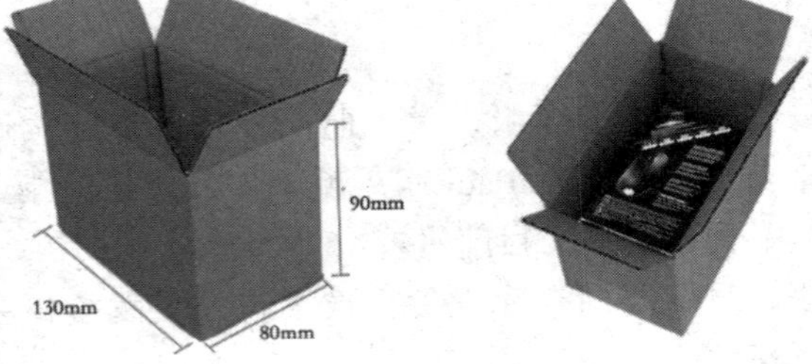

图 1-11　包装箱

3. 商品包装

对消费者来说，因运输过程中的失误而收到一个损毁的商品是件非常懊恼的事，尤其是节日或是生日礼物，让买家更是难以接受。在不同的节日中，像是生日、纪念日或是圣诞节这类的特殊节日，商家除了要更加重视商品能够按时送达以外，更要留意到商品被收到时的品质一定要是完好的。所以最好多花点心思将商品包装好，包装得漂亮点，如图 1-12 所示。有时对于小细节的重视会让顾客对你的服务更加满意。

要是恰逢圣诞节或其他节假日期间，电商服务人员可以多花点心思，比如在进行内部包装时，可以用彩带打一个漂亮的蝴蝶结，再或者纸箱发货时附赠一张“圣诞快乐”的节日卡片。

图 1-12　内部包装

4. 打印标签

由于跨境物流运输公司不能直接识别发货人发的货物到底是什么，所以这就需要发货人事先对要发送的货物进行贴标操作，也就是在货物的包裹上贴上条形码。

通常对发货标签，我们需要通过热敏打印机进行打印。打印效果如图 1-13 所示。

图 1-13　标签打印

5. 再次确认发货地址

确认正确的运送地址是最基本的，但也是最容易出错的。最好在外箱上加上清楚的退货地址（见图 1-14）。地址应该要能够依附在或是直接写在外箱上面。最好是使用油性笔来书写。如果写错的话可以比较容易察觉并作修正。这也能够避免因为雨水模糊地址的问题或标签皱褶看不清楚。

千万别在盒子外用任何的纸来包装，因为纸很容易在运输过程中被撕破而掉落，造成商品的遗失。最好再加上邮政编码，使商品更快送到顾客的手中。

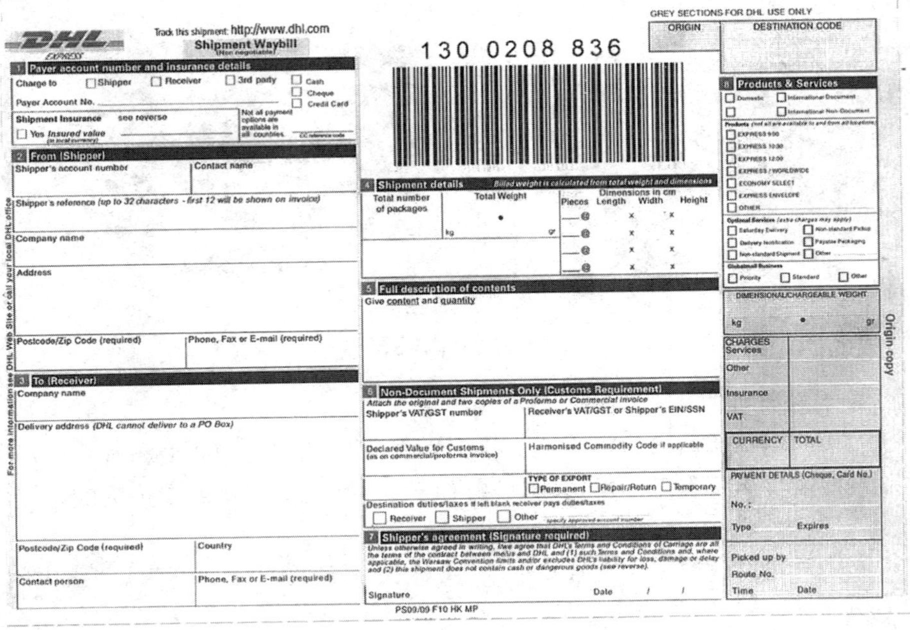

DHL EXPRESS
Track this shipment: http://www.dhl.com
Shipment Waybill (Non negotiable)
130 0208 836
GREY SECTIONS FOR DHL USE ONLY
ORIGIN | DESTINATION CODE

1 Payer account number and insurance details
Charge to: Shipper / Receiver / 3rd party / Cash / Cheque / Credit Card
Payer Account No.
Shipment Insurance: see reverse
Yes Insured value (in local currency)
Not all payment options are available in all countries

2 From (Shipper)
Shipper's account number | Contact name
Shipper's reference (up to 32 characters - first 12 will be shown on invoice)
Company name
Address
Postcode/Zip Code (required) | Phone, Fax or E-mail (required)

3 To (Receiver)
Company name
Delivery address (DHL cannot deliver to a PO Box)
Postcode/Zip Code (required) | Country
Contact person | Phone, Fax or E-mail (required)

For more information see DHL Web Site or call your local DHL office

4 Shipment details
Total number of packages | Total Weight (kg, gr) | Pieces | Dimensions in cm: Length × Width × Height

5 Full description of contents
Give content and quantity

6 Non-Document Shipments Only (Customs Requirement)
Attach the original and two copies of a Proforma or Commercial invoice
Shipper's VAT/GST number | Receiver's VAT/GST or Shipper's EIN/SSN
Declared Value for Customs (as on commercial/proforma invoice) | Harmonised Commodity Code if applicable
TYPE OF EXPORT: Permanent / Repair/Return / Temporary
Destination duties/taxes if left blank receiver pays duties/taxes: Receiver / Shipper / Other

7 Shipper's agreement (Signature required)
Signature | Date

8 Products & Services
Domestic / International Document / International Non-Document
EXPRESS 9:00 / EXPRESS 10:30 / EXPRESS 12:00 / EXPRESS WORLDWIDE / ECONOMY SELECT / EXPRESS ENVELOPE / OTHER
Optional Services (extra charges may apply)
DIMENSIONAL/CHARGEABLE WEIGHT (kg, gr)
CHARGES: Services / Other / Insurance / VAT
CURRENCY | TOTAL
PAYMENT DETAILS (Cheque, Card No.): No., Type, Expires
Picked up by / Route No. / Time / Date
Origin copy

PS09/09 F10 HK MP

图 1-14 单据确认

二、跨境运单填制

（一）任务描述

张雨是某跨境电商公司的电商专员，该公司在某跨境电商平台开设了一个店铺。某天一位来自美国的顾客 John 在该平台上订购了一双鞋子，具体地址是 623 West End Avenue，Unit 4-A New York，NY 10024，并选择用 UPS 的方式进行快递。

（二）任务实施

第一步：收集运单内所需要填写的信息，如图 1-15 所示，具体信息包含以下几点。

（1）发货方信息：包含姓名、电话、地址。

（2）收件人信息：VAT 码、姓名、电话、公司名及详细地址、邮编、国家。

（3）账单及税务信息：支付费用方、支付税金方。

（4）服务级别信息。

（5）运输信息：货物品名、数量、海关申报价值。

（6）货物原产国或原厂家信息。

（7）装运时间及承运人签名。

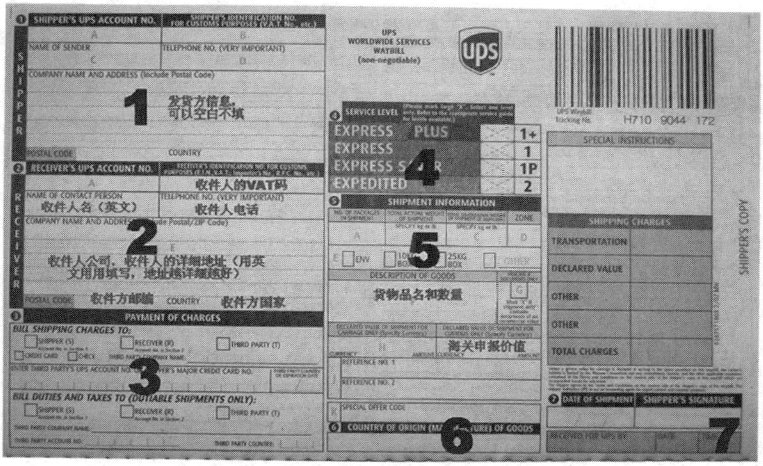

图 1-15　单据样式

第二步：填写 UPS 快递单收件人（寄件人）信息区，如图 1-16 所示。

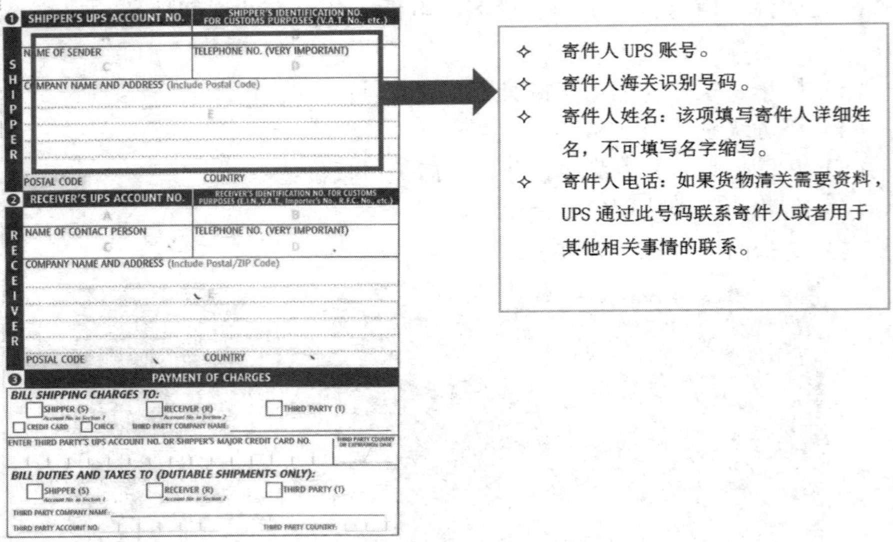

图 1-16　寄件人信息填写

第三步：填写 UPS 快递单的收件人信息区，如图 1-17 所示。

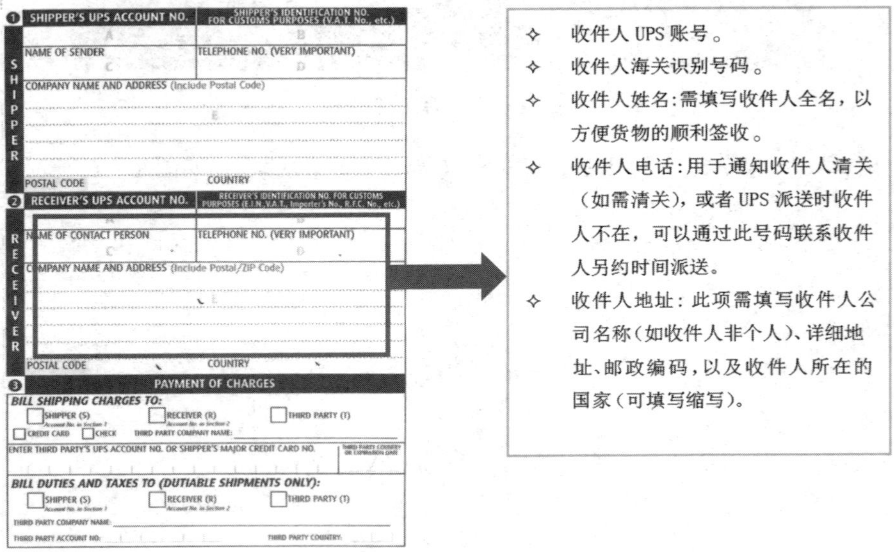

图 1-17　收件人信息填写

第四步：填写付款选项区，如图 1-18 所示。

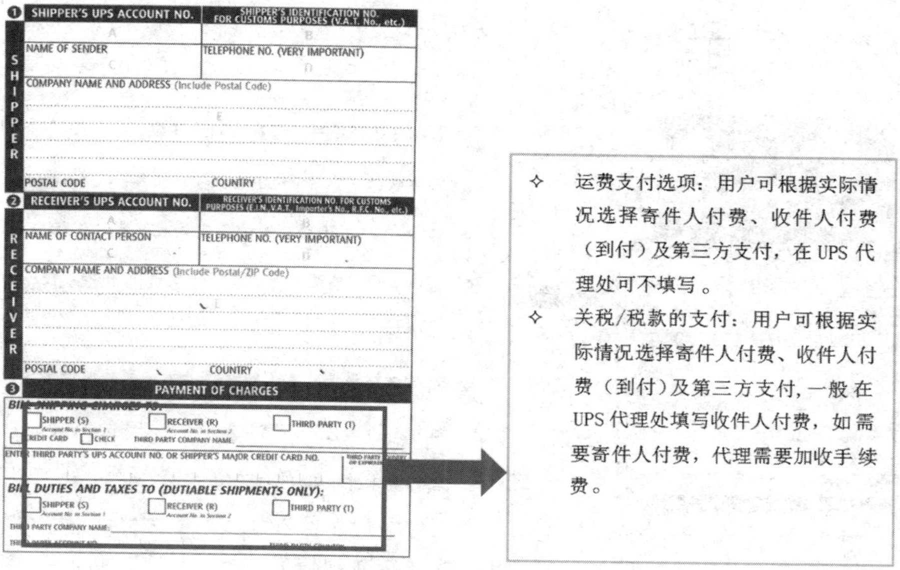

图 1–18　付款选项填写

第五步：填写 UPS 快递单的服务类别选项，如图 1–19 所示。

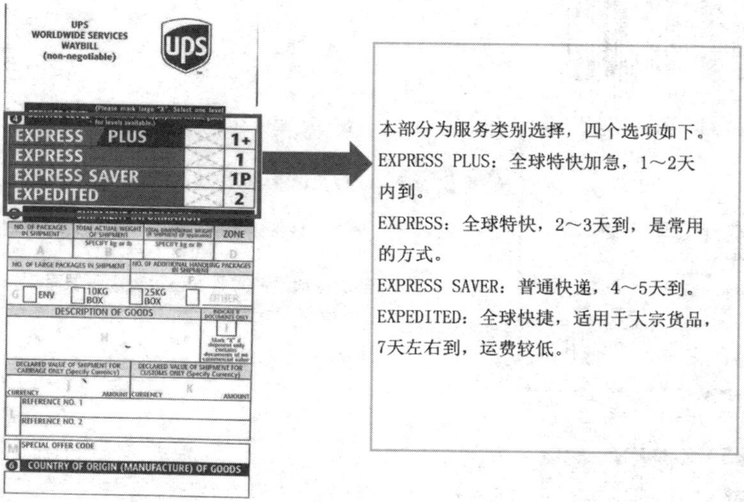

图 1–19　快递单类别填写

第六步：填写 UPS 快递单的装运资料，如图 1–20 所示。

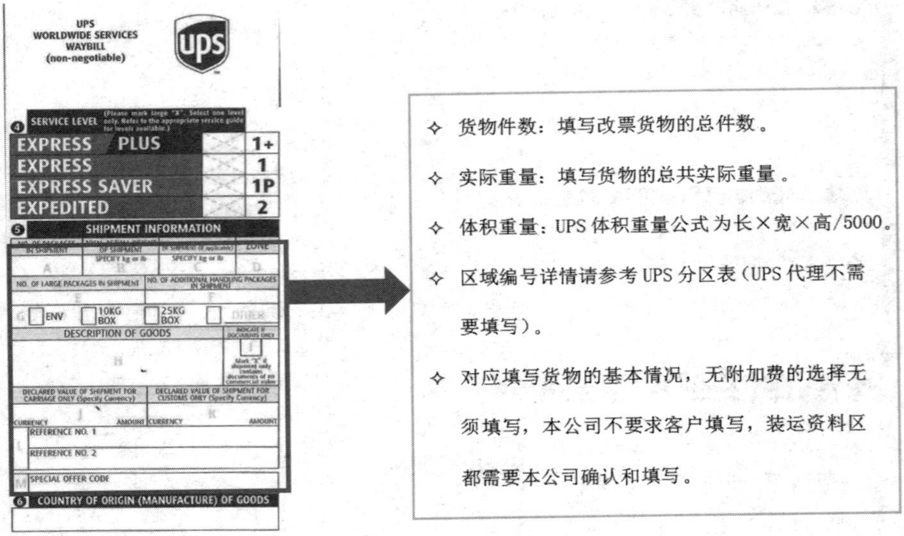

图 1-20　快递单装运资料填写

第七步：填写 UPS 快递单的货物说明区，如图 1-21 所示。

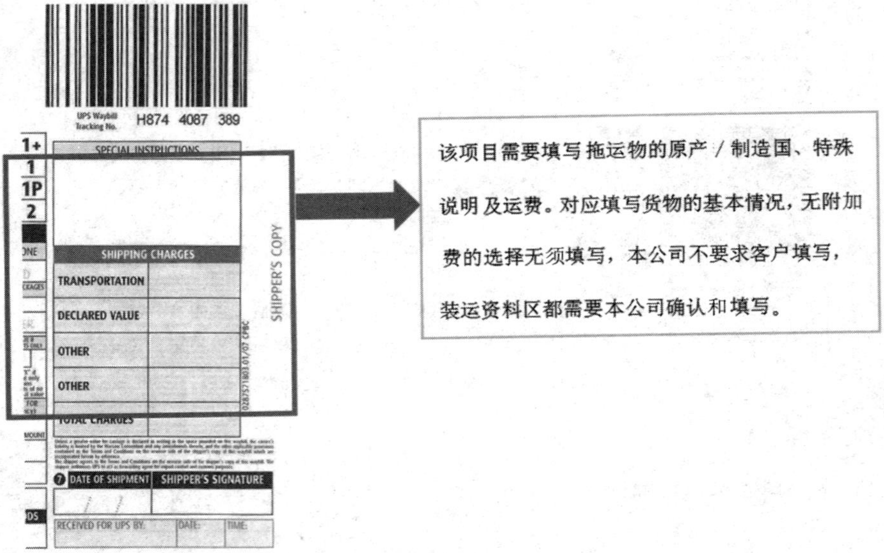

图 1-21　快递单货物说明区填写

第八步：填写 UPS 快递单的寄件人签名区，如图 1-22 所示。

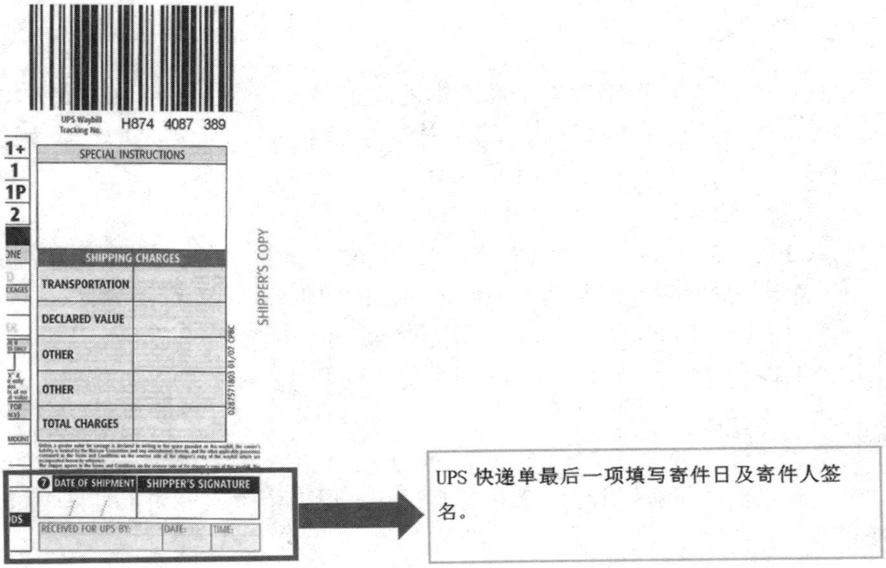

图 1-22　寄件人签名

第五节 本章练习

一、判断题

1. 一般我们指的跨境电商是指广义的跨境电商，不仅包含 B2B，还包括 B2C 部分，不仅包括跨境电商 B2B 中通过跨境交易平台实现的线上成交的部分，还包括跨境电商 B2B 中通过互联网渠道线上进行交易、撮合线下实现成交的部分。(　　)

2. 跨境电商交易环节复杂（生产商—贸易商—进口商—批发商—零售商—消费者），涉及中间商众多。(　　)

3. 跨境电商缩短了对外贸易的中间环节，提升了进出口贸易的效率，为小微企业提供了新的机会。(　　)

4. 阿里巴巴旗下的一达通是跨境电子商务第三方外贸服务平台企业。(　　)

5. 目前，跨境电商人才供应很充裕。(　　)

二、单选题

1.（　　）在整个跨境电子商务中的比重最大，约占整个电子商务出口的90%。（　　）虽只占跨境电子商务总量的10%左右，但却是增长最为迅速的部分。

A. B2B，B2C　　B. B2C，B2B

C. C2C，B2B　　D. B2G，G2B

2. 确定付款时间和交货地点是哪个岗位的职责？（　　）

A. 建站与后台维护　　B. 询盘转换订单

C. 订单操作与单证　　D. 生产安排与跟单管理

三、多选题

1. 和传统国际贸易相比，跨境电子商务呈现出传统国际贸易所不具备的以下特征。（　　）

A. 多边化　　B. 小批量　　C. 高频度　　D. 透明化　　E. 数字化

2. 为什么要做跨境电商？（　　）

A. 有利于传统外贸企业转型升级

B. 缩短了对外贸易的中间环节

C. 为小微企业提供了新的机会

D. 促进产业结构升级

E. 有利于中国制造应对全球贸易新格局

3. 跨境电商参与主体有哪些？（　　）

A. 通过第三方平台进行跨境电商经营的企业和个人

B. 跨境电子商务的第三方平台

C. 物流企业

D. 支付企业

四、简答题

1. 简单叙述跨境物流的基本过程。

2. 简单叙述国内跨境电商的基本发展过程。

3. 在跨境电商环境下，国际物流有哪些基本模式？

第二章　跨境电商物流系统及系统规划

【学习目标】

本章旨在让学习者了解跨境电子商务物流系统及系统规划的基础知识，通过本章的学习，能够：

1. 掌握跨境电商物流系统的基本构成；
2. 掌握跨境电商物流系统规划的基本内容；
3. 了解跨境电商物流系统规划的基本方法。

【本章重点】

本章将着重介绍跨境电商物流系统的基本定义与基本功能，阐述跨境电商物流系统的主要构成要素和跨境电商物流系统规划的基本内容，就几个典型的跨境电商物流规划系统问题进行分析。

【基本概念】

物流系统，跨境电商物流系统，跨境电商物流系统规划

【建议学习时间】

2~3 课时

第一节 跨境电商物流系统的定义与基本功能

一、跨境电商物流系统的定义

物流系统是指在一定时间和空间里，由所需位移与服务的物、提供服务的设备（含包装设备、装卸搬运机械、运输工具、仓储设施）、组织服务的人和信息等若干相互制约的动态要素所构成的具有特定功能的有机整体。

物流系统是由运输、储存、包装、装卸、搬运、配送、流通加工、信息处理等子系统组成的复杂大系统。系统输入的是运输、储存、搬运、装卸、包装、物流信息、流通加工等环节所消耗的人力、设备、材料等资源，经过处理转化，变成全系统的输出即物流服务。

跨境电商物流系统是对跨境电商环境下的物流信息进行采集、处理、分析、应用、存储和传播的集成过程。在这个过程中，企业需要对跨境电商物流信息活动的各个要素（人、财、物、技术、工具、设备等）进行管理。

跨境电商物流系统管理用系统化和集成化观念来处理企业经营管理中的各种问题，以达到企业的最优化目标。

当前，跨境电子商务企业大多使用跨境电子商务 ERP（Enterprises Resources Planning）系统来对企业运营业务进行管理。

跨境电子商务 ERP 系统把传统 ERP 系统中的采购、生产、销售、库存管理等物流及资金流模块与电子商务中的网上采购、网上销售、资金支付等模块整合在一起，以电子技术为手段，以商务为核心，打破国家与地区有形与无形的壁垒，让企业从传统的注重内部资源管理利用转向注重外部资源管理利用，从企业内的业务集成转向企业间的业务协同。

二、跨境电商物流系统的基本功能

跨境电商 ERP 系统需要符合企业的实际运营流程，将主要的业务流程电子化、信息化，并且在信息化的过程中，实现对各项业务的量化评价，为企业经营提供直观全面的信息指导，并辅助经营者调整经营策略。企业的日常工作流程中主要有以下角色。

1. 供应商：负责制造或提供商品，保证商品质量；提交新品信息，进行产能上报。

2. 采购人员：负责按照系统订单数据进行产品采购，并对收到的产品进行核对与质检。

3. 运维人员：负责根据销售数据进行销售策略的调整，及时在系统中进行预报，对交货有风险的产品进行下架或限制出售等处理。

4. 销售人员：负责将销售平台的订单数据和其他相关信息录入企业内部的系统，并根据市场信息进行产品开发。

5. 仓储人员：负责将采购的产品进行入库，根据订单对产品进行分拣出库、日常的产品盘点、损耗上报。

6. 物流人员；根据订单核对出库产品并进行打包，录入物流信息，跟踪物流信息。

7. 财务人员：负责企业的财务相关工作，并且根据各个平台中的订单数据核算企业收入及人员提成。

8. 经营决策者：根据公司日常的上报数据进行经营决策。主要通过查看系统的报表来获取企业运行的实时状况。

9. 系统管理员：维护 ERP 系统的正常运行和系统权限管理。

系统的主要管理模块除供应商产品管理和物流渠道管理以外，便是进销存管理模块，其主要包括三个工作流程。

采购流程：采购人员根据采购单在供应商数据中找到采购渠道，下订单给供应商后，需要将采购信息及物流信息记录下来，根据货物的物流信息和货物匹配采购单，每天收取到货，并对货物进行质检，记录质检信息，根据质检信息要求供应商对不合格产品进行退换，对质检合格的产品进行入库操作。仓储人员根据仓库区域分布，将物品入库，并将入库信息记录下来。流程如图 2-1 所示。

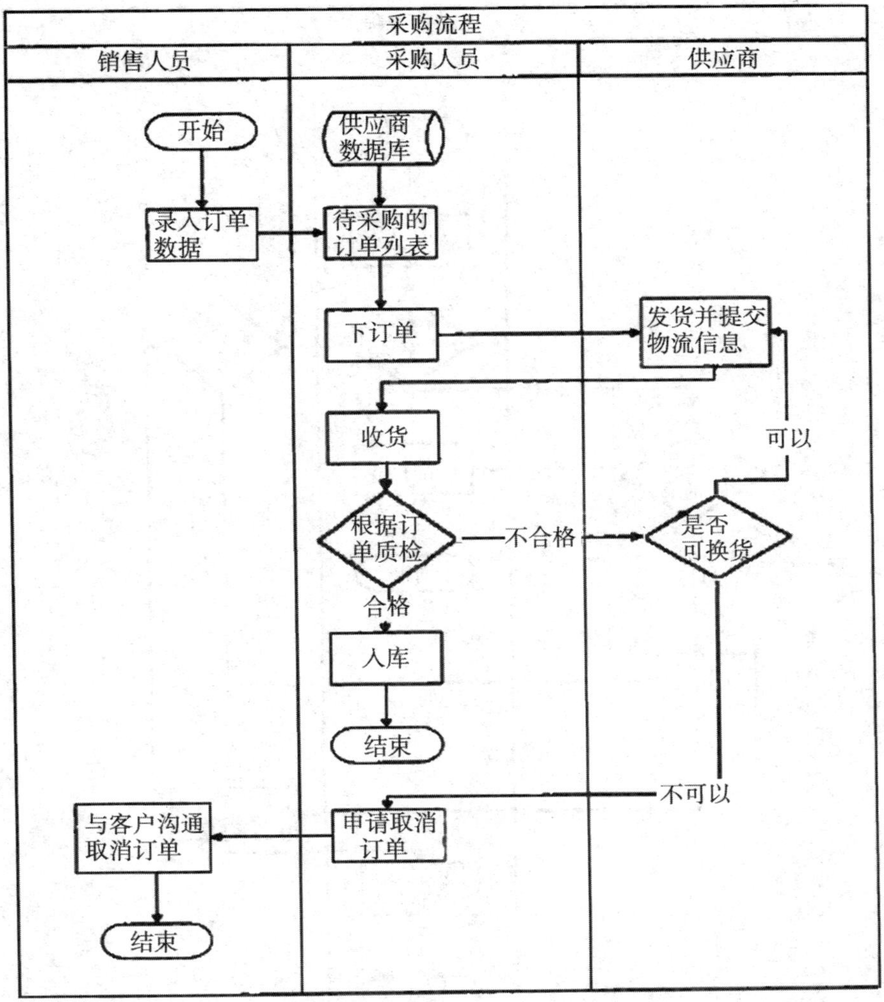

图 2-1　采购流程图

销售流程：销售人员将订单数据从第三方电商平台导出，将订单数据的外部编码和内部编码进行转换，并将订单数据与供应商的产品数据进行匹配。如果匹配不成功，则对订单中的产品进行确认；如果产品已经无法采购，则将订单取消；如果匹配成功，则将订单数据与仓储数据进行匹配；如果有现成的存货，则将订单交于仓储人员进行配货发送，否则将订单数据交于采购人员进行采购。过程如图 2-2 所示。

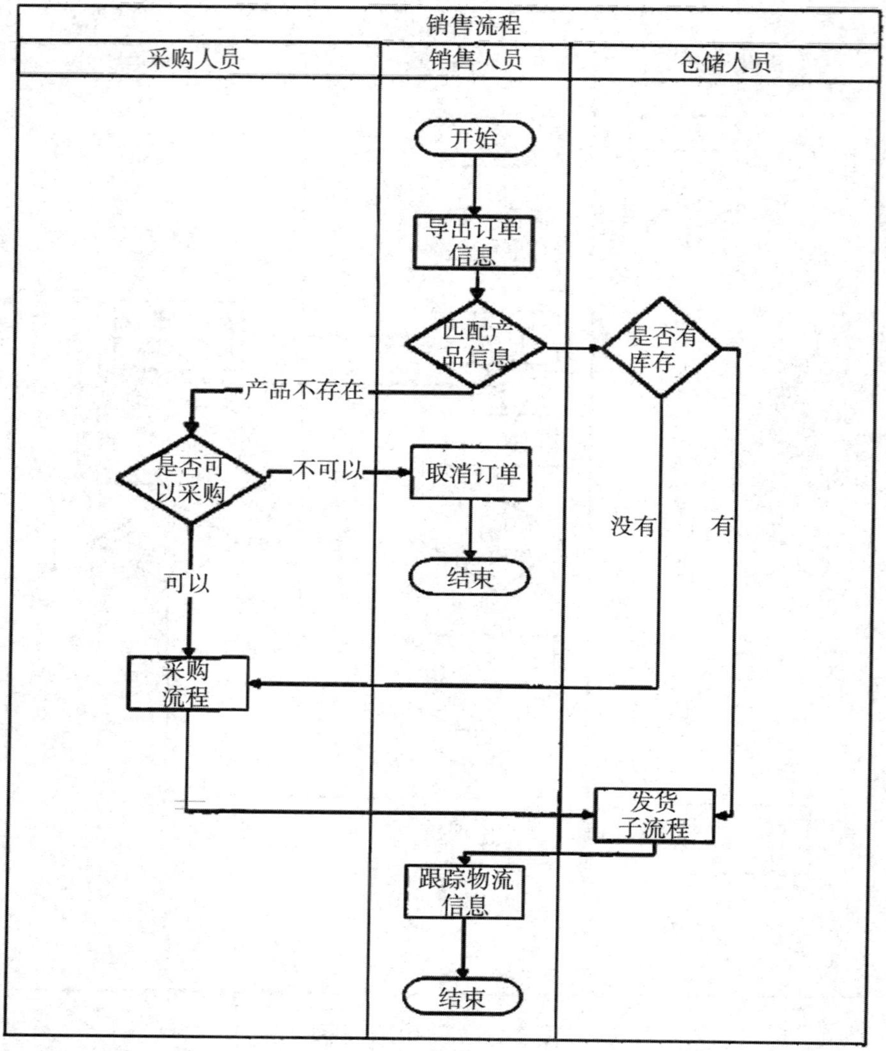

图 2-2　销售流程图

发货流程：仓储人员将订单与拣货篮号绑定，并根据订单中的商品信息将其从仓库中拣出放入拣货篮，并配好相应的包装物料进行称重，然后将产品的重量数据输入系统以备预估物流费用，再将产品出库并将拣货篮送达物流部，然后物流人员根据拣货篮的编号获取订单信息，根据订单信息核对产品，并将产品按照订单要求进行打包，并选择合适的物流渠道将货物投递。流程如图 2-3 所示。

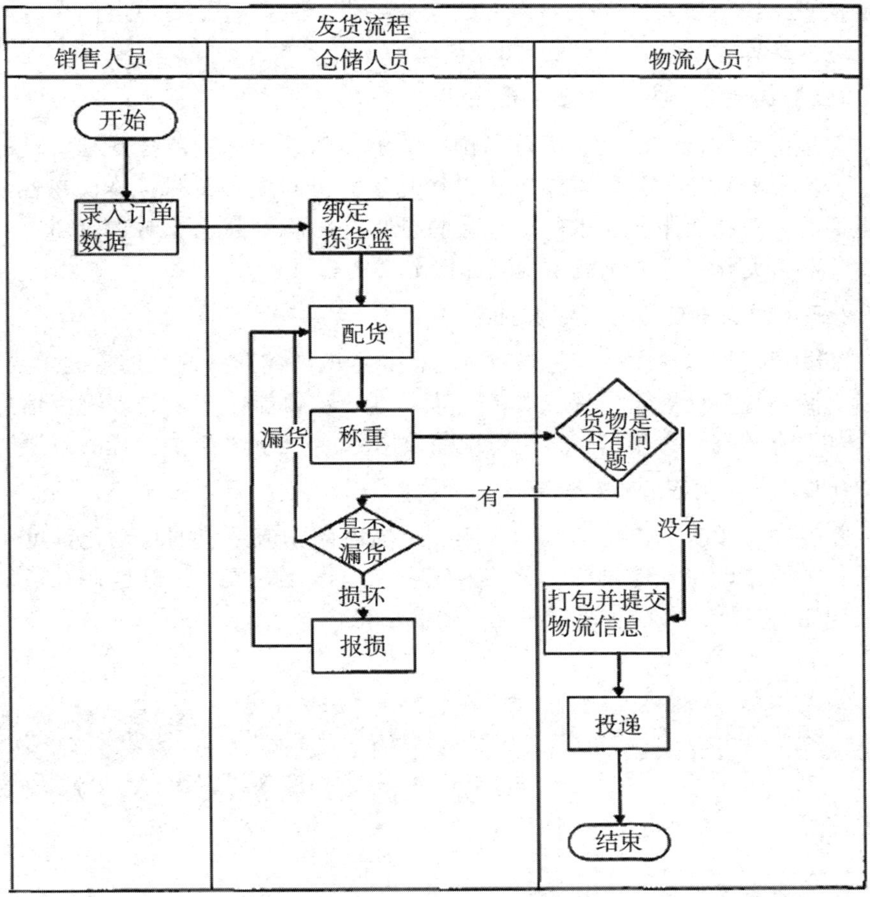

图 2-3 发货流程图

根据跨境电商公司物流的实际业务和需求，整个系统的功能总共分为供应商管理、采购管理、销售管理、仓储管理、运维管理、物流管理、物料管理、资产管理、用户管理、人力资源管理、财务管理等模块。

三、跨境电商物流系统的特点

随着物流信息化不断增强，人工智能在跨境物流中的应用不断深化，跨境电商物流系统呈现出以下特点。

（一）物流信息量更大、综合性更强

跨境电商交易跨境、跨平台，物流信息量变得更加多元化，需要跨境电商物流系统具备更大的数据处理能力和对多元信息的综合处理能力。对应的

物流信息系统不仅要满足企业内部的作业要求，也要满足跨境电商企业对区域性仓库的库存管理及订单处理的需求。

（二）专业定制化能力要求更高

跨境电商物流中很大一部分是国际物流，随着国际物流技术和管理的发展，跨境电商物流的各种运输方式更加趋于完善和成熟，并且体现在各个跨境电商企业对物流服务需求的个性化特征上。跨境电商企业对物流需求更加碎片化和多元化，需要物流系统能提供定制化的服务。

（三）对决策支持功能要求更高

随着数据技术的发展，越来越多的企业意识到数据挖掘和信息的重要性。跨境电商物流系统不仅要提供物流管理功能，还要能搜集、处理物流信息数据（如库存数据、订单信息、包裹跟踪数据等），为企业提供管理决策依据。

（四）自动化程度不断提高

随着人工智能在物流领域的应用，跨境电商物流系统的自动化程度不断提高，主要体现在仓储设施、分拣系统、配送作业等领域，这也促进了信息搜集功能的发展，可以实时搜集更多物流信息。

第二节 跨境电商物流系统的构成要素

一、物流系统的环境因素

物流系统总是处于一定的内部和外部环境中的，它受环境中各个因素的影响与限制，只有在适应环境的情况下采取相应的措施才能够发展。

（一）内部环境

内部环境主要指企业内部功能组织结构，物流系统要适应企业内部组织结构的需求，主要包括以下内容。

1. 销售系统

销售系统是企业采用计划、执行、控制的方法，进行调查、分析、预测、产品发展、定价、推广、交易、实体配销等活动，以便能挖掘、扩大及满足社会各阶层的需要，从而获得利益的一系列活动的系统。

2. 采购系统

电子商务企业需要从不同供应商处采购符合消费者偏好和需求的产品，

由采购引发的一系列活动构成采购系统。采购系统主要包括供应商选择与关系管理、采购流程制订、采购计划制订、采购人员管理等。

3. 财务系统

电子商务企业的财务系统支持销售、采购等物流活动，主要包括投资决策、资金结构、融资决策等。

（二）外部环境

不同的企业拥有不同的资源和能力，有些资源和能力使企业能够选择并实施能创造价值的战略，形成竞争优势。进行企业内部条件分析的目的就是通过对企业资源和能力的分析，找出自身的优势和弱点，特别是明确作为企业竞争优势根源和基础的“特异”能力。

外部环境的分析结果用来明确企业可能的选择，即有可能做什么；而内部条件的分析结果则明确企业能够做什么。因此，只有把物流企业的内部条件与外部环境结合起来，才能最后确定物流企业应该做什么。

企业物流的外部环境指存在于企业之外，对物流企业活动的开展产生决定性影响的各种因素的总和。物流系统的外部环境因素主要包括以下六个方面。

1. 政治因素（Political）

政治因素是指对组织经营活动具有实际与潜在影响的政治力量和有关的政策、法律及法规等因素。政治环境包括政治制度、政党制度、政府治国的重大方针政策、政治性社团组织的地位和作用等。具体到物流行业，我国政府经济管理部门作为宏观物流管理的主体，近年来在物流规划、物流政策制定等方面发挥着积极的作用。

基本的政治因素有政府的管制和管制解除，政府采购规模和政策，特种关税，财政政策和货币政策的变化，特殊的地方及行业规定，世界原油、货币及劳动力市场，进出口限制，他国的政治条件等。

2. 经济因素（Economic）

经济因素是指组织外部的经济结构、产业布局、资源状况、经济发展水平及未来的经济走势等。企业在制定物流战略时，须考虑以下几方面的变化。

（1）生产力的发展推动着企业物流的发展。

（2）市场经济体制的建立加快了企业物流的发展。

（3）工商企业不断壮大发展，创造了对物流服务的新需求，引导和促进了企业物流的发展。

（4）我国经济及产业结构正处于震荡和面临调整及整合的历史时期。

基本的经济因素有经济转型，进出口因素，地区间的收入和销售消费习惯差别，劳动力及资本输出，财政政策，可支配的收入水平，经营规模经济，居民的消费趋势，通货膨胀率，货币市场利率，汇率，国民生产总值变化趋势等。

3. 社会因素（Social）

社会因素是指组织所在社会中成员的历史发展、文化传统、价值观念、教育水平及风俗习惯等因素。社会文化在现代市场经济发展进程中不断变迁和发展，促进整个社会文化的结构重组，形成企业物流发展的新的社会基础和文化影响，为物流发展提供新的环境动力。

基本的社会因素有国家和企业市场人口的变化，生活方式，公众道德观念，对环境污染的态度，社会责任，收入差距，人均收入，价值观，审美观，对售后服务的态度等。

4. 技术因素（Technological）

技术因素不仅仅包括那些引起革命性变化的发明，还包括与企业生产有关的新技术、新工艺、新材料的出现和发展趋势及应用前景。技术因素包括国家科学技术政策、措施、经费，企业所处产业的研究与开发投入情况，技术创新体制及其奖励政策，知识产权及专利的保护，科学技术产业化动态及信息与电子技术发展可能带来生产效率提高的前景等因素。

企业在制订物流战略时，须考虑以下几个问题。

（1）现代科技带给企业物流的新的发展机会和发展动力。

（2）现代科技提高了企业物流管理水平。

（3）现代科技促进了企业物流装备的现代化发展。

基本的技术因素包括企业在生产经营中使用的技术，这些技术对企业的重要程度，上述的外部技术中至关重要的技术，这些技术最近的发展动向，掌握最新的技术动态的企业，企业对以往的关键技术曾进行过的投资，企业技术水平和竞争对手技术水平的对比，公司的技术对企业竞争地位的影响及对企业的经营战略的影响等。

5. 环境因素（Environmental）

环境因素是组织的活动、产品或服务中能与环境发生相互作用的要素。环境因素主要包括企业概况，该行业与相关行业发展趋势，对相关行业的影响，对其他行业的影响，对非产业环境的影响，媒体关注程度，可持续发展的空间，全球相关行业的发展等。

6. 法律因素（Legal）

法律因素是组织外部的法律、法规、司法状况和公民法律意识所组成的综合系统因素。基本的法律因素包括世界性公约、条款，基本法（宪法、民法），劳动保护法，公司法和合同法，行业竞争法，环境保护法，消费者权益保护法，行业公约等。

二、跨境电商物流系统构成的一般要素

（一）物质基础要素

跨境电商物流系统是建立在物流设施、物流技术设备、运输设备与工具、信息技术及网络的基础上的。以下几个部分是不可或缺的跨境电商物流系统的物质基础要素。

1. 物流设施

物流设施是指从事物流活动所需的物质空间的集聚体，包括物流园区、物流中心、配送中心及其内部的仓库、道路、停车场等。物流设施具有空间固定性，是物流系统的空间基础要素。

2. 物流技术装备

物流技术装备是指从事物流活动的各种工具、机器设备与技术的总称，包括仓库货架、进出库设备、配送车辆、装卸机械、冷藏设备、流通加工设备、包装设备等。物流技术装备不具有空间固定性，是物流系统的运营要素。

3. 运输设备与工具

运输设备与工具是指综合运输与配送、传输系统的总称，其包括车站线路桥梁隧道等固定设施，汽车、船舶、飞机等移动设备，交通运输组织管理方式等。运输设备与工具常常形成特定的通道和节点，是物流系统的物理设备基础要素。

4. 信息技术及网络

信息技术及网络是指采集和传递、处理物流信息的信息技术、设备、系统的总称，包括信息技术、通信设备和线路、计算机及网络、信息管理系统等，是物流信息系统的基础要素。

（二）物流系统的支撑要素

物流系统的支撑要素包括硬件支撑要素和软件支撑要素。

1. 硬件支撑要素

硬件支撑要素指具有物质基础特征的支撑体系，具有实物表现形式，包括交通运输系统和信息技术及其系统。

（1）交通运输系统：铁路线网、公路网、水运航线网、管道网、航空线网及列车、车辆、船舶、飞机等运输设备。

（2）信息技术与系统：物流信息平台、全球卫星定位系统（GPS）、地理

信息系统（GIS）、条形码、无线射频识别技术（RFID）等信息手段。

2. 软件支撑要素

软件支撑要素是指不具有实物表现形态但能实现对物流系统进行管理、规范化等作用的要素，如制度、法律、规章制度、体制、标准等。

（1）体制和制度：物流系统的体制和制度决定物流系统的结构、组织、领导、管理方式，体制和制度是物流系统的重要保障，有了这个支撑条件，物流系统才能确立其在宏观经济和微观经济中的地位。

（2）法律和规章：物流系统的运行不可避免会涉及企业或人的权益问题。法律和规章一方面限制和规范物流系统的活动，使之与更大的系统协调；另一方面是给予保障，合同的执行、权益的划分、责任的确定都需要靠法律、规章维系。

（3）规范和标准：物流环节的协调运行需要统一、规范的技术标准、作业标准、支撑体系，这些规范与标准是物流系统与其他系统在技术上进行区别的重要特征。

三、跨境电商物流系统构成的功能要素

跨境电商物流系统应具备支持跨境交易的物流服务的相关功能。这些功能要素主要包括：

（一）订单管理子系统

能够与主流跨境电商平台、自建站平台连接，支持线下订单导入和创建等功能；在系统智能化方面，能实现自动分仓、自动审单、标记发货及监控、发货超时提醒；能提供多种订单状态，满足客户日常处理订单的所有需求，无缝对接仓配系统，一键智能发货；能支持设置买家黑名单、试算订单利润，提前规避卖家损失。

（二）客户服务管理子系统

支持与 eBay、Amazon、速卖通、Wish 等平台的消息和邮件的提取和发送；能针对不同场景设置自动发信功能；能支持取消订单申请、退换货、纠纷处理等售后服务；能支持客户数据维护和营销；能支持客户服务任务分派及任务完成统计。

（三）产品管理子系统

具有完善的产品资料库，能自定义开发流程；能支持产品资料导入和导出、自定义产品属性、批量更新产品属性；能连接刊登系统，支持产品资料推送到刊登系统。

（四）采购管理子系统

能支持智能的采购补货逻辑，保证不缺货、不断货；具有适配度高的采购模式，能支持亚马逊、eBay、速卖通等多种不同场景；支持采购、主管、仓库、财务多个角色参与，确保采购的及时和准确；具有采购异常实时统计，方便考核筛选优质的供应商。

（五）入库管理子系统

具有完善的收货、质检、上架流程，能支持先质检、后收货；支持收货后直接上架；记录整个收货、质检、上架详情；仓库可以通过订单号、物流单号直接退件入库。

（六）仓库管理子系统

支持 SKU 维度和仓库维度查询库存；具有服务商库存快照对比，直接同步服务商仓库库存；支持仓库之间的库存调拨。

（七）出库管理子系统

具有多样化出货类型，能高效分拣出货；能处理出货异常、交接班记录，异常处理跟进到位；支持次品上架，支持产品借用归还，支持批量出库。

（八）头程管理子系统

支持头程管理流程的个性化配置；具有 FBA 备货计划，支持提前备货；支持海外仓头程管理流程，支持 FBA 仓和其他第三方海外仓管理；能够把海外仓产品直接同步到海外仓，不需要重复维护 SKU。

（九）协同子系统

能够支持移动办公，具有每日推送任务通知的功能，能随时处理待办事项，随时查看员工任务进度。

（十）数据管理系统

解决原报表冗余、表述不清、汇率耗损、数据不准确的问题，能够自定义报表，实现多维度分析、图表结合、指标监测，提供一体化数据平台，高效建立企业数据体系，能够精准分析运营成本，提前发现企业经营风险。

（十一）产品列表子系统

能够快速高效实现产品搬家，让 SKU 在最佳时间出现到目标客户面前，增加曝光，实现销售提升，能将图片存储在国外服务器，自动上传到 Amazon、eBay、Aliexpress 等平台，能批量调整价格、数量、标题、运输方式等。

另外，跨境电商物流系统还应具备基本物流系统的功能，包括包装，流通加工，商品检验检疫、通关、装卸、搬运、物流信息等。

第三节 跨境电商物流系统规划

物流系统是一个覆盖领域非常广泛的综合系统，涉及交通运输、货运代理、仓储管理、流通加工、配送、信息服务、营销策划等。物流系统也是复杂系统，影响其发展的内外因素多且变化快，其依托的外部环境变化也有很大的不确定性。规划是指运用系统分析的思想、科学的方法，确定系统的目标，协调系统间的关系，提高系统的性能。因此，不论是改进现行的物流系统还是开发新的物流系统，物流系统的规划都是非常重要的。

一、跨境电商物流系统规划的定义与分类

（一）定义

规划的意思就是个人或组织制订的比较全面长远的发展计划，是对未来整体性、长期性、基本性问题的思考和考量，设计未来整套行动的方案。规划是融合多要素、多人士看法的某一特定领域的发展愿景。跨境电商物流系统规划是指确定跨境物流的系统发展目标及设计实现跨境物流发展目标的工程、措施、解决方案、管理模式、政策保障等的过程。

（二）分类

跨境电商物流系统规划按照规划时间可分为近期规划、中期规划、长期规划；按照规划层次可以分为发展规划、布局规划、工程规划；按照规划内容可以分为国际物流规划、城市规划、企业规划、行业规划；按照物流节点可以分为物流园区规划、物流中心规划、配送中心规划；按照城市规划的阶段可以分为总体规划、控制性详细规划、修建性详细规划。

二、跨境电商物流系统规划的意义

（一）有利于城市建设与发展

随着对物流服务的需求不断增加，物流业也蓬勃发展，近几年跨境电商的发展也带动物流企业转向跨境物流服务，但在发展过程中，存在缺乏规划使得设施建设重复、城市用地不合理、交通运输状况不佳等现象。科学合理的跨境物流系统规划能从宏观上考虑城市建设与发展的利弊，对跨境物流系统建设进行布局。

（二）有利于跨境物流业的健康持续发展

跨境物流行业在发展的过程中，一方面必须考虑供给与需求的平衡，即社会需要什么样的物流服务？需求数量是多少？需求分布的情况是什么样？另一方面是企业能提供什么样的物流服务？能提供多少物流服务？回答这些问题，需要从宏观上对物流业发展的各阶段进行跨境物流系统规划，为跨境物流业走上良性健康发展方向提供依据。

（三）有利于跨境物流的合理布局与设施合理配置

跨境物流不同于国内物流，需要在本土以外的区域建设仓库、配送中心等，还需要在海外构建物流网络。在这个过程中，不仅成本巨大，而且不同国家和地区有不同的法律政策规定，如果没有合理规划，则会给企业带来巨大损失。

（四）有利于跨境电商的良性发展

跨境电商的发展和壮大离不开跨境物流系统的支持，而目前跨境电商发展的瓶颈就在跨境物流服务。如果能规划和建设完善的跨境物流系统，则会给跨境电商带来巨大的发展支持。

（五）有利于提高消费者服务水平

跨境电商服务同时面向国内和国外的消费者，物流服务是实现跨境电商交易的重要环节，服务的优劣直接影响消费者的购物体验。跨境物流系统的规划能提高物流服务质量，从而提高消费者服务水平。

三、跨境电商物流系统规划的内容

跨境电商物流系统规划包括许多方面的内容，应从物流系统规划、信息系统规划、运营系统规划三个方面进行规划。物流系统规划包括设施布置设计、物流设备规划设计和作业方法设计；信息系统规划也就是对现代物流系统信息管理与决策支持系统的规划；运营系统规划包括对组织机构、人员配备、作业标准和规范等的设计。通过系统规划，实现物流系统的高效化、信息化、标准化和制度化。

物流系统的建设程序分为五个主要阶段：筹建准备阶段、系统规划设计阶段、方案评估阶段、详细设计阶段、系统实施阶段。下面分别说明各阶段的主要工作。

（一）筹建准备阶段

在物流系统的筹建准备阶段，首先应该明确建设物流系统的任务、目标及有关的背景条件。当然一个物流系统的成立可能有多方面的目标，但需分清主次以便设计时更好地体现既定方针。在对物流系统建设的必要性和可行性有了初步结论后，就应该建立筹建小组（或委员会）进行具体规划。筹建小组应包含制造厂、土建部门的人员及一些经验丰富的物流专家或顾问。以配送中心为例，筹建过程如图 2-4 所示。

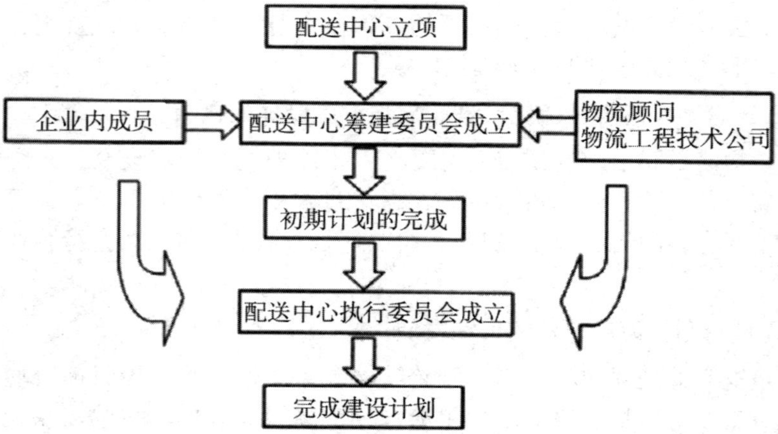

图 2-4　配送中心筹划准备过程

（二）系统规划设计阶段

在该阶段，需要对物流系统进行全面的规划与设计。该阶段主要包括以下内容：

1. 基本流程设计；
2. 物流系统的要素和能力设计；
3. 运营系统设计；
4. 平面布置；
5. 建筑规划；
6. 制订进度计划；
7. 建设成本的概算。

（三）方案评估阶段

在基本设计阶段往往产生几个可行的系统方案，应该根据各方案的特点，采用各种系统评价方法或计算机仿真的方法，对各方案进行比较和评估，从中选择一个最优的方案进行详细设计。

（四）详细设计阶段

对所使用的设备类型、能力等作出规定及决定作业场所的详细配置、办公及信息系统的设施规格与数量，制订设计施工计划等，包括以下内容。

1. 设备制造厂的选定。设备制造厂的选定一般通过投标竞争的方式进行。

2. 详细设计。在详细设计阶段要编制具体的实施条目和有关设备形式的详细计划。

（五）系统实施阶段

为了保证系统的统一性和系统目标与功能的完整性，应对参与设计施工各方所设计的内容，从性能、操作、安全性、可靠性、可维护性等方面进行评价和审查。在确定承包工厂前应深入现场，对该厂生产环境、质量管理体制及外协件管理体制等进行考察，如发现问题应提出改善要求。在设备制造期间也需进行现场了解，对质量和交货日期等进行检查。

四、跨境电商物流系统规划的关键问题

跨境电商物流系统规划设计是跨境供应链管理的一项重要内容，主要包括布局设计问题、选址—分派问题、运输工具—路径问题和选址—路径问题等。选取恰当的设施数目、设施位置，合理确定设施能力、分派服务对象、安排运输工具及路径 ，可以降低整个供应链的物流成本，提高供应链管理的水平，加快对客户需求的响应速度，提高服务质量，增强客户对物流环节的满意度，降低供应链运作成本。

（一）布局设计研究

最初的布局设计主要凭经验。1961 年，美国的理查德·缪瑟提出了具有代表性的系统布置设计（System Lay out Planning，SLP）和系统搬运分析（Systematic Handling Analysis，SHA）理论，缪瑟的设计技术被广泛采用。20 世纪 60 年代以来，摩尔等学者应用计算机技术进行平面布局及设施配置。

计算机技术的发展也推动了布局设计的发展。最初的计算机辅助设施布局软件（如 CORELAP 和 CRAFT）所用算法主要为新建法（Construction Methods ）和改进法（Improvement Methods）等传统启发式算法。这些算法的主要缺陷是在达到满意方案前的选择过程中未充分考虑其他方案，并且它们对初始布局敏感，导致最终布局未必好。

近十几年来，人工智能技术的发展为设施布局提供了功能强大的新算法。由于设施布局是典型的 NP 问题，人工智能技术成为在有效时间内寻求满意解的可行算法。它们应用快速并行处理，可以同时得到多个解 ，丰富了备选方案；并且它们允许代价更高的解的出现，从而可以跳出局部最优点，解决对初始布局敏感的问题。所以，在设施布局中（特别是在寻优阶段）这些人工智能技术获得广泛应用。

（二）选址—分派问题研究

设施的选址—分派问题（Location Allocation Problem，LAP）也称多韦伯问题，1972 年由 Cooper 首次提出。这类问题源于许多实际情况，是物流网络系统设计的基本内容。一般的选址分派问题可以描述如下：设有 n 个顾客，已知他们的位置，由 m 个设施来服务，需要为设施选址并将 n 个顾客分配给相应的设施，使系统总成本最小。

（三）运输工具—路径问题研究

运输工具—路径问题（Transportation Routing Problem，TRP）是指在客户需求位置已知的情况下，确定运输工具在各个客户间的行程路线，使得运输路线最短或运输成本最低。1959 年，Dnatzig 和 Ramser 首先提出 VRP（Vehicle Routing Problem，车辆路径问题），很受学术界的关注。合理使用与调度运输工具、优化运输路线、降低企业物流成本是物流系统设计的重要内容。

（四）选址—路径问题研究

最早进行选址—路径（LRP）概念性研究的是 Von Boventer 等，虽然早期的研究是对综合 LRP 的研究，但将选址和运输问题隔离开来。

Later 和 Cooper 认识到运输—选址问题（Transportation-Location Problem）主要是找到供应商的最佳位置和从源头到目的地的最小的运输成本，Tapiero 综合了有关时间的复杂因素，建立了运输—选址模型（Transportation-Location Model，TLM），使该项研究更精确、更深入。所有的这些早期研究，都没有涉及在运输网络中建立巡回问题，当然也不能察觉到 LRP 研究中的巡回方式问题。

Watson-Gandy 和 Dohrn 是率先在运输—选址问题框架内考虑多仓库车辆路径种类的学者，在运输—选址框架内，增加了巡回的任务，使 LRP 的求解比一般的求解更加复杂，对 LRP 的理解也走向深入。

LRP 的核心就是联合的 LAP 和 VRP 模型。这个模型一般要解决以下问题的接口或联合问题：设施最优数量，设施能力，设施位置，设施服务于多个客户 /供应商，寻找最佳的车辆安排时间表、路径等。其目标就是使货物处于连续、不间断的运输中，并降低成本、增加效益。

第四节 典型的跨境电商物流系统规划问题

一、配送中心的物流系统设计

配送中心就是专门从事配送业务的物流基地，是通过分类、保管、流通加工和信息处理等作业，然后根据用户的订货要求备齐商品，并能迅速、准确和廉价地进行配送的基本设施。依据《物流术语国家标准》，配送中心是指从事配送业务的物流场所或组织，应基本符合的要求为：满足特定的用户要求；配送功能健全；完善的信息网络；辐射范围小；多品种、小批量；以配送为主，储存为辅。

（一）配送中心的基本作业流程

配送中心基本作业流程包含以下作业步骤。

（1）接收订单—（2）订单处理—（3）采购订货—（4）入库进货—（5）库存管理—（6）分拣理货—（7）流通加工—（8）出货集货—(9) 装车配送—（10）制作账单—（11）绩效管理。

（二）配送中心总体设计

配送中心总体设计就是根据配送中心所在位置的地形、地质条件及配送中心业务性质、规模大小、设施设备、对外运输方式等，确定各建筑物、构筑物之间的相对位置，并合理设置交通运输线路和附属工程的过程。

1. 基本原则

（1）安全：要从仓库选址做起。一方面要考虑储存物品的安全，另一方面要考虑所储存物品周围环境的安全。

（2）适用：总体设计要能满足配送中心的使用要求。既要方便收发货和保管、养护工作，又要能保证商品迅速进出。在总体设计时应寻求仓库吞吐量的最大化。

（3）经济：一方面，总体设计应使布局紧凑，既能保证建筑物之间有必要的防火间距，又能节省用地以减少建设投资；另一方面，总体设计要有利于各种设施、设备效能的充分发挥，保证各种设施、设备的有效利用，提高劳动效率和配送中心的经济效益。

2. 基本要求

（1）平面布局要符合配送中心的作业流程，方便各项作业，有利于提高作业效率。配送中心的业务环环相扣，因此各项作业场所要根据货物流向设置，使各个作业环节密切衔接，才能防止货物堵塞，加速收发货和其他作业。

（2）尽可能减少入库货物及仓储人员的运动距离，以提高搬运效率，节约仓储费用。

（3）建筑物的布置要尽量利用地形，减少土方工程量。

（4）车辆进出方便。车辆宜进出分道，互不干扰；进出库货流与库内流动的货流应尽量避免交叉。

（5）总体设计应有利于整个仓库的安全，满足防火的需要。

3. 总体设计的一般步骤

（1）按仓库设施的功能分区布置；

（2）绘制物流流程图，分析各项设施之间的关系，作靠近性分析，确定设施的相对位置物流流程图是将物流情况形象地反映在平面上的，给人以直观的感觉；

（3）确定各项设施的面积和防火间距；

（4）确定物流路线的面积；

（5）绘制仓库的总平面布置图。

（三）配送中心的设施、设备规划

1. 配送中心的空间布局

配送中心的内部作业区域主要包括接货验收区、储存区、理货区、发运区、加工区和办公区。配送中心作业区的规划设计主要包括以下环节。

（1）设施确认。对与设计规划相关的要素进行确认，以确定设施规划的约束条件。需要确认的设施主要包括码头墙体窗口、仓库门、柱跨度、天花板净高、地面负荷承重、消防设施、温度控制范围、排水系统等。

（2）确定入货口和出货口的位置。主要有三种类型可供选择，进出货共用一个码头的集中型、进出货码头位置相邻的中间型和进出货码头相互独立且分散于厂房四周的分散型。

（3）确定固定区域和固定设施。包括办公室、员工休息室、公共设施、防火设施、堆高机充电处、维修站、打包机等。

（4）确定仓库扩展方向。根据配送中心的建筑和设施条件，以及对未来业务量和可能作业方式的预测，确定扩建方向和预留扩建空间。

（5）确定扩展方案的作业区。包括扩建后仓库的进口、出口、作业区、设备的位置等。

（6）确定主要作业动线。根据作业流程设计主要动线。

（7）定义高频作业区域。包括收货及上架、分拣、装车出货等，将其设置在与入货口和出货口相邻，且靠近存储区的位置。

（8）定义低频作业区域。低频作业包括处理空托盘、处理退货或调拨商品回存储区、处理剩余商品、商品隔离、商品存储维护、贴标签、包装、休息等，将其置于离出货区较远的地方。

（9）确定主通道位置。以主要动线和搬运设备的最小转弯半径为主要参数，力求将主要动线直线化和最短化。

（10）确定存储方法和副通道。根据商品的物理特性确定存储方法和存储作业工具，并据此确定副通道的位置和宽度。

2. 配送中心的建筑物设计

（1）选择建筑物形式。主要有钢筋混凝土结构和轻钢结构两种结构，两者各有利弊。

（2）确定仓库楼层和净高。其参数选择的是天花板净高，即存储区域从地面向上至障碍物（如建筑照明及喷淋系统、空调与排风管等设施）的距离。

（3）计算地面负荷能力。根据所保管货物的种类、比重、货物码垛高度和使用的装卸机械计算所需的地面负荷强度和地面平整度。

（4）确定柱跨度。柱跨度是从一根柱子的中线到另一根柱子中线之间的距离。

（5）设计通道。通道包括库区外通道和库内通道。库内通道包括主通道、存储通道、人行通道、电梯通道和其他通道。

3. 配送中心的设备

包括作业设施、公用设施及配送中心各个作业环节的设备。

（1）配送中心的作业设施包括卸货验收区、储存保管区、配货（理货）区、发运区、加工区、停车场、办公室等多种建筑物，其主体结构是储运场所及设施。卸货验收区是卸货、清点、检验、分类、入库等工作的活动场所，其主要设施是入库站台。立体仓库是储存保管区的建筑，它是存放货物的区域，是储存保管和养护作业的场所。对货物进行配货与配装的理货作业通常是在理货场进行的。分装、裁切、混装、包装等加工作业则在加工区厂房进行。处理营业事务和内部指挥管理的办公室集中于某一区域或分散设置。

（2）配送中心的公用设施包括给排水设施、电力设施、供热与燃气设施和绿化设施等。给水设施负责提供配送中心生产、生活、消防等所需用水，包括原水的取集、处理以及成品水输配等各项工程设施。排水设施包括负责收集、输送、处理和排放配送中心的污水（生活污水、生产废水）和雨水的各项工程设施。电力设施包括供电电源、输配电网等。

供热设施包括集中热源（热力站）、供热管网等设施和热能用户使用设施。燃气设施包括燃气供应源、燃气输配设施和用户使用设施。绿化设施包括草坪、花圃等。

（3）配送中心的设备包括储存、搬运、拣货、装卸、流通加工、管理与办公等设备。储存设备用于存储货物，主要包括各种货架、储运箱、托盘等。搬运、装卸与拣货设备用于移动和拣取货物，主要包括手推车、拖车、叉车、输送机、升降机、堆垛机、起重机、板台、滑台等。流通加工设备用于货物的分装、裁切、混装、包装等，主要包括裹包机、装盒机、钉箱机、打带机、条码列印机、钢印设备、拆箱机、称重机、地磅等。管理与办公设备包括计算机、电话通信设施、文件资料处理与保管设施（复印机、装订机、文件柜等）、办公桌椅等。

4. 配送中心的设备选择

配送中心的设备选择与设计包括确定货架的类型及高度、层数、行数、长度和宽度等相关参数及其他设备的具体类型、规格、型号及主要性能参数等。在选择设备的过程中，通常需要考虑以下因素。

（1）配送商品的特性：商品包装规格、重量、储位数量、储存单位等。

（2）商品的存储要求：存储密度、储位管理要求等。

（3）商品加工需要：所需进行的加工作业内容等。

（4）出入库数量：存储频率、存取数量、存取单位、存取原则等。

（5）设备之间的匹配：搬运与拣选设备同存储设备类型与空间位置的配合等。

（6）建筑结构：建筑可用高度、梁柱位置、防火设施、出入口位置等。

（7）投资成本：购置各种设备的成本及设备使用维护所需的费用等。

5. 举例：分拣设备的选择

（1）分拣设备

分拣作业过程中用到的设备相当多，有储存设备、搬运设备、分类设备、信息设备等，具体如表 2-1 所示。

表 2-1　分拣设备类型表

人至物的分拣设备	
①存储设备 a. 托盘货架 b. 轻型货架 c. 橱柜 d. 流动货架 e. 高层货架	②搬运设备 a. 动力拣选台车 b. 动力牵引车 c. 叉车 d. 拣选车 e. 拣选式堆垛机 f. 无动力输送机 g. 动力输送机 h. 计算机辅助拣选台车
物至人的分拣设备	
①储存设备 a. 单元自动仓储系统 b. 小件自动仓储系统 c. 水平旋转自动货架 d. 垂直旋转自动货架 e. 梭式小车式自动仓储系统	②搬运设备 主要的搬运设备有堆垛机、动力输送带和无人搬运车

（2）分拣系统设备配置

分拣系统是由仓储设备、搬运设备及信息传送设备所组成的，根据自动化程度的不同，可分为全自动方式、半自动方式及人工方式等；根据分拣单位的不同又可以分为整盘拣货（P—P）、整箱拣货（P—C）、拆箱拣货（C—B）或单品拣货（B—B）等几种模式。

以下针对全自动方式和半自动方式分拣模式，介绍其可能的设备配置模型。

①全自动方式：此种分拣模式多数是利用计算机与自动化设备配合的分拣方式，完全不需要作业人员而将订购的货品拣出来，如表 2-2 所示。

表 2-2　自动化分拣方式的设备配置模型

保管—出货	设备模式
P→P	托盘式自动仓储系统+输送机（穿梭车）
P→C	自动仓储系统+拆盘机+拣取机+输送机
P→C	自动仓储系统+穿梭车+机器人
C→C	流动式货架+拣货机+输送机
C→B	流动式货架+机器人+输送机
B→B	自动拣取机+输送机

②半自动方式：此种分拣方式大部分是利用自动仓库与人工配合的拣货方式，且是作业人员不用移动而货品利用设备自动搬运到作业人员面前的分拣方式，如表 2-3 所示。

表 2-3　人工分拣模式

保管—出货	设备模式
P→P	托盘式货架+叉车
P→C	托盘式货架+叉车（托盘车）
P→C	托盘式货架+笼车
P→C	托盘式货架+手推车
P→C	托盘式货架+输送机
C→B	流动式货架+笼车
C→B	流动式货架+手推车
C→B	流动式货架+输送机
C→B	箱式平货架+手推车
B→B	箱式平货架+手推车

二、物流园区规划

（一）物流园区概述

物流园区（Distribution Park），又称物流园、物流园地和物流基地，是一家或多家物流（配送）中心在空间上集中布局的场所，是具有一定规模和综合服务功能的物流节点。物流园区于 20 世纪 60 年代最早出现在日本东京，是政府从城市整体利益出发，为解决城市功能紊乱、缓解城市交通拥挤、减轻环境压力、顺应物流业发展趋势、实现货畅其流的重要举措之一。很多国家政府在郊区或城乡边缘地带主要交通干道附近专辟用地，通过逐步配套和完善各项基础设施、服务设施，提供各种优惠政策，来吸引大型物流配送中心在此聚集，使其获得规模效益、降低物流成本，同时减轻大型配送中心在市中心分布和分散分布所带来的种种不利影响。近十多年来，德国、英国、荷兰、法国等国规划并建成了一大批物流园区。这种现象的背后是经济发展和物流产业发展的必然规律在起作用。

1. 物流园区产生的原因及作用

物流园区产生的原因主要有：

（1）减轻物流对城市交通的压力；

（2）减少物流对城市环境的负面影响；

（3）促进城市用地的结构调整；

（4）提高物流经营的规模效益；

（5）有利于仓储向着大型化、机械化、自动化方向发展。

物流园区的主要作用是：

（1）大规模物流活动的一体化；

（2）大幅度提高物流的集散功能；

（3）节省大量能源；

（4）有效地整合物流设施。

2. 物流园区应具备的三项基本条件

（1）独特的区位优势，一般邻近高速公路、铁路、港口、机场。

（2）完备的基础设施，包括物流设施、信息设施和辅助设施等。

（3）先进的技术与管理，如采用电子商务、GPS 等新技术和现代物流的管理方法。

3. 物流园区的主要功能

物流园区的主要功能可概括为以下几个方面：

（1）货物集散功能；

（2）货物中转功能；

（3）配送功能；

（4）流通加工功能；

（5）口岸功能；

（6）商品检验；

（7）物流信息服务；

（8）物流咨询与培训；

（9）商品展示的商流的功能；

（10）电子商务的辅助功能；

（11）物流园区还可提供保安、银行、邮局、餐饮、住宿、废弃物处理、人力外包等其他服务。

4. 物流园区的占地规模与布局

物流园区是大型配送中心或多个配送中心的集聚地，它一般以仓储、运输、加工等用地为主，同时还包括一定的与之配套的信息、咨询、维修、综合服务等设施用地。日本是最早建立物流园区的国家，自 1965 年至今已建成 20 个大规模的物流园区，平均占地约 74 公顷；韩国于 1995—1996 年分别在富谷和梁山建立了两个物流园区，占地规模都是 33 公顷；荷兰统计的 14 个物流园区，平均占地 44. 8 公顷；比利时的 Cargovil 物流园区占地 75 公顷；英国物流园区的规模则要小得多，1988 年建设的第一个物流园区占地不到 1 公顷；德国的一些货运中心的占地规模较大，如不莱梅货运中心占地在 100 公顷以上。一般来说，国外物流园区用地多在 7 公顷以上，最大不超过 1 平方千米。

物流园区的产生原因决定了物流园区大都布局在市中心区边缘或市区边缘、交通条件较好、用地充足的地方。为吸引配送中心等物流企业在此集聚，物流园区在空间布局时需考虑物流市场需求、地价、交通设施、劳动力成本、环境等经济、社会、自然等多方面的因素。例如，德国在全国范围内布置货运中心时主要考虑以下三方面的因素：

（1）至少有两种以上的运输方式进行连接，特别是公路和铁路；

（2）选择交通枢纽地带，使物流园区网络与运输枢纽网络相适应；

（3）经济合理性，包括运输方式的选择与利用，环境保护与生态平衡，物流园区中经营者的利益等。

（二）我国物流园区的规划建设

近年来，随着现代物流为中央与地方各级政府所重视，我国的物流园区建设也开始起步。从目前的发展情况看，深圳、上海、天津、北京、广州等中心城市都制订了具体规划，正在逐步实施，其他地区也在积极规划和建设。在实施中，我国的物流园区建设基本上参照了国外的发展模式。

1. 我国物流园区的形成原因

我国的物流园区是随着社会生产的发展和社会分工的细化而产生的，分析其原因，主要包括六个方面：

（1）货运量迅速增加；

（2）运输方式的多样化和运输工具的发展；

（3）道路交通发展的因素；

（4）物流成本降低的因素；

（5）城市经济发展的因素；

（6）科学技术发展的因素。

2. 我国物流园区的建设位置

我国物流园区的建设位置如下：

（1）在城市边缘，临近交通干线。目前，我国的物流园区主要依托交通部确定的全国45个公路主枢纽及海港、空港、铁路站场等地而建，便于货物的进出。

（2）至少有两种以上的运输方式进行连接。

（3）腹地广大，进出货量充足。

3. 我国物流园区的经营方式

我国物流园区的经营方式主要分为两种：

（1）由政府投资组建的物流管理公司进行基础设施建设和物业管理，由多家物流企业进驻运营。

（2）由企业投资组建的管理公司进行基础设施建设和物业管理，并组织物流公司运营，同时吸引物流企业进驻运营。

（三）物流园区规划实例

某港口地处我国东北沿海，是重要的交通枢纽。该港口物流园区具有独特的交通地理区位优势，力图建设成为连接海运与陆运的“大口岸、大通关、大流通、大辐射”的一流物流园区，形成自营物流与第三方物流、保税物流与非保税物流并存的货物集散基地，为港口进出货物的集散和国内外企业的采购和分销提供了物流服务平台。

1. 港口物流园区的总体定位

（1）港口加强功能性基础设施的建设，力争成为服务东北、辐射全国的重要物流枢纽，同时也为本港口进出货物的集散和大型厂商在东北地区的采购和分销提供物流平台。

（2）某港口物流产业孵化器的功能。一方面通过物流园区的开发和建设拉动港口业务的发展；另一方面港口业务的发展也会促进物流需求，从而起到培育物流市场的作用。物流园区通过吸引各类物流企业或相关企业的入驻，可以对港口的发展起到很好的促进和推动作用。

2. 园区物流功能定位

（1）集货功能；

（2）货物中转功能；

（3）分拨配送功能；

（4）流通加工功能；

（5）口岸功能；

（6）物流信息服务；

（7）商品展示、销售功能。

3. 物流园区的物流过程

（1）出港物流服务。出港物流服务包括内贸物流服务和外贸物流服务，基本作业环节包括报关、“三检”、接货、拆箱、仓储、配送和流通加工等各类延伸物流服务。

步骤1：接港口货物，完成与海运承运人的货物交接工作。

步骤2：对外贸货物完成通关、检验等工作。

步骤3：如果集装箱需要拆箱或货物需要整理，则简单整理后存入仓库。

步骤4：货物出货作业，包括简单再包装等。

步骤5：区域内配送作业，将货物配送至城市配送中心或货主处。

（2）进港物流服务。进港物流服务包括报关、“三检”、集货、装箱、仓储、配送和流通加工等各类延伸物流服务。

步骤1：安排集货运输。园区利用自己的运输资源或与当地运输企业（公路或铁路）联系，签订集货运输合同。

步骤2：运输货物。根据供货商或需求方要求的时间、地点，调派运力将货物从供货商仓库运至某港口物流园区仓库。

步骤3：接货。物流园区仓库与运输企业完成货物交接。

步骤4：短暂仓储。如果距报关、报验有一段时间，集货中心要提供短暂仓储服务。

步骤5：整理货物、拼装箱。根据需要简单整理货物，包括更换海运包装、加贴标签、拼装箱等。

步骤6：外贸货物进行报关。

步骤7：将货物运至海运承运人指定的地点，与海运公司或其代理交接货物。

步骤8：货物装船，物流企业支付运费，取得海运提单，海运过程开始。

步骤9：物流企业向货主传送海运提单或向信息网输出电子提单，同时附有详细的货物信息与船次信息。

4. 港口物流园区规划方案

港口物流园区总占地面积为1.2平方千米。根据其功能定位和流程设置，确定物流园区的功能区域设置以及各区域的主要设施和建设目标。

园区按功能定位可以划分为八大功能区域，即仓储配送物流区、集装箱货场、国际物流区、粮食农资物流区、钢材物流区、多元化物流区、展示交易区和商务办公区。

根据港口物流园区的开发和经营模式的不同，可将物流园区分为两大功能用地，即港口自营物流用地和多元化经营用地。港口自营物流用地包括仓储配送物流区、集装箱货场、国际物流区、粮食农资物流区、钢材物流区；多元化经营用地包括多元化物流区、展示交易区和商务办公区。各功能区域的设置及主要功能如表 2-4 所示。

表 2-4　港口物流园区的区域布置

编号	区域名称	主要功能	备注
A	仓储配送物流区	仓储 配送 低温库	自营物流
B	集装箱货场	集装箱堆存、中转 拆装箱 生产服务	自营物流
C	国际物流区	保税仓储 汽车堆场	自营物流
D	粮食农资物流区	海关监管 粮食堆场仓储 化肥堆存仓储	自营物流
E	钢材物流区	钢材装卸作业 钢材堆场 钢材加工、包装	自营物流
F	多元化物流区	集装箱堆存、中转 拆装箱	港口出租土地 入驻企业自主建设与经营
G	展示交易区	产品展示、交易	港口出租或出卖土地 房地产开发商投资建设
H	商务办公区	商务办公 餐饮 娱乐休闲	港口出租或出卖土地 房地产开发商投资建设 港口进行物业管理
I	临时堆场区	—	—

根据上述各区域的功能定位和服务内容，充分考虑各区作业特点和运输

的方便性，功能区域布局如图 2-5 所示。

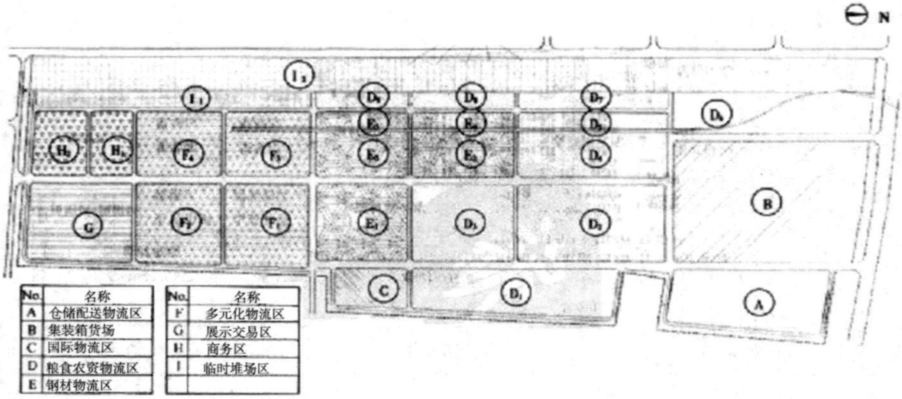

图 2-5　港口物流园区的功能区域布局

物流园区的设施布置如图 2-6 所示。

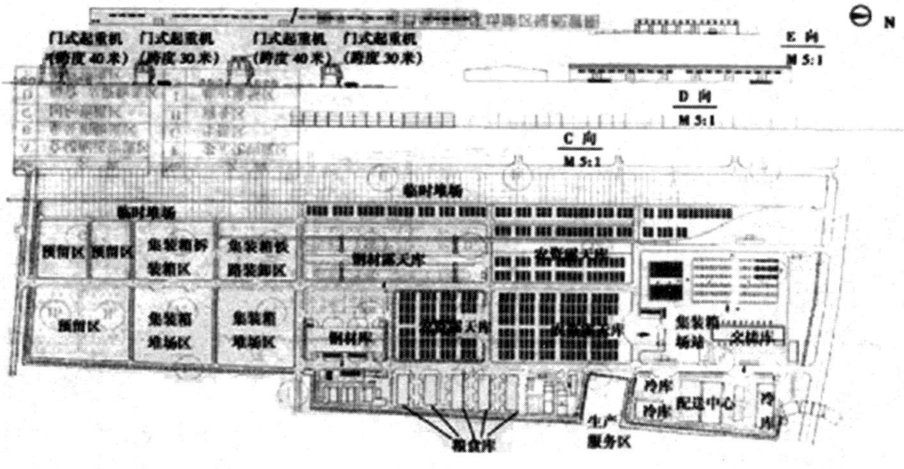

图 2-6　物流园区的设施布置

(四) 我国物流园区建设存在的问题及解决方案

1. 存在的问题

在物流园区的建设中，取得了一些良好的效益，如总投资金额达 12. 7 亿元的北京空港物流园区，目前进驻企业有北京邮政局、宅急送等；青岛的前湾国际物流工业园区，进驻企业有马士基、伊藤忠商事爱通国际物流株式会社等；义乌国际物流园区依托义乌小商品市场，进驻企业有 APL、东方海外、中海、中外运等国内外企业。然而，2003 年前后，由于缺乏对物流园区的清醒认识、科学界定和规划控制，产生了一系列的问题，主要表现在：

（1）在对物流园区的规划中缺乏建设的必备条件，没有考虑道路、铁路等交通基础设施距码头和消费地远，物流量和消费量不足。物流园区规划面积过大，有的达几十平方千米，甚至上百平方千米，投资不足造成土地空置。

（2）将物流园区当作政绩工程，把园区土地出让当作增加财政收入的来源，还将物流园区变成了市场区和房地产区，商业设施比重过大，取代了物流设施。

（3）企业进驻物流园区的成本过高。

产生上述问题的原因有两类：一类是认识问题，没有把物流园区当作基础性设施来看待，而是将其等同于一般的工业园区和商业区，期待从物流园区中得到高额的税收收入和出让土地收入；另一类是物流园区的管理体制没有真正建立，使得一级开发商以营利为目的经营物流园区。

2. 解决方案

随着我国政府针对物流园区的建设要向着合理与健康发展的政策要求，提出了相应的科学解决办法。

首先，发挥政府和行业组织的作用。

（1）加强宏观规划和管理。统筹规划物流园区发展是物流园区能够理性发展的基础。世界主要国家无不为物流发展制订了发展战略规划，日本分别在 1997 年和 2001 年制订了“综合物流施策大纲”，对物流发展方向和发展对策提出了具体要求。在宏观规划中，日本按经济特性把全国分为 8 大物流区域，规划了 86 个物流园区，并通过干线运输形成跨地区的物流系统，最后形成全国范围的物流体系；德国物流园区第一个总体规划包括了 28 个物流园区，第二个规划包括了 39 个，对物流园区的规划结构也有相应的要求，如交通分析、选点的分析、总规划、当地物流企业分析、效益分析等。

（2）给予适当的政策倾斜，包括享受经济开发区待遇、较低的土地价格、低息或贴息贷款（尤其是中长期贷款）；协调有关部门如银行、海关、商业、保险、交通、公安等相关部门的各种服务。英国政府批准物流园区的条件是交通便利、环境保护及与周边和谐一致。

其次，就是需要科学的规划。

（1）物流园区的区域物资集散地作用，决定了其地理位置要满足以下两个条件。第一，应拥有大规模的物流需求。这些需求包括有大宗进出口贸易，雄厚的生产制造业的基础，大量原材料、产成品的贸易活动等。第二，要靠近重要的交通位置。纵观国内外成功的园区，大都位于城市边缘、交通条件较好、用地充足的地方，大都依托雄厚的交通基础设施，如海港、内河码头、铁路交会处、航空港、“公铁”联运、“公水铁”联运。此外，物流园区在空间布局上还需考虑物流土地价格、劳动力成本、环境等经济、社会条件因素。物流园区的建设要与物流市场需求相适应，只有充分考虑到当地物流需求，才能吸引有影响的物流企业进驻。例如，在德国，设置物流园区时主要考虑以下四个方面的因素：一是至少可以实现两种以上运输方式的连接，特别是公路和铁路两种方式；二是选择交通枢纽中心地带，使物流园区布局与运输网络相适应；三是经济合理性，包括较低的地价、数量充足且素质较高的劳动力等，为园区企业获得必要利益创造条件；四是符合环境保护与生态平衡的要求。对物流园区规模进行科学的规划同样重要。

（2）物流园区的建设需要投入大量的资金。因此，其规模的确定，既需要与当前实际需求相适应，又需要有一定的前瞻性，能够满足未来一定时期内经济发展的要求。规模过大，必然导致严重的资金、土地等资源的浪费。以 200 亩的物流中心为例，一般来说，将需要 6000 万元的购地资金和 8500 万 ~1 亿元的基本建设费用。近年国内出现的物流园区热过程中，规模过大是一个重要的问题。例如，2003 年规划和建设的数十个物流园区的占地面积均在 200 亩［1 亩 =（1000/15）平方米］左右。

最后，是要与区域发展战略相一致。

区域经济发展战略，对地区的经济发展制订了目标和实现措施，很大程度上影响了和物流园区发展密切相关的物流需求、交通环境等因素，也决定了科研机构、人才等与其密切相关的支持系统的状况。更为重要的是，相关政府部门为战略实施出台的各种相关政策，将直接促进或阻碍物流园区的发展。因此，物流园区的发展要与区域发展战略相一致。

第五节 本章配套案例

一、大连港保顺物流企业的 SWOT 分析

（一）优势（Strengths）

1. 企业位于大连港保顺港区内，它既可依托大连市的交通枢纽地位，又可以充分发挥依托大连港保顺港区的优势，具有发展现代物流业的独特区位优势。

2. 有正确的市场定位和明确的发展战略目标，物流企业依托港区优势，

将当代最具发展潜力的集装箱物流作为业务重点的市场定位和建立现代物流企业的战略目标，使其明确了前进的方向。

3. 具有大量的物流基础设施和专用设施。

4. 铁路港站服务。大连港物流公司拥有前湾港区唯一的铁路港站，可以提供铁路货物发送、接卸、倒箱等服务。

（二）劣势（Weaknesses）

1. 缺乏先进的物流信息系统，信息化、自动化进程滞后。由于新技术和新设施投资巨大，且要求与客户之间建立接口，所以物流企业没有先进的物流信息系统，管理电脑化、自动化水平较低，信息资源不能共享和各部门的联网程度不高，管理信息沟通不畅，成为制约物流企业未来发展的瓶颈。

2. 缺乏现代物流知识和专业物流管理人才。企业员工大部分缺乏现代物流知识，而且企业缺少专业的物流人才（包括物流研究和规划人才、物流企业经营人才、信息化人才、高级物流管理人才和与物流相关的其他各专业人才）。

3. 物流技术没有得到充分的应用。

4. 部分设施落后，管理水平较低。企业现有部分物流设施、设备陈旧老化，机械化程度不高，效率低下，不符合客户的特定要求。

（三）机遇（Opportunities）

1. 经济增长给企业提供了巨大的发展空间。近几年来，大连国民生产总值和人均国民生产总值年增长率均在8%左右，财政收入和固定资产投资也以两位数的速度增长。由于遵循了面向市场的正确原则，并且依靠了技术创新和体制创新，经济发展呈现上升趋势，第三产业发展较快并成为新的经济增长点。此外，深厚的工业基础和门类齐全的产业优势，为物流企业的发展提供了货源保证，有利的地理位置和发达的交通网络为其发展提供了物质基础。

2. 政府重视。各级政府从政策导向和资金投入等方面都给予了巨大支持，对物流市场进行规范化管理，为物流业的发展提供了一个良好的宏观环境。

3. 物流一体化趋势为其提供了良好的发展环境。物流一体化的发展趋势为第三方物流企业的发展提供了良好的发展环境和巨大的市场需求，因此伴随着日趋激烈的竞争环境，商业机构和各大公司不得不将主要精力放在核心业务上，而将运输、仓储等相关业务环节交由更专业的第三方物流企业进行操作，以求节约和高效。

4. 电子商务发展提供了巨大的市场机遇。电子商务在当今社会的迅猛发展培育了第三方物流业这块最诱人的“蛋糕”，这是目前任何一个物流企业都不容忽视的巨大机遇。网络时代的第三方物流，在给第一方、第二方带来利润或使商业网站能够正常运作的同时，其自身的利润空间也是相当可观的。

5. 大量外资的进入扩大了市场容量。由于我国在劳动力成本和原材料供应方面的比较优势以及巨大的市场前景，许多跨国企业在我国建厂开业，我国正在变成世界制造基地，成为全球制造中心。我国在成为制造大国、经济大国的同时也必将成为物流大国，大量外资企业的到来为我国物流市场增加了新的需求。显而易见，大连港物流公司也将是这个不断扩大的物流市场的受益者。

（四）威胁（Threats）

1. 市场竞争加剧，物流业面临重新洗牌。大量跨国物流企业的进入加剧了市场竞争，物流业面临重新洗牌局面，大连港物流公司也在所难免，面对来自四面八方的挑战和物流市场格局的转变，发展会越来越艰难。如何在激烈的市场竞争中取得立足之地，更好地在竞争中发展和壮大自己，是大连港物流公司必须面对的重大挑战。

2. 来自大连市物流企业的威胁。大连市现有的物流企业和新兴的物流企业以及大型生产企业自营物流体系社会化所造成的一定的冲击是不可避免的。

3. 消费者需求日益个性化。消费者对小批量、个性化产品的需求增多，对产品递送服务的期望值增加，给物流服务带来前所未有的难题。

该案例的SWOT分析矩阵如图2-7所示。

S	W
1. 企业位于大连港保顺港区内，它既可依托大连市的交通枢纽地位，又可以充分发挥依托大连港保顺港区的优势 2. 有正确的市场定位和明确的发展战略目标，物流企业依托港区优势，将当代最具发展潜力的集装箱物流作为业务重点的市场定位和建立现代物流企业的战略目标使其明确了前进的方向 3. 具有大量的物流基础设施和专用设施 4. 铁路港站服务，大连港物流公司	1. 缺乏先进的物流信息系统，信息化、自动化进程滞后 2. 缺乏现代物流知识和专业物流管理人才 3. 物流技术没有得到充分的应用 4. 部分设施落后，管理水平较低。企业现有部分物流设施、设备陈旧老化，机械化程度不高，效率低下，不符合客户的特定要求
O	**T**
1. 经济增长给企业提供了巨大的发展空间 2. 政府重视，各级政府从政策导向和资金投入等方面都给予了巨大支持，对物流市场进行规范化管理，为物流业的发展提供了一个良好的宏观环境 3. 物流一体化趋势为其提供了良好的发展环境 4. 电子商务发展提供了巨大的市场机遇 5. 大量外资的进入扩大了市场容量	1. 市场竞争加剧，物流业面临重新洗牌 2. 来自大连市物流企业的威胁，大连市现有的物流企业和新兴的物流企业以及大型生产企业自营物流体系社会化所造成一定的冲击是不可避免的 3. 消费者需求日益个性化

图2-7 SWOT分析矩阵

二、天津空港国际物流区

天津空港国际物流区经天津市人民政府批准设立，由天津港保税区管委会和天津滨海国际机场共同规划、开发、建设和管理。建设空港国际物流区是实现国务院对天津的城市定位的需要，是实现天津跨越式发展的需要，是天津滨海新区实现超常规发展的需要，是服务首都、服务中西部、服务全国、服务东北亚地区的需要。

空港国际物流区位于天津滨海国际机场西北端，紧靠“京哈”铁路大动脉，临近“京津塘”“津滨”高速公路和外环线，距市中心 13km，距天津港及开发区、保税区 30 多 km，距北京 140km。

空港国际物流区依托的天津滨海国际机场，地处东北亚的中心，背靠中国北方广大腹地，面向太平洋，是中国民航局重点培育的两大航空货运基地和快件集散中心之一，是现代航空物流的重要节点。

空港国际物流区规划面积 0. 95km^2，开发用地面积 0. 55km^2，主要吸引企业从事国际、国内航空货物的仓储、分拨、配送、整理、加工、展示、展销等业务。

（一）基础设施

1. 道路。区内铺设道路总长 5597. 425m，路网密度为 11. 89km/km^2，区内外路桥畅通。

2. 绿化。沿路设绿化带，全区绿化面积 55126 m^2。

3. 供电。10KV 开闭站和 10KV 电缆组成的环网供电系统可为用户提供高质量、可靠的电力供应。

4. 供热。由热电厂提供稳定的热源。

5. 通信。安装具有国际水平的通信设备，可提供国际国内电话、移动通信、传真、数据传输等多项服务。

6. 供水。采用环网供水，供水性能可靠安全，水量充足，水质有保证。

7. 排水。区内建有先进的雨水、污水泵站和完善的雨污水管道，可保证雨水、污水的及时排放。

8. 燃气。区内设中压煤气管道，管网压力为 0. 02MPa。

（二）园区布局

天津空港物流园区的布局如图 2-8 所示。

1. 物流分拨区。物流分拨区位于区域东侧，紧邻机场停机坪，占地面积 16. 55×10^4m^2，主要吸引企业从事国际、国内航空货物的分拣、分拨、整理、配送、运输、报关等业务。

2. 仓储服务区。仓储服务区位于区域中部，占地面积 $19.71\times10^4m^2$。这里将建成以自动化仓库、立体仓库等综合物流设施及保鲜库、电子备件库、医药制品库等存储高新技术、高附加值产品的专业库群，从事保税及非保税货物的仓储。

3. 加工增值区。加工增值区位于区域北部，占地面积 $20.93\times10^4m^2$，主要吸引企业从事对空港有一定依赖关系的高新技术产品的加工，特别是软件开发、电子机械、化工医药、航空器材等产品。

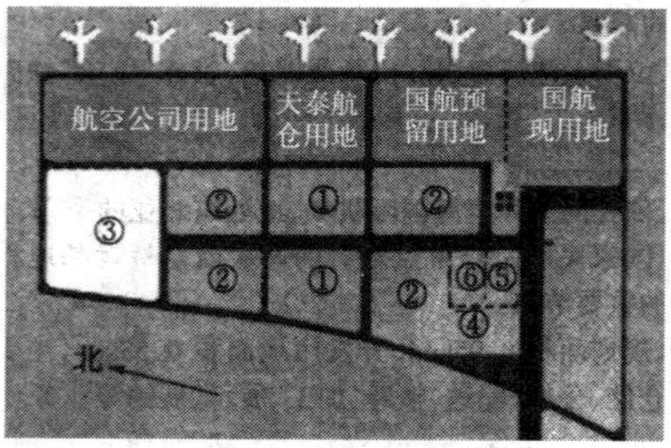

图 2-8 天津空港物流园区的布局图

①物流分拨区 ②仓储服务区 ③加工增值区 ④展览、展销区 ⑤管理办公区 ⑥配套服务区

（三）园区管理

空港国际物流区由天津港保税区管委会实施行政管理，区内注册企业享受保税区的税收、财政及外汇等方面的优惠政策。海关运用 EDI 等现代技术，采取简便的“一次报关、24 小时验放”的管理方式，对进出空港国际物流区的货物实施监管，使整个物流过程快捷、方便、流畅、高效。

随着经济全球化趋势的增强和我国加入世界贸易组织后国际航空货物的日益增多，航空物流日趋活跃，空港国际物流区具有良好的发展前景。

第六节 本章练习

一、判断题

1. 物流系统构成要素不存在“效益悖反现象”。(　　)

2. 物流组织机构有非正式物流组织、半正式物流组织、正式的物流组织三种可供选择的组织。(　　)

3. 物流服务管理的目的就是实现高质量的顾客服务，可以不考虑成本。(　　)

4. 配送中心作业区域的布置形式中的直线式，适用于作业流程简单、规模较大的企业配送中心。(　　)

5. 对于一个物流管理信息系统而言，新系统逻辑方案的提出是系统设计阶段要完成的工作。(　　)

6. 从生产经营过程来看，物流系统包括三个方面：供应物流、在制品物流以及分销物流。(　　)

7. 无论是宏观物流还是微观物流，物流系统规划实施的主体是政府。(　　)

8. 物流园区按服务对象，可分为为生产企业服务的物流园区、为商业零售业服务的物流园区、面向全社会的社会型物流园区。(　　)

9. 所谓运输，是指通过一定的运输系统实现人和物在一定空间内的位移的过程。(　　)

10. 供应链设计首先要分析企业现状，之后分析市场竞争环境。(　　)

11. 通过提供资源、能源、机具、劳动力、劳动手段等，对某一系统发生作用，这一作用被称为外部环境对物流系统的输出。(　　)

12. 物流基础设施平台规划工作分为概念规划与详细规划。(　　)

13. 物流园区的建设应该是规划先行，物流园区的规划建设既要按市场经济的原则运作，又要坚持政府的协调引导。(　　)

14. 以产品为中心的供应的设计首先要明白企业的核心竞争力是什么。(　　)

15. 系统的重要特征之一是“整体性”，整体由部分组成，所以整体一定大于部分之和。(　　)

16. 在物流活动中，运输、储存、包装、装卸搬运、配送、流通加工、物流信息等环节是独立存在、互不相干的。(　　)

17. 网状图是点点相连的线组成的网络，其优点是效率高、方便销售。(　　)

18. 物流系统规划按层次可分为国家级物流规划，省、市级物流规划，经济运行部门物流规划，企业物流规划。(　　)

19. 物流需要是影响物流园区规划的最直接也是非常重要的因素。(　　)

20. 与实用性产品相匹配的是敏捷供应链，其核心是消除一切形式的浪费，节约产品成本。(　　)

二、单选题

1. (　　) 就是为实现一定目标而设计的，由各相互作用、相互依赖的物流要素（或子系统）所构成的有机整体。

A. 物流技术　　B. 物流设施
C. 物流系统　　D. 物流活动

2. 物流系统从其构成看，可分为（　　）两大部分。

A. 作业子系统和信息子系统　　B. 配送子系统和信息子系统
C. 作业子系统和运输子系统　　D. 运输子系统和仓储子系统

3. 我国第三方物流供应商的发展战略不包括下面的（　　）。

A. 成本领先战略　　B. 集中化战略
C. 企业联盟战略　　D. 效率化战略

4. 下列关于立体仓库的说法错误的是（　　）。

A. 立体仓库能够大大提高仓库的单位面积利用率
B. 立体仓库不可避免地增加了劳动强度
C. 立体仓库能够减少货物处理和信息处理过程的差错
D. 立体仓库能够合理有效地进行库存控制

5. 下列不属于物流系统的内部信息的是（　　）。

A. 物料移动信息　　B. 物流作业信息
C. 物流控制信息　　D. 供货人信息

6. (　　) 适用于对单个分销中心或工厂的选址，它是一种用于寻找运送费用最小的配送中心的数学方法。该方法将市场位置、要运送到各市场的货物量、运输成本都加以考虑。

A. 优缺点比较法　　B. 重心法
C. 线性规划—运输模型法　　D. 德尔菲分析模型法

7. 以下运输方式中，在空间和时间方面具有充分的自由性，可以实现"门"到"门"运输的是（　　）。

A. 公路运输　　B. 铁路运输
C. 水路运输　　D. 航空运输

8. 以下物流活动中不存在相互影响关系的是（　　）。

A. 运输与库存　　B. 顾客服务水平与物流成本
C. 生产物流与销售物流　　D. 提高供货率与增加库存

9. 下列各因素中，不属于影响仓库选址决策的社会环境因素的是（　　）。

A. 基础设施条件　　B. 气候
C. 人力资源条件　　D. 所在国汇率

10. 下列不属于铁路运输的特点的是（　　）。
A. 准时性强　　B. 不受气候因素影响
C. 运费较贵　　D. 营运缺乏弹性

11. 物流系统的边界是广阔的，其范围横跨的几大领域不包括（　　）。
A. 采购　　B. 生产
C. 流通　　D. 消费

12. 区域物流规划是一项内容复杂的综合性工作，不涉及（　　）。
A. 地区经济发展水平　　B. 当地传统习俗
C. 交通基础设施建设　　D. 信息网络建设

13. 在规划建设物流园区的过程中，应该坚持以下原则，不包括(　　)。
A. 科学选址原则　　B. 统一规划原则
C. 政府控制运作原则　　D. 现代化原则

14. 以下哪个不是配送中心的选址过程应遵守的原则？(　　)
A. 适应性原则　　B. 协调性原则
C. 经济性原则　　D. 统一性原则

15. 一个综合性的物流信息系统在纵向上需要的信息类型不包括(　　)。
A. 数据文件层　　B. 传输交换层
C. 策略运用层　　D. 战略计划层

16. 物流信息系统开发首先需要明确的问题不包括（　　）。
A. 系统需要解决的问题　　B. 系统是否需要网络平台
C. 系统可行性分析　　D. 系统开发方法

17. 区域物流载体是区域物流的组成要素之一，以下选项中不属于区域物流载体建设的是（　　）。
A. 物流企业信息系统　　B. 基础设施
C. 物流活动设施、设备　　D. 物流标准

18. 网络设计的最后一个步骤是（　　）。
A. 选择网络结构　　B. 确定与外部联系
C. 选择和配置网络设备　　D. 线路布局

19. 下列选项中，(　　) 不是采购管理子系统的功能。
A. 供应商评估管理　　B. 采购计划管理
C. 采购订单管理　　D. 财务管理

20. 广义上的 DRP 系统的管理对象除了订单、库存、财务、物流等方面，

还包括（　　）。

A. 采购管理　　B. 客户关系管理

C. 供应链管理　　D. 生产计划管理

三、名词解释

1. 效益背反
2. 物流园区
3. 物流系统

四、思考题

1. 怎样理解物流系统的含义？
2. 物流系统规划的内容包括哪些方面？
3. 简述配送中心的设备如何选择。
4. 什么是物流园区？产生的原因是什么？物流园区规划的程序是什么？

第三章　跨境出口物流管理

【学习目标】

本章旨在让学习者了解跨境出口物流的基本模式，熟悉跨境电商物流发货流程、出口包装及供应链相关问题，从而掌握跨境出口物流业务。

通过本章的学习，能够：

1. 掌握跨境出口物流模式；
2. 掌握不同模式下的跨境电商物流发货流程；
3. 掌握跨境出口包装应注意的问题；
4. 了解跨境出口供应链相关问题及解决方法。

【本章重点】

在跨境电子商务交易中，出口物流占了很大的比重，本章主要介绍主流的跨境出口物流模式、跨境电商物流的发货流程、跨境电商的出口包装及跨境出口供应链的相关问题。

【基本概念】

出口模式，发货流程，出口供应链

【建议学习时间】

2~3 课时

跨境电商整合了传统国际贸易的资金流、商流、人流、信息流、物流，在大数据、物联网、人工智能等技术的驱动下，降低成本的同时，供应链上下游也需要匹配优化，快速促进国际物流发展。连接不同关境的国际物流正是构建跨境电商供应链的必备环节。而跨境出口物流管理的流程包括谈判、立约、支付、物流等多个环节，跨境出口电商的快速发展也为这些环节上的相关企业的发展提供了前所未有的发展机会，特别是跨境出口物流。目前，跨境出口物流不仅在业务上更是在概念上被整合并泛指为跨境电商国际物流。跨境出口物流是指网上平台销售的物品从供应地到不同国家地域范围的物品流动过程，包括国际运输、包装配送和信息处理等环节。

第一节 跨境出口物流模式的相关情况

跨境电商对物流的要求非常高，对物流及其他方面的运营管理尤其重要。由于跨境物流时间长，政策、汇率等原因造成的不可控因素较多。跨境电商由于涉及不同国家、国境，情况较复杂，很难像国内电商一样通过自建物流的方式来解决跨境电商的物流问题。对于跨境物流的选择，性价比高、时效好、安全等因素是首选。因此，选择合适的物流方式，要从各个方面来考虑，兼顾卖家可以承受的金额、时长等，选择一个合适的物流方式。

一、我国主要跨境出口国的物流市场情况

以下是我国主要跨境出口国的物流市场情况。

（一）印度

物流服务很大程度上是电子商务能否取得成功的关键因素。虽然目前全球电子商务市场已经实现了“当天达”，但不可否认的是，一个脆弱的物流链条无法支撑电子商务市场的发展。基础设施不足成为印度电商物流面临的最大挑战，这也成了影响服务的主要因素。在开发印度这个新兴市场之时，中国跨境电商卖家通常会采取直邮的方式把产品从中国运到印度的消费者手上，因为这不需要在新市场备货，免去产品“水土不服”和滞销的烦恼。而快件到印度的时长大概为 7 到 15 天，邮政渠道到印度的时长大概为 20 到 30 天。但是，印度市场用户对时效的要求非常高，因为类似 Flipkart、Amazon 印度等当地电商已经培养其用户养成今天下单，两天后就收到货物的习惯。所以，为了提高用户的体验，亚马逊近年在印度的仓储总面积几乎翻了一倍，达

32258 平方米，为印度数以千计的零售商和中小企业提供物流仓储服务。除此之外，如 Flipkart、Snapdeal、eBay 等，也在建立自己的物流中心和分销网络。值得一提的是，拥有新鲜血液的年轻物流公司更容易吸引电商公司，因为新兴物流公司可以提供快速交付服务、IT 服务和 COD（货到付款）机制，这些因素是电商公司取得成功的最基本要素。第三方承运物流企业也开始崛起。所以，中国出口电商企业走 B2B2C 的海外仓模式实现更快的物流体验，更符合消费者的期待。

（二）英国

英国消费者在国外购物网站上的人均花费很高，而且对线上零售很有信心，因此他们随时准备着从国外购买产品。英国互动媒体零售集团（IMRG）最新的调查表明，有近 65%的受访者曾跨境线上消费，影响他们决定的最大因素仍然是配送服务和退换货问题。英国的线上购物主要集中在伦敦和英格兰东南部，但是对于国外来的零售业者来说，想要成功进入市场，仍然需要覆盖整个国家的物流服务。所以，当面对英国线上消费者时，跨境电商需要制订最优物流方案，同时也要在购买流程中清楚且再三强调物流信息。三分之二的英国消费者认为，如果在付款前可以清楚地看到配送和退换货方面的信息，购物流程会更方便。同时，配送和退换货已经是区别零售商的重要标准之一。跨境零售商们要赢得英国消费者，就需要注意，70%的英国消费者表示，好的配送体验会让他们再次购买这个零售商的产品。

在英国，尽管消费者更倾向于配送到家，近五年来，选择线上购物线下取货的顾客也越来越多。消费者可以选择到零售商的实体店去取他们的网上订单，也可以根据自己方便的时间和地点在取货点或货柜取他们买的商品。98%的英国消费者都知道这一配送选择的存在，有四分之三的消费者曾经用过或者打算用这种方式。在所有线下取货的实体中，到零售商的实体店取货是最受欢迎的，70%的消费者这样做过。但对没有英国门店的跨境电商来说，这种选择是不可能的。为了克服这个障碍，英国现在有很多取货点或货柜可供使用，它们可能分属不同的运输商。跨境电商需要积极寻找与这些取货点或货柜合作的道路，因为多达 35%的英国消费者用过这种配送方式，而且很多人也用这样的方式退货。跨境电商可以通过这种方式达到品牌联合的效果，如果顾客知道并且信任某个取货点或货柜的提供商，这种信任也会延伸至跨境零售商。

（三）德国

在整个欧洲，德国在物流配送方面处于领先地位，90% 的德国人喜欢送货到家，配送方式及时间对他们来说是至关重要的。供应商要保证货物在承诺的时间顺利送达，而且在配送过程中，消费者能够知晓货物的配送情况。社交媒体的广泛应用和手机技术的发展让每个消费者都可以与供应商和物流公司随时联系。83%的消费者表示，他们会根据卖家的物流评价来决定是否购买一样的商品。而且，55% 的消费者认为标准的送货时间（3~5 天）应该是免邮费的。德国当地的主要物流供应商包括 Depost（德国邮政）、DHL、DPD 等。从德国到主要的欧盟国家一般 2~7 天就可以了，德国当地的货物派送时间一般是 1~3 天。总体来看，在给予顾客多种配送方式选择后，德国零售商收获了 79%的顾客好评或忠诚度。另外，德国境内经常出问题的是东南部。多数物流集散中心坐落在莱茵或者鲁尔区。在这两个最大的区，物流执行情况经常是不稳定的，因为大区中的货物转运并不能保证及时和无缝连接，给在运输截止时间前将货物送到增加了很大压力。因为德国面积大，最远的仓库之间的长途运输可能需要 6~8 个小时才能到达。而如果从莱茵或鲁尔区出发，这个最远距离就是到德国的东北或者东南部。

（四）俄罗斯

物流仍然是俄罗斯跨境电商最大的痛点，俄罗斯国土面积达 1709. 82 万平方千米。东西端最长距离约为 9000 公里，交通“大动脉”仅依靠铁路，单程运输需要的时间是 6 天半。对于居住在莫斯科等大中型城市的消费者而言，网购商品的妥投时效一般要 15~30 天。只要这些消费者对网购商品的时效不是很在意，当地的物流服务还是能勉强满足他们的基本需求。但俄罗斯地广人稀，尤其是一些远东和新西伯利亚地区，货物的妥投时效几乎没有保障，签收时效极大地遏制了当地居民跨境购物的热情。电商企业应该在当地选出一个合适的物流合作伙伴，这个合作伙伴能高效地应对俄罗斯的广大地域和气候与温度的差异，履行物流配送的责任。在这里，运送费用会比西欧国家的高出许多，在很大程度上是因为货物需要长距离运输。除此之外，在俄罗斯设置仓储也可以节省跨国运输花费的大量时间，避免单个货物运送至顾客手中所带来的成本和流程中的麻烦。跨国零售商应该将货物以大宗货物方式运送到俄罗斯，虽然这样也会有不同的流程和复杂手续产生。当然这个选择并不适用于数量不多的跨境销售货物（成本可能会超过收益）。在这种情况下，寻求第三方仓储会是比较好的解决办法。

（五）澳大利亚

澳大利亚地缘广大，配送位置的分散让高效运送成为最大的挑战。尤其是在诸如北领地、塔斯马尼亚州、昆士兰州和西澳大利亚州这些区域，地理因素和人口密度都影响着配送服务的水准。而澳大利亚消费者对商品配送时长更关注，所以商家需要更多地考虑交易量和运送产品到澳大利亚所需要的渠道。根据配送公司 wnDirect 的数据，大部分商品会配送到大都市和首府，只有 8.1%的商品被送到农村地区。对于国际物流公司来说，多样的运输目的地再加上一些热门地址都需要关注。以 wnDirect 为例，配送货物会走船运，到达悉尼、墨尔本、佩斯或布里斯班，再从这些地方分别转运至较近的目的地，缩短了最后一程的距离，也为躲过一些内陆地区的自然灾害提供了另一种方案。

（六）美国

美国电商的标准配送时间是 5~7 天，如需一天或是两天送到则需支付运费 3.99~7.99 美元。美国不少网站也会提供当日达服务，基本上运费都要 20 美元左右。提高配送时效性在硬件上取决于三点：仓库分布和数量、道路运输条件、快递公司质量。美国道路运输条件明显占优，美国相比中国是真正的地广人稀，道路运输网四通八达，仓库的选址相对容易，投资也相对合理。问题出在每个州的税率不同上，免税和税后差价最高可相差近 10%。而在相应的州建立仓库，消费者下单购买商品就要缴纳消费税。这也是为什么之前几个大仓库都集中在美国中部和免税区域。目前美国所有电商公司的配送环节仍然是由第三方专业物流公司操作，如 UPS、FedEx 和 USPS。美国快递行业基本由以上三家垄断，比如 Amazon Prime 会员下单，其 80%的订单都由 UPS 配送，从下单到接收订单基本见不到快递员，而大街上见到的快递员也是标准深棕色制服，开着同色的 UPS 无门货车在大街小巷穿梭送货。所以，很多美国消费者认为配送费用是选择下单与否的一个原因，有 59%的受访者认为在选购的过程中查看配送费用很重要；有 56% 的受访者曾经因为在最后付款阶段加上运费导致订单价钱更高而取消购买；有 57% 的受访者表示只要订单物有所值便会接受额外的运送费用。此外，有 49%的受访者认为跨国订单更划算，还有 43%的受访者认为可以从外国购物网站上找到美国没有的东西。因为美国本土电商配送的具体时间还取决于配送费是多少，同时和跨国经销商的配送时间相差并不太多，因而中国电商企业还是可以与本土商业竞争的。

二、跨境出口物流模式

跨境出口物流主要有以下几种模式：邮政小包、快递直邮、邮政 EMS 及国内快递公司的国际快递业务、专线物流、传统外贸物流等。表 3-1 是各种方式的优缺点对比。

表 3-1　各种出口方式的优缺点对比

方式	优点	缺点	价格 & 时效
中国邮政航空小包	邮政网络基本覆盖全球，比其他任何物流渠道都要广，价格便宜。适合邮寄比较轻的物品，以克计算，能寄的物品类别比较广，覆盖全球 220 多个国家	1. 包裹限重 2kg 内 2. 长+宽+高≤90cm 3. 不建议邮寄价值高于 300 元的物品 4. 时效不稳定，很多国家无妥投信息，延误、丢失没有赔偿。无目的地妥投信息	以 0. 5kg 到美国为例：参考价格 53. 4 元，10~20 天（http：//www. epacket. com. cn）
四大国际快递直邮：DHL/FedEx/UPS/TNT	速度快、服务好、丢包率低，适合高附加值、体积小的产品，发往欧美发达国家非常方便	价格昂贵，且价格资费变化大	以 0. 5kg 到美国为例：130~202 元，2~15 天（各个公司差别大，详细可查 http：//www. epacket. com. cn）
中国邮政国际 EMS	速度较快，费用低于四大国际快递巨头	对市场的把握能力有待提高，路线有限	以 0. 5kg 到美国为例，文件 180 元，物品 240 元，参考时限 5~7 个工作日（http：//shipping. ems. com. cn）
ePacket（中国邮政 E 邮宝）	速度较快，费用低于普通国际 EMS，出关能力强	仅限 2kg 以下的包裹；路线少，上门取件城市有限	以 0. 5kg 到美国为例：参考价格 52. 25 元，6~23 个工作日（http：//www. epacket. com. cn）
专线物流	集中大批量货物发往目的地，通过规模效应降低成本	相比邮政小包而言，运费较高，且在国内的揽收范围相对有限	美国特快专线：58. 65 元，7~10个工作日（http：//www. pfcexpress. com）
传统外贸物流＋海外仓	传统外贸方式送货到仓，物流成本低；可提供灵活可靠的退换货方案，提高海外客户的购买信心；发货周期较短	有库存压力；对卖家在供应链管理、库存管理、动销管理等方面提出了更高的要求	从当地海外仓发货，价格即当地快递价格；平均时间 1~7天（Gearbest）

以下就几种常用的方式进行介绍。

（一）邮政包裹物流渠道

中国邮政网络覆盖全球，中国卖家有60%以上的包裹是通过邮政网络发出的。卖家能理解在电商微利环境下对物流成本的控制，对饰品、配件等特轻小件而言，其不带电且非紧急要求，邮政包裹是最好的选择。有些偏远小国、岛国走小包最省运费。其他渠道包括国际小包、大包、e邮宝和国际特快专递EMS等，个人邮包形式通过万国邮联体系（UPU）出口发货。邮政国际小包分为普通空邮（Normal Air Mail，非挂号）和挂号（Registered Air Mail）两种，价格实惠，通关便捷，国际段均走空运，前者不提供跟踪查询服务，后者付10元挂号费可跟踪查询。重量要求在2kg以内，在体积上要求货物为非圆筒货物：长+宽+高≤90cm，单边≤60cm。时效性要求不高且大于2kg的偏重货物，可走邮政大包，运输方式分别为空运及水陆运，价格比较低，没有偏远附加费，相对于商业渠道有价格优势。

（二）国际商业快递渠道

国际商业快递是指在两个或两个以上国家（或地区）之间所进行的快递、物流业务。国家与国家（或地区）传递信函、商业文件及物品的递送业务，即通过国家之间的边境口岸和海关对快件进行检验并放行的运送方式。国际快件到达目的国（地区）之后，需要在目的国（地区）进行再次转运，才能将快件送达最终目的地。

国际快递的一个非常重要的特点是各国快递环境的差异，尤其是快递“软环境”的差异。不同国家的不同物流适用法律使国际快递的复杂性远高于一国的国内物流，甚至会阻断国际快递；不同国家的不同经济和科技发展水平会造成国际快递处于不同科技条件的支撑下，甚至有些地区根本无法应用某些技术而迫使国际快递全系统水平下降；不同国家的不同标准也造成国际间“接轨”的困难，因而使国际快递系统难以建立；不同国家的风俗人文也使国际快递受到很大的局限。

中国国际快递是快递业务中最重要的组成部分，它是EMS、DHL、UPS、FedEx、TNT、ARAMEX等快递业“巨头”的主营业务，每年的业务量以30%的速度增长，在中国对外贸易工作中发挥了举足轻重的作用，为中国经济融入全球一体化做出了贡献，取得了令人瞩目的社会经济效益。

现代航空快递，是传统航空货运的发展和延续，是从航空货运代理业派生出来的。因此，要了解和掌握国际快递业务，还应学习与国际货代有关的业务知识。

1. 国际快递包裹重量分实际重量和体积重量两种，快递公司将以两种重量中大的一项为计费依据。

2. 体积重量计算。

（1）四大国际快递 DHL、UPS、TNT、FedEx 包裹体积重量的计算方法为长×宽×高÷5000，注意长、宽、高的单位是厘米；

（2）EMS 邮政速递对长、宽、高三边中任一单边达到 60cm 或以上的包裹进行体积重量计算，公式：体积重量（kg）= 长×宽×高÷8000，长、宽、高的单位是厘米。

3. 国际快递包裹的货物不足 0.5kg 的，按 0.5kg 计费。

4. 21kg（46.3Ib）以下的货物按照小货计费，按首重、续重计费，计费单位为 0.5kg（1.1Ib）；21kg 及 21kg 以上的货物按大货计费。

5. 国际快递包裹单件货物的规格必须保证：1×长+2×高+2×宽<330cm（各快递公司要求的规格不尽相同）。

6. 国际快递包裹单件超过或等于 68kg 的，必须用有脚卡板进行包装（部分国家拒收原来的卡板包装），否则快递公司拒收货物。

7. 倘若有以下情况的国际快递包裹，需预先订舱：货物单件围长（1×长+2×高+2×宽）超过 330cm（10 英尺、25.2 英寸）；货物单件重量超过 68kg；货物单件围长不超过 330cm，重量不超过 68kg（149.9Ib），但一批货物超过 300kg（661.4Ib）。

8. 国际快递的资费变化较大，需发快递包裹时，请先联系所托运的国际快递公司的业务员确认价格。

（三）专线物流

专线物流也是现今跨境电商国际物流较常使用的一种运作模式，主要是指在国内仓库集货，批量直接发往特定国家或地区的专门设计的国际运输线路，时效性强、方便快捷，区域针对性也较强。集包集货具有比一般快递更优化的计重计费方式。因此，海外专线模式一般来说也是针对需求量大、热门的线路，需要货量来分摊成本，实时出货不会带来产品过期、过季和库存积压等问题，可看作跨境出口“直通车”。图 3-1 所示为跨境 B2C 出口的海外专线模式。

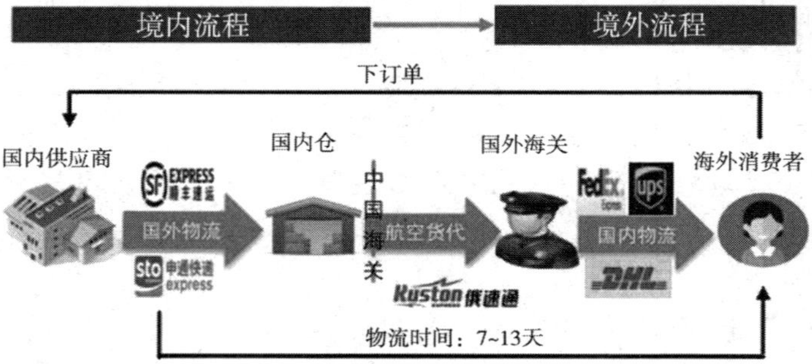

资料来源：长江证券研究所

图 3-1　跨境 B2C 出口的海外专线模式

专线运作由于是分环节的专业分工，谁是运作主体取决于资源整合能力，主导商品的全程门到门的物流服务。

首先，专线要考虑国内网点分布，国内揽收要集中，上网速度要快，从成本考虑，国内仓与货源及航空口岸的距离要适中，确保国内段的时限可控，如新兴的边境仓。这个集货仓可能由电商平台或第三方物流企业提供，接收到货物后便可进行处理。

其次，头程多采用全货包机运输，节约时间，价格和耗时均介于邮政小包和国际快递之间。但空运代理市场秩序混乱，市场半透明的价格和不确定的服务使其稳定性不高，特别考验专线公司的仓位议价能力。头程到达城市离客户地址较远，也会影响全程时限。

再次，在清关方面专线快递比较专业，采用大包付款交货清关（所有费用由发货人承担）较顺利，如果国外有贸易公司配合清关，那可能会在更大程度上降低清关成本（针对起征点低的国家），SKU 要归类，清关后进行拆包配送。

最后，货物分拣完成后一般由当地邮政或快递负责接收和派送，很多区域快递如澳大利亚 Tol、中东 Aramex、日本 OCS、印度 GATI 等，货物的送达时间基本固定。专线针对某一个国家或地区的跨境电商来说是比较折中的物流解决方案。解决好国外清关、和当地邮政或快递合作，是专线服务的两大关键链条，大部分国家基本形成了一些专线通道。例如，针对发往俄罗斯的小包，有 E 速宝、赛诚、俄速通、速邮宝、燕文等产品。寄往美国的专线服务，包裹到达美国后，进入当地 FedEx 和 USPS 派送网络。专线竞争主要体现在“专”上，兼顾规模经济性及点到点线路的时效性，但拼抢货源及航空资源常引发倒卖发货及邮包的不良现象，令发货人受损。表 3-2 是商业渠道的常见交货方式。

表 3-2　商业渠道的常见交货方式

FOB	Free On Board，装运港船上交货
CIF	Cost，Insurance & Freight，成本+保费+运费
DDP	Delivered Duty Paid，清关完税及目的地交货
DAP	Delivered at Place，目的地交货（不含装卸）
DAT	Delivered at Terminal ，目的地或目的港站交货

在海外专线模式中，专业分工决定了跨境综合物流企业是运作主体，最终由这些公司负责商品的全程门到门物流服务。表 3-3 给出了各国专线的具体要求。

表 3-3　各国专线的具体要求

	当地合作商	限重（kg）	运费（元/kg）	挂号费（元/件）	时效
美国专线	美国邮政、FedEx	30	90	12	4~7 天
英国专线	英国邮政	10	77	10	5~8 天
德国专线	DHL	2	94	20	7~9 天
澳大利亚专线	澳大利亚邮政	5	60	10	5~7 天
俄罗斯专线	俄罗斯当地快递	30	100	0	15~35 天
法国专线	皇家邮政	2	110	10	8~10 天
意大利专线	皇家邮政	2	110	10	8~10 天

（四）中欧班列

中欧班列是指按照固定车次、线路等条件开行，往来于中国与欧洲及“一带一路”沿线各国的集装箱国际铁路联运班列。铺划了西中东 3 条通道为中欧班列运行线：西部通道由我国中西部经阿拉山口（霍尔果斯）出境，中部通道由我国华北地区经二连浩特出境，东部通道由我国东南部沿海地区经满洲里（绥芬河）出境。

截至 2018 年 6 月底，中欧班列累计开行量已突破 9000 列，运送货物近 80 万标箱，国内开行城市 48 个，到达欧洲 14 个国家的 42 个城市，运输网络覆盖亚欧大陆的主要区域。2018 年 8 月 26 日，随着 X8044 次中欧班列（汉堡—武汉）到达武汉吴家山铁路集装箱中心站，中欧班列累计开行数量达到 10000 列。

2019 年 1 月 12 日，中欧班列（郑州）去程和回程班列首次抵达绥芬河口岸，标志着中欧班列（郑州）继阿拉山口、二连浩特、霍尔果斯、凭祥之后的另一条重要出入境通道开通。

从中欧班列首次开行以来，到 2019 年 4 月 22 日累计开行了 14691 列，联通了中国 62 个城市和欧洲 15 个国家的 51 个城市，铺行的路线达到 68 条。现在应该说从中国任何一个城市，都可以通过三个出口——西边的阿拉山口、东部的满洲里、中部的二连浩特经过中亚，经过白俄罗斯、俄罗斯，到达欧洲任何一个国家。

亚欧之间的物流通道主要包括海运通道、空运通道和陆运通道，中欧班列以其运距短、速度快、安全性高的特征及安全快捷、绿色环保、受自然环境影响小的优势，已经成为国际物流中陆路运输的骨干方式。中欧班列物流组织日趋成熟，班列沿途国家经贸交往日趋活跃，国家间铁路、口岸、海关等部门的合作日趋密切，这些有利条件，为铁路进一步发挥国际物流骨干作用，在“一带一路”倡议中将丝绸之路从原先的“商贸路”变成产业和人口集聚的“经济带”起到重要作用。

（五）境外配送

任何物流方式最终都无法绕开境外的末端配送。纵观全球物流网络，“最后几公里”的运作既是最简单的，又是最难的。各国情况各异，全程时限差异很大，新兴国家和欠发达地区的基础设施短板明显，几乎没什么可选择的服务。而发达市场，从投递上来说，邮政及快递的投递分层服务做得很好，一分钱一分服务，完全差异化。例如在法国，用户可以选择物流送货上门、送货到旗下的门市或派送点自取，送货上门（Home Delivery）又分为标准、跟踪和签名，另外预约、消息通知、查询等客服也比较到位。而在美国，电商大部分使用“老三家”，美国邮政 USPS 收费相对便宜，300g 的小件平均起步价为 3 美元、2~8 个工作日送达；如果选择商业快递送货，价格就会贵得多，如 UPS 有陆运和航空两种，陆运不保证时效，一般为 3~8 天，价格一般为 5~10 美元。如果选择 FedEx 航空件，则有次日达、次晨达等多项服务，当然价格也要高 5~10 倍。签收方式默认都是送达通知，即把快件送到客户住宅附近即可，可以是门边，不是默认本人签收的。本人签收、他人代收、更改地址、定时配送都属于附加服务，需额外付费。另外，欧美很多快递休息日是不送货的，如果需要休息日送货，也需要加收费用。基于这些服务标准，以及消费者市场教育足够到位，在本地配送方面，电商平台往往能够提供较多的可靠选项。例如，消费热情于平安夜前一周集中爆发，2015 年的平安夜，FedEx 和 UPS 的妥投率分别为 96.2%和 97.7%，上述两家企业和美国邮政在当日共处理超过 600 万件包裹，比平均日处理量增加了 70%。这也意味着，即使妥投率达到 99%，依然会有 60 万件快件延误。另外，发达市场的突发情况，主要受到运能不足、极端天气、罢工等影响，因为劳动力行业工会的强大，罢工运动在航空交通运输业及物流业屡试不爽。

而在美国，亚马逊推出了 FBA（全称 Fulfillment by Amazon），即亚马逊提供的海外仓储及代发货业务。国内供应商仅需将商品运输到 Amazon 在中国的库房 FBA 即可，后续的运输、通关等流程由 Amazon 负责，省去了其中繁琐高昂的物流流程，减少了供应商的物流时间和费用。最终，商品到达 Amazon 在目的国当地的 FBA，FBA 实质上成为供应商的海外仓库。

第二节 跨境电商物流的发货流程

图 3-2 所示是跨境电商物流的发货流程。发货流程随着不同的模式有所不同。以下根据不同模式介绍其流程。

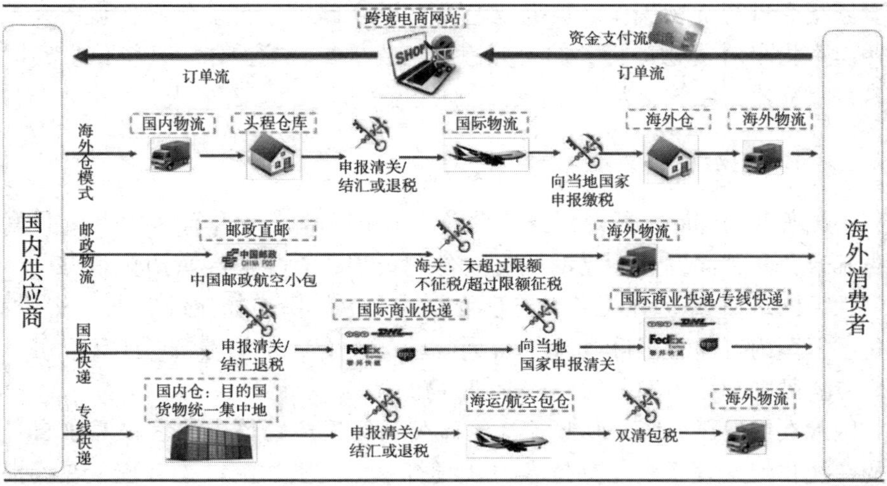

图 3-2 跨境电商物流的发货流程

一、海外仓

海外仓的操作是指中国卖家通过海运、空运或者快递等方式将商品集中运往海外仓储中心进行存储，并通过物流服务商的库存管理系统下达操作指令。

首先需要在海外仓服务商提供的物流平台注册会员，开通后台账号，成为会员；然后在后台系统建立自己的产品信息单；接着可以备货了；最后就等候海外仓确认订单后的出货安排通知。

主要步骤为：

（1）卖家自己将商品通过国内物流运至头程仓库；

（2）在头程仓库进行整理包装后，送到海关，完成清关、结汇或退税等手续；

（3）通过国际物流方式（海运、铁路运输或空运等），将货物运抵目的国；

（4）在目的国完成清关、报税等手续；

（5）货物送达海外仓；

（6）从海外仓通过目的国物流将货物送达消费者手中。

在此过程中，卖家在线远程管理海外仓储。卖家使用物流商的物流信息系统，远程操作海外仓储的货物，并且保持实时更新。海外仓的工作人员根据卖家指令进行货物操作。根据物流商海外仓储中心自动化操作设备，严格按照卖家指令对货物进行存储、分拣、包装、配送等操作。系统信息实时更新。发货完成后系统会及时更新，以便卖家实时掌握库存状况。

二、邮政物流

中国邮政速递物流是经国务院批准，由中国邮政集团于 2010 年 6 月联合各省邮政公司共同发起设立的国有股份制公司，是中国经营历史最悠久、规模最大、网络覆盖范围最广、业务品种最丰富的快递物流综合服务提供商。公司主营国内速递、国际速递、合同物流等业务，拥有享誉全球的“EMS”特快专递品牌和国内知名的“CNPL”物流品牌。

国际在线发运系统是邮政速递物流公司为适应跨境电商客户需求自行开发的在线物流处理系统，支持客户在线打单，提供物流订单管理、在线提交物流及报关信息、自行打印邮件详情单、发送上门揽收指令和邮件运递状态主动告知等功能。对于具备技术开发能力的、业务量较大的客户，速递物流提供 API 对接服务。

目前，系统支持美国、英国、澳大利亚、加拿大、法国、俄罗斯、乌克兰、以色列和沙特路向的 e 邮宝业务，澳大利亚和德国路向的 e 速宝业务，美国路向的 e 包裹业务和主要路向的 e 特快业务。

邮政直邮主要指中国邮政航空小包。中国邮政航空小包（China Post Air Mail）又称中国邮政小包、邮政小包、航空小包，是指包裹重量在 2kg 以内，外包装长、宽、高之和不超过 90 厘米，且最长边不超过 60 厘米，通过邮政空邮服务寄往国外的小邮包。它包含挂号、平邮两种服务，可寄达全球各个邮政网点，挂号服务费率稍高，可提供网上跟踪查询服务。中国邮政航空小包出关不会产生关税或清关费用，但在目的地国家进口时有可能产生进口关税，具体根据每个国家海关税法的规定而各有不同（相对其他商业快递来说，航空小包能最大限度地避免关税）。

（一）寄送要求

1. 规格限制

重量不超过 2kg；

非圆筒货物：长 + 宽 + 高 ≤ 90cm，单边长度 ≤ 60cm，长度 ≥ 14cm，宽度≥9cm；

圆筒形货物：直径的两倍+长度≤104cm，单边长度≤90cm，直径的两倍+长度≥17cm，长度≥10cm；

写清楚收件人地址和邮编；

按照规定填写报关单及快递面单，申报物品要用中英文。

2. 产品限制

禁止邮寄国家规定的不能邮寄和出口的物品；

禁止邮寄带有危险性、爆炸性、放射性、易燃性的物品；

鲜活的动植物及易腐烂的产品不能邮寄。

（二）资费标准

标准价格表如表 3-4 所示。

表 3-4　中国邮政航空小包的新资费表

序号	国家（地区）	资费标准（元/千克）	挂号费
1	日本	62	8
2	新加坡、印度、韩国、泰国、马来西亚、印度尼西亚	71.5	8
3	奥地利、克罗地亚、保加利亚、斯洛伐克、匈牙利、瑞典、挪威、德国、荷兰、捷克、希腊、芬兰、比利时、爱尔兰、意大利、瑞士、波兰、葡萄牙、丹麦、澳大利亚、以色列	81	8
4	新西兰、土耳其	85	8
5	美国、加拿大、英国、西班牙、法国、乌克兰、卢森堡、爱沙尼亚、立陶宛、罗马尼亚、白俄罗斯、斯洛文尼亚、马耳他、拉脱维亚、波黑、越南、菲律宾、巴基斯坦、哈萨克斯坦、塞浦路斯、朝鲜、蒙古、塔吉克斯坦、土库曼斯坦、乌兹别克斯坦、吉尔吉斯斯坦、斯里兰卡、巴勒斯坦、叙利亚、阿塞拜疆、亚美尼亚、阿曼苏丹国、沙特阿拉伯、卡塔尔	90.5	8
6	俄罗斯	96.3	8
7	南非	105	8
8	阿根廷、巴西、墨西哥	110	8
9	老挝、孟加拉国、柬埔寨、缅甸、尼泊尔、文莱、不丹、马尔代夫、东帝汶、阿联酋、约旦、巴林、阿富汗、伊朗、科威特、也门、伊拉克、黎巴嫩、秘鲁、智利	120	8
10	塞尔维亚、阿尔巴尼亚、冰岛、安道尔、法罗群岛、直布罗陀、列支敦士登、摩纳哥、黑山共和国、北马其顿共和国、圣马力诺、梵蒂冈、摩尔多瓦、格鲁吉亚	147.5	8

表3-4 续

序号	国家（地区）	资费标准（元/千克）	挂号费
11	斐济、美属萨摩亚、科科斯（基林）群岛、库克群岛、卡奔达、圣诞岛、新喀里多尼亚、密克罗尼西亚、南乔治亚岛和南桑德韦奇岛、赫德岛和麦克唐那岛、英属印度洋领土、基里巴斯、圣基茨和尼维斯联邦、马绍尔群岛、北马里亚纳、诺福克岛、瑙鲁、纽埃、法属波利尼西亚、巴布亚新几内亚、皮特凯恩群岛、所罗门群岛、斯瓦尔巴岛和扬马延岛、特里斯达库尼亚群岛、法属南部领土、托克劳、汤加、图瓦卢、美属太平洋各群岛、瓦努阿图、西萨摩亚、阿森松岛、加纳利群岛、亚速尔群岛和马德拉群岛、约翰斯敦岛、关岛、帕劳、瓦利斯和富图纳、埃及、苏丹、摩洛哥、吉布提、埃塞俄比亚、肯尼亚、突尼斯、布隆迪、乌干达、卢旺达、乍得、尼日利亚、布基纳法索、贝宁、喀麦隆、阿尔及利亚、加蓬、几内亚、马达加斯加、毛里塔尼亚、津巴布韦、安哥拉、中非、佛得角、西撒哈拉、厄立特里亚、冈比亚、赤道几内亚、几内亚比绍、科摩罗、利比里亚、莱索托、马拉维、莫桑比克、纳米比亚、尼日尔、留尼汪、塞舌尔、圣赫勒拿、圣多美和普林西比、斯威士兰、马约特、伊夫尼、赞比亚、利比亚、毛里求斯、马里、索马里、加纳、博茨瓦纳、刚果（金）、刚果（布）、坦桑尼亚、多哥、科特迪瓦、塞拉利昂、塞内加尔、委内瑞拉、古巴、厄瓜多尔、巴拿马、苏里南、哥伦比亚、安提瓜和巴布达、安圭拉、荷属安的列斯、阿鲁巴、巴巴多斯、百慕大、玻利维亚、巴哈马、伯利兹、哥斯达黎加、多米尼加、马尔维纳斯群岛、格林纳达、法属圭亚那、瓜德罗普、危地马拉、圭亚那、洪都拉斯、海地、牙买加、开曼群岛、圣卢西亚、马提尼克、蒙特塞拉特、尼加拉瓜、圣皮埃尔和密克隆、波多黎各、巴拉圭、萨尔瓦多、特克斯和凯科斯群岛、特立尼达和多巴哥、乌拉圭、圣文森特和格林纳丁斯、英属维尔京群岛、美属维尔京群岛、复活岛、扎伊尔、格陵兰岛	176	8
注：挂号统一加收8元/票的挂号费。			

（数据时间为：2018年6月）

（三）资费计算

挂号资费：标准资费×实际重量×折扣+8元挂号费=总额。

平邮资费：标准资费×实际重量×折扣=总额。

例如，200克的货物运到韩国，当前折扣为7折，标准资费71.5元/千克。

平邮：71.5元/千克×0.2千克×70%=10.01元。

挂号：71.5元/千克×0.2千克×70%+8元挂号费=18.01元。

备注：每件挂号件加收挂号费8元。

（四）寄送时效

当日中午12点以前交寄邮局，一般晚上8点后可以在中国邮政官网查询包裹状态信息。其运输时效大致为：到亚洲邻国5~10天，到欧美主要国家7~15天,其他国家和地区7~30天。

三、国际快递

目前，提供海外市场物流服务的公司有：宅急送快递、DHL、TNT、中航联、天地达、神州通有限公司等。

国际快递方式的特点：速度快，服务标准。

缺点：费用较高，可优惠幅度较小，声明价值在600美元以下的无须报关手续。

适用货物：批量小、无须报关的国际货物。

快递的发货流程图如图3-3所示。

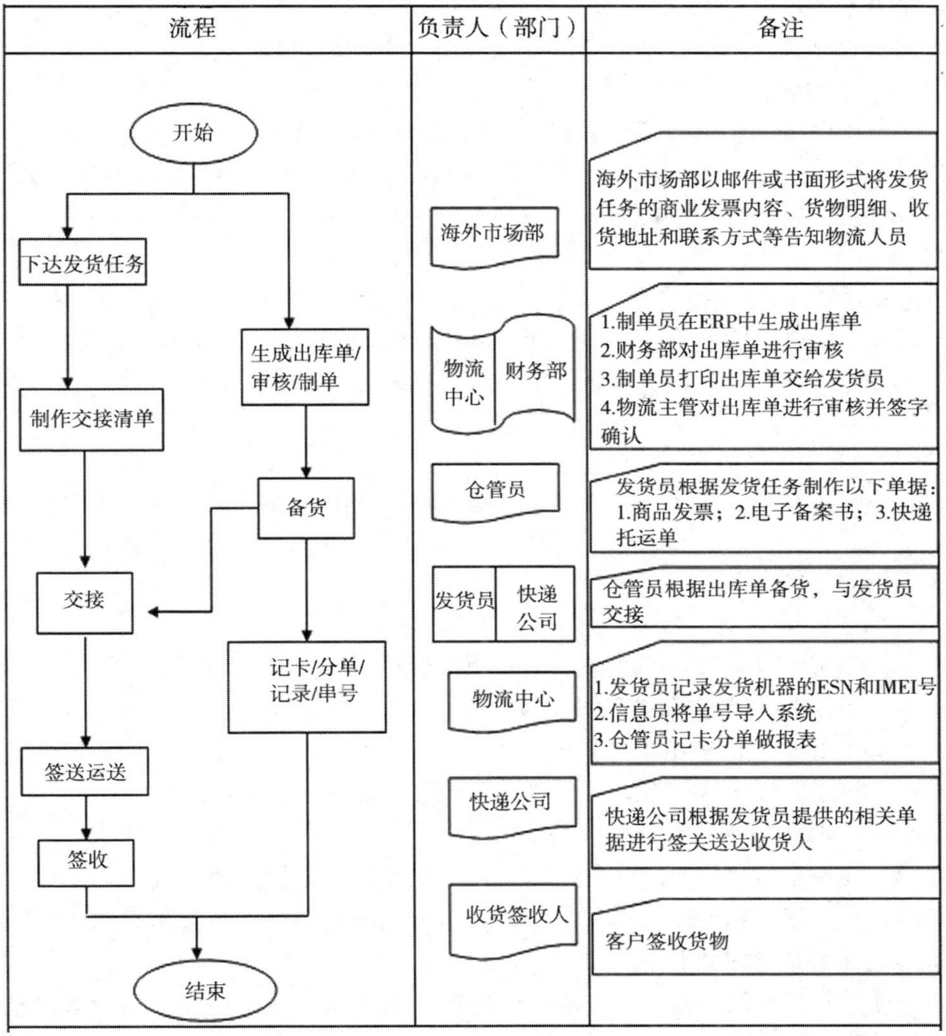

图 3–3　快递的发货流程图

国际快递空运发货还需确定以下内容。

1. 发货人提供的单据有发票（盖公章）、装箱单（盖公章）、合同（盖公章）、代理报关委托书（盖公章）、报关单（报关章）。需通过装箱单、发票、所显示的毛重净重、件数、包装种类、金额、体积，审核报关单是否正确（单证一致）。

2. 需要知道的有货物品名、数量、重量、装箱数、箱柜尺寸（可以看标签）、客户公司、收件人及联系电话、收件地址、出货时间，联系来公司取货的快递公司。

3. 对照海关编码大全，查阅商品编码，审核两者是否相符（填写报关委托书时能用到）。

4. 寻找国际货运代理：选择适合的货运代理并询价。

5. 填写好运输单（物流公司/快递公司提供的单据），发内地的货，运输单用中文填写；发国外的邮件，寄件人签字可以用中文，其他的都用英文填写。

6. 另外提供货物的中文名称、型号、HS 编码、用途、材质、品牌等。

7. 填写好发货通知单、出门证后请市场部经理、生产部副总经理签字，然后带发货通知单让成品库仓管签字，将货从仓库里提出来。

8. 联系物流公司或快递去仓库取货。

9. 报关需要的基本单证有：

报关委托书（正本、盖公章）（需提供商品 HS 编码、海关注册登记编码）、报关单、发票、箱单、合同（盖公章）。例如，巴西 DHL 正式报关的文件包含：

（1）商业发票（盖公章或公司财务章）；

（2）货物装箱单（盖公章，须注明件数/毛重/净重）；

（3）合同（盖公章或公司合同章）；

（4）出口收汇核销单（装订线上盖公章）；

（5）报关委托书（盖公章，法人或经办人之一必须签名）；

（6）加工贸易企业提供“备案手册”报关，无须另外提供销售合同。若经营单位与发货单位非同一企业时，报关委托书及核销单需盖经营单位公章。

例如，属广州外经贸管辖内的加工贸易企业，则报关委托书及核销单需加盖“宝安区外经贸有限公司”公章。

①如涉及法定商检货物，需提供相对应的通关单（广州地区以外的出具换证凭条及报检委托书）。

②需提供该货物商品归类需要的其他单证。

四、专线快递

跨境专线快递是指将运往目的国的货物统一集中到一个仓库，然后进行清关等操作，经过海运或航空运输送到目的国。专线快递的价格比商业快递的低、时效上比邮政小包快、清关速度与邮政清关的速度差不多，所以目前受到市场上的广泛认可。国内到欧洲约 5 ~7 个工作日（双休日除外）。欧洲依托自身地理、经济、政策、贸易等环境优势，通过由国内到欧洲多种形式的物流中转，提供海运、陆运、空运、仓储、报关、保险等国际物流服务。在作为进出口交易枢纽的欧洲专线物流运输中，国内的厂商和进出口公司必须经过海关的监管，取得有效的通关文件才可以放行。

第三节 跨境电商出口包装

在出口业务中，包装对于商品的运输和营销具有重要作用。

一、包装概述

商品的包装是商品生产过程的继续，是流通领域的首道工序。包装绝不是可有可无的，它是商品进入流通领域的必备条件之一。如对一个生产饮料的工厂而言，仅仅生产出饮料是不够的，消费者不可能都到工厂去买饮料喝，而需要用各种容器将饮料包装好，装入瓶中送到消费市场上去，以满足社会的需求。除了极少数的原材料外，绝大部分商品要有适当的包装才便于进行装卸、储存、运输、入库堆码和保管等业务。

随着商品生产和商品流通的发展，商品包装已逐渐发展成一门综合性的学科——商品包装学。它不仅包括包装机械、包装材料、包装工艺，而且包括包装标准、包装美术等许多内容。

国际货物包装的目的是保护货物本身质量和数量上的完整无损，便于装卸、搬运、堆放、运输和理货，危险品货物的包装还有防止其产生危害的作用。

在国际贸易过程中，多数商品在运输、装卸、分配、使用的过程中都离不开包装。这是由于在进出口业务中商品一般需要经过长距离的转运，因此经过适当包装的商品须便于运输、装卸、搬运、储存、保管、清点、陈列和携带，且不易丢失或被盗，为各方面提供便利。在国际贸易中，商品进行良好包装是吸引顾客、进行价格竞争的重要手段之一，也是实现商品价值和使用价值的重要手段，是商品生产和消费之间的桥梁。因此，在国际贸易中，包装是货物说明的重要组成部分，是主要交易条件之一。合同中应签订有包装条款。一些国家的法律规定：如卖方交付的货物未按约定的条件包装，或者货物的包装与行业习惯不符，买方有权拒收货物。如果货物虽按约定的方式包装，但却与其他货物未按约定混杂在一起，买方可以拒收违反规定包装的那部分货物，甚至可以拒收整批货物。因此，搞好包装工作和按约定的条件包装对国际商品与货物包装具有重要的意义。

二、包装的种类

为了对国际货物的包装进行经济、合理的管理，有必要对国际货物包装进行分类。一般来说，按功能对包装进行分类，可分为运输包装和商业包装；按形态对包装进行的分类则包括逐个包装、内部包装和外部包装三种。

（一）按功能分类

1. 运输包装

运输包装是以运输、保管为主要目的的包装，也就是从物流需要出发的包装，亦称工业包装。我国的国家标准对运输包装的定义是"以运输储存为主要目的的包装。它具有保障产品的安全，方便储运装卸，加速交接、点验等作用。"从我国国家标准中可以看出运输包装涉及多部门协同作业。包装的好坏在一定意义上反映了一个国家的综合生产力的发展水平。在国际包装标准中，"运输包装"前须冠以"完整的、满装的"定语，即必须是毫无损坏的、内装被保护的产品经过包装所形成的总体。对运输包装有着重要影响的是产品脆值、固有频率和允许损耗率三个要素。

（1）产品脆值：产品在损坏前可承受的最大冲击加速度值。

（2）固有频率：产品包装受到损坏的重要原因之一是共振，预先得知产品的固有频率则可采取措施，避免共振产生。

（3）允许损耗率：任何包装坚固到百分之百地不发生损坏是很难的，应提醒企业制定商品的允许损耗率，有利于采用合理包装。

运输包装按包装大小的不同又分为单件运输包装和集合运输包装。

（1）单件运输包装指在国际物流过程中作为一个计件单位的包装。常见的有箱，如纸箱、木箱、条板箱、金属箱；桶，如木桶、铁桶、塑料桶、纸桶；袋，如纸袋、草袋、麻袋、布袋、纤维编织袋；包，如帆布包、植物纤维或合成树脂纤维编织包。此外，还有筐、罐、捆、玻璃瓶、陶缸、瓷缸、瓷坛等。

（2）集合运输包装又称成组化运输包装，指将一定数量的单件运输包装的商品进行大的包装或装入一个大的包装容器内。集合运输包装可以提高港口装卸速度，便利货运，减轻装卸搬运的劳动强度，降低运输成本和节省运杂费用，更好地保护商品的质量，并促进包装的标准化。集合运输包装通常采用的是集装箱、集装包、集装袋和托盘。

2. 商业包装

商业包装又称零售包装或消费者包装，是在商品制造出来以后用适当的材料或容器进行的包装，直接接触商品，直接与消费者见面。

不过，在有些情况下运输包装同时也是商业包装，例如，装橘子的纸箱子应属于运输包装，橘子连同箱子出售时，箱子也可视为商业包装。此外，还可以采用商业包装的办法来做运输包装，以使运输包装更加合理并促进销售，如家电用品用的是兼有商业包装性质的运输包装。商业包装的主要功能是定量功能（形成基本单件或与此目的相适应的单件）、标识功能（容易识别）、商品功能（创造商品形象）、便利功能（处理方便）和促销功能（具有广告效力，唤起购买欲望）；主要目的则在于促销、便于商品在柜台上销售或为了提高作业效率。为了使商业包装适应国际市场的需要，在设计和制作商业包装时应体现下列要求：便于陈列展售、便于识别商品、便于携带及使用、要有艺术吸引力。

出口商品的包装应符合科学、经济、牢固、美观、适销等方面的要求。超级市场和一些连锁商店里没有售货员，只有少数理货员和收银员。各种商品分别摆在货架上，吸引顾客全靠产品的“自我介绍”，如“自我介绍”不突出，就不能引起顾客的兴趣和促使顾客产生购买的欲望。因此，无论是做广告还是制作包装都要考虑 AIDMA 的因素。AIDMA 是 Attention、Interest、Desire、Memory、Action 五个单词的缩写，其意思就是要使商品的包装能引起消费者的注意，从而使其感兴趣，产生购买的欲望，即使顾客一时不买也会牢记不忘，终归会有一天让其采取购买行动。

（二）按形态分类

按形态对包装进行的分类大致包括逐个包装、内部包装和外部包装三种。

1. 逐个包装

所谓逐个包装是指交到使用者手里的最小包装，把物品全部或一部分装进袋子或其他容器里并予以密封的状态或技术。

2. 内部包装

内部包装是指将逐个包装的物品归并为一个或两个以上的较大单位并放进中间容器的状态或技术，其中也包括为保护里边的物品，在容器里放入其他材料的状态和技术。

3. 外部包装

外部包装是指从运输作业的角度考虑，为了对物品加以保护并为方便搬运，将物品放入箱子、袋子等容器里的状态和技术，包括缓冲、固定、防湿、防水等措施。

（三）其他包装方法

1. 包装按商品销售地点分为内销包装和外销包装。外销包装的特点是要适应进口国的国情、气候、风俗、习惯等要求。此外，搬动和装卸次数多，因此在构造、包装技法、图案等方面应与上述要求一致。

2. 包装按使用次数分为一次性使用包装和重复使用包装。重复使用包装又可以分为两种情况：一是收回复制再用，二是回收后直接复用。

3. 按包装材料分为纸质包装、塑料包装、金属包装、木质包装、玻璃和陶瓷包装等。

三、包装容器

（一）包装袋

为物品采用包装袋包装是柔性包装中的重要技术。包装袋材料是柔性材料，有较高的韧性、抗拉强度和耐磨性。一般的包装袋结构是筒状结构，一般预先封死一端，在包装结束后再封装另一端，包装操作一般采用填充操作。包装袋广泛用于运输包装、商业包装、内装、外装，因而使用较为广泛。包装袋一般分成集装袋、一般运输包装袋和小型包装袋。

1. 集装袋

这是一种大容积的运输包装袋，盛装重量在 1 吨以上。集装袋的顶部一般装有金属吊架或吊环等，便于铲车或起重机的吊装、搬运。装卸时可打开袋底的卸货孔，即行卸货，非常方便。适合装运颗粒状、粉状的货物。集装袋一般采用聚丙烯、聚乙烯等聚酯纤维纺织而成。由于集装袋装卸货物、进行搬运都很方便，装卸效率明显提高，近年来发展很快。集装袋如图 3-4 所示。

图 3-4　集装袋

2. 一般运输包装袋

这类包装袋的盛装重量是 0.5～100kg，大部分是由植物纤维或合成树脂纤维纺织而成的织物袋，或者是由几层柔性材料构成的多层材料包装袋，例如麻袋、草袋、水泥袋等。其主要包装粉状、粒状和个体小的货物。

3. 小型包装袋

这类包装袋的盛装重量较少，通常用单层材料或双层材料制成。对某些具有特殊要求的包装袋也有用多层不同材料复合而成的。这种包装的包装范围较广，液状、粉状、块状和异形物等可采用这种包装。

上述几种包装袋中，集装袋适合运输包装，一般运输包装袋适于外包装及运输包装，小型包装袋适合内装、个装及商业包装。

（二）包装盒

包装盒是介于刚性包装和柔性包装两者之间的包装技术。包装材料有一定的柔性，不易变形，有较高的抗压强度，刚性高于袋装材料。包装结构是规则几何形状的立方体，也可裁制成其他形状，如圆盒状、尖角状，一般容量较小，有开闭装置。包装操作一般采用堆码或装填，然后将开闭装置闭合。包装盒的整体强度不大，包装量也不大，不适合做运输包装，适合做商业包装、内包装，并适合包装块状及各种异形物品。

（三）包装箱

包装箱是刚性包装技术中的重要一类。包装材料为刚性或半刚性材料，有较高强度且不易变形。包装结构和包装盒相同，只是容积、外形都大于包装盒，两者通常以 10L 为分界。包装操作主要为码放，然后将开闭装置闭合或将一端固定封死。包装箱的整体强度较高，抗变形能力强，包装量也较大，适合做运输包装、外包装，包装范围较广，主要用于固体杂货包装。主要的包装箱有以下几种。

1. 瓦楞纸箱

瓦楞纸箱是用瓦楞纸板制成的箱形容器。瓦楞纸箱对外形结构进行分类，有折叠式瓦楞纸箱、固定式瓦楞纸箱和异形瓦楞纸箱三种；按构成瓦楞纸箱体的材料来分类，有瓦楞纸箱和钙塑瓦楞箱。在国际上，瓦楞纸箱的箱型标准有两大类：一类是经国际瓦楞纸板协会批准，由欧洲瓦楞纸板制造工业联合会（FEFCO）和瑞士纸板协会（ASSCO）联合制订的国际纸箱箱型标准；另一类是日本、美国的国家标准。在国际纸箱箱型标准中箱型的文字名称用简单的 4~8 位数字代号表示，各种箱型在标准中有图例可查。而我国的瓦楞纸箱标准的代号与国外不同，在做出口单证的时候，需要高度注意。

2. 木箱

木箱是流通领域中常用的一种包装容器，其用量仅次于瓦楞箱。木箱主要有木板箱、框板箱、框架箱三种。

3. 塑料箱

塑料箱一般用作小型运输包装容器，其优点是自重轻、耐蚀性好、可装载多种商品、整体性强、强度和耐用性能满足反复使用的要求、可制成多种色彩以对装载物分类、手握搬运方便、没有木刺、不易伤手。

4. 集装箱

由钢材或铝材制成的大容积物流装运设备。从包装角度看，也属一种大型包装箱，可归于运输包装的类别之中，也是大型的、反复使用的周转型包装。

（四）包装瓶

包装瓶是瓶颈尺寸有较大差别的小型容器，是刚性包装中的一种。其所用的包装材料有较高的抗变形能力，刚性、柔性要求一般也较高。个别包装瓶介于刚性材料与柔性材料之间。瓶的形状在受外力时虽可发生一定程度的变形，外力一旦撤除，仍可恢复原来的瓶子形状。包装瓶的结构是瓶颈口径远小于瓶身，且在瓶颈顶部开口；包装操作是填灌操作，然后将瓶口用瓶盖封闭。包装瓶的包装量一般不大，适合美化装潢，主要为商业包装、内包装使用，主要包装液体、粉状货物。包装瓶按外形可分为圆瓶、方瓶、高瓶、矮瓶、异形瓶等若干种。瓶口与瓶盖的封盖方式有螺纹式、凸耳式、齿冠式、包封式等。各种包装瓶如图 3-5 所示。

图 3-5　包装瓶

（五）包装罐（筒）

包装罐是罐身各处的横截面形状大致相同，罐颈短，罐颈内径比罐身内径稍小或无罐颈的一种包装容器，是刚性包装中的一种。包装材料强度较高，罐体抗变形能力强；包装操作是装填操作，然后将罐口封闭，可做运输包装、外包装，也可做商业包装、内包装用。包装罐主要有小型包装罐、中型包装罐和集装罐三种，其中集装罐是典型的运输包装，适合包装液状、粉状及颗粒状货物。

四、包装技术

产品的种类繁多、性能各异，产品包装必须针对产品的类别、性能及其形态等采用正确的包装方法和相应的包装技术，以最低的物资消耗保障产品完美地输送到消费者手中。

（一）包装设计要素

包装的设计与包装功能、包装分类有着不可分割的联系。根据各种目的、用途设计的包装就有着不同的性能并且都属于不同的类别。影响工业包装设计的因素很多，最主要的有以下几个方面。

1. 了解被包装物在物流过程中，尤其在运输和储存环节中可能经受的外界影响、危害等实际情况，以便采取相应的包装措施。

2. 对被包装物的物理性能、化学性能和其他的一些特殊性能都应有清楚的了解，这也是包装设计的最基本的条件。

3. 熟悉各种包装材料的性质与被包装货物的适应性，以便采取理想的包装技法。

4. 考虑包装方法的实施和包装作业的方便性，尤其要考虑使用包装机械作业的可能性及生产效率。

5. 在保证包装要求、质量的前提下，在包装设计时应进行周密的核算，力求做到包装材料消耗合理、经济耐用、效益理想。

6. 包装技术的选择还要注意符合和遵守有关的标准（包括国际的、国家的、地方的、企业的）和有关的法规（如商标法、海关法、食品卫生法、医药管理条例等），力求做到包装标准化，而且要符合运输部门和其他有关部门对包装的规定和要求。

（二）包装机械与包装技术

包装机械是指完成全部和部分包装过程的机器设备。包装机械很多，通常是按包装工序来使用包装机械。包装工序有裹包、灌装、填充等，完成这些包装工序的包装机械被称为包装主机。另外，还有完成洗涤、烘干、检测、输送等工作的辅助包装机械等。货物在物流过程中发生破损的原因很多，必须采取不同的包装技术加以防范。

1. 防潮包装。防潮包装是为了能延缓或者阻止因潮气侵入包装件影响内装货物质量而使用一定防护措施的包装。实施防潮包装是用低透湿度或透湿度为零的材料，比如清漆、蜡、聚乙烯醇缩丁醛等物质，将被包装物与外界潮湿的大气相阻隔。

2. 防水包装。防水包装是为了防止水分浸入包装物，影响内装物质量而采取一定防护措施的包装，属于外包装。包装在运输、装卸、搬运的过程中，为防止外界的雨、淡水、海水等渗入包装，影响内装物资的质量，采用某些防水材料做阻隔层，并用防水黏结剂或衬垫、密封等措施阻止水侵入包装内部，需要注意的是防雨水包装结构不一定能兼防潮包装的作用。因为，防雨水包装只是单纯为了防止外界的雨、雪、霜、露等渗入包装并侵蚀内装货物，除非是采用气密性容器包装，它对外界潮湿空气的侵蚀是防止不了的，也不能起阻止作用。

3. 缓冲包装技术（防震包装技术）。货物在物流过程中发生破损的主要原因是受运输的震动、冲击以及在装卸作业过程中的跌落等外力作用。不同的物品承受外力的作用程度虽然有所不同，但若超过一定程度便会发生毁损。为使外力不完全在物品上发生作用，必须采取某些缓冲的办法使外力对物品的作用限制在毁坏限度之内。这种方法为缓冲包装法。

4. 防锈包装。防锈包装是为了防止潮湿空气或雨水等侵入包装而使金属腐蚀的包装技术。在金属表面涂防锈材料以破坏化学腐蚀的条件是防锈包装最常使用的手段，功能就是确保金属制品在储运期间保持其应有的表面状态、精度和相关的性能、功能。防锈包装是必不可少的一种防护措施。

5. 防霉包装。防霉包装是为了防止因霉菌侵袭内装物品而生霉、影响产品质量所采取的一定防护措施的包装方法。防霉包装必须根据微生物的生理特点，改善生产和控制包装储存等环境条件，达到抑制霉菌生长的目的。

五、包装与物流成本

（一）包装对物流成本的影响

包装会影响每一项物流活动的成本。例如，库存盘点要求人工或自动化识别系统具有较高的准确性，而识别与商品包装密切相关；分拣的速度、准确性和效率也受包装的形状和操作的简便程度等的影响；包装尺寸和密度直接影响到运输的成本，也会影响仓储成本，因为它会占用仓库空间的使用、影响堆码的稳定性等；包装的尺寸和密度还会影响到装卸和搬运的效率和成本。

（二）减少包装对物流成本的影响的方法

企业如果要降低包装对物流成本的影响，可采用以下方法：

1. 在实现所需的必要保护的前提下，改变包装形状、尺寸及结构；
2. 尽量减少包装物的重量。

另外，还要关注降低包装材料及其附属物的成本的问题。比如，汽车防撞梁的通用包装方式是将其放在特制纸箱中，这是保护性较优的方案。但是汽车防撞梁为弯曲形状，包装纸箱的空间利用率低，物流运行环节中占用大量的仓库空间和运输体积，是不经济的包装方式。从零件的防护性和经济性两方面分析，采用按零件形状包裹的气泡袋包装方式更加合理。

六、国际包装的特性及对物流的影响

当企业进行国际运作、商品实现跨国运输时，由于国际运作有更长的运输距离和更多的装卸和搬运，同时要面对不同国家的法律法规，所以国际物流包装的特性不同于国内物流的包装，既强调商品的卖相，同时更要注重商品在流通过程中的安全保护。国际物流包装的特性具体如下。

（一）国内包装不适合出口使用，须符合各国包装的规定

由于国际物流比国内物流有更长的运输距离和更多的装卸搬运，要面对不同国家的法律法规，同时由于海关作业的要求，包装上需要贴满各种标签、单据等，所以国内包装不适合于国际出口的需要。

企业出口时需要认真了解进口地国家的市场情况与相关规定，选择最好且适合的包装，以适应各国的不同规定与喜好。例如，美国、欧洲、澳大利亚、日本、埃及等规定：凡用木箱进口的货品，均需提供熏蒸证明。美国、澳大利亚、新西兰、菲律宾等则更进一步禁止使用稻草作为包装材料。埃及规定：包装箱应里、外均防水，且用双层铁皮捆扎牢固。沙特阿拉伯规定：所有货物应先用栈板集装后再装入集装箱，不准有散装，方便机械装卸，且每件集装箱栈板的重量不得超过两吨。

（二）符合国际趋势——绿色包装（环保包装）

随着科技进步和节能环保的理念不断普及，在国际上，特别是较发达国家对于环保包装的要求越来越高，不断通过立法手段对于进口商品的包装提出需符合环保的要求。例如，含 CFCs 的聚苯乙烯泡沫塑料［EPS、聚氯酯（PUC）］等发泡塑料在生产过程中会破坏大气臭氧层，同时使用后不容易降解。德国已全面禁止使用该类材料制作包装衬垫或容器。

（三）重视包装对作业的安全性

为了在物流操作中保护人身安全、避免作业伤害，同时也考虑到方便作

业，各国有具体的规定。例如，加拿大为便于搬运工人操作、确保作业过程中的安全，规定一个外包装的毛重不可超过35kg，超过就要罚款，万一搬运工人因搬运超重对象而受伤害，有权提出申诉，要求赔偿。沙特阿拉伯也有类似加拿大的规定，要求每袋袋装货物的重量不得超过50kg，否则不提供仓储服务，除非这些袋装货物用栈板集装。另外，阿拉伯联合酋长国基于货物转运的需要，也规定商品包装应牢固，能承受高温和高湿度，以及承受粗暴的装卸和可能发生的偷窃等。

七、包装与物流的关系

现代物流活动是由包装、运输、储存、装卸搬运、流通加工、物流信息管理、物流网络、库存管理、物流组织管理、物流成本的管理和控制等基本环节组成。包装的主要功能是保护商品、方便储运、促进销售，它始于生产的终点，结束于消费的始点，包装的合理化、现代化、低成本是现代物流合理化、有序化、现代化、低成本的物质基础和保证，包装标准化是实现现代物流的根本途径和有效保障。

包装与现代物流的密切关系主要体现在以下几个方面：

1. 货物安全性。在货物的整个流通过程中，包装的牢固度、标准化、美观性等决定着产品能否以完好的使用价值和理想的价值达到用户满意的程度。若有散包、破损、淋雨、受浸、变质、异味、破损等现象发生，表明包装不合理。若包装规格尺寸不符合标准化，则不便于托盘、叉车作业，也不能进行集装化运输和储存。若包装材料选用不当，在运输或装卸搬运的过程中包装有可能出现破损问题。如果包装材料使用过多，包装过剩，则浪费资源，给回收造成困难。

2. 物流信息化。物流信息管理是现代物流标准化的关键和核心，产品的各种信息都会在产品的各种包装上得以反映和体现。因此，在不同层次的包装上应该设置哪些标签、标记、代码和其他相关信息，对物流信息管理、整个物流供应链管理乃至整个物流系统的管理都是至关重要的。

3. 物流有序性。物流组织管理不是单纯的人事、信息、财务管理等，支撑这些管理内容的关键是技术管理。对于物流供应链的技术管理，最主要的内容是完成在供应链中各类与包装有关的技术管理。只有货物在有序、可控地流动，才能实现整个物流组织管理的有序。

4. 物流低成本。物流系统中的所有环节都与包装有关，故包装对物流成本的控制至关重要。例如，采用现代化机车搬运代替人工搬运，可以省去单元小包装所造成的人工费用、产品破损费用。合理的包装尺寸规格、货物堆码层数有利于提高运输工具容积率、仓库利用率；合理的包装防护技术可以减少或避免货物破损，这些都有利于降低和控制物流成本。

5. 物流综合效率。通过包装将物流链、物流系统中的各个环节有机、高效、系统地组合成一个大综合系统，重视物流各个环节与包装的密切关系，则可以在整体运营中提高综合效率。另外，关注国际物流及与包装法规、标准的接轨，也是实现国际化运营的根本保证之一。

第四节 跨境出口供应链的相关问题

一、跨境电商 ERP 系统

零售的核心是供应链管理，跨境电商是绕不过供应链的。简单而言，跨境电商卖家日常的后端管理大致可分为获取订单、订单分配、打单配货、库存维护和结算统计等。至于整个流程怎么串联才能效率最大化，通常需要借助 ERP 软件。电商企业规模扩大，如果没有软件辅助管理是不可想象的。

跨境电商 ERP 功能已经相当全面，又不同于传统 SAP/Oracle 那种大规模 ERP 系统，也非普通的进销存那么简单。跨境电商 ERP 系统是端到端、具备互联网特征的管理系统，适合团队和小型企业。深度对接主流跨境电商平台 API、联接众多国际物流渠道，支持从产品采购、商品管理到抓单、发货、库存、物流、售后、结算、统计等的外贸零售全流程、一站式、智能自动化管理，极大地提升运营效率。当然，由于管理的精细度不同，很多大型外贸企业或大卖家，最终还要自建定制化管理系统。

首先，跨境电商 ERP 软件要支持多平台、多店铺同步管理，一个账号登录多平台，解决多店频繁切换的问题，批量、智能地完成所有日常操作，如大数量级 SKU 维护、同步自动刊登、自动订单获取及异常价格预警。

其次，在物流管理方面，所有订单自动根据规则分配给相应的仓库配货，相应的物流方式获取面单和跟踪号，打单配货支持多仓库、多币种、多物流公司、多物流产品、多运费模板等，兼容海外仓，自动申请发货、上传平台物流追踪号，追踪物流状态。

再次，严谨的线下进销存管理，如采购、出入库、盘点、报损、缺货、对账及实时库存统计等，及时获取缺货及自动生成采购单，进行自动库存维护、库存安全及自动采购建议。

最后，就是可集成客服、人力、财务、仓储及邮件等外部系统。市面上流行的外贸 EPR 系统很多，包括通途、店小密、赛兔、马帮、芒果店长、速脉、全球交易助手、懒人、ECPP、4PNT、bay365、结绳记事、富商等，这些系统的出口跨境操作细节有许多相似之处。还有一些分销代发平台也提供部分 ERP 功能，如好东西网、诚佰忆等，适合于小卖家和新手兼职使用。

二、跨境申报与退税

在传统的出口流程中，每票货物都要填写报关单，再由海关审核放行。对于大量的跨境电商包裹，逐票申报几无可能。自 2014 年起，以“9610”海关监管方式开展电子商务零售出口试点，除了企业备案，还历经了两次优化。

第一次，“单核放、汇总申报”。进口和出口、B2B 和 B2C 均未进行区分表述，海关按企业报送的清单进行实时核放，企业则需每月将清单汇总成报关单。

第二次，“清单申报、清单统计”。2015 年 10 月，《中国（杭州）跨境电子商务综合试验区海关监管方案》通过了海关总署的批准，杭州启动了新出口试点办法，对不涉及出口征税、出口退税、许可证件管理且金额在人民币 5000 元以内的跨境电子商务零售出口货物，企业可以按海关税则“四位”品目简化申报，不再按月汇总报关，海关按清单实施清单统计。大量包裹填写海关编码很麻烦，取消汇总后，简化效果还是相当明显的。另外，在试点城市，小包直发通过“单一窗口”，可降低出口额也便于实现汇总出口退税的落地。

从 2012 年 8 月商务部颁布《关于利用电子商务平台开展对外贸易的若干意见》以来，国家多个重要部门相继颁布相应政策支持跨境出口电商的发展。这些政策深入跨境电商的方方面面，大到总体制度、环境建设，例如开展跨境电子商务综合试验区试点，小到跨境电商的具体环节，例如税收、支付、通关、海外仓等方面，为跨境出口电商的发展扫除障碍，创造各种有利条件推动其快速发展。跨境电商扶持政策如表 3-5 所示。

表 3-5 跨境电商扶持政策（税收部分）

发布日期	部门	政策文件	主要内容
2013. 12	财政部、国家税务总局	《关于跨境电子商务零售出口税收政策的通知》	符合条件的电子商务出口企业适用增值税、消费税退（免）税政策
2015. 12	财政部、国家税务总局	《关于中国（杭州）跨境电子商务综合试验区出口货物有关税收政策的通知》	对中国（杭州）跨境电子商务综合试验区企业出口未取得合法有效进货凭证的货物中符合条件的，在 2016 年 12 月 31 日前试行增值税免税政策
2016. 07	国家税务总局	《关于发布修订后的〈出口退（免）税企业分类管理办法〉的公告》	区分不同的外贸业态，设定一类企业标准，提高一类企业占比，提升跨境电商出口退税的成功率

跨境电商如何操作退税？在全面营改增的推动下，越来越多的上游供方企业有较多的增值税发票可以流转至电商卖家，所以很多卖家可以获得增值税率为 13%的增值税发票，从而有条件足额退税。化解出口退税难题，目前最简单的方式是通过外贸综合服务企业“出口退税外包”。中小企业将自己生产的货物名义上销售给外贸综合服务企业，外贸综合服务企业以自营方式出口的货物，可按“分送集报”跨境电商自营出口的规定申报退（免）税。第三方代理出口货物退（免）税实务流程是：出口退税备案—申报—审核—境外收汇—结汇—税款退付—退税清算。

例如，北京版外贸综合服务平台“京贸通”，主要向中小微企业提供融资、通关、出口退税及物流、保险等外贸服务，可提前向入驻企业垫付税费、赊销。在通关操作中，商品可以用北京金隅商贸有限公司的名义完成全国各口岸海关、商检的申报，提升退税效率。通过 BBC 海外仓或监管仓备货模式，货物申报出口到海外仓，也能获取退税的关键凭证出口报关单，再操作退税。总之，电子化通关、无纸化办税仍是未来提高申报通关与退税效率的关键。

三、跨境出口物流风险管理

（一）跨境运输

跨境运输是国际物流不可缺少的环节。没有运输，要进行国际间的商品交换是不可能的。只有通过运输，按照约定的时间、地点和条件把成交的商品交给对方，跨境贸易的全过程才算完成。而运输过程中，往往涉及多种运输方式和多种跨境物流节点，其运输对接和转运过程中的不确定因素非常多(比如，人工装卸错误，清点错误，多语言交流的误区，货物由于各种原因产生不同程度的损坏等)。而且，跨境电商的运输风险来源于对不同信息源的解读错误及信息错误。首先，比如目的国物流未能提供具体、详细、及时的物流信息，造成客户在未收到订单时焦虑感增加，进而投诉或者取消订单。若订单取消后，由于物流信息的滞后，会极大造成退换货的物流成本增加。其次，由于跨境运输各国国情差异较大，目的国的政治、社会环境等因素对跨境物流的影响也是非常致命的，比如法国、巴西等国经常进行示威、罢工游行。全国上下的行业人员及行业前景都会被冲击，运输几近停滞。所以，跨境运输所面临的风险是跨境从业人员所需要解决的课题。

（二）海关查验与扣货

海关几乎是全球物流运作中唯一无法完全掌控的环节，但是各国海关效率的差异很大。由于货物通常需要快速放行，所以通关手续会影响交付的速度和可靠性，国际快递尤其依赖于通关效率。海关查验是指海关在接受报关单位的申报之后，依法为确定进出境货物的性质、原产地、货物状况、数量和价值是否与货物申报单上已填报的详细内容相符，对货物进行实际检查的行政执法行为。查验目的是检查单货是否一致，检查有无瞒报、伪报和申报不实等走私违规情况。只要不是禁限寄及非法出境物品，政策上支持贸易通关便利化，降低出口平均查验率，推广“双随机”措施，出口海关扣货的概率比较小。

关税及 VAT：网络交易的虚拟性使企业享有很大程度的免税环境，各国对在线跨境贸易的消费税或增值税征收存在着较大争议，国际避税手段五花八门，获取税收证据和开展检查都有困难。增值税（Value Added Tax，VAT）是如今跨境卖家不可逾越的一道门槛。最先提出的是英国，任何个人和公司在进口商品到英国时，海关会对其商品征缴进口税，包括关税（ IMPORT DUTY）和进口增值税（ IMPORT VAT），在 eBay 和 Amazon 上没有 VAT 税号的卖家，可被移除销售权。理由是，一些非欧盟国家的海外贸易商逃避支付英国境内销售增值税，削弱英国本地的在线和实体零售商的业务。而且，直指电商平台，如果不配合进行处理，可被视为对 VAT 负有连带责任。卖家被要求进行真实、及时、准确的税务申报，如果故意延误、错误或虚假申报，都可能受到英国税务及海关总署（HMRC）对包括货物查封、向平台举报并封账号、罚款在内等不同程度的处罚。在这种政策下，对于已经使用英国海外仓，但没有注册销售 VAT 的卖家，如果继续销售，将属于非法运营。对于直邮，按规定低于 15 英镑的货物入关时免交 VAT，但一年累计销售额超过 7

万英镑，则要注册 VAT 且都要进行申报。卖家的成本上升是必然的，不仅有税，还有代理申请、季度申报等后续税务会计费用。由于税法的复杂性，Amazon 推出了泛欧计划，缴纳 8000 欧元可包一年的会计处理费用。近期又试点了简化全球销售计划（Simplify Global Selling），Amazon 等充当中间贸易商，卖家只需拥有英国 VAT，Amazon 按照报价购买卖家的库存（客户下单后），转售给德国、法国、意大利、西班牙等其他欧盟用户。其实，从国际贸易的角度看，和他国做买卖总要有“税”这个问题，关键在于交税的多少，不必纠结于该不该交。在欧洲，根据欧洲的远程销售法（Distance Selling Regulation），只要货物在欧洲国家销售，超过了该国远程销售免税金额的规定就要按当地 VAT 税率来缴售后税。VAT 销售增值税和进口税是两个独立缴纳的税项，货物销售后，商家可以申请进口 VAT 退税。目前，Amazon 在欧洲五个国家有站点，各地 VAT 税点分别是英国 20%、德国 19%、西班牙 21%、法国 20%和意大利 22%。欧盟正在针对跨境电商贸易的 VAT 规范统一立法，VAT 一个账号通全欧，跨境卖家将按季度统一向欧盟报 VAT 税。另外，根据中欧世贸项目计划，2021 年起所有进入欧盟的国际邮件必须进行电子数据预报关，或取消 22 欧元的免税额，执行统一的欧盟海关代码。乍一看，赴欧跨境将避税无门，但欧盟单一电商市场的建立将整体利好跨境电商运作。

第五节 本章配套案例

一、计算邮政渠道包裹的物流运费

邮政渠道包裹的物流运费的基本公式为：

运费=标准运费×实际重量×折扣

例：一件到美国的货物，重 400 克，当前的折扣为 9.5 折，标准运费为 95.5 元/千克，请计算运费。

答：运费为 95.5×400/1000×0.95=36.29 元。

二、计算国际商业快递的物流运费

某公司想从上海寄 21 千克的普通货物到德国，总运费为多少？

答：公司选择 DHL，首重 0.5 千克为 250 元，续重 0.5 千克/40 元，燃油附加费为 8%，折扣为 8.5 折。计算运费：

250+(21×2−1)×40=1890(元)

总运费：1890×（1+0.08）×0.85≈1735（元）

第六节 本章练习

一、单选题

1. 跨境出口物流主要有以下几种模式：__________、__________、邮政EMS及国内快递公司国际快递、专线物流、传统外贸物流等。

2. 邮政国际小包分为__________和__________两种。

3. 国际快递包裹重量分__________和__________两种，快递公司将以两种重量中大的一项为计费依据。

4. 按功能对包装进行分类可分为__________和__________。

5. 按形态对包装进行的分类则包括__________、__________和__________3种。

二、单选题

1. 邮政网络基本覆盖全球，比其他任何物流渠道都要广，价格便宜。限重2kg，有尺寸限制；不便于海关统计，也无法享受出口退税；速度较慢；丢包率高。以下哪种跨境出口物流模式具有以上特点？（　　）

A. 邮政小包　　B. 快递直邮

C. 邮政EMS及国内快递公司国际快线　　D. 专线物流

2. 速度快、服务好、丢包率低，适合高附加值、体积小的产品，发往欧美发达国家非常方便，价格昂贵且价格资费变化大。以下哪种跨境出口物流模式具有以上特点？（　　）

A. 邮政小包　　B. 快递直邮

C. 邮政EMS及国内快递公司国际快线　　D. 专线物流

3. 速度较快，费用低于四大国际快递巨头。对市场的把握能力有待提高，路线有限。以下哪种跨境出口物流模式具有以上特点？（　　）

A. 邮政小包　　B. 快递直邮

C. 邮政EMS及国内快递公司国际快线　　D. 专线物流

4. 集中大批量货物发往目的地，通过规模效应降低成本。相比邮政小包而言，运费较高且在国内的揽收范围相对有限。以下哪种跨境出口物流模式

具有以上特点？(　　)

A. 邮政小包　　B. 快递直邮

C. 邮政 EMS 及国内快递公司国际快线　　D. 专线物流

5. 邮政小包要求在（　　）以内？

A. 2kg　　B. 5kg　　C. 3kg　　D. 4kg

6. EMS 邮政速递，对长、宽、高三边中任一单边达到（　　）或以上的包裹计算体积重。

A. 60cm　　B. 70cm　　C. 80cm　　D. 90cm

三、简答题

1. 请简单叙述跨境申报与退税的过程。
2. 包装与跨境物流的关系体现在哪些方面？
3. 如何能降低包装对物流成本的影响？
4. 海外仓的发货流程是怎样的？
5. 国际快递空运发货流程是怎样的？

第四章　跨境进口物流管理

【学习目标】

本章旨在让学习者掌握跨境进口物流模式、供应链模式和进口通关模式，并通过案例让学习者了解跨境电商、一般贸易及行邮通道的税收区别和行邮税计算。通过本章的学习，能够：

1. 掌握跨境进口物流模式；
2. 掌握供应链模式；
3. 掌握进口通关模式；
4. 掌握行邮税计算。

【本章重点】

本章着重介绍跨境进口物流模式，分析不同模式的特征和适用环境，然后阐述跨境进口供应链的构成，在此基础上分析如何实现跨境进口通关便利化。

【基本概念】

跨境进口模式，跨境进口供应链，跨境进口通关

【建议学习时间】

2~3 学时

第一节 跨境进口物流模式

一、直邮模式

（一）基本概念

直邮模式是指符合条件的电商平台与海关联网，境内消费者跨境网购后，电子订单、支付凭证、电子运单等由企业实时传输给海关，商品通过海关跨境电商专门监管场所入境，按照个人邮递物品征税。海外直邮即商家收到订单后在国外进行打包，直接从海外通过快递发货、清关、入境的消费形式。由于货物在国外发货，物流耗费时间较长，费用可能更高，但是可供选择商品种类比较丰富。

2016 年 4 月 8 日后启运的跨境电子商务进口商品（含网购保税和直邮模式），须满足“跨境电子商务零售进口商品清单”（简称正面清单）及清单备注要求；不在正面清单内的商品，不得以跨境电子商务方式进口。正面清单中的商品可免于向海关提供许可证。

对跨境电子商务直邮进口商品，不予签发通关单；同时，按照质检总局邮寄物和快件管理相关文件规定实施检验检疫。

直邮模式是先有订单后物流的形式，都是基于跨境电商平台零售，入境采用包裹形式申报。如果是直接从境外卖家直邮过来的包裹并不属于跨境进口零售电商的范畴，属于 C2C 模式，报关通过行邮申报系统，税率适用行邮税。

（二）直邮模式流程

直邮模式下的主要流程包括：用户下单—国外采购—订单分拣、包装贴标—国际商业快递 or 各国邮政系统—国际空运至中国国内机场—货物进入海关监管仓—快递清关（国际商业快递）or 邮政清关（EMS）—国内配送。

直邮模式在入境时便需要清关，但不用全部报关，海关会对商品进行抽查。目前进口跨境电商中涉及直邮模式的物流服务商有国际快递（DHL/UPS/FEDEX/TNT/EMS）和邮政（中国邮政、香港邮政、英国皇家邮政等）。

通过快递入境的话，监管比较严密，而通过邮政系统则要宽松一些。

（三）直邮模式的特点

1. 优点

（1）品类无限制，无需等待资金回流；

（2）快递渠道的物流速度较快、丢包率低；

（3）邮政渠道的价格便宜、被税率低。

2. 缺点

（1）质量缺乏保障，国外的人工成本高；

（2）快递渠道以空运为主、价格高、被税率高，并且没有专门的通道，通关不方便；

（3）邮政渠道的政策不确定、速度慢、丢包率高而且服务质量差。

直邮模式适合跨境电商平台以及商品种类多且零散、个性化较强的卖家。

（四）直邮进口模式下的快件清关和集货清关

1. 快件清关

确认订单后，国外供应商通过国际快递将商品直接从境外邮寄至消费者手中，无海关单据。该清关模式灵活，有业务时才发货，不需要提前备货，但与其他邮件混在一起，物流通关效率较低，量大时成本会迅速上升，适合业务量较少，偶尔有零星订单的情况。

2. 集货清关

商家将多个已售出的商品统一打包，通过国际物流运至国内的仓库，电商企业为每件商品办理海关通关手续，经海关查验放行后，由电商企业委托国内快递配送至消费者手中，每个订单附有海关单据。

直邮模式的跨境电商企业，在完善了供应链、仓储、物流等基础布局以后，应该将提升用户量和交易额作为经营重心，这样一方面会使得边际成本减少，另一方面还可促进物流体系、效率的更进一步优化。用户的需求越来越多元化、个性化、碎片化，满足和经营用户的需求，正成为未来直邮模式跨境电商的关键发展因素。

（五）宝贝格子海外直邮平台案例

宝贝格子是一家面向中国消费者的跨境电商平台。作为自营直邮跨境电商，其于 2014 年 10 月正式上线并于 2015 年 2 月份开通海外直邮业务，建立国际物流体系。

宝贝格子通过“跨境直邮+国内特卖”模式为国内 0~3 岁宝宝家庭提供全球母婴产品。商城经营商品品类包含孕期服饰、营养品、用品，产后恢复用品，宝宝食品、日用品、服饰、玩具、车床寝具等 20 多个品类，500 多个品牌，10000 余种商品。目前已开通美国、日本、韩国、德国、加拿大、澳大利亚海外直邮专场。宝贝格子商城目前分为海外直邮版块和一般贸易版块，海外直邮版块供应直接在海外采购并邮寄至客户的商品；一般贸易版块的商品主要通过保税仓进口或国内代理经销进货，从国内报税仓发送至用户手中。

宝贝格子选购的海外母婴商品都来自海外知名电商网站，如美国亚马逊、Diapers 等，海外分部采购商品也重点筛选海外热销的本土优质产品，来自海外知名电商网站的商品无需担心假货，可以确保是本土生产的正品。并且买家下单后货品自海外发货，整个货物的物流记录可跟踪，这就确保了货品的来源。

在宝贝格子电商网站上的海外直邮版块下单后，宝贝格子在 72 小时内为客户购买并打包商品，再通过国际快递将商品送到客户手中，省去客户翻译网站、联系转运的繁琐。同时也保证了商品的有效性和货源最新。

在国外网站下单成功后，国外网站会将货物发货到该公司的海外仓库，然后进行海外出关操作，并通过国际航空运输到中国。

货物到达国内后，宝贝格子会安排货物在海关进行清关，期间如果被抽检会产生关税等税费，则需要用户自行向海关缴纳。清关成功后，交由国内快递公司进行派送上门。

海外直邮的流程为：下单—付款—海外订购—海外仓库中转—国际航空运输—国内清关—国内派送。

直接邮寄商品一般由国外的宝贝格子仓储直接发货，宝贝格子会帮助办理好清关入关，快递送货上门，用户凭借身份证收取商品。因海关方面原因导致增加的额外费用需由买家承担。通常在国际物流运输过程中除关税外的清关费、报关费等相关费用由国际物流公司直接承担，如产生关税则需买家自行承担。

目前，宝贝格子的盈利来源分为三类：一是与商家间的佣金结算，二是由于账期长，不必马上结款而产生的金融盈利，三是通过物流差价产生的盈利。在这其中，物流差价是盈利的主体。

二、集货模式

（一）基本概念

集货即收货，就是外贸出单之前把不同来源的货物集中在一起。建立集货中心的目的是使原来分散的、小批量的、规格和质量混杂的、不容易进行批量运输和销售的货物，经过集货中心处理，形成批量运输的起点，从而实现大批量、高效率、低成本和快速的快递运作。这样的物流中心通常多分布在小企业群、农业区、果业区、牧业区等地域。

企业完成备案手续，网上产生订单后，电商包裹按照现有跨境快速通关方式入境，进入海关监管场所分拣、清关，放行包裹捆绑车辆配送出区，事后集中缴纳税款。

保税集货模式是指跨境电商根据消费者在跨境电子商务平台上产生的订单，先在国外采购货物，统一打包，以集货方式入境，在保税物流中心由物流企业根据消费者订单信息将商品分别粘贴运输面单，由报关企业汇总申报，经海关清单核放，查验放行后配送到消费者手中。与保税备货模式的区别：集货模式的电商无需将未出售的货物预先囤积在仓库内，可极大地降低资金成本和销售风险。劣势在于没有备货模式发货快。

集货是目前流行的跨境物流运作形式，性价比优于纯国际快递，它突破了邮政包裹、商业快件、海外仓及国际空运等传统模式，是一个组合。这一运作模式的核心是利用国际物流的断层，抓住了环节规模效应。选取合适的集货仓库，揽收足够量的包裹，批量发运，降低航空订舱成本，到国内再转廉价的快递配送。中国与欧美等地的贸易不平衡导致物流资源也是失衡的，中国出口的空运舱位很紧张，但回程的很多。从洛杉矶到上海的空运价格低至5元/千克，这与大型快递的报价简直是天壤之别。成本与规模优势是很多低廉的华人快递存在的基础，他们的主要收益来源于运费、打包及存储等费用，清关费及关税多是透明的。搭建一套基于互联网的用户、订单、收发货管理系统，签约合适的货运代理发货回国。针对入境口岸，通常有若干回国线路供选择，甚至可港澳线经转。除了海淘散户，随着跨境电商企业端物流需求的积累，这类快递的效率和体验也在快速改善。很多转运公司逐渐向综合国际物流服务提供商发展，如海带宝是首家依靠海淘转运上市的公司。

（二）集货模式流程

集货模式相当于直邮模式的升级版。

主要流程为：用户下单—国外采购—供应商集中发货至国外集货站—转运公司进行跨境运输—空运至中国国内机场—货物进入海关监管仓—通过正规方式清关—国内配送。流程如图 4-1 所示。

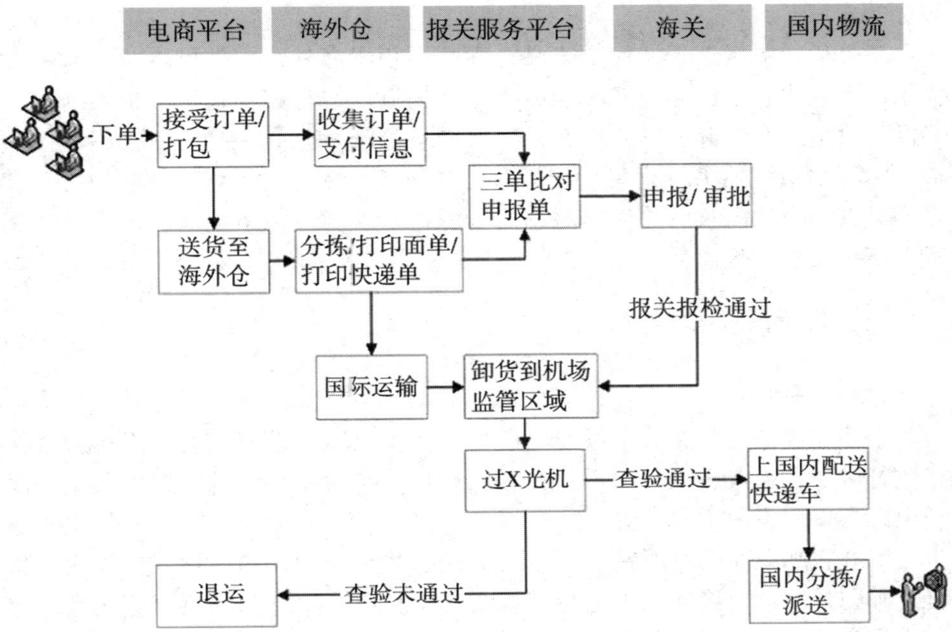

图 4–1　集货模式流程图

（三）集货模式的特点

1. 优点

（1）更快清关：提前备案、产品归类，全程电子清关，用户下单后集中发货，跟踪商品通关进度。

（2）规范安全：灰色清关有法律风险且时效不可控，正规渠道降低运作风险，全程物流可追溯。

（3）更低成本：集货订舱、及时发货，海外华人操作，低运费、低操作费、低清关费，税费信息透明。

（4）全程系统：系统 API 接口实时同步订单、清关、物流等信息，实时返回货品及订单状态，全程可视。

（5）更简流程：跨境物流一站式服务，承接中间大量专业操作及管理，电商专注于采购与前端，合作高效。

2. 缺点

（1）须有国外仓，仓租成本高。

（2）国外人工费用高。

适用卖家：集货模式适合跨境电商平台以及商品种类多且零散、个性化较强的卖家。

境外集货更接近于海淘的本义，商品囤积于海外，品类更丰富，与用户需求的多元化、个性化趋势相匹配。这种物流运作有利于长尾非标及高价位商品的进境，客户群正日益广泛，宝贝格子等跨境电商平台的非标品已达八成，“本地化采购+海外仓集货转运”已成行业标配。对于物流企业而言，满足和经营用户的需求，关键是对物流资源进行整合及成本控制，依赖系统集成上下游及电子化通关。

三、备货模式

（一）基本概念

企业完成备案及通关手续，电商货物批量入境，进入海关监管场所或保税监管区域，网上产生订单后，在区内打包并申报清单，进行捆绑装车并配送出区，事后集中缴纳税款。

海外直邮即商家在消费者下单之后通过物流公司一单一单发回国内；集货直邮则是商家在接到订单之后将货物集中存放在海外的集货仓，达到一定包裹量之后再统一发回国内。这两种模式的成本较高、效率也较低，消费者从下单到收货平均历时在30~40天。而保税模式则是商家通过大数据分析提前将热卖商品屯放在国内的保税区，消费者下单之后，直接从保税区发货，一方面节省商家的物流和人力成本，物流速度还几乎与国内订单无异。另一方面，通过保税模式进入仓库的货物，可以以个人物品清关，在税收和检验检疫的环节都享有优势。

小规模的跨境B2C模式无法撑起整个跨境电商进口，B2B2C成为主攻方向。保税区内建仓，使用跨境电商保税进口BBC模式，可以极大地改善跨境网购的速度体验。先备货后接单，国外商品整批抵达国内海关特殊监管区域和保税监管场所，如保税区、保税港区、保税物流中心等。

商家根据消费者的下单情况，商品从保税区直接清关发出。消费者的退换货体验如同国内电商，海关的商品备案及溯源机制，规避了以往海淘“灰色”进境的风险。同时，“拼箱海运+保税仓”可大幅降低物流成本，高效、批量引入国外产品，货物进入保税区，理货后再报关，入仓处于保税状态（出区时才缴税），滞销产品也可以不缴出口关税直接退回海外。保税进口适合规模经营，实力较为雄厚的跨境平台成为获取市场份额的重要手段。一时间保税仓成为被争夺的“粮仓”，资源的稀缺性直接导致试点口岸的保税仓租金大涨。除了需要抢资源、投入大，保税进口在各个试点城市的政策执行细节也不一样，入驻前置手续繁琐。通常，跨境电商公司选择保税仓及配套服务公司后，通关、支付必须跟海关已准入的公司合作。总体来看，从前端消费者的反馈来看，这一发货方式已经被普遍认可，只要不断有品类能继续通过保税进口方式进口，整个跨境电商市场会越做越大。

（二）备货模式流程

跨境电商 BBC 保税进口流程：

（1）消费者在电商平台下单，电商平台从境外商家采购备货；

（2）境外商家发货（B）—国际段运输—自贸区/保税区/出口加工区等—申报查验（海关）—保税仓库（B）—出区申报/出仓核销（中国海关）—国内运输配送—消费者收货（C），如图 4-2 所示。

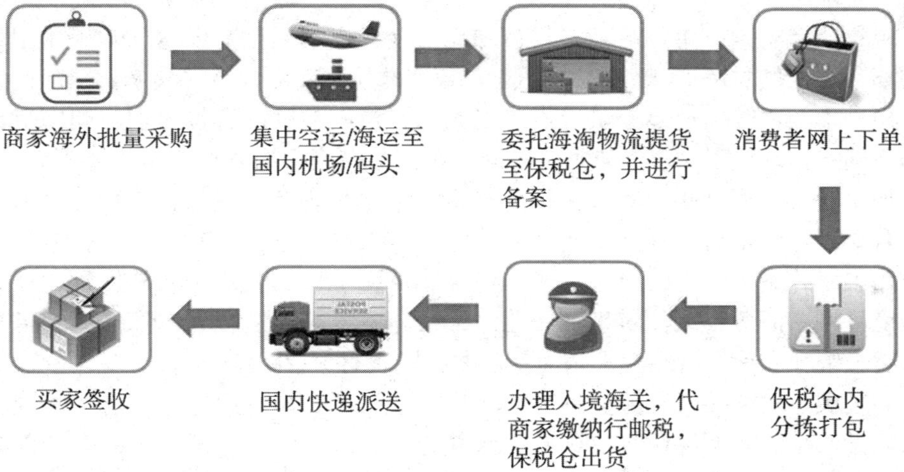

图 4-2　备货模式流程图

（三）备货模式的特点

1. 优点

保税备货模式的最大优点就是用户体验好，具体表现为以下几点：

（1）从下单到收货的物流时间短，与国内的传统电商差不多，短则当天送达，长的话也就三五天送达；

（2）保税备货模式的物流成本低，国内的人工费本身很低，而集运相对于直邮来说，也可以节省大量的物流成本；

（3）商品质量有保证，退换货较其他模式的跨境电商也更便捷。

2. 缺点

（1）SKU 有限，对于保税备货模式来说，保税仓的规模是有限的，在竞争激烈的情况下，对于保税仓的争夺也会很激烈，所以，有限的仓储就成了一个蹩脚的难题；

（2）资金回流慢，保税备货模式是针对于大宗商品的，商品量很大，短期内销售完的难度很大，一般都需要较长的周期；

（3）选品要求高，保税区对入库商品有严格的审核，海关会定期进行检查，所以，不是优质商品就不要选择这个渠道了；

（4）跨境电商的政策波动很大，新兴行业的发展走向不明确，政府需要及时地予以调整，对于卖家来说，政策的影响有时候是很大的。

当然，备货模式也存在一些问题。

首先是经营风险。保税备货模式下，备货提高了资金占用成本，库存、滞销及汇率的影响不容回避。如人民币连续贬值，以高汇率从美国提前运到保税仓的商品迅速集体贬值，售价却无法变化，集采压力骤增。常规化囤货需要稳定的供应链，“爆品”同质化，很多跨境电商的产品授权来自国际商贸公司，中间辗转经过多个供应商或经销商，没有品牌的直接授权，加剧货源的不确定性。对于需求小或不稳定的长尾产品，库存的管控成本大、不划算，不如空运直邮。与此同时，保税仓容易滋生假洋货及假授权，不管各大 B2C 平台如何宣称正品，从流程上看，保税仓最方便“洗白”。比如，商家拿一批仿品去海外兜一圈再放到保税区，经“保税区一日游”拿到海外发货凭证和入境许可，消费者无从辨别。因此，保税仓备货天生适合大电商，拥有可靠的资金链，利用本身品牌影响为其背书，提高消费者的信任度。

其次是政策导向。历经政策的波动，企业也变得更加谨慎，折中的规避风险做法是，降低对目前试点城市保税仓的投入，将相当一部分品类转向海外仓，两条腿走路，基本形成了“日用爆品保税进口、贵品长尾品海外空运”的局面。

保税备货模式适用于大宗货物，必须报关，其服务商也是大宗货物物流服务商。在清关政策上，保税区理论上不属于入境，所以货物进入保税区时可暂不报关及缴纳税费，只有在用户下单后以零售包裹入境时再报关缴税。所以，保税备货模式适合于自营模式及批量采购的卖家。跨境电商两种进口形式的对比如表 4-1 所示。

表 4-1　跨境电商两种进口形式的对比

模式	进口 B2B2C 保税备货	进口 B2C
购物	从已备案电商平台网购，均有累计限额	
始发	境内关外、保税港区	境外
物流	整批入仓、区内打包、包裹出仓	小件包裹
时效	出仓后 3~5 天	送货 1~2 周
查验	集中查验、出仓核销	过 X 光机、同屏比对
费用	快递运费及跨境电商税等	运费、处理费、通关费、跨境综合税
适用	资金雄厚、备货量大、品类集中	代购、海淘、境外电商、长尾品类

第二节　跨境进口供应链

跨境进口供应链是利用供应链开展跨境交易、跨境物流、跨境供应等活动，进而把供应商、海关、物流商和网络消费者等连接成一个整体的功能网链。

消费群都在国内，但相比国内电商，跨境电商进口的供给方在国外，从前台电商运营的角度看大同小异，而从后端供应链和渠道管理的运作看，差异巨大。在“商品（供应链）—销售（转换率）—渠道（流量）”链条中，直扼跨境电商进口命脉的是供应链。

但供应链不存在所谓零库存，“不压这头压那头”，保税转向直邮，海外仓是将库存囤在境外、积压在上游供应端。

进口跨境电商已步入全产业链竞争时代，对各环节资源把控能力的要求不断提高，但核心仍然是商品。跨境电商进口的供应链模式太重，运作链条太长，所需资源支持和异常情况太多。压力仍然是资金链，电商平台一旦结算周期拉长或滞销，则会被压货款。而汇率波动时，提前锁住订单较难，打造稳固的供应链是跨境电商进口的重要任务。

一、供应链管理

（一）引导案例——福特汽车推出 Festiva

美国福特汽车公司在推出新车 Festiva 时，就采用了新车在美国设计，在日本的马自达生产发动机，由韩国的制造厂生产其他的零部件，最后再运往美国和世界市场上销售。福特利用其他企业的资源促使产品快速上马，避免自己投资带来的基建周期长的状况，追求低成本、高质量，提高自己的竞争力。Festiva 从设计、制造、运输到销售，采用的就是“横向一体化”的全球制造战略。在制造福特汽车的过程中，一个企业群体形成了。在体制上，这些群体组成了一个主题企业的利益共同体；在运行形式上，构成了一条从供应商、制造商、分销商到用户的链。由于链上的节点企业都是一种供应和需求的关系，因此称之为供应链。

供应链管理强调核心企业与世界上最杰出的企业建立战略合作关系，委托这些企业完成一部分业务工作，自己则集中精力和各种资源，通过重新设计业务流程，做好本企业能创造特殊价值、比竞争对手更擅长的关键性业务工作，这样不仅大大地提高本企业的竞争能力，而且使供应链上的其他企业都能受益。

供应链管理利用现代信息技术，通过改造和集成业务流程，与供应商以及客户建立协同的业务伙伴联盟，大大提高了企业的竞争力，使企业在复杂的市场环境下立于不败之地。根据有关资料统计，供应链管理的实施可以使企业总成本下降 10%；供应链上的节点企业按时交货率提高 15%以上；订货—生产的周期时间缩短 25%~35%；供应链上的节点企业生产率增值提高 10%以上，等等。这些数据说明，供应链企业在不同程度上都取得了发展，其中以“订货—生产的周期时间缩短”最为明显。能取得这样的成果，完全得益于供应链企业的相互合作、相互利用对方资源的经营策略。

思考：

（1）什么是供应链管理？

（2）供应链管理的核心竞争力是什么？

（3）福特供应链管理模式给我们哪些启示？

（二）供应链特征

从供应链的结构模型可以看出，供应链是一个网链结构，节点企业和节点企业之间是一种需求与供应的关系。供应链主要具有以下特征：

1. 复杂性

因为供应链节点企业组成的跨度（层次）不同，供应链往往由多个、多类型甚至多国企业构成，所以供应链结构模式比一般单个企业的结构模式更为复杂。

2. 动态性

供应链管理因企业战略和适应市场需求变化的需要，其中节点企业需要动态的更新，这就使得供应链具有明显的动态性。

3. 面向用户需求

供应链的形成、存在、重构都是基于一定的市场需求发生的，并且在供应链的运作过程中，用户的需求拉动是供应链中信息流、产品/服务流、资金流运作的驱动源。

4. 交叉性

节点企业可以是这个供应链的成员，同时又是另一个供应链的成员，众多的供应链形成交叉结构，增加了协调管理的难度。

（三）供应链分类

以产品的生命周期、需求稳定程度划分，供应链可以分为效率型供应链和反应型供应链。两种类型供应链的对比如表 4–2 所示。

表 4–2　两种类型供应链对比

比较项目	反应型	效率型
追求目标	对不可预测的需求做出有效反应，使缺货最小	最低的成本供应
管理核心	配置多余的缓冲库存	保持高的平均利用率
库存策略	部署缓冲库存，应付不稳定的需求	降低整个供应链的库存
提前期	大量投资于缩短提前期	保持稳定的情况下尽可能缩短提前期
供应商选择	以速度、柔性、质量为核心	以成本和质量为核心

按照驱动方式可以分为推式和拉式两种类型，如图 4–3 和图 4–4 所示。推式供应链的运作是以产品为中心，以生产制造商为驱动原点，这种传统的推式供应链管理是以生产为中心，力图通过尽量提高生产率、降低单件产品成本来获得利润。拉式供应链是以顾客为中心，通过对实际需求较为精确的预测来拉动产品生产和服务的供应链。这种供应链的集成度较高，信息交换迅速，可以根据用户需求实现定制化服务，供应链系统的库存量较低。

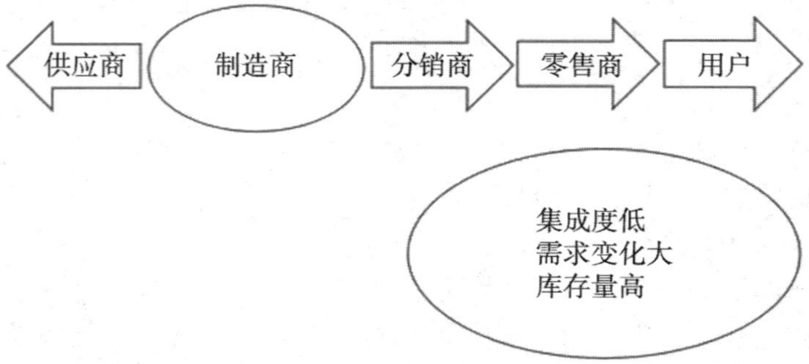

图 4-3　推式供应链

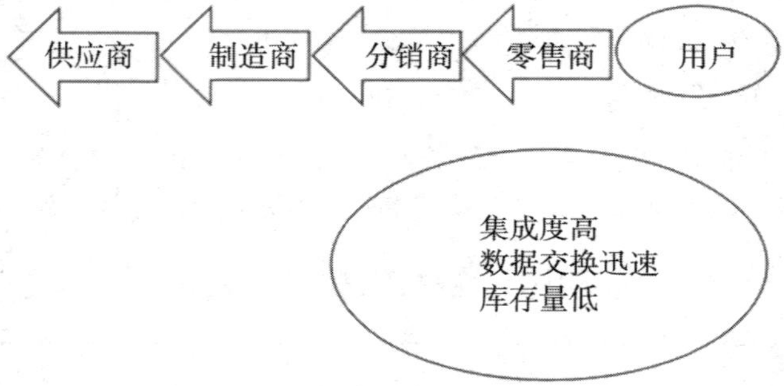

图 4-4　拉式供应链

(四) 供应链管理的作用

供应链管理是对供应链所涉及组织的协同和对物流、信息流、资金流的集成，以满足用户的需求，提高供应链整体竞争能力，如图 4-5 所示。

图 4-5　供应链管理

供应链管理的作用在于以下几点。

(1) 考虑在客户需求中各个对成本有影响的单位。单位包括原材料供应商、制造商、仓库、配送中心及渠道商。不过，实际上在供应链分析中，有必要考虑供应商的供应商以及顾客的顾客。

（2）提高供应链的整体效率和系统费用有效性，将系统总成本降至最低。供应链管理的重点不在于简单地使某个供应链成员的运输成本达到最小或减少库存，而在于通过采用系统方法来协调供应链成员以使整个供应链总成本最低，使整个供应链系统处于最流畅的运作中。

（3）结合供应商、制造商、仓库、配送中心和渠道商。供应链管理是围绕把供应商、制造商、仓库、配送中心和渠道商有机结合成一体这个问题来展开的，因此它包括企业许多层次上的活动，包括战略层次、战术层次和作业层次等。

（五）供应链管理内容

供应链管理主要包括计划、合作、控制从供应商到用户的物料（零部件和成品等）和信息。供应链管理的目标在于提高用户服务水平和降低总的交易成本，并且寻求两个目标之间的平衡。

供应链管理可以细分为职能领域和辅助领域。职能领域主要包括产品工程、产品技术保证、采购、生产控制、库存控制、仓储管理、分销管理。而辅助领域主要包括客户服务、制造、设计工程、会计核算、人力资源、市场营销。

供应链管理关心的并不仅仅是物料实体在供应链中的流动，供应链管理注重总的物流成本（从原材料到最终产成品的费用）与用户服务水平之间的关系，为此要把供应链各个职能部门有机地结合在一起，从而最大限度地发挥出供应链整体的力量，达到供应链企业群体获益的目的。

（六）供应链管理流程

供应链管理流程主要包括：

（1）分析市场竞争环境，识别市场机会；

（2）分析顾客价值；

（3）确定竞争战略；

（4）分析本企业的核心竞争力；

（5）评估、选择合作伙伴。

二、跨境电商供应链管理

（一）引导案例——洋码头解决跨境电商难题，整合上游供应链建物流系统

洋码头为跨境电商中的平台模式，业务形态包括 C2C+B2C 两块。洋码头不做自营业务，平台上的 SKU 全部来自海外个人买手（C2C）及零售商（B2C）。此

外，洋码头旗下一个独立的物流公司——贝海国际速递，向跨境卖家提供直邮+报关清关服务。目前洋码头 C2C 及 B2C 业务的销售额基本持平。创始人曾碧波有一年“双 11”对外披露，两块业务目前各贡献 6000 万~7000 万的销售额。

洋码头选择的路径是通过平台模式整合供应链，不做自营业务。PC 端和移动端有不同的产品和运营模式。

洋码头自建的物流公司贝海国际速递目前在美国有 6 个货站、在全球有 14 个货站。除了线下仓储，贝海国际速递通过一套系统和海关数据对接，以提高清关效率，用户也可以追踪物流的实时状态。但贝海国际速递并不是包揽海外到国内直邮过程中的所有环节，更多的是做资源整合，比如商品到达国内后的落地配是由合作方完成的。同时，贝海国际速递也是一个独立的第三方平台，除了服务洋码头的卖家，也开放给京东等其他有跨境电商业务的公司。而洋码头的卖家使用贝海国际速递，也需要支付服务费用。

思考：

（1）什么是跨境电商供应链管理？

（2）洋码头上游供应链整合的特点是什么？

（3）洋码头是如何解决物流难题的？

（二）跨境电商供应链概念

跨境电商供应链是跨境电商利用供应链开展跨境电子交易、跨境物流、跨境供应等活动，进而把供应商、海关、物流商和最终消费者等连接成一个整体的功能网链。

跨境电商供应链过程如图 4-6 所示。

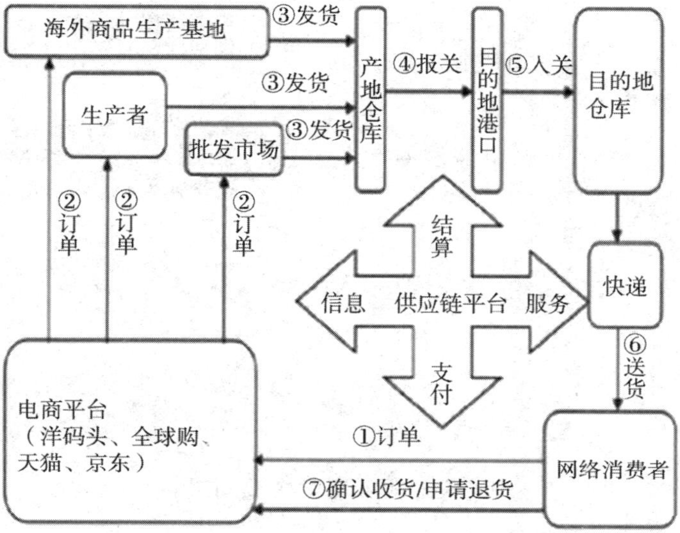

图 4-6　跨境电商供应链过程

跨境电商供应链管理的优势有：

（1）更个性化的服务；

（2）独特的管理方式；

（3）高度共享和集成的信息系统；

（4）高效的营销渠道。

（三）跨境电商供应链管理流程

1. 供应商

现有的跨境电商企业的供应商主要分为四种类型：经销商/代理商供货模式、厂商直接供货模式、海外商超供给模式、买手代购模式，如图 4-7 所示。

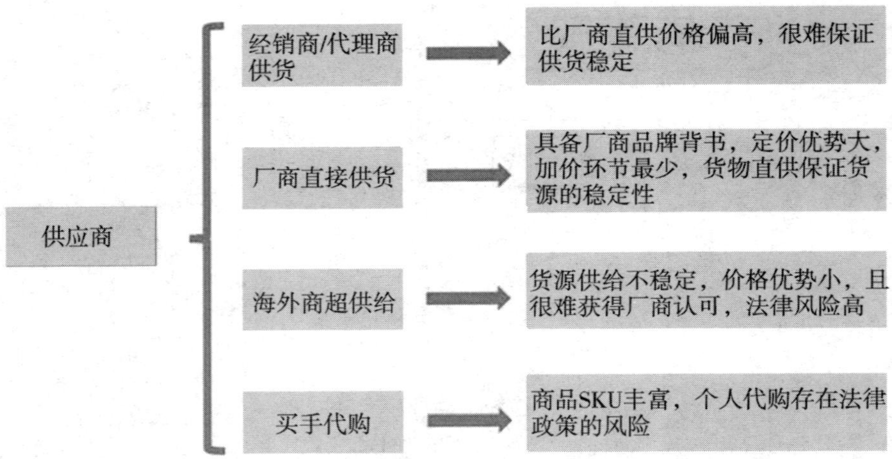

图 4-7　跨境电商供应商类型

2. 物流

跨境电商采用的发货模式主要有海外直邮模式和保税仓发货模式两种，对应着“保税仓+国内物流”和“自建跨境物流+国内物流”两种物流模式。

3. 通关

国内跨境电商进口业务的通关模式有三种：快件清关、集货清关、备货清关。其中，对集货清关、备货清关的跨境电商企业征收综合税，走 BC 通关，要求三单统一。三种模式下的通关方式对比如表 4-3 所示。

表 4-3　三种模式下的通关方式对比

通关模式	优势	劣势	适合业务	有无海关单据
快件清关	比较灵活，有订单才发货，不需要提前备货	申报品名要求高，物流通关效率较低、量大时成本会增加	企业创业初期，业务量少	无
集货清关	无需体验备货、相比快件清关，物流效率高，成本低	需在海外完成打包操作，成本高，海外发货物流时间长	业务量迅速增长的企业，每周有多笔订单	无
备货清关	需提前批量备货，国际物流成本最低，通关效率最高，可及时响应售后服务要求	使用保税仓降低仓储成本，备货会占用资金	业务规模较大、业务量稳定的企业	有

4. 选品策略

选品的重要从本质上来说，决定着一个跨境平台的命脉。当平台决定选品时，最先思考的是它能否在国内引发热卖；至于实际操作中能否拿到不错的代理，除去物流清关政策之外的因素能产生多大的利润空间，打造出高品质的爆款还是市场运作后达成的消费共识。以聚美海外购为例。聚美海外购在选品上主要有以下几个特点：向品牌商直接采货，以美妆和母婴类产品为主，倾向于价格较低的韩妆品牌；刻意避开了国外的“爆款”，而是根据用户消费数据筛选商品；采用少量单品限时销售，避开了拿不到品牌代理的尴尬。进入2016年，新政频出，门槛增高，市场竞争更加激烈。跨境电商行业从野蛮生长期到了洗牌期，但供应链始终是跨境电商发展的命门；未来，行业将在选品、物流、支付等多方向逐步规范、获得新生。

5. 支付

支付环节是真正产生现金流的环节，因此从供应链的角度来看，高效、安全、便捷地向海外购买者收取不同货币并接入本土支付方式，是跨境电商控制和优化资金流的重要环节。网络支付是跨境电商的基础设施，也是推动其国际化的必要支持。我国跨境支付市场可以分为三大类：第一类是境内第三方支付机构，主要涉足跨境网购、出口电商市场，如支付宝；第二类是境内传统金融机构，他们凭借强大的银行网络，不仅支持跨境网购、出口电商，还覆盖了境外ATM取款和刷卡消费等业务市场，如银联；第三类是境外支付企业，提供全球在线收付款业务，如PayPal。我国跨境电商也主要通过以上三类企业的支付业务完成支付环节，特别是第三方支付的应用大大提升了跨境网购的交易效率，受到消费者的广泛青睐。在这样的市场环境下，有效管理多种支付方式成为跨境电商必须面对的又一挑战。

（四）跨境电商供应链管理策略

1. 跨境电商供应链的协同战略

跨境电商的供应链尚处于构建阶段，其商品来源主要来自境外线上线下零售企业或生产企业。跨境电商与这些企业维持了相对独立的状态。跨境电商可以采取供应链协同战略，通过收益共享合同，按照一定比例，将收益共享给供应商，以换取较低的采购价格。较低的采购价格带来更多的市场份额，提高跨境电商的收益。同时，销量提升带来收益提升加上收益补贴，供应商也能获得更多的收益。供应链协同战略同时能够帮助降低市场价格，有利于跨境电商的竞争发展。

2. 跨境电商供应链的整合战略

跨境电商的供应链结构冗长、提前期长，涉及多个第三方主体，导致供应链总体效率较低，影响了终端用户的购物体验，而供应链的整体竞争力也较低。为此，一些有实力的跨境电商可以选择供应链整合战略，将许多环节整合在一起，进行总体上的统筹规划，以实现高效的供应链运作。目前采用跨境电商供应链整合战略的主要是亚马逊。亚马逊几乎整合了供应链的所有环节。从供应商（各地亚马逊网站），到物流仓储服务，到跨境支付，到最终的零售平台，都由亚马逊构建的体系进行掌控。亚马逊还搭建了庞大的物流信息系统，实现实时跟踪。因此，亚马逊的供应链效率是极其高效的，客户体验也是非常好的。对于国内的大型跨境电商而言，应该学习亚马逊的供应链整合战略。如，京东是国内在供应链管理表现较好的主要电商之一。京东可以将国内的实际经验拓展至跨境供应链领域，通过搭建海外仓、保税仓网络，培养自身的国际物流，来实现跨境供应链的整合。

3. 跨境电商供应链的分散化战略

面对国际政治经济形势的风云突变，跨境电商在供应链优化时还应该考虑风险管理。跨境电商的风险来自方方面面。供应链的分散化战略能够帮助跨境电商降低风险。当风险发生时，分散化的战略布局能将损失降到最低。供应链的分散化战略主要有以下几条途径：由单一化的供应商结构向多元化的供应商结构转变；由集中式的仓库网络向分散式的仓库网络转变；由单一化的市场结构向多元化的市场结构转变。可以发现，分散化战略下的供应链结构两端的主体更加分散、更加多元化，仓储物流网络也更加复杂。

第三节 跨境进口通关便利化

进口通关的问题远比出口复杂，每个国家都对进口贸易管得更严。传统国际邮件方式的进口，通常限于居民互寄个人物品，缺乏电子化手段进行监管，如果全部跨境进口 B2C 都按传统邮件方式通关，没有电子凭证，海量邮件将难以全面监管，容易造成走私漏税情形。同时，各地海关进出口监管方式及力度不统一，存在监控盲点，如查验方式、查验力度与查验效率之间的匹配。而按一般贸易方式通关，现有的通关申报、查验流程只适用于 B2B 大宗货物，不适用“量小、品杂、单多”的 B2C 模式。因此，针对跨境电商的海关监管模式应运而生，即直购和保税。

在详解两种模式之前，先介绍一下我国海关正在全力实施“海关全面深化改革总体方案”，全国通关一体化改革主要由“两中心、三制度”构成。

“两中心”是风险防控中心、税收征管中心；“三制度”分别是创新报关审核、税收征管的管理模式及创新协同监管制度。改革明确的方向正是“一次申报、分步处置”，从“先审后放”向“先放后审”转变，加快通关便利化。“一地注册、多地申报、全国报关”实现报关企业在一个直属海关注册登记后，无须再设立跨关区分支机构，就可以到全国所有海关、所有口岸和海关监管集中的地点报关，实现“全国42个海关如同一关”的格局。根据贸易及物流特性分类，通关一体化有5种：口岸清关、属地申报口岸验放、属地申报属地放行、转关和区域通关一体化。在海关特殊监管区和保税监管场所也能适用区域通关一体化，目前很多外贸企业已经用得很熟，而跨境电商本就和保税、特殊监管区密切相关，了解一下区域一体化通关很有必要。目前，国内已实施京津冀、长江经济带、东北地区、丝绸之路路经济带、泛珠江三角洲区域五大区域通关一体化。

一、海关及进口查验

海关的基本职能包括税收征管、出入境监管、保税监管、进出口统计、稽查、知识产权海关保护、打击走私、口岸管理等，跨境电商涉及的就是进出境货物的监督管理。2018年4月20日，中国出入境检验检疫局正式并入海关总署，并成为海关总署其中的重要部门。自4月20日起，出入境检验检疫系统统一以海关名义对外开展工作，一线旅检、查验和窗口岗位要统一上岗、统一着海关制服、统一佩戴关衔。4月20日起，旅检监管、通关作业、申报查验放行“三个一”，运输工具登临检查，辐射探测，邮件监管，快件监管，报关报检企业资质注册以及对外“一个窗口”办理7个业务领域完成优化整合，实现“一口对外、一次办理”，并完成业务单证及印章的统一替换。

与跨境电商有关的是商检。边检即边防检查，主要是对出入境人员及携带物品的检查；而安检主要是查违法物品，保障交通安全。既然是监督管理，那么就要查验货物，商检是查质量卫生，具有一票否决性，不合格即无法入境。而海关查验是要确定申报的真实性，包括商品的归类、价格及产地等信息，落实国家的税收和贸易管制措施等情况。因此海关查验相对复杂，在申报环节和查验放行环节，只要海关关员在进行人工审单时认为报关单申报内容不清楚，或有任何疑问，便可以人工操作下达布控指令，查验货物是否单货相符，对贸易类的会出具“海关查验通知单”，而对邮件、快件以及跨境电商等小件进行流水线直接操作。查验可以分为人工查验和机检查验，可以抽查或彻底查验。查验比例及布控的策略，海关会根据企业的通关历史记录、信用等级、商品的风险水平等因素调整。2014年，“简政放权”，海关总署废止“报关员”资格核准，只要备案即可。总之，进口申报环节很重要，无论是哪种通道都务必“按期、如实、规范”。个人行邮物品申报查验法律责任示意图如图 4-8 所示。

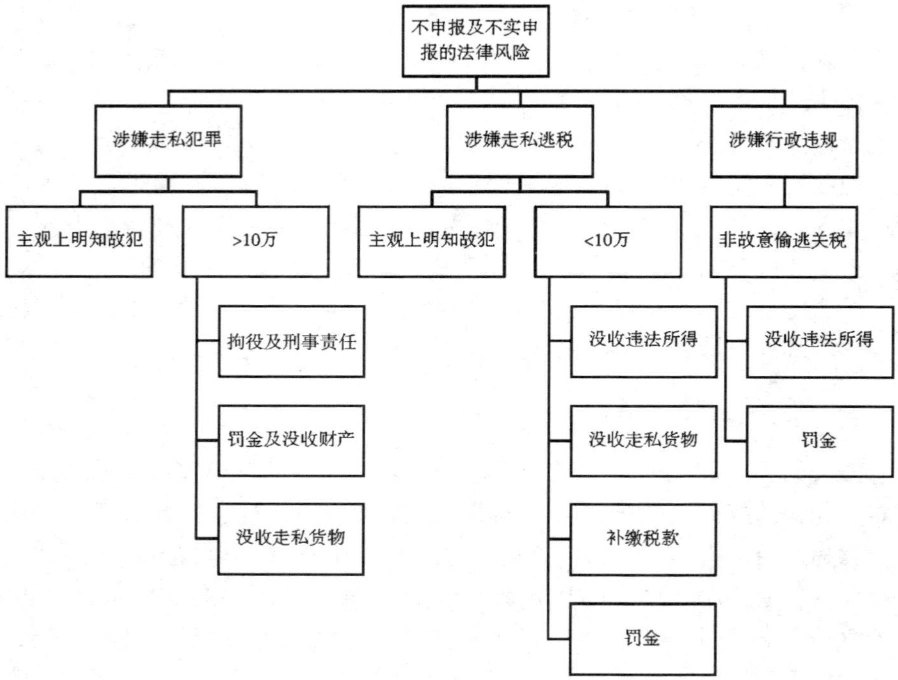

图 4-8　个人行邮物品申报查验法律责任示意图

二、进口通关模式

在出现跨境电商之前，邮件、快件及贸易是三类合法通关形式，水客、灰色渠道及走私等非法渠道也是存在的。随着进口包裹量剧增，相当一部分跨境电商进口就扣上了“灰色海淘”的帽子。货物及个人物品类快件在通关中几乎每票必检，经海关审核无误并符合有关规定的，海关在申报单上加盖放行章，但不能排除低报漏报货物价值来逃税的情形。邮件的申报和查验流程相对简便，海关对个人邮递物品实行抽检查验，清关抽检率具有随机性，只在超出“自用、合理”标注等情况下，才申报纳税等海关手续。海关因人力、物力、效率等因素，无法逐票对每个零碎的邮包进行拆包查验、判断货值、判断商品种类是否符合监管要求，而且还要断定是否是个人使用还是转手倒卖，因此包裹有综合抽查率，意味着部分的海淘快件邮包可能不被征税，便形成了基于这些漏洞的“灰色清关”。同时，正常通关流程的拥挤也在一定程度上刺激了非法渠道。六种进口货物形式如图 4-9 所示。

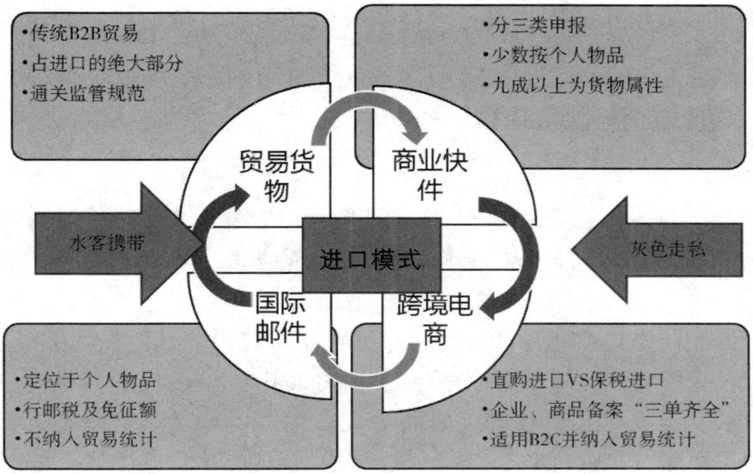

图 4-9 六种进口货物形式

各国海关对于进出口实物都有“货物”和“物品”的划分，两者是按“是否有贸易属性”区分，纳入不同的监管框架和制度流程下，申报要求、实行进口税率及法律责任。入境商品清关的基本原则是对个人物品免征税、少征税，对贸易物品在符合国际贸易规则的前提下合理征收税款。对货物采取贸易 B2B 方式下的监管通常为“一关三检”，海关根据不同货物征收关税、增值税、消费税，商品须申请商品检验、动植物检疫和卫生检疫，单证必备、税费必缴，关境监管的税收风险更多在于货物同报关单不符，通过企业信用管理及抽查来规避。物品采取行邮（行李和邮件）方式监管，个人物品进口要如实申报，原则上须按法律要求自主申报，个人按规章缴纳“行邮税”享有免征额，但尺度上突出“自用、合理数量”，越界则会被视为“货物”。

跨境电商不是一般贸易，因为进口一方是消费者，消费者购买商品不是为了贸易或转售，而是自用：但跨境电商也不是个人寄送的物品，是电商企业的一种进口贸易销售行为，现有的个人物流监管流程也无法适应如此大的规模。海关总署公告 2014 年 56 号《关于跨境贸易电子商务进出境货物、物品有关监管事宜的公告》执行之后，标志着跨境电商的合法化、跨境电商享有的税收优惠和新通关便利。跨境电商两种进境通关模式“直购和保税”都是基于电子化的。海关与电商、支付、运输渠道及仓储企业的系统对接，多方协同作业、信息共享，利用企业、商品、用户等信息备案，“电商企业提供的报关单、支付企业提供的支付清单、物流企业提供的物流运单”三单信息一步到位，自动合成清单、集中向海关申报，实现跨境电商进口的“一次申报、一次查验、一次放行”。新模式下，跨境电商的全程信息向政府与海关透明化，便利居民海外购物、实现进口散件阳光纳税，帮助政府利用大数据实现科学、透明、规范的管理。

三、跨境电商行邮税计算

行邮税，就是行李和邮递物品进口税的简称，是关税、进口增值税及消费税三者合一的替代税种。“行”指的是入境时旅客随身携带的行李物品，“邮”指的是通过邮政渠道从国外邮寄到国内的物品。在跨境电商的直邮业务中，涉及的是“邮”而非“行”。由于它针对的是非贸易属性的进境物品，税率普遍低于同类进口货物的综合税率，征了行邮税，其他税就不征了。

行邮税只针对个人非大宗物品，根据海关相关条例规定，对超过海关总署规定数额、但仍在合理数量以内的个人自用进境物品进行归类、确定完税价格和使用税率，进而征收行邮税，税额若不超过 50 元，行邮税是免征的。

行邮税的计算公式较为简单，不同物品的税率不一样。为了保持与贸易及跨境电商综合税之间的平衡，海关总署 2016 年第 25 号公告（“进境物品归类表”和“进境物品完税价格表”）确定，税率由原来划分的四档改为三档，略有提升。公告中的两个表，就是对进境物品进行归类并确定完税价格和适用税率的标准。个人邮寄物品进口的规定如表 4-4 所示。

表 4-4　个人邮寄物品进口的规定

原则	个人自用、数量合理	
限值	中国港澳台地区 800 元、其他国家和地区 1000 元，超过限值且单件不可分割的可按个人物品办理	
起征	≥50 元	
计算公式	税款=完税价格×税率	
税率	13%	音像、手机、电脑、家具、食品、饮料等
	30%	纺织品、服装、鞋靴箱包、家电厨卫、自行车、玩具、钟表等，及其他两档之外的物品
	50%	珠宝、首饰、高档钟表、烟、酒、彩妆、香水等
完税价格	具体遵照“进境物品”完税价格表，没有在列的按相同物品同来源地最近时间的市场零售价	

通常，国内消费者因旅游、出差、留学等原因去到国外，在国外顺手为自己或亲朋购买东西然后携带进入国内，即所谓的“人肉代购”，都是以出入

境旅客行李的名义通关进境的，根据海关总署 2010 年第 54 号文“关于进境旅客所携行李物品验放标准有关事宜”，免税额度为 5000 元。根据财政部《口岸进境免税店管理暂行办法》，允许个人在口岸进境免税店增加一定数量的免税购物额，连同境外购物额总计不超过 8000 元则享有进境免税优惠。海关要求这种随身行李的物品，以“自用、合理数量”为限，超出这个限度的就需要办理手续和交进口税。事实上，各海关人力有限，除了深圳、珠海等边境口岸，常规过关检查相对弹性，很难对低频进出境的个人造成太多影响。海关总署 2010 年第 43 号文“关于调整进出境个人邮递物品管理措施有关事宜”规定邮寄进关的物品都应纳税，只是自用、合理、经核算税额在 50 元以下等这些条件下予以免征。海关核算标准并非按照采购小票上的价格，而是依据“进境物品完税价格表”。超出规定限值的，按照规定，应办理退运手续或者按照货物规定办理通关手续。

跨境电商零售进口商品从 2019 年 4 月 8 日起不再按邮递物品征收行邮税，改为按货物征收关税、进口环节增值税和消费税。

根据跨境电子商务零售进口税收政策，个人单笔交易限值人民币 5000 元，个人年度交易限值人民币 26000 元。在限值以内进口的跨境电子商务零售进口商品，关税税率暂设为 0%；进口环节增值税、消费税按法定应纳税额的 70%征收。计算规则如下：

税费＝购买单价×件数×跨境电商综合税率

跨境电商综合税率＝［（消费税率+增值税率）／（1−消费税率）］×70%

注：优惠券仅可抵扣商品金额，运费需缴纳税费。

对于自己海淘并通过转运公司或者直邮的个人适用行邮税，需要注意的是海关征税并不完全按单子上报的价格征收，一般按行邮税表的完税价格（完税价格＝货物价值+运费+保险）来计算。

国务院关税税则委员会于 2019 年 4 月 8 日发出通知，宣布从 9 日起下调一系列日用消费品的行邮税税率。

调整后，行邮税税率分别为 13%、20%、50%。适用于 13%一档的物品包括书报、食品、金银、家具、玩具和药品。适用于 20%一档的物品包括运动用品（不含高尔夫球及球具）、钓鱼用品、纺织品及其制成品。适用于 50%一档的物品包括烟、酒、贵重首饰及珠宝玉石、高档手表、高档化妆品。

不是所有进境物品进口税税目 1 的药品都按 13%征行邮税。通知对税目 1“药品”的注释做了修改：对国家规定减按 3%征收进口环节增值税的进口药品（目前包括抗癌药和罕见病药），按照货物税率征税。

第四节 本章配套案例

一、跨境电商、一般贸易及行邮通道的税收区别

进口缴税主要有三种：关税、增值税和消费税，如表 4–4 所示。关税是世界各国海关对进出境的货物或者物品普遍征收的一种税。关税和非关税措施是衡量一个国家市场开放度的主要标志，关税又分进口税、出口税、过境税，按从价、从量等方式征进口增值税，即进口环节征缴的增值税，是以环节增值额为征税对象的流转税。消费税主要针对小部分高价值的进口消费品，个别还要加收奢侈品税。不同进口方式的纳税种类会有差异。

一般贸易进口要交进口环节增值税和关税，其中进口环节增值税是 13%，而根据关税税则，不同商品的关税适用不同税率。

表 4–5　不同通关模式进口税计算方式

税种	征税范围	计算公式（从价计征为例）	一般贸易	邮件快件	跨境电商	免税商店
关税	进出口货物	商品完税价格 = 商品价格 + 国际运费+保费 税额 = 应税货物数量×商品完税价格×关税税率	√	×	×	×
消费税	进口货物，主要是烟、酒、化妆品、首饰等	计税价格 = （商品完税价格+关税）÷（1–消费税率） 税额 = 商品计税价格×消费税税率	√	×	70%	×
增值税	进口货物	税额 = 商品计税价格×增值税税率	√	×	70%	×
行邮税	入境个人物品	税额 = 商品完税价格×商品行邮税率（综合税）	×	√	×	×

中华人民共和国财政部第 49 号文件《关于完善跨境电子商务零售进口税收政策的通知》规定：将跨境电子商务零售进口商品的单次交易限值由人民币 2000 元提高至 5000 元，年度交易限值由人民币 20000 元提高至 26000 元。

完税价格超过5000元单次交易限值但低于26000元年度交易限值，且订单下仅一件商品时，可以自跨境电商零售渠道进口，按照货物税率全额征收关税和进口环节增值税、消费税，交易额计入年度交易总额，但年度交易总额超过年度交易限值的，应按一般贸易管理。已经购买的电商进口商品属于消费者个人使用的最终商品，不得进入国内市场再次销售；原则上不允许网购保税进口商品在海关特殊监管区域外开展“网购保税+线下自提”模式。

为避免工业原材料等商品通过跨境电商零售进口渠道进境，扰乱正常贸易秩序，同时便于日常征管操作，对跨境电商零售进口实施新的税收政策及清单管理。跨境电商不再适用行邮税及免征税额，关税暂设为零，暂按法定应纳综合税额的70%征收。

与同期发布的新版行邮税及贸易综合税对比，跨境电商新税总体有升有降，比如奶粉、纸尿裤等爆品，传统贸易综合税率约为30%，而跨境电商新税为11.9%优势明显；行邮税13%有免征额，两者优劣要看商品完税价而定。

一般贸易申报价格为进价，还有进项发票冲抵，而跨境进口征税的税基是按照销售价来执行的，虽然11.9%看上去比一般贸易低，但优势已经缩水，反而变成一般贸易分流了跨境电商。另外，跨境电商完税价格包括全程运费，计税基数大于行邮税，用外贸术语来讲，以前的离岸价FOB纳税改成到岸价CIF纳税，纳税成本将最终转移到消费者头上，部分电商依赖物流企业代缴税款，增加了物流企业的资金压力。

表4-6　不同通关模式下的税率对比

商品	一般贸易货物			个人行邮物品	跨境电商
	关税（最惠国）	消费税	增值税	行邮税	综合税70%
电子产品、母婴奶粉、日化护肤品、服装鞋帽等	5%～10%	0	13%	13%	11.9%
红酒	14%	10%	13%	50%	18.9%
高档手表及饰品	11%	20%	13%	50%	25.9%
彩妆及高档化妆品	10%	30%	13%	20%	32.9%

假定要进口的红酒10瓶，完税价格200元/瓶。

（1）如果属于一般贸易货物，

关税=应税货物数量×商品完税价格×关税税率=10×200×14%=280元

计税价格=（商品完税价格+关税）÷（1-消费税税率）=2280/0.9
=2533.33元

消费税=商品计税价格×消费税税率=253.33元

增值税=商品计税价格×增值税税率=2280×0.13=296.4元

共交税=280+253.33+296.4=829.73元

（2）如果属于跨境电商货物，

税额=10×200×0.189=378元

（3）如果是个人行邮物品（假定允许带10瓶，有5个人带），

税额=10×200×0.5=1000元

对于红酒来说，作为跨境电商进口货物所缴的税额比较低。

二、计算跨境电商行邮税

例如，客户申报箱内装3罐各0.9千克的奶粉，总计2.7千克，申报价格为95元/千克，总价值为256.5元；系统执行完税价格为200元/千克，3罐×0.9千克×200元/千克=540元，申报货值低于完税价格的1/2，则系统仍按256.5元计算税金，此时产生的关税=256×13%=33.28元，低于个人物品50元的免税额，可免征放行，但如果海关开箱查验，内无购买凭证或不能证伪，海关会要求退单或按完税价格申报，届时产生的关税=2.7×200×13%=70.2元，不予免征。

第五节 本章练习

一、填空题

1. 直邮模式是指符合条件的电商平台与海关联网，境内消费者跨境网购后，电子订单、支付凭证、电子运单等由企业实时传输给__________，商品通过海关跨境电商专门监管场所入境，按照__________征税。

2. 2016年4月8日后启运的跨境电子商务进口商品（含网购保税和直邮模式），须满足跨境电子商务零售进口商品清单及清单备注要求；不在__________内的商品，不得以跨境电子商务方式进口。

3. 跨境进口供应链是利用供应链开展跨境交易、跨境物流、跨境供应等活动，进而把供应商__________、__________和网络消费者等连接成一个整体的功能网链。

4. 以产品的生命周期、需求稳定程度划分，供应链可以分为__________和__________。

5. 供应链管理的目标在于__________和__________，并且寻求两个目标之间的平衡。

6. 我国国内跨境电商进口业务的通关模式有三种：__________、__________、__________。

7. 行邮税，就是行李和邮递物品进口税的简称，是__________、__________及__________三者合一的替代税种。

二、单选题

1. 个人邮寄物品进口的规定起征额是（　　）。

A. 大于等于 50 元　　B. 大于 50 元

C. 大于等于 100 元　　D. 大于 100 元

2. 个人邮寄音像制品进口的税率是（　　）。

A. 10%　　B. 12%　　C. 13%　　D. 14%

3. 个人邮寄服装进口的税率是（　　）。

A. 20%　　B. 30%　　C. 40%　　D. 35%

4. 根据海关总署 2010 年第 54 号文《进境旅客所携行李物品验放标准》免税额度为（　　）元。

A. 3000　　B. 4000　　C. 5000　　D. 6000

5. 根据财政部《口岸进境免税店管理暂行办法》，允许个人在口岸进境免税店增加一定数量的免税购物额，连同境外购物额总计不超过（　　）元则享有进境免税优惠。

A. 5000　　B. 6000　　C. 7000　　D. 8000

三、简答题

1. 供应链有何特征？

2. 供应链管理流程包括哪些？

3. 跨境电商供应链管理优势有哪些？

4. 简述进口关税税率计算规则。

5. 跨境电商供应链管理策略有哪些？

第五章　海关清关常识

【学习目标】

本章旨在让学习者了解海关清关基本概念和术语，熟悉跨境电商海关清关基本流程，从而掌握海关清关基本操作方式。

通过本章的学习，能够：

1. 掌握海关清关相关基本概念和术语；
2. 掌握跨境电商与海关的基本关系；
3. 通过配套案例，掌握海关清关基本操作方式。

【本章重点】

本章首先介绍海关的性质和职能，然后选择几个重点国家介绍其海关清关要求及报关流程，接着对关税的性质及海关退税流程进行阐述，最后针对常见的海关清关问题进行分析。

【基本概念】

海关，海关清关，关税，退税

【建议学习时间】

2~3 课时

最早的海关机构出现在公元前 5 世纪中叶古希腊城邦雅典。11 世纪后，西欧威尼斯共和国成立以“海关”命名的机构即威尼斯海关。

中国海关历史悠久，早在西周和春秋战国时期，古籍中已有关于“关和关市之征”的记载。秦汉时期我国进入统一的封建社会，对外贸易发展迅速，西汉元鼎六年（公元前 111 年）在合浦等地设关。宋、元、明时期，先后在广州、泉州等地设立市舶司。清政府宣布开放海禁后，于康熙二十三至二十四年（1684—1685），首次以“海关”命名，先后设置粤（广州）、闽（福州）、浙（宁波）、江（上海）四海关。1840 年鸦片战争后，中国逐渐丧失关税自主权、海关行政管理权和税款收支保管权，海关变成半殖民地性质的海关，长期被英、美、法、日等帝国主义国家控制把持，成为西方列强掠夺中国的一个重要工具。直至 1949 年中华人民共和国成立以后，人民政府接管海关，宣告受帝国主义控制的半殖民地海关历史结束，标志着社会主义性质海关的诞生。中华人民共和国政府对原海关机构和业务进行彻底变革，经历曲折的发展过程，逐步完善海关建制。

第一节 海关的性质、职能和权利

一、海关的性质

海关是依据本国（或地区）的法律、行政法规行使进出口监督管理职权的国家行政机关。英语 Customs 一词，最早是指商人贩运商品途中缴纳的一种地方税捐，带有“买路钱”或港口、市场“通过费”“使用费”的性质。这种地方税捐取消后，Customs 一词则专指政府征收的进出口税，the Customs 是征收进出口税的政府机构即海关，是对出入关境的一切商品和物品进行监督、检查并照章征收关税的国家机关。

我国以立法的形式明确规定了中国海关的性质和任务。《中华人民共和国海关法》（以下简称《海关法》）第二条规定：中华人民共和国海关是国家的进出关境（以下简称进出境）监督管理机关。这一规定明确了海关的性质，其包括了以下三层含义。

（一）海关是国家的行政机关

海关是国家的行政机关，从属于国家行政管理体制，属于我国国务院的直属机构，海关对内对外代表国家依法独立行使行政管理权。

（二）海关是国家进出境监督管理机关

海关依照有关法律、行政法规并通过法律赋予的权力，制定具体的行政规章和行政措施，对特定领域的活动开展监督管理，以保证其按国家的法律规范进行。

海关实施监督管理的范围是进出关境及与之有关的活动，监督管理的对象是所有进出境的运输工具、货物、物品。

关境（Customs Territory）是世界各国海关通用的概念，指适用于同一海关法或实行同一关税制度的领域。《国际海关术语汇编》中定义关境为一个国家的海关法得以全部实施的区域。在一般情况下，关境与国境的关系分为三种：

1. 关境的范围等于国境。

2. 关境的范围大于国境。对于结成关税同盟的国家，其成员国之间货物进出国境不征收关税，只对来自和运往非同盟成员国的货物在进出共同关境时征收关税，此时应认为每个成员国的关境大于国境，如欧盟。

3. 关境的范围小于国境。通行的观点认为，若在国内设立了自由港、自由贸易区等特定区域，因进出这些特定区域的货物都是免税的，因而该国的关境小于国境。

关境与国境一样，包括其领域内的领水、领陆和领空，是一个立体的概念。我国的关境范围是除享有单独关境地位的地区以外的中华人民共和国的全部领域，包括领水、领陆和领空。目前我国的单独关境有香港、澳门和台湾、澎湖列岛、金门岛、马祖岛单独关税区。在单独关境内，其各自执行单独的海关制度。因此，我国的关境小于国境。本教材所称的“进出境”除特指外均指进出我国关境。

（三）海关的监督管理是国家行政执法活动

海关通过法律赋予的权力，对特定范围内的社会经济活动进行监督管理，并对违法行为依法实施行政处罚，以保证这些社会经济活动依照国家的法律规范进行。因此海关的监督管理是保证国家有关法律、法规实施的行政执法活动。海关执法的依据是《海关法》和其他有关法律、行政法规。海关事务属于中央立法事权，立法者为全国人大及其常务委员会和国务院。海关总署也可以根据法律和国务院的法规、决定、命令制定规章，作为执法依据的补充。省、自治区、直辖市人民代表大会和人民政府不得制定海关法律规范，地方法规、地方规章也不是海关执法的依据。

二、海关的职能

各国政治、经济情况不尽相同，海关职责也有差异，即使同一国家在各个历史时期的海关职责也有变化。但以下几项职责是绝大多数国家海关基本都具备的。

第一，对进出口货物、旅客行李和邮递物品、进出境运输工具实施监督管理，有的称作通关管理，有的称作保障货物、物品合法进出境管理。

第二，征收关税和其他税费。许多国家的海关除征收关税外，还在进出口环节代征国内税费，例如增值税、消费税和石油税等。有些国家的海关还征收反倾销税、反补贴税和进口商品罚金等。

第三，查缉走私。各国海关都对逃避监管、商业瞒骗、偷逃关税等行为进行查缉，尤其对禁止走私和限制进出境的货物、物品，特别是毒品，每一个国家海关都加大查缉力度。此外，部分或个别国家的海关还具有一些特殊职能：如编制对外商品贸易统计、保税管理、沿海巡逻警戒等。21 世纪初，有些国家除对传统的有形贸易（实物）进行监管外，还对无形贸易（服务贸易）进行监管。许多国家政府指令该国海关履行国际出口管制制度，即对高科技产品、导弹技术产品、核相关双重用途产品、生化武器、常规武器、环境污染物质和有毒废料、濒危物种文物等进行管理。

根据《海关法》的规定，中国海关具有五项职能：监管、征税、缉私、统计和出入境检验检疫管理。

（一）监管

海关监管是指海关根据《海关法》及相关法律、法规规定，对进出境运输工具、货物、行李物品、邮递物和其他物品及其相关进出境行为使用不同管理制度而采取的一种行政管理行为，其目的在于保证一切进出境行为、活动符合国家政策和法律的规范，以维护国家主权、利益和国内市场的稳定以及公平竞争。监管是海关最基本的任务，是其他任务的基础和根基，海关的其他任务都必须依赖于监管工作的顺利执行。在监管环节，海关监管需要负责招待和监督国家各项对外贸易制度的实施，如进出境国家管制制度、外汇管理制度、出入境检验检疫制度、文物出口管理制度等，从而在政治、经济、文化道德、公众健康等方面维护国家利益。

根据监管对象的不同，海关监管可分为海关对货物的监管、对物品的监管和对运输工具的监管三大体系，且每个体系都有其独特的管理程序和方法。

（二）查缉走私

查缉走私是海关为保证顺利履行进出境监管管理职能而采取的保障措施。

查缉走私是指海关依照法律赋予的权利，在海关监管区和附近的沿海、沿边规定地区，为预防、制止、打击走私行为，以实现对走私活动的综合治理而采取的各项活动。走私是指违反《海关法》及有关法律、行政法规，逃避海关监督，偷逃应纳税款，逃避国家有关进出境的禁止性管理，非法运输、携带、邮寄国家禁止、限制进出口或者依法应当缴纳税款的货物、物品进出境以及特定减免税货物和其他海关监管货物、物品、进出境的境外运输工具在境内销售的行为。走私在主观上逃避监管，并以偷逃关税、牟取暴利为目的，扰乱宏观经济秩序，冲击民族工业，腐蚀干部群众，毒化社会风气，引发违法犯罪，对国家危害性极大，必须予以严厉打击。

（三）征税

进出口税费是指海关代表国家向准许进出口的货物、进出境物品征收的一种间接税，包括关税、增值税、消费税、船舶吨税和海关监管手续费等进出口环节中海关征收的税、费，其中增值税、消费税、船舶吨税属于海关代征的进口环节税。依法征收关税和其他税、费是《海关法》明确规定的海关的重要任务之一，亦是赋予海关的重要权力之一，也是国家保护国内经济、实施财政政策、调整产业结构、发展进出口贸易的重要手段。

关税是国家财政收入的重要来源，也是国家进行宏观调控的重要工具。关税的征收主体是国家，《海关法》明确将征收关税权力授予海关，由海关代表国家行使征收关税的职能。海关征税工作的基本法律依据是《海关法》《进出口关税条例》等。海关通过执行国家制定的关税政策，对进出口货物、进出境物品征收关税，起到保护国内工农业生产、调整产业结构、组织财政收入和调节进出口活动的作用。

（四）编制进出口贸易海关统计资料

海关统计资料是以实际进出口货物作为统计和分析的对象，通过收集、整理、加工处理进出口货物报关单或经海关核准的其他申报单证，对进出口货物的不同指标分别进行统计和分析，全面、准确地反映对外贸易的运行态势，及时提供统计信息和咨询，反映国家对外贸易方针、政策实行的实际情况，以便实施有效的统计监督，促进对外贸易的发展。根据有关规定，我国现在采用海关统计数据作为国家正式对外公布的进出口统计数据。我国海关的统计制度规定，对于引起我国境内货物资源储备增加或减少的进出口货物均列入海关统计；对于部分不能列入海关统计的进出境货物和物品，则根据我国对外贸易管理和海关管理的需要实施单项统计。

海关统计是国家进出口货物贸易统计、国民经济统计的组成部分，是国家制定对外贸易政策、进行宏观调控、实施海关严密高效管理的重要依据，是研究我国对外关系发展和国际经济贸易关系的重要资料。

（五）出入境检验检疫管理

根据国家机构改革方案，2018 年 4 月 20 日起，出入境检验检疫职能和队伍整体划入海关。口岸公共卫生、国门生物安全、进出口食品安全和进出口商品安全等出入境检验检疫主要职能，成为新海关在传统安全风险防控增加延伸的范围。海关职能增加了以下几个方面：

1. 口岸公共卫生（国境卫生检疫）职能

口岸公共卫生职能，指包括出入境人员卫生检疫、传染病监测、特殊物品监管、核生化反恐、交通工具卫生监管、卫生监督和卫生处理等在内的工作。

主要范围包括：

对出入境的人员、交通工具、集装箱、行李、货物、邮包等实施医学检查和卫生检查。

对未染有检疫传染病或者已实施卫生处理的交通工具，签发入境或者出境检疫证。

对入境、出境人员实施传染病监测，有权要求出入境人员填写健康申明卡，出示预防接种证书、健康证书或其他有关证件。对患有鼠疫、霍乱、黄热病的出入境人员，应实施隔离留验。对患有艾滋病、性病、麻风病、精神病、开放性肺结核的外国人应阻止其入境。对国境口岸和停留在国境口岸的入出境交通工具的卫生状况实施卫生监督。该项卫生监督包括：监督和指导对啮齿动物、病媒昆虫的防除；检查和检验食品、饮用水及其储存、供应、运输设施；监督从事食品、饮用水供应的从业人员的健康状况；监督和检查垃圾、废物、污水、粪便、压舱水的处理；可对卫生状况不良和可能引起传染病传播的因素采取必要措施。

对来自疫区、被传染病污染、发现传染病媒介的出入境交通工具、集装箱、行李、货物、邮包等物品进行消毒、除鼠、除虫等卫生处理。

2. 国门生物安全（进出境动植物检疫）职能

国门生物安全（进出境动植物检疫）职能，指为防止动物传染病、寄生虫病和植物危险性病、虫、杂草以及其他有害生物传入、传出国境，保护农、林、牧、渔业生产和人体健康，促进对外经济贸易的发展，依法对进出境的动植物、动植物产品和其他检疫物，动植物、动植物产品和其他检疫物的装载容器、包装物，以及来自动植物疫区的运输工具实施检疫。

需要依法实施动植物检疫的情形：进境、出境、过境的动植物、动植物产品和其他检疫物；动植物、动植物产品和其他检疫物的装载容器、包装物、铺垫材料；来自动植物疫区的运输工具；进境拆解的废旧船舶；有关法律、法规、国际条约或合同约定应实施检疫的货物、物品。

检疫要求有：对于国家列明的禁止进境物作退回或销毁处理；对进境动物、动物产品、植物种子、种苗及其他繁殖材料实行进境检疫许可制度，在签订合同之前，先办理检疫审批；对出境动植物、动植物产品或其他检疫物的生产、加工、存放过程实施检疫监管；对过境运输的动植物、动植物产品和其他检疫物实行检疫监管；对携带、邮寄动植物、动植物产品和其他检疫物的进境实行检疫监管；对来自疫区的运输工具，实施现场检疫和有关消毒处理。

进境动植物检验检疫措施包括：风险分析、检疫准入、注册登记、检疫审批、申报、口岸查验、实验室检测、检疫处理、隔离检疫、后续监管、应急处置和响应。

3. 进出口食品安全职能

进出口食品安全职能，指为保护人类、动植物生命和健康，根据《中华人民共和国食品安全法》及其实施条例、《中华人民共和国进出口商品检验法》及其实施条例、《中华人民共和国进出境动植物检疫法》及其实施条例和《国务院关于加强食品等产品安全监督管理的特别规定》等法律法规的规定，对进出口食品实施检验检疫及监督管理。该职能基于风险分析、符合国际惯例的进口食品安全保障体系，以及从源头备案、过程监督、产品抽检、符合我国实际的出口食品安全监管体系，是把好进出口食品国门安全的关键。

（1）进口食品安全（3个环节21项制度）

进口前环节（9项）：出口国食品安全管理体系审查制度（出口国官方政府）、出口食品生产企业注册管理制度（企业主体责任）、出口商备案制度、进口商备案制度、官方证书制度、进口商对境外生产企业审核制度、进境动植物源性食品检疫审批制度、进口境外预先检验制度、优良进口商认定制度。

进口环节（7项）：合格证明材料制度（企业主体责任）、检验检疫申报制度、口岸检验检疫监管制度（监管）、安全风险监测制度、风险预警快速反应制度、指定口岸制度、第三方检验机构认定制度（激励企业落实主体责任）。

进口后环节（5项）：回顾性检查管理制度（出口国政府主体责任）、进口销售记录制度（监管责任）、召回制度、不良记录制度（企业主体责任）、责任约谈制度。

（2）出口食品安全（3个环节9项制度）

原料环节监管制度（3项）：出口食品原料种养殖场备案制度、出口食品原料基地疫病疫情监测制度、出口食品原料基地有害物质监控制度。

生产加工环节监管制度（3项）：出口食品生产企业备案制度 、出口食品分类管理制度、出口食品生产企业安全管理责任制度。

出口检验检疫（3项）：监督抽检制度、风险预警制度、追溯召回制度。

4. 进出口商品安全（进出口商品检验）职能

进出口商品检验，指确定列入法检目录的进出口商品是否符合国家技术规范强制性要求的合格评定活动。

合格评定程序为：抽样、检验和检查；评估、验证和合格保证；注册、认可和批准以及各项的组合。

出口一般工业制成品不再实施法检。

监管理念从重微观质量检验向加强宏观质量安全管理转变，监管方式从普遍检验监管向重点检验监管转变，监管重心从进出口并重向以进口为主转变，监管体制从管检一体向管检分离转变。构建适应形势发展的检验监管体系，突出国门安全、突出风险防控、突出创新驱动、突出事中事后监管，提高建立、运用技术性贸易措施的能力和水平，强化对进出口战略资源性商品、危险品、消费品、汽车等重点商品的检验监管。

进出口商品质量安全风险管理：建立趋于完善的C-RAPEX系统，完善立体式风险信息监测网络，形成风险管理制度文件，风险结果应用成效明显，如进口消费品预警、进口汽车召回等。

对高危、敏感商品施行全链条管控。

重点抓好各类进口大宗资源性商品（煤炭、铁矿、进口棉花、废物原料、口岸法定鉴定）检验监管。

建立完善以问题导向为原则的进出口商品监督抽查机制，从目录外监督抽查到风险监测，从通报召回及退货到追溯调查，从示范区建设到区域化监管。注重强化监督抽查工作与跨境电商、通报召回、出口退运、政府协议检验、出口示范区等工作紧密结合，动态调整监管重心，动态发布抽查计划，提升监督抽查工作的有效性，并强化抽查结果的分析和应用。

以上五项基本职能构成了海关对进出境活动的相辅相成的监督管理体系，监管职能是基础，征税、查缉走私、贸易统计等职能一方面体现了监管职能的要求，另一方面也为实现监管职能提供了有力的保障。

三、海关的权利

《海关法》在规定了海关的基本任务的同时，为保证海关各项职能的实现，赋予海关许多相关的权利。海关的权利是指《海关法》和相关法律、行政法规赋予海关的对进出境运输工具、货物、物品进行监督管理的权利。海关的权利为海关职能的实现提供保障，又不超过职能行使的范围。海关权利隶属于行政权力，其行使具有一定的范围和条件，并应当接受执法监督。

（一）海关权利的特点

1. 特定性

特定性包括两个方面的含义。一方面是主体的特定性，《海关法》第 2 条规定海关是国家进出关境监督管理机关。这从法律上明确了海关享有对进出关境活动进行监督管理的行政主体资格，具有进出关境监督管理权。其他任何机关、团体、个人都不具备行使海关权利的资格。另一方面，特定性体现在海关行使权力应在特定范围之内，此权利只适用于进出关境监督管理领域，而不适用于与进出关境无关的各项活动或行为。

2. 独立性

《海关法》第 3 条规定：海关依法独立行使职权，向海关总署负责。这明确了我国海关的垂直领导管理体制，海关行使职权只对法律和上级海关负责，不受地方政府、其他机关、企事业单位或个人干预。《海关法》第 7 条规定：各地方、各个部门必须完全支持海关按照《海关法》行使职权，不得非法干预国家的执法行动。此规定确保了海关在行政所属关系及执法上保持了绝对的独立性，而且在行使时不会受到非法干预的一切影响。

3. 强制性

海关行政行为是由海关代表国家以国家的名义实施的。海关权利的行使以国家法律和国家为后盾，具有强制性。如果管理相对人不服从海关监督管理或妨碍海关行使职权将受到相应的法律制裁。同时，此强制性体现在海关权利的效力上，即海关行政行为已经做出，就应推定符合法律规定，对海关本身和海关管理相对人都具有约束力。没有被国家的执法机关宣布为违法或者无效之前，即使管理相对人认为海关行政行为侵犯其合法性及合法权益，也必须遵守和服从。

（二）海关权利的具体内容

根据《海关法》及其有关法律、行政法规的规定，海关的权利还包括以下几点。

1. 行政许可权

行政许可是指行政主体根据行政相对人的申请，通过签发许可证件或执照的形式，依法赋予特定的行政相对人从事某种活动或实施某种行为的权利或资格的行政行为。这种许可既可包括对相对人一般义务的豁免，也可包括允许其从事某种特定活动或从事某种特定行为。具体包括对特定地区、特定企业或有特定用途的进出口货物减征或免征关税；对企业报关权以及从事海关监管货物的仓储、转关运输货物的境内运输、保税货物的加工等业务的许可；对报关员的报关从业许可等。

2. 行政征收权

行政征收权是指海关根据国家有关进出境的各项法律、法规的规定，征收与进出口行为直接相关的各项税、费的权利，主要包括进出口关税、进口环节增值税和消费税、海关监管手续费、滞报金、滞纳金等。

3. 行政强制权

行政强制权是指海关为了履行对进出境活动进行监督管理的职能而根据规定对行政相对方采取的行政强制。这种强制的主要目的是为了掌握和了解有关信息，以采取合法、合理且有效的办法对进出口活动进行管理。根据《海关法》规定，行政强制权具体包括：

（1）检查权，即海关可以检查进出境运输工具；检查有走私嫌疑的运输工具和有藏匿走私货物、物品的场所；检查走私嫌疑人的身体。海关对进出境运输工具的检查不受海关监管区域的限制；对走私嫌疑人身体的检查，应在海关监管区和海关附近沿海沿边规定地区内进行；对于有走私嫌疑的运输工具和有藏匿走私货物、物品嫌疑的场所，在海关监管区和海关附近沿海沿边规定地区内，可直接检查，超出这个范围，在调查走私案件时，须经直属海关关长或者其授权的隶属海关关长批准，才能进行检查，但不能检查公民住处。

（2）查验权，海关对进出境货物、物品可以查验和限制。

（3）查阅、复制权，包括查阅进出境人员的证件，查阅、复制与进出境运输工具、货物、物品有关的合同、发票、账册、单据、记录、文件、业务函电、录音录像制品和其他有关资料。

（4）查问权，海关有权对违反《海关法》或者其他有关法律、行政法规的嫌疑人进行查问，调查其违法行为。

（5）查询权，海关在调查走私案件时，经直属海关关长或者其授权的隶属海关关长批准，可以查询案件涉嫌单位和涉嫌人员在金融机构、邮政企业的存款、汇款。

（6）连续追缉权，进出境运输工具或者个人违抗海关监管逃逸的，海关可以连续追至海关监管区和海关附近沿海沿边规定地区以外，将其带回处理。这里所称的逃逸，既包括进出境运输工具或者个人违抗海关监管，自海关监管区和海关附近沿海沿边规定地区向内（陆地）一侧逃逸，也包括向外（海域）一侧逃逸。海关行使追缉权时需保持连续状态。

（7）佩带和使用武器权，海关为履行职责，可以配备武器。海关工作人员佩带和使用武器的规定，由海关总署会同国务院公安部制定，报国务院批准。1989 年 6 月，海关总署、公安部联合发布《海关工作人员使用武器和警械的规定》。根据规定，海关使用的武器包括轻型枪支、电警棍、手铐以及其他经批准可使用的武器和警械。使用范围为执行缉私任务时，使用对象为走私分子和走私嫌疑人。使用条件必须是在不能制服被追缉逃跑的走私团体或遭遇武装掩护走私，不能制止以暴力劫夺查扣走私货物、物品和其他物品，以及以暴力抗拒检查、枪夺武器和警械、威胁海关工作人员生命安全，非开枪不能自卫时。

（8）稽查权，海关稽查是海关为了保证进出口行为的合法性和真实性而采取的对与进出口行为相关的企业、单位的会计账册、凭证和有关报关单证、资料进行审计的海关监督措施。根据《海关法》规定，自进出口货物放行之日起三年内或者在保税货物、减免税进口货物的海关监管期限内及其后的三年内，海关可以对与进出口货物直接有关的企业、单位的会计账簿、会计凭证、报关单证以及其他有关资料和有关进出口货物实施稽查。根据《中华人民共和国海关稽查条例》规定，海关进行稽查时，可以行使下列职权：询问被稽查人的法定代表人、主要负责人和其他有关人员与进出口活动有关的情况和问题；检查被稽查人的生产经营场所；查询被稽查人在商业银行或者其他金融机构的存款账户；封存有可能被转移、隐匿、篡改、毁弃的账簿、单证等有关资料；封存被稽查人有违法嫌疑的进出口货物。

（9）扣留权，对于违反《海关法》或者其他有关法律、行政法规的进出境运输工具、货物和物品有关的合同、发票、账册、单据、记录、文件、业务函电、录音录像制品和其他资料，可以扣留；在海关监管区和海关附近沿海沿边规定地区，对有走私嫌疑的运输工具、货物、物品和走私犯罪嫌疑人，经直属海关关长或者其授权的隶属海关关长批准，可以扣留，对走私犯罪嫌疑人的扣留时间不超过 24 小时，在特殊情况下可以延长至 48 小时；在海关监管区和海关附近沿海沿边规定地区以外，对其中有证据证明有走私嫌疑的运输工具、货物、物品可以扣留。海关对查获的走私罪案件，应扣留走私犯罪嫌疑人，移送走私犯罪侦查机构。

（10）变价抵缴权，进出口货物的纳税义务人、担保人超过规定期限未缴纳税款的，经直属海关关长或者其授权的隶属海关关长批准，海关可以：①书面通知其开户银行或者其他金融机构从其存款内扣缴税款；②将应税货物依法变卖，以变卖所得抵缴税款；③扣留并依法变卖其价值相当于应纳税款的货物或者其他财产，以变卖所得抵缴税款。

4. 其他行政权力

（1）行政命令权：如对违反有关海关法律规定的企业责令限期改正等。

（2）行政奖励权：如对举报或者协助海关查获违反《海关法》案件的有功单位和个人给予精神的或者物质的奖励。

（3）行政裁定权：海关可以根据对外贸易经营者提出的书面申请，对拟作进口或者出口的货物预先做出商品归类等行政裁定。

（4）行政复议权：是指有权复议的海关（海关总署、各直属海关）对相对人不服海关行政行为进行复议的权力。

（5）行政处罚权：对尚未构成走私罪的违法当事人处以行政处罚。包括对走私货物、物品及违法所得处以没收，对有走私行为和违反海关监管规定行为的当事人处以罚款，对有违法情事的报关企业和报关员处以暂停或取消报关资格的处罚等。

第二节 美国、巴西、俄罗斯海关清关要求及报关流程

一、美国

（一）美国海关概况

美国海关于2003年正式成立，它隶属于美国国土安全部（Department of Homeland Security，DHS），主要负责海关事务、移民管理、边境巡逻和动植物安全检疫。美国海关主要由三级机构组成，即海关总部（CBP Headquarters）、地区现场办公室（Field Operations Offices）、口岸海关（Port of Entry）。

目前，美国海关执行的是1993年12月8日生效的美国海关现代化法案。这个法案的一个重要改变在于将货物价格、归类、税率合法申报的法律责任归责于进口商。此外，现代化法案的一个特性在于将海关与进口商的关系确定为“知悉合规”。

“知悉合规”管理的一个关键因素在于海关与进口商的责任共担，即海关需要将其规定与要求清晰地告知进口商，相应地，进口商应该尽到“合理关注”的义务以确保海关及时、准确地获得进口相关信息。海关通常在互联网或通过出版物发布大量的关于进口货物程序及要求的相关规定，以最大程度地确保进口商能够充分地了解最新的海关规定及要求。同时，海关提供一份

合理关注的问题清单（Reasonable Care Checklists），以问答的方式提示进口商需要关注的问题。

美国市场上销售的商品一半以上来自于海外。美国海关在反恐和促进贸易便利化过程中一般都优先考虑一些重要的贸易问题，这些问题主要是发生在高风险领域，可能会造成严重的财政损失、损害美国经济以及危害美国人民的安全与健康。

美国海关设立了国际贸易办公室，专门对这些事务进行阶段性的审查。这些优先考虑的贸易事务主要包括反倾销与反补贴、进口安全、知识产权保护、纺织品贸易、贸易协定。因此，出口货物到美国的商人对这些问题应该尤其重视。

（二）基本通关程序

当货物运抵美国时，进口商（诸如货主、买方、货主和买方指定的报关代理人或者收货人）应该在货物的进口口岸向口岸海关关长提交货物的进口申报文件，直到货物运抵进口口岸，被海关授权放行，并交付了相关税费后才算作合法进境。进口商有责任配合查验和货物的放行。根据相关法律，进口商在申报进口时应尽到合理关注的义务。

入境的货物可以申报内销、申报仓储于进口口岸或者申请担保转运至另一口岸申报。关于申报具体的规定如下。

1. 货物申报报关资格

进口到美国的货物通常应由货主、买方或者其授权的注册报关行来办理。

报关行是美国关税法案中规定的唯一可以代理进口商办理海关事务的主体，可以是个人，也可以是公司。报关行进行代理申报时，双方应该签订委托书（Power of Attorney）。

非居民的个人、合伙企业或公司可以通过签订委托书授权美国境内的个人、合伙企业或者公司代理其办理海关事务。

报关资格凭证（Evidence of Right to Make Entry）是表明相关主体有资格办理报关业务的重要证据。任何形式的进口申报都必须有特定的报关资格的证据所支持或者获得代理报关业务的授权书。

2. 申报时限

在货物抵达进口口岸之日起 15 个自然日之内应该将进口申报单证提交给海关，进行申报。如果货物未能在抵达入境口岸 15 日内办理申报手续，或者将货物转运至指运地后未能在抵达之日起 15 日内办理申报手续，货物都会被置于一般仓库，由进口商承担风险和费用。

如果货物自进口之日 6 个月之内仍未申报的，它们将被公开拍卖或者销毁。但对于易腐的货物，将根据其特性尽早变卖。

3. 申报方式

电子申报——通过美国海关与边境保护局的“自动化商业系统”（Automated Commercial System，ACS）中的自动报关界面（Automated Broker Interface，ABI）提交电子报关单。近年来，美国海关开发了自动商业环境系统（Automated Commercial Environment，ACE），这是一套旨在便利贸易和增强边境保护的商业贸易处理系统，将逐步取代原有的自动商业系统，未来将成为“单一窗口”式的企业申报、政府管理的单一平台。

纸质申报——在海关与边境保护局指定地递交纸质报关单。

4. 申报单证

进口货物的申报分为两个阶段，即入境初次申报和汇总申报。在入境初次申报阶段，需要提交给海关的单证包括进口货物清单（海关表格 7533）或立即交付的申请及特别许可（海关表格 3461）或其他货物放行所需要的表格；进口报关资格之凭证（通常包括海运提单、空运运单）；商业发票或者形式发票（当商业发票不能提供时）；装箱单；其他确认货物准入性的必要单证。

在货物入境申报阶段，货物将可能被查验或免予查验。如果没有发生违法情事，货物将被放行。货主应该在货物入境之日起 10 个工作日内在指定的海关提交汇总申报单证并且缴纳预估的税款。

汇总申报阶段需要提交的报关单证包括货物放行后返还给进口商、报关行或其他代理人的初次申报的单证；进口汇总申报单（海关表格 7501）；其他发票和海关征税、统计所需要的单证。

5. 货物查验

通常情况下，海关为了确定以下一些事项，会对货物进行以下查验。

货物的海关价格或应税状态；货物是否必须标识原产地或特殊标识或标签，如果需要，是否以正确的方式标识；货物中是否包含违禁商品；货物是否正确地出具了发票；货物是否较发票数量存在溢装或短装；货物当中是否包含非法的毒品。

在货物放行前，口岸海关关长将指定关员在确保货物安全的条件下进行数量检查。部分商品出于相关管理法规的需要必须进行查验，如食品和酒精饮料类商品。而纺织原料及产品通常认为属于贸易敏感性商品，因此其查验比率会远高于其他商品。

集装箱也许会在外国港口进行非侵入式进口安全检查（NII），也可以在美国口岸进行非侵入式进口安全检查。在抵达美国口岸后，集装箱有可能会因贸易执法的需要而再次进行非侵入式扫描或检查。

6. 税款交付

所有进口货物都将根据美国协调关税税则的归类适用征税或者免税的规定。货物的征税主要有三种：从价税、从量税和复合税。进口货物的税率将根据货物原产国确定，大部分商品可以享有最惠国待遇，即正常贸易关系适用税则税率栏 1 中的普通税率，而对于那些来自非正常贸易关系的商品，则适用税则中税率栏 2 中全额或法定税率。在美国，很多商品的进口同样可以享有免税待遇，最常见的免税是普惠制（GSP）项下的免税。根据美国法律的规定，表明货物享有免税资格并提供证明是进口人的义务。在税款缴付以后，如果进口人对税率适用存有异议，可以自税款支付之日起 90 天内通过填报海关表格 19 来进行申诉。进口商将有 1 年时间质疑海关核算的税款金额，除非纳税期限延长或者终止。

7. 归类

归类和适用从价税率是进口货物应税状态的两项最重要的因素。一方面，按照美国海关法的规定，归类与估价应该由进口商在申报时提供，因此，商品归类是进口商、报关人或者准备报关单证的其他人的法律责任。另一方面，进口商也可以写信给美国海关的“全国商品专家处”（地址是：National Commodity Specialist Division/U. S. Customs and Border Protection/One Penn Plaza, 11th Floor/New York, New York 10119），以获得关于税则 1~97 章商品的税则归类裁定。除非被美国海关的规章或裁定所废除，否则此项裁定对所有口岸海关都是有效的。

8. 估价

一般地，进口到美国的所有商品的海关价格以成交价格为准。如果成交价格不能获取，那么将使用二级价格基础估算其价格，二级价格基础按照以下的先后顺序采用：

（1）相同货物的成交价格；

（2）类似货物的成交价格；

（3）倒扣价格法；

（4）计算价格法。

其中，最后两种方法的顺序根据进口申报人的要求可以颠倒。

9. 原产地管理

美国目前适用的主要有两种原产地规则：非优惠原产地规则和优惠原产地规则。前者主要适用于不适用双边或多边贸易谈判的情况，后者则用于确定特定商品是否适用特别贸易协定下的特定待遇，如 GSP（普惠制）、NAFTA

（北美自由贸易区）、AGOA（非洲增长与机遇法案）等。美国海关法要求海外生产进口到美国的商品必须要用英文标识原产地以便美国的最终用户能够清楚商品的生产国。而且应该是在明显的地方用简明、不可磨灭的方式进行永久性的标识。

10. 简易通关程序：立即交付（Immediate Delivery）

参与自动舱单系统的承运人可以在离开外国领土后、抵达美国前5天获得有条件的放行许可。如果申请获批，那么货物在抵达时就可以迅速放行。在事后应当以适当的表格向海关进行汇总申报，并且在放行之日起10个工作日内缴存预估的税费。

11. 货物通关类型

进口用于消费货物的申报通常由两个步骤组成：一是提交必需的文件，以确定货物可以被海关放行；二是提交包含关税与统计信息的文件。这两个步骤都可以通过美国自动商业系统中的自动报关界面来实现。

12. 申报进境储存

如果想推迟货物的放行，可以通过申报进境储存程序存放在海关保税仓库里。这些货物可以自进口之日起在保税库中存放5年。在这期间，仓库中的货物可以免税复出口，或者按照当日的税率支付了税款后提取用于境内消费。如果货物在海关监管下损毁，那么不需要交纳任何税费。

13. 担保下的货物转运

根据美国法律，进口人可以将货物从入境地运往其他美国口岸进行申报。为了保障美国财政收入，货物在入境地和目的地之间的运输应该实行担保运输。进口商可以填报海关表格7512来申请这项业务。

14. 担保暂准进口

美国海关对于特定范围内的货物，如果不以进口销售为目的，允许其提供担保后，免于缴纳税款进入美国，并要求自进口之日起1年内出口。一般地，担保的金额应该是预估关税金额的2倍。

暂准进口的期限，经向口岸海关申请后，可以延长1年或更长时间，但在境内停留时间总和不能超过3年。

ATA单证册在美国也同样可以使用，但主要适用于专业设备、商业样品、广告材料的暂准进口。

15. 邮运进口货物

在美国，邮运进口货物会比较简便。一方面运输费用较少，另一方面通关程序比较简单，其中对于2000美元及以下价值的包裹，既不需要正式申报，也不需要亲自通关，税款可以由邮递人征收。美国海关与邮政署规定，所有包裹都必须在外包装上牢固地加上准确说明邮品内容和价值的海关申报单。

16. 对外贸易区的管理

美国的对外贸易区在法律上是处于美国关境之外的，其目的是为了吸引和促进国际贸易与商务发展。外国出口商可以把他们的货物在对外贸易区内无限期地存放以等待美国国内或周边国家有利的市场机会。在存放期间，他们的货物将不需要办理正式申报手续、缴付税款或提供担保。

进入对外贸易区的货物可以储存、销售、展示、拆散、重新包装、组装、分销、分拣、测试、修理、取样、重贴标签、销毁、加工、分级、清洗、与外国或国内货物混装，或进行其他操作或处理。

17. 特别管理要求

（1）禁止、限制进出口货物管理。为了保护美国的经济与安全，保障消费者的健康与福利，保护国内的动物与植物，某些货物被禁止或者限制进入美国。通常限制的形式包括禁止进口，限制进口口岸，限制运输路线、仓储及使用，把特定的待遇、贴标签和处理作为放行的条件等。这种禁限对于邮运进口和进入对外贸易区的商品也是适用的。

（2）酒精管理。任何希望从事蒸馏酒类、葡萄酒（酒精度至少 7 度以上）以及麦芽饮料等进口业务的商人必须事先获得美国财政部酒精和烟草税和贸易局的许可。只有获得授权的个人才能购买和处理并且要求海关放行 1 加仑以上的散装蒸馏酒类。

（3）机动车及船舶管理。作为一般规则，所有使用未满 25 年的机动车辆及其设备必须遵守所有现行的联邦机动车辆安全标准。入境时，海关将确定是否符合上述要求。进口商在进口时应该提供 HS-7 入境申报表。任何人都可以进口美国款式的车辆，但不得进口非美国款式的车辆（除另有规定外）。

进口船舶和相关设备应该符合美国海岸警备队根据《1971 年联邦船舶安全法案》制定的各项安全标准。进口到美国用于商业或贸易用途的船舶是免税的，同样地，非居民带入美国的、自用的游艇或者娱乐船只免予征税，但对居民所有的或者带入的游艇或者娱乐船只是征税的。

（4）进口配额。美国的进口配额主要有两种：绝对配额和关税配额。此外，北美自由贸易区协定中还设定了一种类似于关税配额管理的关税优惠水平。

（5）“10+2”规则。所谓“10+2”规则，即美国进口商及承运人必须在船舶抵达美国港口 24 小时前，向美国港口执法机构报告货物的详细信息，以防止危险货物从港口渗入。

在具体操作层面，美国进口商及承运人在取得进口许可证前，必须先向美国海关呈交两项数据，即船舶的积载图与集装箱状态信息（CSMs）。进口商或其代理人则须在船舶抵达美国港口24小时前提交10项进口商安全申报（ISF）。

二、巴西

（一）基本概念

事务由财政部下属的联邦税务总局负责。根据巴西海关条例，巴西海关系统（SISCOMEX）是所有进出口货物报关程序的登记网站，所有的海关事务由财政部下属的联邦税务总局具体负责。一般来说如果在SISCOMEX输入了货物申报单则报关程序开始，与此同时，进口商还需按要求向海关提供相关单证，海关会对货物申报的内容一一进行核实，核实一致后SISCOMEX则会授权进口商提货。虽说联邦税务总局负责海关事务，但是进口流程中每一个环节都由不同的机构负责。

NCM CODE或者NCM NO.是指巴西的海关编码，巴西海关要求入境到巴西的货物都必须在运单提单上显示其对应的NCM CODE。

进口商在SISCOMEX中登记进口报关文件后，报关文件将会被系统自动提交，并根据进口商纳税、贸易行为、进口货物性质、数量及价格、征税情况、货物原产地、出口地、进口商运营能力和经济实力等多种因素进行分析后，被分配到不同的清关通道实施分类抽检，即按照以下五种不同标识的通道对货物进行分类处理。

（1）灰色标识：报关文件、货物和商品价值需经检查后方能通关。

（2）红色标识：报关文件和货物需经检查后方能通关。

（3）黄色标识：报关文件经检查后方能通关。

（4）西瓜标识：根据对报关文件的查验结果将货物归入红色标志或绿色标志。

（5）绿色标识：报关货物可全部免检并自动通关。但是海关官员有权对其重新进行分类。

（二）海关政策简介

CNPJ：Cadastro Nacional da Pessoa Juridica，由巴西财政部颁发的法人国家登记号（这里的法人则是指公司），一般由14位数字组成。出口到巴西的货物，包括寄样品等都必须提供客户公司的CNPJ，即海关税务编号。

RADAR：巴西进出口许可证，一些NCM（货物身份确认号码，相当于我国的HS编码）项下货物需要进口许可证才能进口至巴西。这时，企业需要向有关机构提交形式发票并等待 15 至 30 天或更长时间来获得批准。而这些代理机构也可能需要 60 天或更长时间才能给予许可证的批准。此外，如果最终商业发票与之前提供的形式发票的信息不一致，那么之前申请的进口许可证将会失效，进口商只能重新申请一个新的许可证。

RADAR 包括自动进口许可证和非自动进口许可证两种。其中，自动进口许可证的审批过程比较简单且自动批准，而非自动许可证的申请及审批由巴西外贸局（DECEX）负责。

非自动进口管理：非自动进口许可证管理的产品主要包括需要经过卫生检疫、特殊质量测试的产品，对民族工业有冲击的产品、高科技产品及军用物资等国家重点控制的产品。

特殊的提单要求：在巴西海关，所有的无单货物（单证信息缺失或错误）靠港卸货后将被视为走私，立即被海关扣押并处以罚款。同时，巴西海关对正本提单也有如下特殊要求。

（1）收货人不得为“TO ORDER”（不记名提单，货物到港后凭发货人的指示提货）。若提单上面的收货人（Consignee）显示为“TO ORDER”，货物将会被海关扣留，直至向巴西海关系统提交收货人的详细资料（包括完整地址，企业税号 CPNJ，电话、传真等联系方式及联系人等），海关才会允许提货。

（2）巴西海关不接受通用货物描述。如：Department Good，Merchandise，Chemical，Dry cargo 等。在货物描述处不允许填有货值申明。只能以公尺制的方式正确显示重量，填写货物的净重。

（3）必须标注收货人（Consignee）的企业税号、货物的巴西商品海关编码（这是货物身份确认号码，相当于我国的 HS 编码，必须显示在载货单上）。如果通知人（Notify）与收货人（Consignee）不同，也必须标识其企业税号（CNPJ）。此外，提单上必须标识出货物的体积（单位为立方米）。

（4）运费必须用数字和文字同时在提单上注明。

（5）注意申请 Free Time（包括 Free Demurrage 和 Free Detention，Free Demurrage 是指免堆存，从货柜卸到码头开始计算，直到货柜被提出码头止；Free Detention 是指免用箱，货柜从提出码头开始计算，到空柜返回码头止）和 Free Storage（免堆存期，这是码头堆存费，从货柜卸到码头开始结算，到货柜提走止）。巴西通关手续繁杂、效率低下，导致清关时间相对较长。出口企业应注意申请相应的 Free Time（包括 Free Demurrage 和 Free Detention）和 Free Storage 来减少不必要的成本支出。

（三）巴西清关注意事项

巴西海关的特点有三个：效率低、流程繁琐、不透明。以下为巴西海关清关时需要注意的事项。

1. 正本原件提单

巴西清关对于单证的要求是必须是正本原件提单，不接受电子单据。进口货的提单上必须写明海运费。如果出货代单（HBL），出货代单的总海运费不得低于船东单（MBL），否则整个箱子在目的港无法清关。运费高低无关轻重，值得注意的是巴西运费只能做预付（Prepaid），不可以海运费到付。出货代单的必须是无船公共承运人（Non - vessel Operating Common Carrier，NVOCC），而且在巴西海关注册备案过的才有效。

2. 抽检

巴西海关对报关货物实行抽检的方式，即按照绿色、黄色、红色、灰色四种不同颜色分类处理。绿色即报关货物可全部免检并自动通关；黄色即仅检查报关文件，核实后，货物自动通关；红色即报关文件和货物均需经过检查后方能通关；灰色即除对文件和货物进行核查外，还需执行海关特殊监管程序，核实是否存在欺诈行为。根据规定，海关应在五个工作日之内提出验货结果，验货时当事人应在场，货物若需样检，所发生费用由当事人承担。如果货物不幸抽到红色通道报关，时间就会相对较长，一般需要十五天左右。

3. 免堆期和免费用箱期

免堆期（Free Time Detention）指货物抵港后集装箱拖离码头外的免租期；免费用箱期（Free Time Demurrage）指货物抵港后集装箱在码头内的免租期。两个时间都可以向船公司申请，但为了不造成码头的拥堵，船公司一般只给七天的免费用箱期；免费用箱期可根据和船公司的关系去申请，最好可以拿到二十八天免费用箱期甚至更多天数。巴西的一般做法：货到港以后，客人会要求代理把柜子拖到码头外附近的 Terminal 去完成清关程序。这样可以充分利用免堆期。

4. 进口许可证（Import License）

对于第一次做巴西业务或者不熟悉巴西市场的客人，最好先找到产品的海关编码，巴西称为 NCM NO.。对照此编码查询此产品是否需要巴西海关要求提供的进口许可证，进口许可证分为自动进口许可证和非自动进口许可证两种。自动进口许可证的审批过程比较简单且自动批准；非自动许可证的申请及审批由巴西发展工商部外贸局负责，发放由各相关机构处理。进口商一般应在货物装船前向外贸局提出申请，进口许可证有效期为 60 天。货物到港后 90 天内进口商应办理报关手续，并将进口申报单输入巴西外贸网进行登记，开始报关程序；同时还需向海关提供装船单、商业发票、纳税单据及原产地证、商检证明和动物检验证明等文件。

海关收到上述文件后，对申报内容和货物进行核实，如完全一致，即通过巴西外贸网授权通关，此时进口商方可清关提货。如果不一致，那也没关系，修改一次的费用为2800美元。

5. 开船日期

货物开船日的时间以提单上的货物装船日期（ON BORAD DATE）为准，如果早于进口许可证申请下来的时间，比如开船日是2015年3月1日，但进口许可证申请下来的时间是2015年2月28日，货到港后，经巴西海关核实查出，目的港收货人需要支付1500美元左右的罚金。

三、俄罗斯

（一）基本情况

中俄两国拥有漫长边境线，共有四个贸易口岸：珲春、黑河、绥芬河和满洲里。其主要运输方式如下。

1. 铁路运输

从中国各地经满洲里口岸/二连浩特口岸/阿拉山口口岸/绥芬河口岸进入俄罗斯、蒙古国、中亚五国。

2. 海铁联运

从中国各港口至东方港或符拉迪沃斯托克进入俄罗斯东部地区及内陆城市。

3. 海上运输

经圣彼得堡进入俄罗斯西部地区；或者经乌克兰港口进入乌克兰、摩尔多瓦、白俄罗斯及俄罗斯南部地区。

4. 空运

提供全国各地—北京—莫斯科空运包机服务，每周一班，价格特便宜，安全可靠，可做单清和双清，派送到门。

5. 派送

到门服务，可以根据客人要求安排汽车、火车、飞机等交通工具对货物进行运送，帮助客人把货物派送到俄罗斯境内任何指定地点。

（二）清关的报关准备

货物到港之前，由清关代理公司将报关的商品信息整理好，准备好报关单。一般清关费用的计算，需要知道商品的详细资料，包括以下内容。

（1）技术参数（尤其是建材、工程设备之类的商品）；

（2）材质；

（3）装箱情况（净重、毛重、包装形式、数量，如果是板材、瓷砖之类等商品，一般还需要装箱的总平方米数)。

有了这些以后，清关代理公司就可以确定最适合的海关商品编码，得到最优化的通关货值，从而计算出最低的清关费用。和其他的国家清关不太一样的，就是商品的通关货值由俄罗斯的海关来决定，而不是根据商品本身的货值来决定。资料备好以后，用俄罗斯清关公司名义向俄罗斯海关进行申报，也可以通过客户在俄罗斯注册的合法公司进行海关申报，所有清关手续全部按正规方式办理，我们可以提供全套的货物进口商检类文件（根据不同商品可以提供商检、检疫、卫检、许可证及配额申请等)，还可以提供正规的商品进口报关单证，清关手续保证在72小时内完成。

(三) 进口通关流程

俄罗斯《海关法典》规定，海关手续应在发货人（出口时）或收货人(进口时）或其分支机构所在地的俄罗斯海关机关的指定地点办理。办理时间为俄罗斯国家海关委员会规定的海关机关工作时间。根据有关方面的请求，海关手续可在其他地点和非海关工作时间办理，但需收取双倍手续费。俄罗斯国家海关委员会有权决定某些种类的商品和交通工具只能在指定的海关机关办理海关手续。某些商品只有办完动植物检疫、生态及其他检验后方可办理海关手续。

办理海关手续所必需的单证如下。

(1) 货物报关单。

(2) 海关价值申报单。

(3) 许可证（指受许可证和配额管理的商品)。

(4) 商检证书（指需进行商检的商品)。

(5) 有关商品的许可证书（指受有关国家机关监督的商品)，其申领地点如下。

①动植物产品：农业农村部动植物检疫局。

②电离子辐射源产品：国家流行病卫生监督委员会。

③非军用武器及配套炸药：内务部。

④无线电电子设备和高频率仪器：国家通信信息委员会。

(6) 原产地证（指商品产地为享受关税优惠的国家)。

(7) 法律规定的关税、税费付讫的单据。

(8) 进口合同登记证。

(9) 其他补充单证。

海关手续分为初步手续和基本手续两部分。初步手续指货物按一定的海关制度存放之前应办理的手续，旨在防止运入违禁品并为海关目的进行商品验证。基本手续指在海关接收报关单后，由海关、报关人及其他对货物和交通工具拥有全权的人员应办理的手续。应受海关进行监管的进口货物和交通工具通常运到收货人或其分支机构所在地的海关并在那里办理海关手续。对货物和交通工具拥有全权的人员应在俄罗斯国家海关委员会规定的期限内提交报关单，该期限不得超过向海关提交货物后的 15 天（若是酒精饮料和烟草制品不得超过 10 天）。

如海关确认受理报关单，则应将报关单编号并注明受理日期。如对所提交的单证、信息发生怀疑，海关有权索要补充单证和信息，以便检查报关单和提交的单证所含信息是否准确。海关负责人须在不超过 10 天的期限内审查单证并做出是否放行的决定（若是易腐货物则不超过 3 天）。上述期限自报关单提交之日起算。运入消费税应税商品时还须提前办理货物申报，在预计货物过境之日前 10~30 天内须向海关提交临时报关单并将海关税费保证金存入海关账户。保证金率根据俄罗斯国家海关委员会 1994 年 8 月 17 日第 420 号命令予以确定。

第三节 关税与海关退税流程

一、关税的基本概念

关税是由海关代表国家，按照国家制定的关税政策和公布实施的税法和进出口税则仅对进出关境的自由流通的货物和物品征收的一种流转税，其概念有狭义和广义之分。狭义的关税是指进出境环节的关税本身；广义的关税不仅包括关税本身，还包括海关在进出境环节代征的增值税、消费税、船舶吨位税等国内税费。

关税从本质上而言是国际交换和国际生产的一种交易费用，是不同国家的国民在国际经济交换中的利益补偿手段。设置关税是对外经济贸易政策的辅助手段，具有维护国家主权和经济利益，保护本国生产、调节经济、增加国家财政收入等重要作用。

（一）关税的分类

关税分类的方法很多。

1. 按征收对象分类

关税按征收对象分类，可分为进口关税、出口关税和过境关税。

（1）进口关税：是执行保护性关税政策的主要手段，也是世界各国税收体系中的关税主体，所说的关税一般都是指进口关税。进口关税有正税和附加税之分，正税是指根据《中华人民共和国进出口税则》（以下简称《税则》）中的法定税率征收的进口关税；附加税是指在征收正税的基础上额外加征的关税，如反倾销税、反补贴税、报复关税等。

（2）出口关税：出口税是出口国海关在本国产品输往国外时对出口国征收的关税。由于征收出口税会提高本国产品在国外市场的销售价格，降低竞争能力，因此各国很少征收出口税。目前征收出口税的国家主要是一些发展中国家，其主要目的是为了增加财政收入保障国内供应、保护本国资源等。我国目前赢利水平高的大宗出口商品的国际市场容量有限，盲目竞争会在国外形成削价竞争的商品，国内紧俏、需大量进口的商品以及为保护国内资源需大量进口的商品征收出口关税。

（3）过境关税：Transit Duties，简称“过境税”，亦称“通过税”。是指一国海关对通过本国国境或关境，销往第三国的外国货物征收的一种关税。过境税最早产生、流行于欧洲各国，其目的是为了增加国家财政收入。自 19 世纪后期起，许多资本主义国家，如法国、英国、比利时、荷兰、德国、瑞士、希腊等国相继废止过境税，而代之以准许费、签证费、统计费、印花税等。

2. 按征税性质分类

关税按征税性质分类，可分为优惠关税和加重关税。

（1）优惠关税：是指广义差别关税中使用低于一般税率所征收的一类关税。是对特定的受惠国给予的关税优惠待遇。主要有互惠关税、特惠关税等。使用优惠关税的目的是为了增进与受惠国之间的友好贸易往来。

（2）加重关税：也称歧视关税，是指对某些输出国、生产国的进口货物，因某种原因（如歧视、报复、保护和经济方面的需要等）使用比正常税率较高的税率所征收的关税。在歧视关税中，使用较多的是反倾销税和反补贴税。

（二）关税的计算

关税的计算公式为：

关税税额＝完税价格×关税税率

1. 完税价格的审定

进出口货物报关时都有申报价格，但它不是海关用以计征关税的完税价格，而只是海关审定完税价格的基础。由于进出口交易情况复杂，为了防止国家税收流失和确保公平，海关必须根据统一的价格准则对进出口主体的申报价格进行审查，进而确定进出口货物的完税价格。为了正确审定进出口货物的完税价格，根据《海关法》和《中华人民共和国进出口关税条例》及其他有关法律、行政法规的规定，海关总署制定了《中华人民共和国海关审定进出口货物完税价格办法》（以下简称《审价办法》）。《审价办法》规定了进口货物完税价格、特殊进口货物完税价格以及出口货物完税价格的审定办法。

2. 计算进口货物完税价格

（1）审定成交价格法。进口货物的完税价格由海关以申报的该货物的成交价格为基础审查确定，并应当包括货物运抵中华人民共和国境内输入地点起卸前的运输及其相关费用、保险费。进口货物的成交价格是指为符合一定条件，经调整后的买方为购买该货物实付或应付的价格。换而言之，进口货物的完税价格是以符合海关规定要求的成交价格为基础，以 CIF 成交价成交且成交价格符合海关规定要求的，完税价格等于 CIF 价格。

以 FOB 或 CFR 价成交且成交价格符合海关规定要求的，则在此价格基础上，FOB 计入运抵进口国口岸前的运输及其相关费用和保险费，CFR 价计入保险费，使其符合 CIF 价的要求。上述费用的计入按实际支出的金额计算，如无法计算则按海关指定的费率来计算，一般为：

完税价格=（FOB 价+运费）/（1-保险费率）

或

完税价格=CFR 价/（1-保险费率）

审定成交价格法是海关在实际工作中最基本和最常用的方法。

（2）其他几种审定方法。进口货物的完税价格不能确定的时候，海关一般都应该按照使用相同货物成交价格法、计算价格法等合理方法估计和确定完税价格。

海关在使用相同或类似货物成交价格法的时候，可以以与被估计的货物同时或者大约同时进口的类似货物所成交的价格作为锚的完税价格，并且应当首先使用同一生产商生产的相同或类似货物的成交价格。只有在没有同一生产商生产的相同或类似货物的成交价格的情况下才可以使用同一生产国或地区生产的相同或类似货物的成交价格。如果有多个相同或类似货物的成交价格，应当以最低的成交价格为基础估定进口货物的完税价格。

使用计算价格法时，应当将生产该货物所使用的原材料价值和进行配装或其他加工的费用，与向境内销售同等级或同种类货物的利润和一般费用相符的利润和一般费用以及货物运抵境内输入地点起卸前的运输及相关费用和保险费相加，估定进口货物的完税价格。

使用合理方法时，应当根据估价原则，以在境内获得的数据资料为基础估定进口货物的完税价格。

(3) 计算特殊进口货物完税价格。加工贸易进口料、件及其制成品须征税或内销补税时，海关按照上述进口货物完税价格的有关规定审定完税价格。

从保税区或出口加工区销往区外的寄售进口货物以海关审定的进口成交价格或内销价格估定完税价格。对审核销售价格不能确定的，海关也依次使用相同货物成交价格法、类似货物成交价格法、倒扣价格法、计算价格法等合理方法估定完税价格减免或免税进口的货物需予补税时应当以海关审定的该货物原进口时的价格扣除折旧部分价值作为完税价格。

(4) 计算出口货物完税价格。就估价准则和价格基础而言，出口货物完税价格的审定与进口货物完税价格的审定是基本一致的。出口货物完税价格是由海关以该货物向境外成交价格为基础审查确定，并应包括货物运至境内输出地点装载前的运输及其相关费用、保险费，但应当扣除其中所包含的出口关税税额，即出口货物完税价格是以离岸价格为基础价格的，其计算公式为：

完税价格=离岸价格-出口关税

或

完税价格=离岸价格-完税价格×关税税率

或

完税价格=离岸价格/（1+出口税率）

如果交易以 CFR 或 CIF 价为价格条件，海关将对有关价格进行调整，使之符合 FOB 出口货物成交价格，不能确定时，海关将依次使用以下方法估定完税价格：

①同时或大约价的标准；

②同时向同一国家或地区出口的相同货物的成交价格；

③同时或大约同时向同一国家或地区出口的类似货物的成交价格；

④根据境内生产相同或类似货物的成本、利润或一般费用以及境内发生运输及其相关费用、保险费计算所得的价格；

⑤按照合理方法估定的价格。

3. 关税税则

关税税则又称海关税则、关税税率表，是指一国制定和公布的对进出其关境（Customs Boundary）的货物征收关税的条例和税率的分类表。表内包括各项征税或免税货物的详细名称、税率、征税标准（从价或从量）、计税单位等。税则中的商品分类，有的按商品加工程度划分，有的按商品性质划分，也有的按两者结合划分，按商品性质分成大类，再按加工程度分成小类。现在世界上多数国家采用欧洲关税同盟研究小组拟定的《布鲁塞尔税则目录》。

关税税则包含收关税的条例和税率的分类表。表内包括各项征税或免税货物的详细名称、税率、征税标准、计税单位等。

世界上大多数国家都是根据适用对象实行差别关税，由此关税税则可分为单式税则制和复式税则制。单式税则制是一个税目，只有一个税率，适用于来自任何国家的商品，没有差别对待的待遇，又称为一栏税则制；复式税则制是指一个税目有两个以上税率，对来自不同国家的进口商品使用不同税率，通常设有普通税率、最惠国税率、协定税率、特惠税率等。

出口税率：我国出口税率没有普通税率和最惠国税率之分。为鼓励国内企业出口创汇，提高国内产品在国外市场的竞争力，我国对绝大多数货物不征收出口关税，即使征收，其税率也不高。根据需要也可制定实施出口暂定税率，应当优先使用暂定税率。

进口关税是一个国家的海关对进口货物和物品征收的关税。各国已不使用过境关税，出口税也很少使用。通常所称的关税主要指进口关税。征收进口关税会增加进口货物的成本，提高进口货物的市场价格，影响外国货物的进口数量。因此，各国都以征收进口关税作为限制外国货物进口的一种手段。适当地使用进口关税可以保护本国工农业生产，也可以作为一种经济杠杆调节本国的生产和经济的发展。

二、退税流程

退税是指因某种原因，税务机关将已征税款按规定程序退给原纳税人。主要包括：(1) 由于工作差错而发生的多征；(2) 政策性退税，因税收政策变动产生的退税；(3) 由于其他原因的退税。退税程序：纳税人向税务机关提出退税申请，税务机关审批后，根据不同情况予以办理。

（一）退税的种类

1. 出口退税

其基本含义是指对出口产品退还其在国内生产和流通环节实际缴纳的产品税、增值税、营业税和特别消费税。出口产品退税制度是一个国家税收的重要组成部分。出口退税主要是通过退还出口产品的国内已纳税款来平衡国内产品的税收负担，使本国产品以不含税成本进入国际市场，与国外产品在同等条件下进行竞争，从而增强竞争能力、扩大出口创汇。

2. 再投资退税

国家为了鼓励外国投资者将从企业取得的利润用于在中国境内再投资而制定的一项优惠政策。

3. 溢征退税

纳税人缴纳关税后，海关或纳税人发现应征税额少于实征税额，即构成溢征。海关将实征税额大于应征税额的部分追还给纳税人的行政行为，即称为溢征退税。

根据中国现行《海关法》的规定，下列造成溢征关税的情况属于溢征退税范围。

（1）海关认定事实或适用法律错误或不适当。

（2）海关计征关税中有技术性错误。

（3）海关核准免验进口货物，税后发现有短卸（包括装船时短装）事情。

（4）进口货物征收关税后海关放行前，发现国外运输或起卸过程中遭受损坏或损失，并不再补偿进口；起卸后因不可抗力遭受损坏或损失；以及海关查验时发现非因仓库管理人员或货物所有人保管不当而致货物破漏、损坏、腐烂。

（5）海关放行后发现货物不符合规定标准，索赔后不再补偿进口者。

（6）已征出口税因故未能装运出口，申报退关者。

（7）依法可以享受减免关税优惠，但申报时未能缴验有关证明，征税后补交有关证明，经海关同意者。

4. 复出口退税

对已纳进口关税的进境货物，在境内经加工、制造或修理后复出境时，海关退还全部或部分原已纳关税税额，称为复出口退税。中国海关仅对曾有违反《海关法》行为或长期不履行核销义务的加工企业的进料加工合同项下进口的原材料、辅料、零部件等适用。复出口退税应由原纳税人向原征税海关办理有关货物的复出口手续后，由海关根据实际出口货物所消耗的料件数量核定应退还关税税额，并填发收入退还书，交原纳税人凭以向指定银行办理退税手续。复出口退税制对于不具备有效的保税条件又不易管理的分散加工的进口料件，可以保证严密监管，是国际上很早就普遍采用的一种海关管理制度。该制度可以有效防止借进口料件加工名义偷逃关税供境内消费。

5. 跨境购物退税

购物退税是指境外游客在退税定点商店购买随身携运出境的退税物品，

按规定可予以退税。跨境购物退税退的一般是增值税和消费税，是境外不少国家和地区为了带动旅游消费，针对外籍消费者的一种福利。

（二）退税的基本流程

1. 出口退税登记的一般程序

（1）有关证件的送验及登记表的领取：企业在取得有关部门批准其经营出口产品业务的文件和工商行政管理部门核发的工商登记证明后，应于30日内办理出口企业退税登记。

（2）退税登记的申报和受理：企业领到“出口企业退税登记表”后，即按登记表及有关要求填写，加盖企业公章和有关人员印章后，连同出口产品经营权批准文件、工商登记证明等证明资料一起报送税务机关，税务机关经审核无误后，即受理登记。

（3）填发出口退税登记证：税务机关接到企业的正式申请，经审核无误并按规定的程序批准后，核发给企业“出口退税登记”。

（4）出口退税登记的变更或注销：当企业经营状况发生变化或某些退税政策发生变动时，应根据实际需要变更或注销退税登记。

2. 出口退税附送材料

（1）报关单。报关单是货物进口或出口时进出口企业向海关办理申报手续，以便海关凭此查验和验放而填写的单据。

（2）出口销售发票。这是出口企业根据与出口购货方签订的销售合同填开的单证，是外商购货的主要凭证，也是出口企业财会部门凭此记账做出口产品销售收入的依据。

（3）进货发票。提供进货发票主要是为了确定出口产品的供货单位、产品名称、计量单位、数量、是否是生产企业的销售价格，以便划分和计算确定其进货费用等。

（4）结汇水单或收汇通知书。

（5）属于生产企业直接出口或委托出口自制产品，凡以到岸价CIF结算的，还应附送出口货物运单和出口保险单。

（6）有进料加工复出口产品业务的企业，还应向税务机关报送进口料件的合同编号、日期、名称、数量、复出口产品名称、进料成本金额和实纳各种税的金额等。

（7）产品征税证明。

（8）出口收汇已核销证明。

（9）与出口退税有关的其他材料。

(三) 我国的出口退税范围

我国出口的产品，凡属于已征或应征产品税、增值税和特别消费税的产品，除国家明确规定不予退还已征税款或免征应征税款。

出口产品一般应具备以下三个条件：

(1) 必须是属于产品税、增值税和特别消费税范围的产品。

(2) 必须报关离境。所谓出口，即是输出关口。这是区分产品是否属于应退税出口产品的主要标准之一，以加盖海关验讫章的出口报关单和出口销售发票为准。

(3) 必须在财务上做出口销售。一般来说，出口产品只有在同时具备上述 3 个条件的情况下才予以退税。

但是国家对退税的产品也做了特殊规定，特准某些产品视同出口产品予以退税。特准退税的产品主要有：

(1) 外轮供应公司销售给外轮、远洋货轮和海员的产品；

(2) 对外修理、修配业务中所使用的零配件和原材料；

(3) 对外承包工程公司购买国内企业生产的、专门用于对外承包项目的机械设备和原材料，在运出境外后，凭承包单位出具的购货发票、报关单办理退税；

(4) 国际招标、国内中标的机电产品。

国家同时也明确规定了少数出口产品即使具备上述 3 个条件，也不予以退税。国家明确不予退税的出口产品有：

(1) 出口的原油；

(2) 援外出口产品；

(3) 国家禁止出口的产品；

(4) 出口企业收购出口外商投资的产品；

(5) 来料加工、来料装配的出口产品；

(6) 军需工厂销售给军队系统的出口产品；

(7) 军工系统出口的企业范围；

(8) 对钻石加工企业用国产或进口原钻石加工的钻石直接出口或销售给外贸企业出口；

(9) 齐鲁、扬子、大庆三大乙烯工程生产的产品；

(10) 未含税的产品；

(11) 个人在国内购买、自带出境的商品暂不退税。

可以出口退税的企业如下：

(1) 具有外贸出口经营权并承担国家出口创汇任务的企业，经过经贸主管部门批准，享有独立对外出口经营权的中央和地方外贸企业、工贸公司和部分工业生产企业。

（2）委托出口的企业主要指具有出口经营权的企业代理出口，承担出口盈亏的企业。

（四）一般贸易出口货物的退税计算方法

目前，外商投资企业出口货物的退税办法包括“先征后退”和“免、抵、退”税。“先征后退”是指生产企业自营出口或委托代理出口的货物，一律先按照增值税暂行条例规定的征税率征税，然后由主管出口退税业务的税务机关在国家出口退税计划内按规定的退税率审批退税。

第四节 常见的海关清关问题

一、海关扣关

货物在进入国外海关的时候，当地国家海关会按照当地有关法律、行政法规的规定抽查货物。海关扣货基本是基于几点原因。例如，收发货人向海关申报的内容与进出口货物的真实情况不相符；或者为确定商品的归类、价格、原产地等，依法对进出口货物进行实际核查的执法行为。海关实施查验时可以彻底查验，也可以抽查。按照操作方式的不同，查验可以分为人工查验和机检查验。人工查验包括外形查验、开箱查验等方式。查验过程中如海关发现申报价值存在问题或申报货物与实际货物不相符以及寄递物品涉及海关违禁品等因素，会对其进行查扣。

（一）海关扣关的原因

海关扣关的原因如下：

1. 申报价值和估价不一致；
2. 品名和产品不符；
3. 装箱清单不详；
4. 收货人条件不允许（没有进出回权等）；
5. 私人物品超过了规定的数量或金额；
6. 当地国家规定的一些相关政策。

（二）规避海关扣关的主要方式

规避海关扣关的主要方式有以下几种：

1. 商业发票申报的品名与金额合理。所有寄递的国外件都需要随附商业发票；货物品名、价值、数量必须如实申报，不能低报；必须有货物详细描述（包括货物详细品名、材质、用途、件数、单价、成分等）信息。例如，一双鞋子的申报价值为 50 美元，显然不合乎常理，又或者一件几十千克的货物只申报 10 美元，这样也非常容易被海关查扣。申报诀窍就在于货物申报价值要合理，要符合市场物品制作成本价格波动范围。

2. 指定快递到目的地国家的某一个比较容易清关的城市。一般来说，不同城市的海关对进口货物的查验力度多有不同。收发货人可以指定快递先到某个城市进行通关。

二、清关不利

清关不利表现在以下几点：

（一）航班异常

在实际操作中，时常会出现航班异常的情况，即货物不能准时到达口岸，这会在一定意义上影响口岸的清关时效。也有一些时候，在同一电商货物较多的情况下，如果航空公司舱位配置不够，则会导致货物落货现象，使货物不能全部到达口岸。这时，因为货物未到齐全，口岸也就不能进行相应清关手续的办理。

（二）舱单问题

自 2014 年 8 月海关总署推出新舱单系统之后，各地纷纷响应新舱单申报系统。萧山机场海关快件科要求，在办理跨境时，必须先确定航空公司发送的原始舱单数据与机场进港部发送的理货报告是否完全一致。如果不一致，海关系统将无法办理业务。而在实际操作中，舱单问题是影响清关时效的最大问题。

（三）联系不上收件人

有可能由于收件人资料不对或者放假等原因导致联系不上收件人，无法确认清关信息或者关税支付问题等，而影响清关手续的办理。

三、快件退回是否产生关税

根据《中华人民共和国海关进出口货物征税管理办法》（海关总署令第 124 号）第五十七条规定，已缴纳出口关税的出口货物，因品质或者规格原因原状退货复运进境，并已重新缴纳因出口而退还的国内环节有关税收的，纳税义务人自缴纳税款之日起 1 年内，可以向海关申请退税。

根据《中华人民共和国进出口关税条例》第五十条规定，有下列情形之一的，纳税义务人自缴纳税款之日起 1 年内，可以申请退还关税，并应当以书面形式向海关说明理由，提供原缴款凭证及相关资料：

1. 已征进口关税的货物，因品质或者规格原因原状退货复运出境的；

2. 已征出口关税的货物，因品质或者规格原因原状退货复运进境，并已重新缴纳因出口而退还的国内环节有关税收的；

3. 已征出口关税的货物，因故未装运出口，申报退关的。

海关应当自受理退税申请之日起 30 日内查实并通知纳税义务人办理退还手续。纳税义务人应当自收到通知之日起 3 个月内办理有关退税手续。按照其他有关法律、行政法规规定应当退还关税的，海关应当按照有关法律、行政法规的规定退税。

四、买家拒绝支付关税

按照规定，进口货物的收货人、出口货物的发货人、进出境物品的所有人是关税的纳税义务人；同时有权经营进出口业务的企业也是法定纳税人。进出口货物的纳税义务人，应当自海关填发税款缴款之日起 15 日内缴纳税款；逾期缴纳的，由海关按日征收。

五、侵犯知识产权

当跨境卖家好不容易完成订单的运输和配送等过程后，到头来产品质量和侵权问题仍无法回避。热销的无人机、平衡车、婚纱等都曾因专利和质量问题在欧美清关和销售时遇到了麻烦，让很多卖家感受到最大的外贸风险就是手头上的货品。有些产品，其成本约为跨国企业同类产品的一半或更低，质量则相当于七八成，品质基本能够满足境外较低收入消费者的需求。但是，发达市场对消费者权益和知识产权的保护法制化程度高，不存在含糊的概念。因此，选品把关要慎重，产品和采购渠道要正规化，避免侵权，品质要合格。

知识产权包括商标权、专利权和著作权，世贸组织《与贸易有关的知识产权协议》规定了海关应执行的“边境措施”，大部分就是扣留查没，而且不限于“严进宽出”。抄袭盗取商标的途径早已不可行。有些国际品牌，专门委托律师事务所大面积在第三方电商平台上维权，牵连的中国卖家账户众多，并形成常态化，随时出动就查处一批卖家账户或独立站。迫于品牌方的压力，国际反假冒联盟（IACC）暂停了阿里巴巴成员身份。2012 年，为了应对来自中国的假冒伪劣婚纱礼服、图片侵权、盗用设计、仿冒牌等，美国婚纱与礼服行业协会（ABPIA）成立，其主要任务就是利用法律手段打击销售这些产品的中国外贸电商。其他奢侈品，如手表和珠宝，很容易被假冒和侵权，瑞士钟表业联合会每年都会举办打假活动。欧美政体三权分立，法院的权力极大，跨国诉讼周期时间长，沟通又不是那么顺畅，卖家一旦被盯上，束手就擒的居多。常见的还有：外箱有蓝牙标志，往往就会被海关扣留；在电池上贴安全标贴，如果没有 FCC 相关文件，也会导致海关扣留；如果不是自有品牌，则需要提供品牌授权文书等副本，假的授权一旦被海关查获，除了扣款还要罚款。所以对国内的电子商务企业、做跨境电商的商家而言，最重要的就是不要触碰欧美的知识产权“高压线”。整个大环境的改善虽非一朝一夕，但是所有企业需要有专利意识和主动维权意识。

第五节 本章配套案例

一、泰国海关清关案例分析

不懂当地清关规则，损失惨重

张三先生那年第一次和一个商务考察团来到泰国进行商务考察。眼前的市场使他热血沸腾、激动不已，因为他看到他工厂生产的产品的零售价居然是国内的5倍多，经过仔细测算，他感觉其中利润非常大，而且东南亚市场具有重复性，在泰国的市场做起来之后，周边的马来西亚、缅甸都可以做。正好他住的华人招待所里的人说他有个泰国朋友可以帮他清关。这样一来，从发货到清关的整个流程都没问题了。

为期 1 个多月的商务考察结束了，张三先生便按自己所看到的认为肯定好销的产品行情回去组织了货源，几个品种共采购了 3 个集装箱柜。然后，将这 3 个大柜从国内发往了泰国的宋卡港口。为了更好地占领泰国市场，做大这块蛋糕，在货还没到泰国前，张三先生就从国内带了几个人一起到了宋卡府，在宋卡聘翻译、聘司机、租房子等，软件、硬件全搞好了，万事俱备只等货到宋卡了。货到了宋卡港口，其所需的清关资料也给了那个清关的泰国人。按常规，清柜一般在半个月左右就可搞定，可半个月过去了，一个月过去了，柜还没清出来，负责清关的泰国人总有各种理由往后推，清关费也不断地往上涨。接着又过去了两个月，柜还是没清出来，泰国的新年是销售旺季，眼看着该批货物就要错过销售季节，清出来的货的很多包装都已面目全非，这对销售产生了很大的影响。货到了仓库后，张三先生推销了半年才把手里的3柜货物处理掉。当然很多是亏本卖的。在泰国做批发生意很多都是支票结算的，而且有很长的账期。基本上没有国内那种一手交货一手交款的习惯。所以张三先生拿到支票后又要等支票到期拿到了钱心才定。就这样在处理这3个柜期的日子里，张三先生为了节省费用，辞掉了一些员工，只聘了一个翻译到处推销。寂寞、烦躁、压力、苦闷等多种交织在一起的复杂心情，伴随着张三先生到回国的最后那一天。张三先生这样前后花了1年半多的时间，总体核算下来，还亏了100多万人民币。

阅读案例后，请查阅泰国的清关规则，分析张先生失败的原因。

二、巴西海关清关案例分析

规避风险

2012年，我国某进出口公司向巴西出口一批非食用玉米。合同规定：品质为适销品质，以98%的纯度为标准，杂质小于2%，运输方式为海运，支付方式采用远期汇票承兑交单，以给予对方一定的资金融通。合同生效后两个月货到买方处，买方以当地的检验证书证明货物质量比原合同规定低，黄曲酶菌累计超标为由，拒收实物。经查实，原货品质不妨碍其销售，对方违约主要是由于当时市场价格下跌。经多次洽谈，我方以降价30%完成合同。

分析如下：

从上述案例不难看出，出口公司明知道风险条款的存在，但对风险估计不足，也存有侥幸心理，为促成交易成功，轻易跳进对方设下的陷阱。所以，只有把握“风险条款”，企业才能把握住商机，在商战中立于不败之地。此案中，支付方式、品质条款对于出口方来讲均存在很大的风险性。在品质方面企业虽考虑到了农产品的品质在交货时很难准确把握，用“适销品质”来补充，但没有采用品质增减价条款具体地说明在品质出现不同程度的不符时的处理方式。另外，玉米本身具有易滋生黄曲酶菌的特点，长时间的运输更加快了其的增长速度，对于这种可以预料但难以避免的状况，品质条款中没有任何说明，这给对方拒收货物提供了机会。

在支付方式上，远期汇票承兑交单和货到付款，虽是我国在南美贸易中普遍采用的方式，但这种方式过于注重促成合同的成立，风险极大，特别容易被对方恶意利用。在市场形势对其不利的情况下，买方往往以其他条款为由或拒收货物，或大幅度压价。该案例便属典型的恶意利用“软条款”的例子。

那么，如何规避风险？在国际贸易合同商谈中，条款的订立会直接影响到买卖双方的利益，在具体贸易中，应尽量避免易产生纠纷的“风险条款”。合理把握条款，最大限度地避免风险，是签订合同成败的关键。

三、俄罗斯海关清关案例分析

灰色清关

俄罗斯有一种灰色清关方式，即发货人在中国方面负责发货到中国关口，并顺利通过检查，但是收货人在俄罗斯口岸方面收货时，由于检查繁琐，于是中间的一些环节由俄罗斯清关公司统一解决。这些货代是由政府批准的，他们所做的业务就是履行通关手续、收取税款。中俄贸易是个复杂的问题，由于清关公司办理检查手续时，为了从中牟利，单方面修改货单的货物品种、数量，而导致进入俄罗斯的中国商品没有正规的安检手续，出口是正货，进口却成了黑货。而由此在俄罗斯国内检查时，毫无悬念地成为了受抓捕的对象。因此不难看出许多企业提出的货物被扣、无人提等问题都是因为灰色清关给出口商权益带来的损害。中国出口到俄罗斯的货大多数是走的灰色清关渠道，这比正常清关要快很多，且费用相对便宜很多。

第六节 本章练习

一、不定项选择题

1. 海关四项基本任务的基础是（　　）。

A. 监管　　B. 征税

C. 查缉走私　　D. 编制海关统计

2. 以下属于海关行政强制权的有（　　）。

A. 稽查权　　B. 强制扣缴和变价抵缴关税权

C. 扣留权　　D. 滞报，滞纳金征收权

3. 只能接受有权进出口货物单位的委托，办理本企业承揽、承运货物的报关业务，是（　　）应遵守的报关行为规则。

A. 进出口货物收发货人　　B. 专业报关单位

C. 代理报关单位　　D. 报关公司或报关行

4. 进出口货物收发货人应当在收发货人登记证书有效期届满前（　　）到注册地海关办理换证手续。

A. 15 日　　B. 30 日

C. 40 日　　D. 60 日

5. 海关权力行使应遵循（　　）。

A. 合法原则　　B. 适当原则

D. 依法独立行使原则　　D. 公正公开原则

6. 海关作为国家进出关境的监督管理机关，对下列事务具有行政许可权（　　）。

A. 企业报关资格的许可

B. 报关员的报关从业许可

C. 企业从事对外贸易经营业务的许可

D. 企业从事海关监管货物仓储业务的许可

7.《禁止进口货物目录》（第三、四、五批）所涉及的是对环境有污染的固体废物类，包括（　　）。

A. 城市垃圾、医疗废物　　B. 含铅汽油淤渣

C. 动物尸体　　D. 土壤

二、辨识进出口商品是否属于管制商品

请查询以下商品属于哪一类进出口管制或管理，能否经营其进出口或需要向海关提供什么许可证件？

税则号	商品名称	进出口状态
51051000	粗梳羊毛	进口
11031100	小麦的粗粒及粗粉	进口
10064010	籼米碎米	出口
02022000	冻藏的去骨牛肉	出口
26090000	锡矿砂	出口
87112020	排气量 120cc 的小马力摩托车	出口
27030000	泥炭	出口
25059000	天然砂	出口
61034200	棉制针织男长裤	出口
60052300	色织棉制经编织物	出口美国

续表

税则号	商品名称	进出口状态
29394100	麻黄碱	进口
51000010	牛黄	进口
31021000	尿素	进口
85238011	已录制的唱片	进口

三、请查找下列商品的 HS 编码

1. 干海马

2. 冻对虾虾仁

3. 计算机网络通讯用的路由器

4. 蓝色机织物，按重量计含 40%合成纤维、35%精梳羊毛、25%的精梳动物细毛（每平方米 210 克、幅宽 180 厘米）

5. 冬虫夏草

6. 家用电动蔬菜榨汁器（3 公斤重）

7. 食品罐头成分含量：50%猪肉块、20%虾仁、30%其他配料

8. 湿度记录仪

9. 丙烯——异丁烯共聚物，按重量计含丙烯单体单元 98%、异丁烯单体单元 2%（初级形状）

10. 碳 13（碳的同位素）

11. 旅游鞋（外底为橡胶塑料，鞋面为尼龙机织物，在鞋面上缝有起加固增强作用的聚氨酯合成革条，肉眼所见织物面积小于合成革面积）

12. 人用流感疫苗

13. 真丝领带

14. 块状酒心巧克力

15. 萨克斯管

16. 按摩座椅

17. 铝制压力锅（直径 22 厘米）

18. 填充的玩具熊猫

19. 纯棉男式牛仔裤

20. 家用等离子空气净化器

四、简答题

1. 海关的基本任务是什么？
2. 海关的权利的特点和基本内容是什么？
3. 简述进出口货物的一般通关程序和特殊通关程序。
4. 简述俄罗斯和巴西海关的异同点。

第六章　跨境电商的库存管理与库存决策

【学习目标】

本章旨在让学习者了解跨境电商涉及的库存管理基本概念及管理方式、基于基本管理方式下的库存决策方式。

通过本章的学习，能够：

1. 掌握跨境电商的库存、库存管理及库存决策的基本概念；

2. 掌握库存管理基本方式；

3. 掌握基本库存决策方法。

【本章重点】

本章主要针对跨境电商的库存管理与库存决策进行阐述。先对跨境电商库存与采购模式进行介绍，再对跨境电商库存管理的特点和管理方式进行叙述，接着分析跨境电商库存决策的方法。

【基本概念】

库存，库存管理，库存决策

【建议学习时间】

2~3 课时

【引导案例】

笛莎公主的订单中心与WMS联动

江苏笛莎公主文化创意产业有限公司隶属于中国香港钟艺国际集团，是一家致力于儿童服装、童鞋、饰品、娃娃以及毛绒玩具等系列产品设计、生产、销售、物流为一体的专业公司。该公司拥有一流的产品设计、开发和研制任务的团队及强大的销售网络和营销体系，并配有强劲的一线人力和物流支持系统。在生产、营销、客户服务方面采用了国际先进的管理模式。

所有订单处理和仓储发货的业务数据流最终都会在企业ERP系统中集中管理。除了在财务、库存、销售、采购的协同管理下，其他应用模块也可以集成在ERP的架构之内，如，客户关系管理、人力资源管理、自动化办公管理、商业智能分析等。这些应用集成能够大大帮助企业适应快速增长的电子商务发展。

订单中心的功能主要是从电子商务平台、零售商自己的电子商务平台、B2C分销平台、社区平台及电话呼叫中心、移动应用平台，通过开放的API同步收订多个平台的订单信息，在订单中心集中审核处理、订单合并、订单拆分、财务审核、打单、拣货、校验、称重、物流公司收件、订单状态回写以及退换货的操作平台。

当企业的仓库面积达到3000平方米以上，有各地分仓多品类商品、达到几万SKU商品时需要专业仓储管理系统（WMS）来做支撑，完成上架、建立各种订单波次、订单状态看板、报表，为企业电子商务业务提高效率，利用RF及仓储自动化设备，灵活迅速处理大量订单，峰值订单量达到20万单/日。系统提供实体分仓，根据库存就近分配资源，完成库存管理、库存调拨等功能，保障仓库业务运作能够适应电子商务模式的发展。

多平台的商品信息可以在订单中心进行统一管理，每条商品信息都有对应不同平台、店铺的销售版本和库存版本，支持同一商品在不同平台、店铺使用不同的销售单价，不同来源的订单可根据对应的虚拟分仓判断是否有货。

退换货业务可以与平台、WMS联动。订单中心可以独立发起退换货业务，也可将电子商务平台的退货处理进程同步到订单中心，订单中心会将应收退货通知发送给仓库，仓库返回实收退货情况，业务人员再根据返回信息继续处理后续的退款业务。多平台业务流程的互通，保证了业务处理的连贯性和准确性。

已发货的订单数据与支付平台的对账单可在订单中心中进行核销。核销时，可以将多张订单、退货单、换货单与多条对账单记录进行多对多的核销。

核销后，核销记录可自动传入 ERP 系统，触发 ERP 系统生成相应的发票和收款单，确保电子商务销售账目清晰可查。

订单从订单中心生成发货单下传 WMS 后，将不同的发货订单按照某种规则组合成一个波次计划，波次下发后形成一个拣货任务，波次计划可以根据一定的规则来生成，比如，根据拣选动作最少算法、拣选路径最短算法、同一物流公司的配送订单、VIP 的订单、含有 A 商品的订单、按时间顺序排列的订单、单一商品的订单、大于多少元以上的订单，等等。

拣货有两种类型：订单拣货（Order Picking）和波次拣货（Wave Picking）。拣货方式有边拣边分——摘果式和先拣后分——播种式。

有效的库存管理不仅能够帮助企业降低成本，而且能够提高跨境电商企业的服务能力。

第一节 跨境电商库存与采购模式

进口跨境电子商务的运营成本主要包括营销成本、税务成本、物流成本（采购成本、仓储成本以及订货成本）等。而库存管理的优劣，对于跨境电商采购成本、税务成本、物流成本、仓储成本和订货成本都有较大的影响。

库存管理对跨境电商的运营至关重要。

一、跨境电商库存的基本概念

库存（Inventory）有时被译为“存贮”或“储备”，是为了满足未来需要而暂时闲置的资源，人、财、物、信息各方面的资源都有库存问题。

跨境电商库存中的库存是指跨境电商企业在运营过程中的各个仓库点堆积的原材料、产成品和其他物资。跨境电商的库存分布在各个环节，如图 6-1 所示。

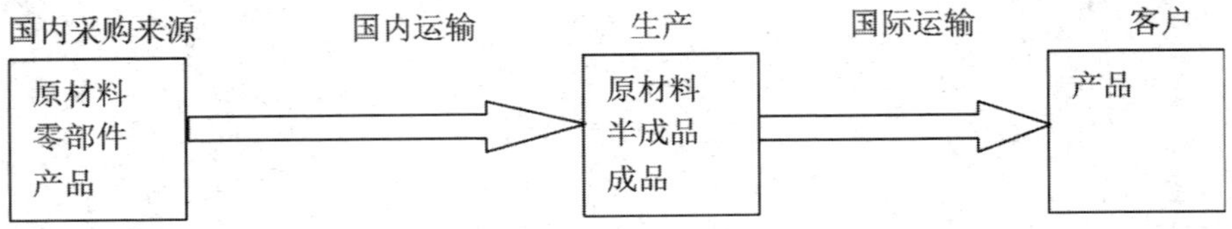

图 6-1 跨境电商中的库存示意图

跨境电商企业根据其主要业务的不同分为各种类型，对于生产制造型企业，库存包括原材料、半成品、产成品、备件、低值易耗品等；对于商业流通型企业，库存包括用于销售的商品和用于管理的低值易耗品。

一方面，生产型跨境电商企业为了保证生产的连续，一般会保有原材料、备件等的库存。商品流通型跨境电商卖家的库房都需要辐射一定面积区域中的用户，这部分用户的购买需求也就是库房应该提供的库存量，如果海外仓或者 FBA 仓的供货能力不足或者来不及供货，将会影响销售，所以一般跨境电商企业要保有一定库存。

另一方面，任何库存都需要一定数量的维持和保管的费用，同时还存在由于商品积压或损坏而带来的库存风险。因此，跨境电商企业在库存管理中既要保持合适的库存数量以防止缺货损失、保证企业信誉，又要防止库存过高，引起库存成本大幅上升。对于许多跨境电商企业来说，及时清空库存、提高库存周转率对于企业盈利是非常重要的。

跨境电商卖家们，尤其是美国站的卖家，2018 年明显感受到库存周转压力在增大。这其中的原因有很多。这两年 eBay 等电商平台在中国的大力招商，让更多的跨境电商卖家杀入市场，商品种类和数量近几年都在几何级数地增加。很多老卖家过去两年在亚马逊挣钱都相对比较容易，基于过往业绩，前期备货乐观，但今年却是几家欢喜几家愁，卖得不好的明显滞销库存数量增大。另外，随着仓储费用，尤其是长期仓储费用的收费标准提高，库存快速周转变得极其重要。

二、跨境电商库存的分类

跨境电商库存分类和传统库存分类基本相同，按照不同标准可以将库存分成不同类别。主要有以下几种分类方式。

（一）按存货的作用分类

1. 周转库存

为满足日常生产经营需要而保有的库存。周转库存的大小与采购量直接有关。跨境电商企业为了降低物流成本或生产成本，需要批量采购、批量运输和批量生产，这样便形成了周期性的周转库存，这种库存随着每天的消耗而减少，当降低到一定水平时需要补充库存。

2. 安全库存

为了防止不确定因素的发生（如供货时间延迟、库存消耗速度突然加快等）而设置的库存。安全库存的大小与库存安全系数或者说与库存服务水平有关。从经济性的角度看，安全系数应确定在一个合适的水平上。例如跨境电商企业为了预防运输、关税政策等不确定因素的发生而进行的商品储备等，就是一种安全库存。

3. 调节库存

用于调节需求与供应的不均衡、生产速度与供应的不均衡以及各个生产阶段产出的不均衡而设置的库存。

4. 在途库存

处于运输以及停放在相邻两个工作地点或相邻两个组织之间的库存，在途库存的大小取决于运输时间以及该期间内的平均需求。跨境电商运营中由于运输路径长，经常会产生在途库存。

（二）按生产过程分类

1. 原材料库存

制造型企业已经购买的用于生产产品的材料，但尚未投入生产。

2. 在制品库存

在生产线上加工的半成品和加工件。

3. 产成品库存

已经完工入库等待装运发货的产品。

（三）按库存所处状态分类

1. 在库库存

指存储在仓库（包括国内仓库和海外仓）中的货物是存货的主要形式。

2. 在途库存

处于生产地和存储地之间的货物，这些货物有的处于运输过程中，有的处于临时存储地。跨境电商物流由于运输距离长、运输速度慢，在途库存数量有时可能超过在库库存。

三、跨境电商的采购模式

由于网络经济与采购模式的不断发展，许多跨境电商都开始从传统集中采购模式向新型采购模式发生转变，这样有利于成本的降低和效率的提高。当前对于跨境电商的采购模式及库存控制的研究刻不容缓，这是由于跨境电商的竞争日趋激烈，产品日渐同质化，在市场竞争中跨境电商必须对成本加以控制，目光自然聚焦在采购与库存管理方面。

（一）跨境电商采购模式

采购指的是借助一定的手段从资源市场获取资源的整个过程，通常就是企业购买货物与服务的行为，这是企业经济活动中的一个重要的经济行为。任何市场主体都无法离开采购，而跨境电商同样也不例外，在跨境电商环境下，采购模式也得到扩展。当前跨境电商主要存在两种采购模式。

第一，集中采购模式，也就是跨境电商整合各个生产经营单位所需要的零散采购计划，并且通过合并同类物资，提高境外采购的数量，并以此为筹码与境外供应商进行洽谈，实现采购成本控制的目的。

第二，分散采购模式，跨境电商的各个生产经营单位都具有独立的采购权，能够根据内部需要来进行采购管理。

（二）跨境电商采购模式的特征

分散采购模式的特征在于具有较强的灵活性，各个部门可以根据临时情况或紧急需要来自行购买材料，并且能够节约成本，管理上也较为方便，采购部门能够及时和其他部门进行交流，提高效率。

集中采购模式最大的优势在于能够降低价格，减少采购发生的成本，并且与供应商之间能够进行信息的对称交流，对供应商能够进行进一步的了解，能够准确获得产品的信息，有利于选择更加合适的供应商成立长期合作关系。这样既可以提高企业的效益，而且能够降低自身的采购风险。

从当前的情况来分析，许多跨境电商都不会一成不变地选择一种采购模式，通常会根据企业的运营需求及规模来决定选择何种采购途径。当前影响跨境电商采购模式的因素主要包括客户需求和需求通用性的高低。客户的需求：由于客户点名要求从某一供应商那里采购货物，这种情形不利于采用集中采购。需求通用性的高低：总公司会根据子公司各部门的需求来进行采购，通用性越高，则集中采购的优势更加明显。跨境采购过程中如果大批量物资或价格由于批量变化幅度较大的话，采用集中采购能够降低采购成本，特别是一些产品容易受到政治或经济因素的影响较大，集中采购对跨境电商来说能够带来更大的收益。

第二节 跨境电商的库存管理

一、跨境电商库存管理的基本概念

跨境电商库存管理是指在跨境经营过程中对商品数量的管理，根据外界对跨境电商企业库存的要求、企业订购的特点，预测、计划和执行一种补充库存的行为，并对这种行为进行控制，重点在于确定如何订货、订购多少、何时订货。

库存管理系统是生产、计划和控制的基础。系统通过对仓库、货位等账务管理及入/出库类型、入/出库单据的管理，及时反映各种物资的仓储、流向情况，为生产管理和成本核算提供依据。通过库存分析，为管理及决策人员提供库存资金占用情况、物资积压情况、短缺/超储情况、ABC 分类情况等不同的统计分析信息。通过对批号的跟踪，实现“专批专管”，保证质量跟踪的贯通。

注意库存管理与仓库管理的区别：仓库管理主要针对仓库或库房的布置、物料运输和搬运以及存储自动化等的管理；库存管理的对象是库存项目，即企业中的所有物料，包括原材料、零部件、在制品、半成品、产品及其辅助物料。库存管理的主要功能是在供需之间建立缓冲区，达到缓和用户需求与企业生产能力之间、最终装配需求与零配件之间、零件加工工序之间、生产厂家需求与原材料供应商之间的矛盾。

二、跨境电商库存管理的现状

库存管理的实质是对库存数量进行管理，过多的库存数量将会占用资金，使得跨境电商的流动资金较为紧张，投资回报率降低，如果库存过少则会威胁到生产连续性。因此对跨境电商来说，应当衡量资金占用成本以及生产保障的关系，合理地控制库存的数量，维持合理的库存数量水平。

（一）跨境电商库存管理模式

作为跨境电商物流管理中的核心环节，库存管理的最佳状态应当是能够保障生产所需的物品，又能够保证库存资金量实现最小。当前跨境电商库存管理的模式主要有四种。

1. 传统的库存管理模式

跨境电商各个单位在物流过程中只针对自己的库存制定管理策略，基于交易层次、由订单驱动的一种处于静态的库存管理模式。

2. 供应商库存管理模式

这是一种跨境电商基于战略合作贸易伙伴关系而形成的库存控制模式，供应商对跨境电商所需要的物资进行管理，这需要一定的协议来保障，而且库存的成本不高，许多跨境电商近年来都采用这种模式。

3. 联合库存管理

这是一种基于协调中心统一调度的控制模式，与传统的各自为政的库存管理模式相对应，能够克服传统库存控制模式的缺陷，避免供应链中存在的风险，及时应对市场变化。

4. 协同式供应链库存管理

这种控制模式建立在供应链集成的集成商之上，降低供应商的存货量，提高供应商的销售量，促进跨境电商与供应商的深入合作，消除供应链过程的束缚。

（二）跨境电商库存管理的特征

当前跨境电商的物流库存一般采用第三方外包仓储，也就是海外供应商库存管理模式，以联邦转运为例，其在世界范围内各个货源地都建设有货仓，形成了覆盖全球的库存网络。因此能够进行库存标准化管理，形成科学的库存管理办法。虽然跨境电商与库存之间相隔万里，需要通过互联网等现代通信技术来对库存进行遥控，但是跨境电商的物流企业一般都配套智能简易的操作系统，各种非物流专业的使用者都能方便地进行库存管理，实现信息流、物流的无缝对接。跨境库存面向不同使用者千差万别，因此也有着多种多样的要求。总体来说针对个人与商户可以形成两种库存管理流程，并且能够逐渐提高用户体验。在未来的发展中，跨境电商库存控制将呈现更多的个性化模块。也应当认识到，跨境电商在库存建设方面将投入更大比例的资金，在整个物流中的基础地位将更加凸显。

由于跨境电商的品种逐渐增多和升级，许多大型货物，例如家居产品，很难通过航空运送，也难以采用传统海运，增加时间成本，运送时间不断拉长，跨境电商采用海外仓的形式将更多，商品运送给客户的时间将大大缩短，能够吸引更多的卖家。例如亚马逊、新蛋网等电商平台都开始鼓励中国跨境电商采用海外仓的形式，能够增强用户体验。我国跨境电商在北美、欧洲等成熟市场中较多采用海外仓的库存模式，例如，广州在英国、俄罗斯、西班牙等地所自行建立的仓储中心。

三、跨境电商产品库存管理的方式

跨境电商产品库存管理的主要方式有 ABC 分类法和基于供应商管理库存（VMI）的直邮模式库存管理。

（一）ABC 分类法

1. 简介

ABC 分类法又称帕累托分析法、主次因素分析法等，它是根据事物在技术或经济方面的主要特征，进行分类排队，分清重点和一般，从而有区别地确定管理方式的一种分析方法。由于它把被分析的对象分成 A、B、C 三类，所以又称为 ABC 分析法。

ABC 分类法是由意大利经济学家维尔弗雷多·帕累托首创的。1879 年，帕累托在研究个人收入的分布状态时，发现少数人的收入占全部人收入的大部分，而多数人的收入却只占一小部分，他将这一关系用图表示出来，就是著名的帕累托图。该分析方法的核心思想是在决定一个事物的众多因素中分清主次，识别出少数的但对事物起决定作用的关键因素和多数的但对事物影响较少的次要因素。后来，帕累托法被不断应用于管理的各个方面。1951 年，管理学家戴克（H·F·Dickie）将其应用于库存管理，命名为 ABC 法。1951 年~1956 年，约瑟夫·朱兰将 ABC 法引入质量管理，用于质量问题的分析，被称为排列图。1963 年，彼得·德鲁克（P·F·Drucker）将这一方法推广到全部社会现象，使 ABC 法成为企业提高效益的普遍应用的管理方法。

面对纷繁杂乱的处理对象，如果分不清主次，鸡毛蒜皮一把抓，可想而知，其效率和效益是不可能高起来的。而分清主次，抓住主要的对象，却一定可以事半功倍。比如，在库存管理中，这一法则的运用就可以使工作效率和效益大大提高。

在跨境运营企业中，库存存货的种类通常会很多，动则就可能是十几万种甚至几十万种。如果每个品种都要进行盘点，则其收效甚微，而且可能出现混乱，进而造成重大损失。

第一，盘点清查非常困难，而且难以确保准确性。对于非重要的材料，比如低值易耗品，可能影响还不大，但对于重要材料，例如产品关键部件，如果计数错误，却可能导致缺料，生产自然也就不可避免地受到影响，进而不能满足市场需求，丧失市场机会，失去客户。

第二，存量控制困难。重要材料的存量应该作为重点监控，确保不断料又不积压，非重要材料由于其重要性不高和资金占用量小，则可以按一定的估计量备货。如果实行一把抓式的管理，就可能将目光集中在大量非重要材料上，而疏忽了对重要材料的控制。

有一句俗语是“捡了芝麻，丢了西瓜”，说的就是不会应用 ABC 法则的人。在我们处理日常事务上，ABC 法则的效率和高回报也是显著的。面对众多的问题，如果进行 ABC 分类，然后处理主要问题，次要的和不重要的问题常常也会迎刃而解。

2. ABC 分类的基本步骤

第一步，计算每一种材料的金额。

第二步，按照金额由大到小排序并列成表格。

第三步，计算每一种材料的金额占库存总金额的比率。

第四步，计算累计比率。

第五步，分类。累计比率在 0%~60%之间的，为最重要的 A 类材料；累计比率在 60%~85%之间的，为次重要的 B 类材料；累计比率在 85%~100%之间的，为不重要的 C 类材料。

3. ABC 分类应用

将商品分为 ABC 三类后，根据其特征对相应库存商品实施不同的管理策略。三类商品的差别如表 6-1 所示。

表 6-1　基于 ABC 分类法的商品分类

特征＼级别	A 类商品	B 类商品	C 类商品
物理特性	重量体积大、保质期短	适中	重量体积小，性质稳定
价值	高	中	低
采购难易程度	难	中	易
需求稳定性	个性化定制、批量小、需求不稳定	中等	订单批量大、市场需求稳定、容易预测

针对三类商品应采用不同的库存管理策略。对于重量体积较大、资金占用多、采购难度大、需求具有少量且个性化特征的 A 类商品，如高价值奢侈品、专项产品、进口食品，应采取最经济的办法，实行重点管理，定时定量供应，严格控制库存。对于重量体积较小、资金占用少、采购难度小、需求稳定且需求量大的 C 类商品，如平价美妆产品，应采取简便方法管理，固定定货量。B 类物品是指处于上述二者之间的物品，应采用一般控制、定期订货、批量供应的方法。

不同类别的产品要进行分类管理，这也是在进货之前就需要规划好的，产品到货之后不仅需要做好清点工作，并且还需要做好相关的登记，这样对于后期的查账和盈利核算都是有一定的帮助的。卖家可以准备一些盛放货物的货架，将产品分门别类进行管理，并且给不同类别的产品标好货号，这样不仅收货方便，发货也快捷，这样一来也为买家节约了不少的人力和时间成本。

等到商品达到一定的数量时，还需要定期对产品进行盘点，最好是每个月或者每个季度进行一次盘点。具体根据商家的实际情况来确定，商品少的卖家，时间间隔就可以更加长一些。

每到销售旺季，卖家难免会有忙不过来的时候，如果库存管理制度不够完善的话就会出现一些常见的问题，如发货速度慢、资金周转缓慢等方面的问题。所以卖家就需要完善好库存管理的制度，尽量避免出现库存管理制度不够完善而导致的一些常见问题的发生。

（二）基于供应商管理库存（VMI）的直邮模式库存管理

直邮模式是平台型跨境进口电商目前主要采用的物流模式。直邮模式在入境时便需要清关，但不用全部报关，海关会对商品进行抽查。因此，该模式的最大优势在于对品类没有限制，无须等待资金回流。但是，直邮模式给电商平台企业带来如下挑战：一是从下单到收货的时间较长，二是质量缺乏保证，三是丢包率高且服务质量差，这会造成很差的用户体验。另外，国外较高的人工成本也会给平台企业造成较高的物流成本。因此，从国内平台经营者的角度出发，将传统直邮与海外仓模式进行融合，基于供应链管理思想，与供应商建立合作关系，采用“供应商—平台运营商 VMI”运作模式。卖家在销售目的地（中国）进行货物仓储、分拣、包装和派送的一站式控制与管理服务。具体包括头程运输、仓储管理和本地配送三个部分。

头程运输，即境外商家通过海运、空运、陆运或者联运将商品运送至中国仓库。仓储管理，即境外商家通过物流信息系统远程操作海外仓储货物，实时管理库存。本地配送，即中国境内仓储中心根据订单信息，通过中国当地邮政或快递将商品配送给客户。

这种模式解决了传统直邮模式的缺点，但也存在一定的局限性。一是产品选择问题，不是任何产品都适用于该模式，最好是库存周转快的热销单品，否则极容易压货。二是信任问题，这种合作需要一定的信任，否则就会失败。三是技术问题，只有采用先进的信息技术，才能保证数据传递的及时性和准确性，而这些技术往往价格昂贵。四是存货所有权问题，由于双方的寄售关系，供应商拥有库存直到货物被售出。因此，本文提出，可以选择一家专业化程度较高的第三方物流企业，充分发挥其特点与优势来管理 VMI HUB 或仓库。

VMI-HUB 是供应商集中管理点，在整个物流系统中起到了至关重要的作用，它是联系下游厂商与上游供应商的桥梁，代理供应商完成管理客户库存的工作。利用自身的资源、技术、规模优势，为整个园区的企业及其供应商提供高效、优质的服务。

在保税模式下，应用 ABC 分类法对商品进行分类，并采用不同的库存管理方法。在直邮模式下，将传统直邮与海外仓模式进行融合，采用“供应商—平台运营商 VMI”运作模式，并选择专业化程度较高的第三方物流企业来管理 VMI HUB 或仓库。

第三节 跨境电商的库存决策

跨境电子商务是处在不同国家和地区间的交易主体通过互联网进行的商品交易活动。随着我国电子商务的迅猛发展，跨境电商已然成为我国外贸新的增长点和对外商务往来的亮点。但高昂的国际物流成本在跨境电商交易的商品价格中占有较高比重，提高了企业成本，降低了跨境电商企业的国际竞争力；另一方面，由于跨境运输的距离远、周期长、环节多，国际物流效率的高低在提升跨境电商用户体验方面发挥着至关重要的作用。为了降低国际物流成本，提升产品竞争力和跨境电商用户体验，海外仓成为跨境电商企业纷纷追捧的模式，其运营状况的优劣是跨境电商企业在激烈竞争中取胜的关键。

一、跨境电商库存决策的主要内容

库存决策是指企业科学、合理地确定商品库存量（即储备量）的活动。其目的是在保证生产和销售任务完成的前提下，努力降低企业在库存商品上的资金占用和耗费。商业企业和工业企业库存决策的内容有所不同。商业企业库存决策的内容主要是确定待销商品的储备量。它需要做好的工作：首先，科学预测商品销售量；其次，科学、合理地确定商品的每次采购数量。跨境电商企业大多属于商业企业。

库存决策主要包括两个部分的内容：订货方式选择和订货批量的决策。

1. 订货方式选择是对定期与定量两种订货方式的选择，即在事先确定订货时间，然后确定订货数量或是事先确定订货点，待存货降到订货点再提出订货之间进行选择。

2. 订货批量决策是对经济订货量、订货批数及订货点进行选择。

库存决策的目标是存货占用资金得到最经济、合理的利用，并对存货实施有效控制。

二、进口跨境电商供应链的仓储模式

进口跨境电商供应链的仓库为国内保税仓，建立在境内，但属于关外，分为三种模式：自营模式、公共模式和兼营模式。自营模式是跨境电商自己设立和运营仓库，只为自己的物流提供服务。公共模式是跨境电商租用第三方仓库或直接由第三方仓库运营物流管理。对于公共模式下的仓储，不需要前期投入，适合中小型跨境电商。兼营模式是跨境电商的自营仓库在满足自身需求的情况下，也为其他电商提供仓储服务。兼营模式的典型例子是亚马逊。亚马逊拥有较为完善的仓储服务，在满足自身运营要求的情况下，也为其加盟卖家提供“物流+”服务，解决卖家的物流烦恼。自营模式和兼营模式都需要较大的固定成本投入，所以只有资金雄厚的大型跨境电商才能采用这两种模式。

仓储运营成本主要包含三方面的成本：人力成本、租金成本和设施成本。人力成本是指仓储管理人员的劳动力成本；租金成本则是指仓库土地或房屋的租金；设施成本是指仓库的机器设备进行设置的运营成本。随着跨境电子商务对物流效率要求的不断提高，仓储设施也在不断升级换代。许多仓库都实现了自动化配置，提高了设施运营成本。相比发达国家，我国的人力成本及租金成本都相对较低。因此，将仓库设在我国能够降低一定的仓储成本。

三、跨境电商的库存管理策略①

受跨境电商政策影响，在税务成本逐渐上升、价格竞争日趋激烈的趋势下，卖家需要更进一步地优化库存管理策略来降低总体成本，维持盈利空间。

（一）盘查方式

库存策略与订货策略直接相关。不同的订货策略的对库存水平的盘查方式不同。对库存的盘查可以是实时盘查，一旦库存水平下降到预先设定的某个值，触发订货决策；另一种盘查方式是定时盘查，当盘查所得库存水平低于预先设定的某个值时，触发订货决策。这里可以借助 ERP 来设置库存低位提醒，例如全球交易助手的库存管理模块中，可以根据库存策略和订货策略设置库存缺货预警。当库存水平下降到一定值，系统则自动发出提醒，并自动生成系统采购单，可将系统采购单作为参考并导出表格，根据订货策略修改采购数量。

按照对库存水平的不同盘查方式，库存策略可分为实时盘查型的库存策略和定时盘查型的库存策略。在每种库存策略下，都需要决策最优库存水平和最优订货策略。最优库存水平和最优订货策略能够权衡库存成本、缺货成本和订购成本，使得总体成本最低。

缺货成本指的是产品因缺货导致利润减少。每销售一个产品，其利润为销售价格减去所产生的单位成本。

---

① 作者：深圳市江胜科技有限公司。链接：https://www.jianshu.com/p/34354fab3e8f。来源：简书。

如果商品的单位利润高于库存成本，那么总体上可以保持较高的库存水平，以减少因为缺货而造成的利润损失。特别是当需求波动较为剧烈时，库存应该调整至更高的水平，因为较高的需求可能导致产品供不应求。而当需求波动并不是很强时，库存可以适当下调，以减少库存积压。

如果商品的单位利润低于库存成本，那么总体上应该保持较低的库存水平，以减少因为库存积压而提高总体成本。特别是当需求波动较为剧烈时，库存应该调整至更低的水平，因为较低的需求会导致库存积压。而当需求波动并不是很强时，库存可以适当上调，以减少缺货成本。此时并不需要担心需求波动造成的货物积压。

库存策略选择从以上两部分的分析可以发现，实时盘查型的库存策略适用于较为稳定的需求模式，所以库存变化也更稳定。稳定的库存变化能保证决策者准确地把握库存水平和订购点。在稳定需求模式下，由于实时盘查型的库存策略的精准控制，并不太会出现缺货的情况。实时盘查型的库存策略关注的是仓储成本与固定订货成本和固定物流成本之间的平衡。而在定时盘查型的库存策略下，我们要考虑需求波动对库存策略的影响。需求波动会导致货物发生缺货，对库存的把控会更难，定时盘查型的库存策略更多地关注缺货成本与库存成本之间的平衡。另外，实时盘查要求更多的人力投入，对库存系统的构建要求也较高，在库存的管理成本上要高于定时盘查。

（二）产品细分管理

跨境电商产品的品类繁多，即使是专注于某个特定品类，其细分产品也可达到上千种。因此，库存策略的选择不应该与商品属性相孤立，应该把不同商品的不同属性进行区别管理。在选择库存策略之前，卖家要事先对产品属性做好详细分析，包括需求均值、波动性、利润、订货量和固定成本等。

商品分析也是利润分析。将商品分为主打商品和次要商品两大类，主打商品不但单品利润高，而且在产品结构中也占有较大比重，对利润的贡献比较大。次要商品本身利润较低，或在总体的产品结构中占比较小，对总体利润的贡献较小。对于主打商品，可以采用库存可控性更好的实时盘查型策略，保持较高的库存水平，避免缺货的发生，在订货策略上应保持稳定的商品供应。对于次要商品，可以采用定时盘查型的库存策略，以降低总体成本。少量缺货并不会给企业带来显著的利润损失，所以对这类商品的库存管理更多地关注如何高效地利用仓库、降低仓储成本。

对主打商品采用实时盘查型的库存管理时，具体的库存决策还应该考虑平均需求、需求的波动性以及每次订货产生的固定费用。对于需求波动性较高的商品，采用安全库存的方式进行备货；对于需求波动性较低的商品，可以采用 EOQ 模型进行库存管理。从平均需求和固定成本的角度来看，对于高需求均值、高固定成本的商品，应保持较高的库存水平，订货策略应大批量、少批次订货；对于低需求均值、低固定成本的商品，应保持较低的库存水平，订货策略应为小批量、多批次订货；对于高需求均值、低固定成本商品或低需求均值、高固定成本的商品，在库存水平的选择上应处于以上两种情况之间，保持中等水平的库存。

对次要商品进行定时盘查型的库存管理时，具体的库存决策应该依据商品的平均需求、需求波动性及利润率。如果次要商品的利润高于仓储成本，那么高波动性的商品应保持在较高的库存水平，低波动性的商品保持在较低的库存水平；如果次要商品的利润低于仓储成本，那么高波动性的商品应该保持在较低的库存水平，低波动性的商品保持在较高的库存水平。从平均需求与利润的角度来看，对于高需求、高利润的商品，应该选择较高的库存水平；对于低需求、低利润的商品，应该选择较低的库存水平；对于高需求、低利润或者低需求、高利润的商品，在库存水平的选择上应处于上述两种情况之间，选择中等水平库存。

（三）库存管理解决方案

以下是库存管理的五种解决方案。

1. 产品促销与库存清理

产品促销是指一个产品在特定时间以较低价格出售，其实质是通过增加销量来增加利润。库存清理是一种旨在减少库存的特殊销售。两者的区别在于，库存清理一般都是以成本价或低于成本的价格出售。

例如：近段时间天气回暖，去年的大衣款式已经不值得消费者高价购买了，如果把它们堆积到仓库，下年冬天可能变得一文不值。

解决方案：低价清仓。给自己设定目标，如“两周内清理库存”。然后设定一个价格，以三天作为测试，如果两周内没销售出去，还需要继续降价，按照三天为周期执行测试。

2. 库存并不是存放越久越好

极少的零售产品存放越久越好，如葡萄酒。

例如：今年的春天，您的库存是否还留下季节性产品？这些产品存放了有多长时间？产品包装是否褪色？产品是否积满灰尘？是否可以向厂家兑换新产品或者更换新包装？这些换季产品最好以成本价或更低的价格清理掉，收回部分资金总好过将它们废弃成库存。

解决方案：不要让季节性产品堆积到您的库房，除非您确保明年会把它们全部卖光。

3. 将需要清理的库存优先推荐给老客户

低价清理库存并不是批量给客户发送邮件，而应该有针对性地发送给特定的客户。

建议给您前十名的老客户发送邮件，告知他们下周将会对某些产品进行优惠清仓，并在产品开卖之前提前将优惠代码发送给他们。

通过这种方式，既可以清理您的库存，也可以留住您的老客户，让他们感受到您对他们的关注。

4. 参与平台促销或秒杀活动

通过参与电商平台促销或秒杀活动，可以轻松快速清理库存，如亚马逊平台的 Today's Deals。

5. 在折扣网站或拍卖网站发布换季产品

如果您是知名品牌的卖家，无须在自己网站发布低价清理的换季产品。因为品牌的建立花费了很多时间、资金与精力，低价清仓或多或少会对品牌的声誉造成一定的冲击。在这种情况下，您可以到其他折扣网站或拍卖网站（如 eBay）发布需要清理的库存产品，也可以挂靠其他品牌名字出售，甚至转让给其他卖家出售。

由于经常会出现清理库存产品的情况，您可能无法收回全部产品的投入成本，但您可以在不影响品牌的情况下收回部分资金。

四、跨境电商的库存控制模型①

下文详细阐述跨境电商库存控制模型。

（一）EOQ 模型简介

EOQ 模型的英文全称为 Economic Order Quantity，即经济订货批量模型，又称整批间隔进货模型。该模型适用于整批间隔进货、不允许缺货的存储问题，即某种物资单位时间的需求量为 D，存储量以单位时间消耗数量 D 的速度逐渐下降，经过时间 T 后，存储量下降到零，此时开始订货并随即到货，库存量由零上升为最高库存量 Q，然后开始下一个存储周期，形成多周期存储模型②。

基础 EOQ 模型的假设包括六个方面：一是企业能够及时地补充存货，即

① 资道根. 海外仓模式下跨境电商物流成本控制［J］. 物流技术，2015 年第 34 卷 8 月刊（下半月）：175-180.

② 邵丽丽. 采购决策支持系统的研究与设计［J］. 微计算机信息，2012，28（9）：271～273.

需要订货时便可以立即取得存货；二是能集中到货，而不是陆续入库；三是不允许缺货，即无缺货成本；四是需求量稳定，并且能预测；五是存货单价不变；六是存货现金充足，不会因为出现现金短缺而影响进货。

（二）库存控制模型

用 EOQ 模型来刻画实时盘查型的库存控制。在该模型中，需求是确定的，设跨境电子商务企业每年需求为 D，每次订货数量为 Q，一年的单位库存成本为 h。每年需要订货 D/Q 次，固定订货成本（单位成本为 k_1）和固定物流成本（单位成本 k_2）之和为：

$$C_2 = \frac{D}{Q}(k_1 + k_2)$$

在不考虑提前期的情况下，订货后马上到货。为了尽可能地降低库存成本，最优的订货时机是当库存为零的时候，可以使得平均库存水平达到最低。此时，库存水平的变化如图 6-2 所示。

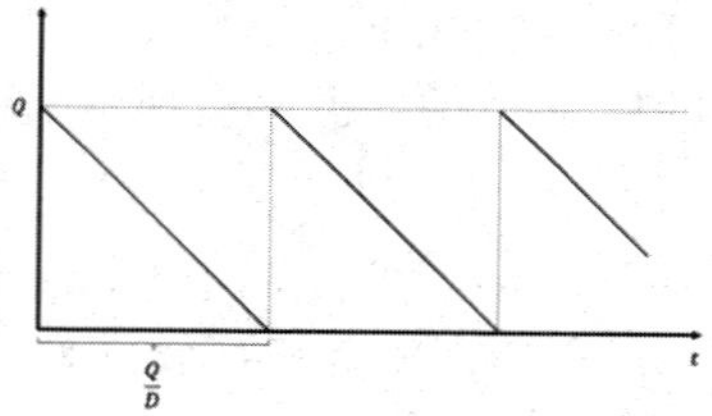

图 6-2　EOQ 模型的库存变化水平

一年中最大库存为 Q，一年中平均库存为 $Q/2$，一年的库存成本为：$C_3 = \frac{Q}{2}h$。另外，每年的可变物流成本为：$C_4 = Dc$，所以每年的物流总成本为：

$$TC_1 = \frac{D}{Q}(K_1 + K_2) + \frac{Q}{2}h + Dc$$

对总成本求导数得：$TC_1' = -\frac{D}{Q^2}(K_1 + K_2) + \frac{h}{2}$，令其等于 0，则可得：$Q = \sqrt{\frac{2D(K_1 + K_2)}{h}}$。

1. 订货费用 C_1

订货费用包括订购费用和货物的成本费用。

$$c_1 = C_{11} + C_{12} = C_{11} + C_{121} + C_{122} + C_{123} + C_{124} \quad (1)$$

式中 c_1 表示一次订货费用，C_{11} 为订购费用，C_{12} 为货物成本费用；其中

C_{12}又包含了境内转运仓库储存费用 C_{121}，入库操作费 C_{122}，采购收货到境内转运仓库的运输费用 C_{123}，境内转运仓库到海外仓库的运费（海运）C_{124}。这几项成本费用的计算如下：

C_{121}：按照单件货物的体积所在的体积区间获取不同的费率，结合货物在仓库的储存时间计算转运仓库储存费用：

$$\begin{cases} C_{121} = 0; & t^1 \leqslant t_0^1;\ t_0^1 \geqslant 0 \\ C_{121} = Q \times k_i^1 \times (t^1 - t_0^1); & t > t_0^1;\ V_{i-1} \leqslant V_0 \leqslant V_i \end{cases} \tag{2}$$

式中 t^1表示境内转运仓商品储存时间（单位：天），t_0^1 表示境内转运仓免仓租期（单位：天），Q 表示订货批量，k_i^1 表示单件货物体积在 $V_{i-1} \leqslant V_0 \leqslant V_i$ 区间之内的境内转运仓仓租费费率，V_i表示境内转运仓单件货物体积计费区间上限，V_{i-1}表示境内转运仓单件货物体积计费区间下限。

C_{122}：入库操作费是指货物进入境内转运仓库入库时收的作业费用：

$$C_{122} = a_0 + b_0 \times Q \times g_0 \tag{3}$$

式中 A_0表示境内转运仓入库作业费用常数，b_0表示境内转运仓每公斤货物入库作业费用，g_0为单件货物重量。

C_{123}：采购收货到境内转运仓库的运输一般采用快递的方式寄送，采用首重和续重的快递企业计费标准计费：

$$C_{123} = c_0 + d_0 \times Q \times g_0 \tag{4}$$

式中 c_0表示从采购地到境内转运仓的首重费用，d_0表示从采购地到境内转运仓的每公斤货物的续重费用，g_0为单件货物重量。

C_{124}：按照一批货物的总体积所在的体积区间获取不同的计费费率，计算境内转运仓库到海外仓库的海运运费：

$$C_{124} = Q \times V_0 \times M_i;\ V_{i-1}^1 \leqslant Q \times V_0 \leqslant V_i^1 \tag{5}$$

式中 V_0表示单位产品体积，Q 表示订货批量，V_i^1 表示单件货物海运运费计费区间的上限体积，V_{i-1}^1 表示单件货物海运运费计费区间的下限体积，M_i表示一批货物体积数量在 $V_{i-1}^1 \leqslant Q \times V_0 \leqslant V_i^1$ 区间内的每立方米货物的海运运费。

C_{12}所表示的货物成本费用的计费方式、标准及计算方法可参见文献。因此得到一年内的总的订货费用为：

$$C_1 = c_1 \times \frac{D}{Q} \tag{6}$$

式中 D 表示一年内的商品需求量。

2. 存储费（海外仓）C_2

按照跨境电商物流行业的计费模式，当货物在海外仓储存的时间小于等于免仓租期时，其存储费为 0；否则，按照存储货物体积所属范围采用不同的计费费率计算存储费用。例如，按照某公司海外仓的计费标准，如果一批货物在海外仓存储不超过 30 天，免收存储费用。否则，按单件产品的体积分属不同的范围采用不同的计费费率来计算存储费。

单件商品的海外仓储存费用为：

$$\begin{cases} c_2 = 0; & t^2 \leqslant t_0^2; \quad t_0^2 \geqslant 0 \\ c_2 = K_i^2 \times (t^2 - t_0^2); & t^2 > t_0^2; \quad V_{i-1}^2 \leqslant V_0 \leqslant V_i^2 \end{cases} \tag{7}$$

式中 c_2 表示单件产品在海外仓储存一年的费用；K_i^2 表示海外仓仓租费率；t_0^2 表示海外仓免仓租期（单位：天）；V_i^2 表示单件货物海外仓存储费计费区间的上限体积；V_{i-1}^2 表示单件货物海外仓存储费计费区间的下限体积。

一年内平均库存为 $\frac{1}{2} \times Q + B$，其库存费用为：

$$C_2 = (\frac{1}{2} \times Q + B) \times c_2 \tag{8}$$

式中 B 表示安全缓冲库存。

3. 缺货费 C_3

缺货费指当储存供不应求时所引起的损失，如失去的销售机会、给品牌带来的损失等。由于跨境电商业务属于零售业务，对于一般卖家来说，从某一销售市场来看，业务订单具有稀有性和局部密集性、偶然性的特点，且各个订单是相互独立的，基本上符合泊松分布，因此，在跨境电商基于海外仓的订货业务中，可以采用泊松分布来预测在时间 t 内发生的订货量。

时间 t 内的需求量 r 是随机的，其概率 $F_{t(r)}$ 已知，单位时间内的平均需求也已知，则时间 t 内的平均需求为 ωt。备货时间 x 随机，其概率 $P(x)$ 已知，平均备货时间为 μ。则订货点为 L：

$$L = D_L + B = \mu \times \omega + B \tag{9}$$

式中 D_L表示备货时间内的需求量，当存储量降至 L 时订货，由于备货时间延长，或因需求增加而引起缺货的概率记作：

$$F_x(r) = \frac{e^{-x}\ (x)^r}{r!} \tag{10}$$

F_x（r）表示订货点为 L，而在 x 天内需求 $r>L$ 的概率。

每次缺货的期望值为：

$$Q_L = \sum_{r=L+1}^{\infty} \sum_{x=\mu-\varepsilon}^{\mu+\varepsilon} P(x) \times F_x(r) \times r \tag{11}$$

则一年内的缺货费用为：

$$C_3 = \frac{D}{Q} \times f \times \sum_{r=L+1}^{\infty} \sum_{x=\mu-\varepsilon}^{\mu+\varepsilon} P(x) \times F_x(r) \times r \tag{12}$$

式中 f 表示单件货物缺货费用，实际计算时，订货点可从 $\mu \times \omega$ 往上多取几个值试验，同时可根据实际收敛情况取 $r=L+1$ 至有限值计算。此外，由于备货时间为正态分布，ω 一般取 2 即可。

4. 总成本 C

一年内总成本由订货费用 C_1、海外仓存储费 C_2、缺货费 C_3构成。

$$C = C_1 + C_2 + C_3 \tag{13}$$

从式（13）可以看出，总成本是订货批量的函数，通过求导即可得出经济订货批量，求出经济订货批量后，容易得到订货点和安全缓冲库存。

（三）实例应用

某跨境电商卖家经营某种商品，考虑澳大利亚市场，使用海外仓模式，从深圳采购商品放到第三方跨境电商物流经营方的境内仓库，等待船期，船到后，装船到澳大利亚的海外仓，利用第三方跨境电商物流服务商在澳大利亚的海外仓作为客户下单后的发货点。商品放在境内仓库一般为 20 天即可出库装船，根据估算，该卖家在澳大利亚每年能销售 360 件某品牌牛仔裤，单件产品的体积为 $0.001m^3$，单件产品的重量为 0.5kg（含包装），每次订货的费用为 200 元，每件缺货费用为 250 元，客户在 t 时间内需求的概率服从泊松分布，每天平均需求为 1 件，$\bar{w}=1$，年平均需求为 $D=360$ 件，问每年应该分多少批次？订购量 Q、安全库存量 B、订货点 L 各为多少才能使总的费用最少？

1. 订货费用 C_1

一次订货费用包括订购费用 $C_{11}=200$ 及货物成本费用 C_{12}，C_{12}中的境内转运仓库储存费用 $C_{121}=0.15Q$，入库操作费 $C_{122}=10+1.5\times0.5\times Q=10+0.75Q$，采购收货到境内转运仓库的运输费用 $C_{123}=10+3\times0.5\times Q=10+1.5Q$（查快递行业计费标准计算，见表 6-2），境内转运仓库到海外仓库的运费 $C_{124}=2\,000\times0.001\times Q=2\times Q$。

表 6-2 境内仓仓租费、入库费及海运费用计费表（来自行业数据①）

深圳/香港仓租费	单位产品体积	仓储费（元/日）	计算单位
	15 天以内	免费	
	15 天后，0.001m^3（含 0.001m^3）	0.03	每件
	15 天后，0.001m^3~0.02 m^3（含 0.02m^3）	0.05	每件
	15 天后，0.02 m^3以上	3	每 m^3
入库费	仓库	价格（元）	
	深圳	10 元/票+1.5 元/kg	
	香港	10 元/票+2 元/kg	
海运费用	立方区间	澳大利亚仓（每 m^3）	
	0~5m^3	2000	
	5.01m^3~10m^3	1500	
	10.01m^3以上	1200	

假设一年的需求为 D，则每年需要采购 D/Q 次。全年的采购费用为：

$$C_1 = 220 \times \frac{D}{Q} + 4.4 \times D \tag{14}$$

2. 海外仓存储费 C_2

为了简化计算，按照一年为 360 天，免仓租期按 30 天计算，将其折算成每件货物每年的储存费用 $c_2 = 0.05 \times 330 = 16.5$（元/件·年），一年内平均库存为 $12 \times Q + B$，则一年内库存费用为：

$$C_2 = 8.25 \times Q + 16.5 \times B \tag{15}$$

3. 缺货费 C_3

$$C_3 = n_0 \times c_3 \times Q_L = \frac{D}{Q} \times 250 \times Q_L \tag{16}$$

x 时间内需求为 r 的概率为：

$$F_x(r) = \frac{e^{-x}\ (x)^r}{r!} \tag{17}$$

① 豆丁网．递四方速递海外仓报价表［EB/OL］．http：//www.docin.com/p-945331029.html，2014-10-29.

备货时间 x 天的概率服从正态分布，平均备货时间为 20 天，方差为 1，则

$$P(x)=\frac{1}{\sqrt{2\pi\sigma}}e^{\frac{-(x-20)^2}{2}} \tag{18}$$

得到每次缺货的期望值 $Q_L=\sum_{r=L+1}^{L+15}\sum_{x=18}^{22}P(x)\times F_x(r)\times r$。

则该卖家一年所花费的物流成本为：

$$C=C_1+C_2+C_3$$
$$=(220+250\times Q_L)\times\frac{D}{Q}+8.25\times Q+4.4\times D+16.5\times B \tag{19}$$

对应不同的 L、B 以及 Q_L 对式（19）求导，得出总费用最小时的订货批量，并计算出费用，如表 6-3 所示。由表 6-3 可以看出，当 $L=36$，$B=16$ 时，其费用为 3 463.84，费用最小。即取订货批量为 99 件，订货点为 36 件，安全库存为 16 件时，物流成本最优。

表 6-3　订货点、安全缓冲库存、最佳订货批量及费用计算表

L	$L=20$	$L=26$	$L=27$	$L=28$	$L=29$	$L=30$	$L=31$	$L=36$	$L=37$	$L=38$	$L=39$
B	0	6	7	8	9	10	11	16	17	18	19
Q_L	10.368	2.328	1.643	1.127	0.752	0.489	0.309	0.021	0.011	0.006	0.003
Q	349.36	187.07	165.90	147.97	133.43	122.21	113.89	99.14	98.59	98.31	98.15
费用	7343.86	4749.71	4416.89	4137.47	3914.10	3745.42	3624.68	3463.84	3471.2	3483.11	3496.97

第四节 本章配套案例

一、跨境电商库存成本计算

【案例】 国际 A 公司 2014 年的物流成本控制。

假定国际 A 公司 2013 年度的物流成本为 340 万元，其成本构成如表 6-4 所示。

表 6-4 国际 A 公司 2013 年按功能计算的物流成本表

费用项目		物流费	功能					
			包装费	配送费	保管费	搬运费	信息流通费	物流管理费
车辆租赁费		200160						
包装材料费		60368	60368					
工资津贴		357336			78971	241202		37163
水、电、煤气费		10800			5400	5400		
保险费		13328			7330	5998		
修缮费		29632			16297	13335		
纳税及公用费用		41954						41954
削价损失费		26230			14426	11804		
通信费		17948					17948	
消耗物品		17253			5715	5174		6364
软件租赁费		8548					8548	
支付利息		26045			26045			
杂费		37874			11362	11362		15150
合计	金额	847476	60368	200160	165546	294275	26496	100631
	构成比例	100%	7.1%	23.6%	19.5%	34.7%	3.1%	11.9%

预计 2014 年 A 公司的物流量与 2013 年持平，人员数量和劳动生产率也不变，经过目标成本分解，包装费要下降 2%，仓库保管费要下降 5%，搬运费要下降 10%，管理要下降 7%，但信息流通费要增加 2%。

根据以上资料，请测算国际 A 公司 2014 年物流成本降低情况。

解答：

包装费用下降：7.1%×2%＝0.142%

仓库保管费用下降：19.5%×5%＝0.975%

搬运费用下降：34.7%×10%＝3.47%

管理费用下降：11.9%×7%＝0.833%

信息流通费用下降：3.1%×（－2%）＝－0.062%

总的物流成本会降低：0.142%＋0.975%＋3.47%＋0.833%－0.062%＝

5.358%。

减少的物流成本总额为：5.358%×340=18.217（万元）。

二、电商外包仓库库存管理[①]

（一）电商库存问题

很多电商企业做到一定规模后会把库存外包给专业的第三方仓储企业去管理，与自己管理仓库不同，很多信息上的沟通如果做得不到位的话，即使第三方仓储企业再专业，也会导致很多库存问题。

1. 入库异常

商家下属各供应商、工厂入仓质量无法管控，导致入仓数据从源头上就出错。如果在入仓环节供应商和厂家没配合好，就会增加仓库收货作业难度和成本，这些成本最终都会转移到电商企业自身。作为第三方仓储企业，能够辅助商家搞好对供应商的管理，于双方都是很有意义的事情。

2. 超卖

俗话说“天下武功，唯快不破”。电商行业和传统销售行业相比，效率高、速度快。一个爆款出现，瞬时会有大量的订单出现。因为前后台库存数据不一致导致订单超卖。而各大电商平台为了对消费者的体验负责，对超卖会有严格的控制，甚至有些惩罚措施，比如天猫对超卖订单会要求商家赔偿30%的货值给消费者。如果前后台的库存没衔接好，即使仓内的库存是足够的，前台未必能上架正确的库存数量，由此给商家和买家带来的损失就不可避免了。

3. 出库与结算环节的纠纷

电商的这种“快”往往会让仓库作业处于非常被动的地步——快速入仓，以便尽快发货；快速发货，以便客户体验好；卖得不好的话，快速退仓，以便尽快寻找其他销货渠道。因为这种“快”，让仓内来不及对库存进行细致的管理和反馈，导致在退仓的时候有纠纷。这种纠纷会耗费双方业务和结算人员大量的精力去举证、判责，严重的会影响到双方的合作。

4. 滞仓费计算

一般情况下，滞仓费会遵循先进先出的原则，跟进商品滞仓天数去计算滞仓费，但滞仓费的计算是基于一个准确的库存数量的。如果库存数量错误，滞仓费也就会产生各种纠纷。

---

① http：//www.sohu.com/a/121277582_ 468675/

（二）电商和第三方仓储联动管理库存

上述问题的出现，归根到底是“库存管理”的问题。电商与仓库的库存管理，应该站在“联动”的角度看，确保过程和结果都是准确的。以下重点分享下电商和第三方仓储如何联动管好库存。

1. 源头准

规范供应商入仓，从源头上确保库存准确。

和传统企业一样，很多有点规模的电商企业的货源可能来自多个供货商，这些供货商的管理水平可能参差不齐。能否规范入仓要看商家对供应商的约束能力和仓库对入仓异常的及时反馈。在入仓环节比较常见的异常如下。

（1）供应商发货延迟，导致仓库来不及收货，影响电商店铺的销售计划。尤其是在大促时期，如果供货商没及时发货会对仓库收货和发货产生重大影响，会严重影响电商平台对店铺的评分和消费者体验。

（2）货品包装不规范。有些品牌商如李宁等对供货商的管理是非常完善的，供货商会严格按照指定的包装入仓，唛头、包装规范。但很多中小型电商未必能对供应商有这么强的把控能力。唛头贴错、包装不统一。有些甚至直接拿个大编织袋来装货，给仓库收货清点造成了很大困难。

（3）条码错误。个别工厂未按照仓库和商家要求打条码，或者张贴了错误的条码。这种现象经常出现在服装行业。贴码和水洗标、箱外的唛头不一致，会导致仓库清点错误。如果仓库在入仓环节未及时发现，后面的发货环节发错货就不可避免了。

（4）分批到仓。一般情况下，一个入库单对应一次入库行为，有些供货商因为准备不足或者其他问题会采用分批到货的方式入仓。对一些需要进行批次管理的商品来说，分批到仓会导致仓库对批次的混淆。也会影响到销售端对不同产品的批次定价和仓库端对滞仓费的计算。

（5）数量差异。供货商未按照商家指定的数量入仓，仓库在入仓环节要反复和商家、供货商两边确认，影响入仓作业。

（6）货品混装。不同 SKU 的商品混装在一个大包装内，导致仓库收货混乱，清点时间加长，收错货的风险也增高。

（7）质量管理（QC）问题。有些商品需要根据电商平台进行仓内质量管理，需要仓内配合。如果商家未协调好质量管理和仓库的作业时间，会导致质量管理延迟和收货延迟。

上述问题，总结在一起就是商家缺乏对供货商的管控。由此带来仓库入仓清点难度加大、出错比例增高、收货延迟，后续的发货延迟和发错货的风险也增高。要解决上述问题，要需要将仓库真实的记录和入仓过程中的各种异常及时地反馈给商家。商家要在和供货商的协议中明确这些问题点，对这些点进行量化和追责，让供货商一起来承担由此带来的损失。逐渐地让供货商提升入仓能力，规范入仓。常见的异常及处理方式如表 6-5 所示。

表 6-5 常见异常及处理方式

异常分类	问题说明	责任界定	处理方案
延迟到货	商家发货迟，物流未及时将货品送至仓库	商家	在活动前 1 天的中午 12 点后入仓的商品，仓库收取延迟清点费
未在入库通知单下发 24 小时内通知商家，导致商家到货延时	仓库	货物到仓之后确保 12 小时之内清点完毕，免收加急清点费	—
分批到货	同一个入库单上的商品分多批入仓	商家	对事先未告知入仓的部分按件收费
数量不符	实际清点数量与入库单预计入库数量不一致	商家	总体差异超过±5%，仓库对超出部分收取清点费
商品总数一致，销售时发现 SKU 数量有误	仓库	仓库再次全部清点，并回告实际数量，同时支付该入库单入库数量×0.4 元/件的处罚	—
商品清点数量不准确导致超卖	仓库	仓库及时提供缺货订单，并承担超卖商品销售价 30%的赔偿	—
货品混装	非尾箱混装，跨 SPU 混装	商家	仓库对需清点部分加倍收取清点费
包装问题	运输大包装破损	商家	对运输大包装破损，严重影响到清点或订单发货的，仓库有权拒收该批商品

表6-5 续

异常分类	问题说明	责任界定	处理方案
销售包装不符合要求	商家	仓库不接受无销售包装的商品，可由商家重新包装后入仓，或由双方协商处理	—
条码问题	条码缺失或无法识别	商家	对不可识别的商品，不计入可销售库存；如需仓库贴码，仓库收取贴码费
条码与商品不符	商家	因条码与商品不符而造成的买家投诉和索赔，由商家承担责任	—

2. 过程准

确保仓库后台库存变动和前台能实时同步，确保不超卖。

保证过程准确主要靠两点：一个是仓内的管理，另一个是仓库 WMS 系统和店铺 ERP 系统及电商平台的商家后台。

（1）仓内管理。

①关于库存变动：商品入仓后，各种原因会导致库存变动，仓库要及时地把这种变动记录下来，并通过系统接口同步给店铺 ERP 系统及电商平台的商家后台。主要有以下几种场景：

- 正次品转换：入仓的时候是正品的可发货库存，实际拣货的时候发现是次品，不可发货。这种情况下仓库需要扣减一个正品库存，增加一个次品库存。
- 仓库丢货：仓库盘点发现货物短少，需要扣减库存。
- 仓库多发货、少发货、发错货。仓库发错货，需要对库存进行调整。
- 仓库盘点错误：上次盘点错误，在本次盘点中纠正，需要对库存进行调整。
- 错码调整：入仓时未发现编码错误，在库内管理或者发货环节进行调整。
- 退件入仓或者截单成功：前台订单取消已经发货的订单，仓库需要截单，如果快递截单成功或者被买家拒收退回仓库，仓库需要对库存进行调整。

上述库存调整场景，有些是需要商家承担责任的，比如正次品转换，有些是需要仓库承担责任的，比如丢货、发错货。不管是谁的责任，仓库都要忠实记录，及时反馈，时刻保持前后台库存数据的一致。

②关于仓内盘点：作为仓内的日常作业行为，每个仓库都会有各种盘点规则，如月度的、季度的大盘点、循环盘点等。以下几个盘点原则比较适合跨境电商企业。

- 月初库存低于20个的商品全部盘点：库存低于20个的时候，可能有超卖的风险。请仓库在月初对低于20个的SKU进行全部盘点，盘点结果反馈给商家ERP系统和店铺后台。如果有差异的话，店铺后台自动更新上架数量。
- 当天库存低于20个的商品当天盘点：同上，确保当天低于20个的商品不产生超卖。
- 库存有差异，实时盘点：利用系统功能，每天自动比对店铺上架数量、ERP库存数量和仓库库存数量，对有差异的数据自动生成盘点请求，请仓库纳入自己的盘点计划，并把盘点结果同步给ERP和商家的店铺后台。
- 活动后盘点：电商企业和传统企业不同的一点是，如果有大流量灌入或者预计的大型促销活动，会在短时间内产生大量订单。这些订单一般集中于有限的几个或者几十个SKU。活动过后，需要仓库对这些SKU进行盘点，以保证库存的准确。
- 退仓前盘点：为了确保退仓时的数量是准确的，有必要在退仓前对库存进行盘点，以便按照正确的数量退仓。

（2）发货。

确保发货过程中不错发、漏发、多发。仓内一般都有非常规范的流程，以下几个关键节点需要着重监控。

①拣货环节：确保拣货SKU和数量的订单一致。

②包装环节。包装台最好有两道复合环节：一道系统（把枪扫描），一道人工。

③交付快递环节：特别关注退款订单和订单内容有修改的订单。

3. 结果准

所谓结果准，指的是在退仓和结算的时候，能够有非常清晰的进销存数据，即使有库存差异，也能找到具体的原因，能够对责任方进行追责，确保商家和仓库、供应商在退仓和结算环节没有纠纷。退仓5大原则：

（1）退仓前商品下架原则：退仓前商家要将商品从店铺下架，以免退仓单生成后店铺还有订单流入，对仓库的退仓工作造成干扰。这个最好通过系统实现，人工干预会有遗漏的可能。

（2）退仓前盘点原则：退仓前仓库必须对要退仓的商品进行盘点，盘点结果及时通报给商家，并在系统中进行同步更新。这样做有两个好处：一个是商家可以尽快确认是否对退仓数量有疑问，另外一个是系统中同步更新后，可以按照盘点的结果生成准确的退仓单。

（3）库存差异数据当场追偿原则：如果库存有差异，当场追责。追责的依据就是仓库 WMS 和店铺 ERP 两边的进销存数据。所有的库存变动必须基于单据：入库单、发货订单、库内调整单、退仓单。这样在库存产生差异时，能够直接找到对应的单据，是仓库没上传发货数据还是仓内库存丢失一目了然。所有的单据尤其是库存调整单必须有明确的调整原因。这样在退仓和结算时可以立即确认谁来承担责任。

（4）追责和退仓两条线原则：有了上面的盘点原则和追偿原则，商家和仓库不能再以任何借口不退仓，追责和退仓两条线分开走。这样不会因对退仓数量有争议而延迟退仓。

（5）月台交接原则：这个主要是为了避免双方对已经交接的退仓数量有争议。实际操作过程中，以月台交接为界，双方对退仓数据进行签字确认，事后不得反悔。该原则在具体执行的时候，有些商家是采用第三方物流送货和退仓，第三方物流对交接数据可能不太负责。这点还有待商榷。

4. 系统功能

以上主要总结了库存管理过程中商家、仓库、供应商具体操作层面的内容。除了这些，系统功能要具备仓库管理功能。

（1）ERP 系统要有完善的铺货功能：很多大商家都是多平台、多店铺、多渠道销售。不同的渠道的上架数量的逻辑也不同。比如淘宝支持拍下减库存和付款减库存。为了不产生超卖，ERP 系统需要有完善的铺货系统，能够实现多渠道共享库存和按渠道锁定库存。

（2）库存调整实时同步：仓内库存调整时，能实时同步给店铺 ERP 系统，从而触发电商后台的上架数量进行调整。这个调整都是有具体的调整原因的，以便在后续对相关方追责。

（3）每日定时生成库存比对报告：店铺 ERP 系统和仓库 WMS 系统每日凌晨 2 点在库存作业停止时进行自动的库存比对，把两边的库存比对差异生成报告，提交给双方。仓库会根据差异报告主动查找差异原因，确认需要调整库存的，就对库存进行调整，然后同步给前台。

（4）进销存功能：这个是几乎所有的 ERP 和 WMS 都有的功能，但怎样能更方便地让仓库和商家发现库存差异的原因，是需要负责系统的产品经理们努力的。有的公司把该功能做成工具，让商家和仓库在很多场景下能够快速调用该功能，快速定位库存差异原因。

（5）库存盘点打通：这点在前面已经有所涉及，仓库的盘点规则和商家所希望的盘点规则是不一样的，通过库存盘点打通，ERP 自动把商家希望盘点的 SKU 发送给 WMS，WMS 在盘点后反馈数据给 ERP。

（6）零库存同步机制：尽管上面做了那么多运营和系统上的工作，为了绝对避免超卖，我们还需要个“保险”。这个“保险”就是“0 库存同步”：当库存可拣货数量为 0 时，实时同步给 ERP，ERP 强制触发商家店铺后台下架。

第五节 本章练习

一、单选题

1. 库存可以分为独立需求库存和相关需求库存，下列不属于相关需求库存的是（　　）。

A. 产成品库存　　B. 在制品库存
C. 定期库存　　D. 原材料库存

2. 下面哪个预测模型不属于定性预测方法？（　　）

A. 德尔菲法　　B. 一般预测
C. 线性回归分析　　D. 市场调研

3. 在哪个时期，顾客对产品了解得不多，销售量不会很大，但呈逐步上升趋势？（　　）

A. 成长期　　B. 成熟期
C. 导入期　　D. 衰退期

4. 定量订货法主要用于哪一类物质的库存控制？（　　）

A. A 类物资　　B. C 类物资
C. B 类物资　　D. A、B、C 都适用

5. 处理一次性订货的关键是（　　），如果需求量已知，问题就很简单。当需求量的概率分布已知时，应该根据期望利润最大或期望成本最小的原则进行决策。

A. 确定需求量　　B. 估计需求量
C. 均不对　　D. A 或 B

6. ABC 分类中，如果按照存货价值占库存总价值的不同进行分类，则 A 类库存是指（　　）。

A. 品种种类占 70%左右，价值在库存总价值中所占比例只在 10%左右

B. 品种种类占 10%左右，价值在库存总价值中所占比例只在 70%左右

C. 品种种类占 20%左右，价值在库存总价值中所占比例只在 20%左右

D. 品种种类占 50%左右，价值在库存总价值中所占比例只在 50%左右

7. 在 ABC 分类中，如果按照库存价值占库存总价值的不同进行分类，则 B 类库存是指（　　）。

A. 品种种类占 70%左右，价值在库存总价值中所占比例只在 10%左右

B. 品种种类占 10%左右，价值在库存总价值中所占比例只在 70%左右

C. 品种种类占 20%左右，价值在库存总价值中所占比例只在 20%左右

D. 品种种类占 50%左右，价值在库存总价值中所占比例只在 50%左右

二、多选题

1. 库存管理过程包括（　　）等过程。

A. 确定需求　　　　B. 存货识别与编码

C. 服务水平与安全库存的确定

D. 采购提前期管理

E. 订货批量与订购时间的确定

2. 影响库存控制决定决策的主要有（　　）。

A. 需求特性因素　　　　B. 订货点

C. 服务水平　　　　D. 订货提前期

E. 供应商水平

3. 库存需求有哪几个方面的因素必须要考虑?（　　）

A. 数量　　B. 时间　　C. 频率　　D. 范围　　E. 可预测性

三、名词解释

1. 供应链

2. 牛鞭效应

第七章　海外仓管理

【学习目标】

本章旨在让学习者了解跨境电商中海外仓的一些基本概念和知识，并对海外仓模式及技术有所了解。

通过本章的学习，能够：

1. 掌握海外仓基础知识；
2. 掌握常见的海外仓模式；
3. 掌握海外仓的运作管理方式；
4. 掌握海外仓所运用的技术。

【本章重点】

本章着重讨论海外仓的相关问题。首先介绍了海外仓的基础知识，然后介绍了常见的集中海外仓模式，接着就海外仓的运作管理方式进行了阐述，并对主流的海外仓技术进行了叙述。

【基本概念】

海外仓，海外仓模式，海外仓运作管理，海外仓技术

【建议学习时间】

2~3 课时

以知名的跨境电商平台 eBay 为例，在 eBay 高达 820 亿美元的交易额中，目前约有 22%来自跨境交易。自 2007 年 eBay 开始涉足跨境电商后，物流一直以直邮为主，随着我国跨境电商的快速发展，使用海外仓的卖家日益增多。在 2014 年第四季度，年销售额超过 10 万美元的中国卖家中，大约有 32%的卖家使用海外仓，但到了 2015 年第四季度的时候，这一比例已迅速增长至 70% 以上，一年内增长了一倍以上。从 eBay 的数据来看，尽管目前还有 80%的交易量是通过直邮的方式完成的，但是直邮交易额所占的比重只有 20%，这意味着剩下的 80%的交易额是通过海外仓完成的。

同样地，为应对跨境电商的迅猛发展，网易考拉也在美国、中国香港地区建成了两大国际物流仓储中心，并在税改后开通了韩国、日本、澳大利亚、欧洲等国际物流仓储中心；京东全球购在美国、韩国、日本、澳大利亚、欧盟、加拿大、中国香港等地区均建立了海外仓，并在新政出台后宣布将加大品牌直供占比、拓展海外仓建设。中国邮政速递物流股份有限公司也正在积极展开布局，除国际 EMS、国际 e 邮宝等直邮业务外，该公司也为跨境电商推出了海外仓储服务，目前已开办美国、英国、德国和澳大利亚仓库业务，另外，其在日本的仓库也即将上线。仓库接收到订单指令后，2~4 小时内出库配送。

第一节 海外仓的基础知识

一、海外仓的兴起原因

（一）跨境贸易电子商务的迅速发展

退换货在国内网购中较为普遍，国外买家的心态与国内买家是一样的，也希望购买的东西快点送到手中，不满意还能轻松退换货，那怎么解决这个问题呢？回答是走出国门，提供与国外电商一样的本土化服务，充分利用中国制造的优势参与国际竞争，这将是跨境贸易电子商务实现可持续发展的关键。而实现本土化服务的要点之一就是要把仓库建到海外去。

所以，海外仓将会成为电商时代物流业发展的一个必然趋势。采用海外仓主要有以下几个方面的好处。

第一，海外仓的头程将零散的国际小包转化成大宗运输，会大大降低物流成本。

第二，海外仓能将传统的国际派送转化为当地派送，确保商品更快速、更安全、更准确地到达消费者手中，完善消费者跨境贸易购物体验。

第三，海外仓的退货处理流程高效便捷，适应当地买家的购物习惯，让买家在购物时更加放心，能够解决传统的国际间退换货的问题。

第四，海外仓与传统仓储物流相结合可以规避外贸风险，避免因节假日等特殊原因造成的物流短板，从而提高我国电商的海外竞争力，真正帮助电商提供本土服务，适应当地买家的消费习惯。

（二）跨境电商根据企业自身需求转型建仓

第一，跨境电商与国内电商最大的区别就是把货物卖到国外，不稳定的物流体系是一大挑战。无论是企业还是个体电商，要想把生意做大，不仅要维护好自己的电子商务平台，还需要一个能降低成本、加快配送时效、规避风险的海外仓储。在前期，卖家只要把货物大批量运到海外仓库，就有专门的海外仓工作人员代替商家处理后续各项琐事，如在线处理发货订单，一旦有人下单就立即完成抓货、打包、贴单、发货等一系列物流程序，这可以给商家腾出时间和精力进行新产品开发，从而获取更大的利润。

第二，在海外市场，在当地发货更容易取得买家的信任，大多数传统买家更相信快捷的本土服务，在价格相差不大的情况下，他们更愿意选择设置海外仓的商品，境内配送速度更快、安全性更高。特别是在黑色星期五、圣诞节等购物旺季，订单暴增，跨境配送的效率受到影响，丢包的风险加大，加上各国海关的抽查政策更加严格，例如在途径意大利、西班牙海关时，包裹很容易被扣关检查，这将延迟配送的时间。而速度是与买家的满意度直接挂钩的，买家满意度的降低会威胁到卖家的信誉。因此，越来越多的国内卖家意识到应该选择海外仓。海外仓不仅可以将跨境电商贸易中的物流风险“前置”，还会提高客户满意度，增加成交量，待卖家的信誉和评价提高了，营业额也必然增长。

第三，除了本地发货的可信度和时效性，海外仓储及其配套系统也能给卖家带来更好的跨境贸易购物体验，节省更多的时间，减少出错率。

（三）海外仓的数据化物流体系带动跨境电商产业链的升级

根据美国已有的经验，许多海外仓已采取数据化、可视化的运营方式。我国可效仿这一模式。从长远来看，数据化物流日趋完善将进一步带动跨境电商产业链的升级。通过数据管理物流，分析流程中的时间点数据，有利于卖家在配送过程、成品发货流程等方面找出问题，在供应链管理、库存水平管控、分销管理等方面提高效率。

二、海外仓的优缺点

（一）优点

能得到跨境电商巨头们的青睐，海外仓必定有其自身特有的优势，那么它的优势具体体现在哪些方面呢?

1. 降低物流成本

从海外仓发货，特别是在当地发货，物流成本远远低于从中国境内发货，例如在中国发 DHL 到美国，一公斤货物要 124 元，在美国发货只需 5.05 美元。

2. 加快物流时效

从海外仓发货，可以节省报关清关所用的时间，并且按照卖家平时的发货方式（DHL：5~7 天；FedEx：7~10 天；UPS：10 天以上）若是在当地发货，客户就可以在 1~3 天收到货，大大地缩短了运输时间，加快了物流的时效性。

3. 提高产品曝光率

如果平台或者店铺在海外有自己的仓库，那么当地的客户在选择购物时，一般会优先选择当地发货，因为这样对买家而言可以大大缩短收货的时间。海外仓也能够让卖家拥有自己的场地、提高产品的曝光率、提升店铺的销量。

4. 提升客户满意度

因为并不是所有收到的产品都能让客户满意，这中间可能会出现货物破损、短装、发错等情况，这时客户可能会要求退货、换货、重发等，这些情况在海外仓内便可调整，大大节省了物流的时效性，在一定层面上不仅能够重新得到买家的青睐，也能为卖家节省运输成本、减少损失。

5. 有利于开拓国际市场

因为海外仓更能得到国外买家的认可，如果卖家注意口碑营销，自己的商品在当地不仅能够获得买家的认可，也有利于卖家积累更多的资源去拓展市场，扩大产品销售领域与销售范围。

（二）缺点

当然，海外仓也是把双刃剑，有优点，也有自己的不足。

1. 必须支付海外仓储费

海外仓的仓储成本费用，不同的国家的费用也不同，卖家在选择海外仓的时候一定要计算好成本费用，与自己目前发货方式所需要的成本进行对比选择。

2. 海外仓储要求卖家有一定的库存量

海外仓储要求卖家要有一定的库存量，所以对一些买家特别定制的、销量比较小的这类产品，就不适合选择海外仓储销售。

并不是所有的产品都适合海外仓，一般建议那些已经标准化了的、热销或者体积大、重量大的产品选择海外仓，或者是那些虽然销售速度比较慢，但是已经形成一定的销售规模的产品，也可以选择海外仓。

虽然现在很多海外仓公司在仓租费上都会为卖家提供很大的优惠，如免仓库租金等，但是也建议卖家在决定使用海外仓后，第一次尽量不要发太多，然后根据销量补货，避免产品滞销的情况出现。

三、海外仓的选品思路

（一）适合海外仓的产品

适合用海外仓的产品主要有：

1. 尺寸、重量大的产品

由于这些产品用小包、专线邮递的话，规格会受到限制，使用国际快递的费用又很昂贵，而使用海外仓的话会突破产品的规格限制和降低物流费用。

2. 单价和毛利润高的产品

这是因为高质量的海外仓服务商可将破损率、丢件率控制至很低的水平，为销售高价值商品的卖家降低风险。

3. 货物周转率高

周转率高的货物也就是我们常常所说的畅销品。对于畅销品来说，买家可以通过海外仓更快速地处理订单、回笼资金；对于滞销品来说，占用资金的同时还会产生相应的仓储费用。因此，相比之下，周转率高的商品会比较适合使用海外仓。

海外仓也是有特定的风险的，因此我们建议卖家应该根据其产品的特点、销售的情况、自身的实际情况来决定是否采用海外仓。

（二）海外仓选品思路

海外仓选品的思路主要从以下四个部分来构建。

1. 确定在哪个国家建立海外仓

一方面，我们在建仓的时候要选择可以覆盖周围市场的地方，比如美国覆盖加拿大，而如果欧洲仓有五个地方可以选，任选一个就可以了。另外一方面，针对商品专攻哪一个国家来选。还可以通过选品专家热销词来参考海外仓选址。

2. 了解当地国家的买家市场需求

可以从当地电商平台了解和调查当地买家对商品的需求从而决定如何选品。

3. 在国内寻找类似产品，开发海外仓产品

开发指标可以根据产品的单个销量、单个到仓费用、单个毛利及毛利率、月毛利、成本收益率。以上这些指标根据国内市场销售情况来确定哪些是热销品，是否适合目标市场。

4. 运用数据工具选品

选产品可以运用已有的数据工具，主要可以参考的工具有：数据纵横中选品专家的热销词、热搜词；搜索词分析中的飙升词。具体的数据从选品专家下载，关注成交指数大、购买率小、竞争指数小的产品词。另外还可以选择一些其他的第三方工具用来寻找打造爆款的主力词。

四、海外仓现存的主要问题

建设海外仓存在的一些问题是不容忽视的。主要有以下几个方面[①]：

（一）海外自行建仓成本高

以美国为例，一个工人每月的基本薪水大约为 3000 美金，一年 3.6 万美金。在中国，仓库工人的成本约为 2 美元/小时，而在美国则是 14~15 美元/小时。美国的仓库年租金一般为 30~50 美元/平方米。1000 平方米就是 3 万~5 万美元/年。这些费用还不包括其他生活费和税费。由此看来，一般中小跨境电商承受不起。

海外仓储费用高昂且名目繁多，包括仓储费、入仓费、标签打印费、订单处理费、退货费等，让那些商品利润空间较薄的卖家不堪重负。对于使用海外仓的企业来说，由于还不能像亚马逊那样通过建设先进的仓储中心和高度自动化和规模化的运营来降低成本，因此海外仓实际费用和从中国直接邮寄的成本差别不大。

对于中小企业来说，在没有具备一定经济实力和品牌基础的情况下，要量力而为，不要轻易海外建仓，就算选择第三方海外仓服务也需要非常慎重。除了极少数的跨境电商大平台之外，跨境电商实际上属于品牌商和有实力零售商的游戏，靠价格战和半生不熟的品牌战略支持不了跨境电商的未来。

（二）存在清关风险

传统的出口贸易，在进口国的清关工作一般都由进口商负责办理，进口

---

① 罗玥. 跨境电商“海外仓”的风险分析及对策建议［J］. 物流科技，2016（11），136-138.

商对于本国海关的相关法律法规和操作流程比较熟悉，一般不易出问题。同时，由进口商负责办理清关，则清关的风险转移至买家。在跨境出口的模式下，买家以最终消费者居多，大多不具备清关的能力，相当于出口商采用的是 DDP［Delivered Duty Paid，完税后交货（……指定目的地）（Named Place of Destination）］的贸易模式。

不同国家的海关法律法规不尽相同，出口商一般对进口国海关的相关规定及清关流程不一定了解和熟悉，由于理解的问题、沟通的问题，在无意中有可能违反相关的海关法规。

企业如果违反海关法，对于一般违法行为，将面临罚款、没收违法所得以及被海关降级，企业此后的进出口货物通关将面临海关更严格的审查，从而导致企业通关成本增加，通关速度大幅度下降，以致可能严重影响业务经营活动；如果违法行为具有偷逃税款或者逃避贸易限制强制性规定的故意，不仅面临被判处罚金、没收货物，甚至将面临刑事诉讼。

当卖家从海外仓发货时，必须自行在进口国海关清关，或者委托第三方海外仓办理代理清关服务，由于对于货物以及有关法规、清关流程的不确定、不可控，加大了上述风险。

（三）产品知识产权问题

从 2014 年 11 月开始，陆续有商家反映他们的 PayPal 账户遭到冻结甚至清零。这两年，差不多每年圣诞节前后，正值西方传统购物的高峰期，在亚马逊、eBay 等大型跨境电商平台上的、面向美国市场的中国中小卖家往往会遭遇到这种集中的账户遭冻结和清零的情况。背后的主因是由于卖家遭遇了“钓鱼执法”。一批来自美国的买家，以高价购买仿冒品为由与中国商户聊天，获取其 PayPal 账户，随后相关品牌商凭借聊天记录在美国提起诉讼，目前超过千名卖家深陷其中。

这是境外品牌商通过司法途径实现知识产权保护的一种措施和手段。美国品牌商通过获取我国商户涉嫌侵犯对方知识产权的证据，而后向法院提起诉讼并申请法院对我国商户存在于 PayPal 账户上的资金进行冻结，就是一种诉讼财产保全行为，符合法理和法律规定，也是法律实务中常见的手段。

一直以来，美国品牌商在打击跨境贸易中的不当行为都很困难，不仅成本高，而且法院判决很难执行。但这次美国的权利人在取得证据之后，利用当地法律把中国商户的 PayPal 账户冻结，把难题都留给了中国商户。可以试想一下，当中国企业在美国大规模建立海外仓，商品都堆在别国境内，一旦企业有任何违反知识产权的行为，当地警方查封货物将成为轻而易举的一件事。而长期以来，中国企业的知识产权意识不强，对境外的法律体系和法律风险不甚了解，侵权行为也时有发生，过去被侵权者维权成本高，现在利用电商平台取证，通过冻结账户，甚至查封海外仓等方法，将中国企业置于困境。

（四）存在库存压力

做海外仓需要提前备货，只要有库存就有滞销的风险，而中小卖家对于大数据的运用并不具备优势，对于货品的畅销和滞销并不能做出准确的判断，因此备货时，很难根据市场需求进行合理的配置，这势必会增加企业的库存成本。因此，大家在选择做海外仓的时候，一定要对自己产品的销售有一个预判，如果对于自己产品的销售没法很好地把握的话，建议刚开始不要发货太多，先发一部分产品，试销售，通过进行销售分析，然后再大量补充产品。对于滞销品的处理，一般来说不会再运回中国，否则又将变成一个进口的问题。因此，一旦发生滞销，就要通过各种促销手段将这些滞销品尽量处理掉。这又将会对企业造成一定的损失。

（五）税务合法性问题

据有关媒体报道，亚马逊英国致电部分中国卖家，要求在 2016 年 6 月 30 日前提交 VAT（Value Added Tax，增值税）账号，否则将不排除面临封号的风险。

欧盟的增值税是附加在商品和服务的价值上征收的一种消费税，适用于在欧洲交易的、用于使用或消费的商品或服务。欧盟不同国家有自己的税率标准，就英国而言，VAT 有三种税率标准：20%的标准税率适用于绝大多数商品和服务；5%的低税率适用于家庭用电或汽油；0%的税率适用于极个别情况。

对于向欧洲出口产品的中国卖家来说，需要交纳的实际 VAT＝销售税 VAT－进口增值税（IMPORT VAT）。销售 VAT＝产品定价（税前价格）×20%，这是由客户承担的。

进口增值税＝（申报的货物价值＋头程运费＋关税）×20%，卖家可以申请退回进口增值税。

VAT 适用于所有使用海外仓储的卖家，即便使用的海外仓储服务是由第三方物流公司提供的，卖家也从未在英国当地开设办公室或者聘用当地员工。只要产品是从英国境内发货并完成交易，就必须缴纳 VAT。但是，从中国直邮至英国的卖家将不受影响。

并且，卖家不能使用海外仓储服务公司或者其他个人的 VAT 账号。也就是说，使用海外仓的跨境电商想要出口货物到英国，必须向英国税务部门登记申请 VAT 账号。

英国财政大臣认为越来越多在英国备货、线上销售的海外卖家没有缴纳 VAT，极不公平地打击了英国互联网经济和实体经济。英国政府出台该政策的主要目的：增加国家财政税收，保护英国本土卖家，打击海外电商的逃税行为。

第二节 常见的海外仓模式介绍

结合我国消费品跨境电商出口贸易及当前海外仓业务实践，消费品跨境电商出口贸易海外仓建设与运营模式主要可分为三大类，分别是亚马逊 FBA 模式、出口企业自建仓模式、第三方海外仓服务模式。另外，随着边境贸易的快速发展，边境贸易和边境仓也凸显出重要作用。本节主要对以上几种模式进行介绍。

在具体实践中，每种业务模式又分别具有各自特有的优势与不足，如图 7-1 所示，显示的是亚马逊 FBA 模式和自建仓模式的优缺点对比。①

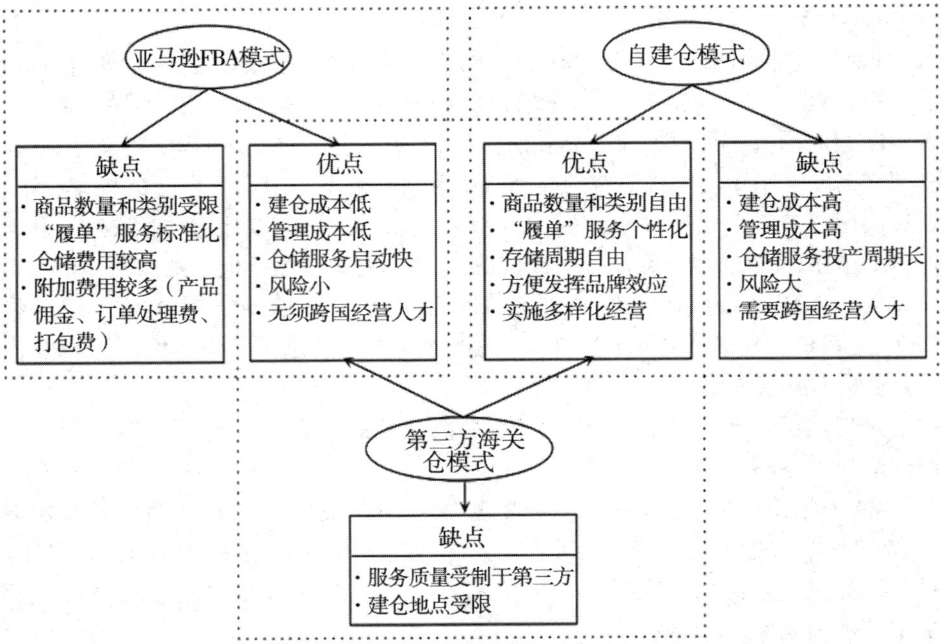

图 7-1 消费品出口的不同海外仓业务模式对比

① 孟亮，孟京. 我国跨境电商企业海外仓模式选择分析——基于消费品出口贸易视角［J］. 中国流通经济，2017，31（6）.

一、亚马逊物流（FBA）

亚马逊公司是美国最大的一家网络电子商务公司，位于华盛顿州的西雅图。是网络上较早开始经营电子商务的公司之一。亚马逊成立于1995年，最开始从事书籍销售业务，现在则扩展了范围，涵盖相当广的其他产品，如DVD、音乐光碟、电脑、软件、电视游戏、电子产品、衣服、家具等。

FBA（Fulfillment by Amazon，亚马逊物流），就是指卖家把自己在亚马逊上销售的产品库存直接送到亚马逊当地市场的仓库中，客户下订单，就由亚马逊系统自动完成后续的发货。

除作为在线零售商的角色之外，亚马逊突出平台职能的典型事例是，2007年引入了FBA服务，即亚马逊将自身平台开放给第三方卖家，将其库存纳入亚马逊全球的物流网络，为其提供拣货、包装以及终端配送的服务，亚马逊则收取服务费用。

FBA能提供几乎所有FBA仓库的到门服务，对于遍布在美国、欧洲、日本、加拿大的FBA仓库，提供独家开发的路线给Amazon卖家，有经济型、快捷型服务供客户选择。

使用FBA的卖家需要支付一笔费用将其产品存储在亚马逊的物流中心，FBA卖家也能因此享受到亚马逊的物流配送服务。

当顾客购买了卖家的FBA产品时，亚马逊会收到该信息，从货架上挑选货物，包装并运送。亚马逊还会为所有FBA产品提供客户服务。亚马逊的FBA费用会涵盖这些服务，而这些费用是根据所销售商品的尺寸和重量确定的。另外亚马逊还收取短期和长期的存储费用，所以物品储存在FBA库存中的时间越长，卖家将承担的费用也就越多。

（一）FBA模式的特征

FBA模式就是跨境电商出口企业把自己的产品放到亚马逊的跨境电商平台上销售，所销售产品的库存也直接送到亚马逊在进口国当地市场的仓库中，一旦进口国客户在亚马逊电商平台上确认购买订单，即由亚马逊的物流配送系统自动完成后续的发货、送货等具体物流操作。FBA模式的特征如下。

1. 建仓成本低，见效快

对跨境电商出口企业而言，FBA模式最大的优点就是可以直接利用亚马逊在全球已经建立的非常成熟的仓储和配送体系来解决建仓成本问题。出口商品存入亚马逊公司的仓库，不仅不需要出口企业在海外进行任何固定资产投资，不需要在海外驻扎人员，可以节约大量的海外建仓与管理成本，而且几乎没有业务建设周期，业务展开迅速、见效快。

2. 一条龙服务，方便快捷

亚马逊的海外仓系统能够给跨境电商出口企业提供包括海外市场仓储、捡货、包装、配送、收款、售后客服、退换货处理、礼品包装赠送等在内的一条龙海外物流服务。亚马逊海外仓物流平台一年 360 天无休，7×24 小时不间断处理订单发货，非常符合消费品顾客便捷购买的心理要求与购买行为需求，可以极大地提高跨境电商出口企业的国际物流服务质量，简化跨境电商出口企业对售出商品的物流管理。

3. 受制于平台，商品类别和服务拓展受限

对出口企业而言，FBA 模式受平台约束过大。跨境电商出口企业使用 FBA 模式海外仓的一个前提就是商品必须依托亚马逊的跨境电商平台销售。受亚马逊跨境电商平台主营商品类别与顾客群体特征的制约，加上亚马逊对在其电商平台销售及在其仓库存储的货物设置了诸多规定，只要未达到相关规定和要求，消费品跨境电商出口企业就不能使用 FBA 模式海外仓。例如，对于一些易燃易爆货物，亚马逊仓库是不接收的。此外，为降低管理成本，简化业务操作程序，亚马逊对客户线下“履单”（Fulfills）服务实施标准化运作，如果消费品跨境电商出口企业想针对终端客户开展某些个性化物流配送服务，满足客户的多样化需求，提升其消费体验，依托 FBA 模式往往是无法实现的。

4. 低出货率导致高仓储成本

FBA 模式的仓储成本具有很强的时间正向关联性。亚马逊公司的仓储服务收费主要由仓储费用、产品佣金两部分组成，仓储费用自货物入仓后根据货物在亚马逊仓库存储的时间按月收取，每月每平方米大约 120 元；产品佣金以商品在亚马逊电商平台成交时售价的 15%~26%收取，若单件商品售价低于 300 美元，还会另外加收订单处理费、打包费等其他服务费用。我国跨境电商出口企业的商品在亚马逊跨境电商平台的出货率和仓储时间将直接影响仓储成本，进而影响商品出口利润。一旦商品滞销，出货率较低，在亚马逊仓储时间过长，就会导致仓储成本急剧攀升，甚至超过低价商品自身的价格。

（二）FBA 的详细流程

1. 卖家操作申请发 FBA ①

（1）注册 FBA。找到亚马逊服务页面，点击“Fulfillment by Amazon”，在跳转出来的页面中填写公司名称并且勾选，表示同意亚马逊相关条款及协议，最后选择 FBA 服务就可成功注册。

---

① 本部分参考网址：www. sellerwant. com。

（2）选择 FBA 的产品。在“Inventory”页面中，勾选要发货到亚马逊仓库的产品，选择“Change Fulfillment by Amazon”，这些选中的产品会顺利地转换到 FBA 流程。需要注意的是当我们把产品从卖家自发货转换成亚马逊发货直至亚马逊收到货物上架之前，卖家产品的列表处于买家看不到的状态。如果卖家想在这段时间内，还是让买家看到你的产品并且卖家国内还是有库存的情况下，可以从 FBA 流程中转换出来。转换过程中还需要设置一下产品在国内的库存数量。但是有些卖家在库存页面中还是没有转换回来的时候，就拿产品 SKU 在后台搜索，一般会搜索出来的，这个时候卖家就可以设置国内的库存了。

2. 操作 FBA 发货流程（Send/Replenish Inventory）

第一步是 Set Quantity，那么在 Unit 下面输入发货产品的数量。如果之前上传产品的时候没有输入产品包装的尺寸的话，卖家在这里还需要填写产品的包装尺寸。Packing Type 有两种类型：Individual Products 和 Case Packed Products。Individual Products 是混装，就是不同的产品混合装箱；Case Packed Products 是相同的产品装一箱。

第二步是 Prepare Products，这步是准备产品，可以先忽略。

第三步是 Label Products，这里需要注意后台要让卖家选择到底是亚马逊贴标签还是卖家自己贴。当然卖家省钱的方式还是自己贴标签，毕竟亚马逊贴标签的话需要收费。如果选择卖家自己贴标签，在“Who Labels”下面选择“Merchant”，并选择相应规格的标签纸打印标签。

第四步是 Review Shipments，在这里可以看到亚马逊将卖家的产品分配到哪个仓库存储。

每一个 Shipment Name 代表每一个仓库，并且可以看到卖家存放到该仓库的有几个产品。卖家需要点击“Work on Shipment”继续操作。

第五步是 Prepare Shipment，在 Shipping Service 这里有 Shipping Method 和 Shipping Carrier 两种让卖家进行选择。一般卖家发货重量在 60 公斤左右的话就选择 Small Parcel Delivery（SPD），另外 Shipping Carrier 下面即使卖家选择 UPS 发货，但我建议卖家选择 Other Carrier，且在下拉框中选择“Other”。Shipping Labels 即箱子的外箱标签，那么这个需要打印出来，打包完成的时候粘贴到外箱。

第六步是 Summary，填写物流跟踪号，当卖家把跟踪号拿到手后标记已发货。

3. 退货流程[①]

对亚马逊上的FBA订单，如果客户要求退货怎么处理呢？一般的退货流程包括：

（1）买家提交“退货申请”；

（2）卖家在卖家平台的“订单”—“管理退货”中查看退货申请及退货原因；

（3）卖家根据“亚马逊产品退货政策”，在卖家平台的“订单”—“管理退货”中处理退货申请；

（4）如关闭申请，亚马逊会向买家发送邮件通知，邮件内包含卖家关闭申请的原因；

（5）如批准退货申请，系统将卖家的退货地址通过邮件形式发送给买家，卖家等待买家退货中；

（6）卖家收到退货，在“管理退货”或者“管理订单”页面操作订单退款。

针对FBA的订单，买家要退货有两种情形，订单分别按照以下方法处理。

第一种情况，买家还未收到货物。如果您的货物在货代那没正式发出，就终止发货，给买家做全额退款处理。如果已经发货了无法退回的话，那建议您跟买家协商，说货现在已经发出去了，等买家收到货后，看喜不喜欢再决定是不是不要货了。如果买家还是不同意，就要现在处理的话，可以核算自己的产品成本跟买家协商退款的额度，货就免费赠送给买家了，以此来减少损失。如果买家坚持要退全款，若货值不高的话建议退全款，货直接送给买家，让其留个评价。如果货值高，超过一百美金，建议按正常的程序进行退货处理，首先让买家拒绝收货，请买家将货物寄回到当地的仓库即可。

第二种情况，买家已经收到货物 。FBA订单引起退货问题，货会退回FBA仓库，FBA仓库会处理。建议卖家联系FBA那边让其把货取回仓库，待买家把货退回后再退款处理。退回来的货物，如果没有破损，可以联系亚马逊重新贴标签再次销售；如果已经损坏，亚马逊会提示您这个产品已经不可再销售，您可以让亚马逊销毁，或者让第三方海外仓公司运回国内，或者让可以提供维修退货服务的第三方海外仓公司帮忙处理。

（三）FBA费用

整个流程中产生的费用除了仓到仓的费用，还有仓库里的费用，主要包括：

---

① 本部分参考雨果网：www. cifnew. com。

1. 头程费用

头程费用主要指从货物产地发货到 FBA 仓库的费用。

2. 订单配送费

FBA 配送费用取决于商品包装后的重量和尺寸（商品尺寸分段）。标准尺寸商品是指完全包装后的重量不超过 20 磅并且长度不超过以下标准的商品：最长边 18 英寸，次长边 14 英寸，最短边 8 英寸。

超过上述尺寸的商品属于大件商品。如果商品成套销售，那么会计算整套商品包装在一起之后的总体重量和尺寸。

（1）标准尺寸商品分段（适用于国内和国际订单）。标准尺寸商品的物流配送费用如表 7-1 所示。

表 7-1　亚马逊物流配送费用（标准尺寸）

	小号标准尺寸（不超过 1 磅）	大号标准尺寸（不超过 1 磅）	大号标准尺寸（1 磅至 2 磅）	大号标准尺寸（超过 2 磅）
1 月~9 月	2.41 美元	2.99 美元	4.18 美元	4.18 美元+（超出首重 2 磅的部分）×0.39 美元/磅
10 月~12 月	2.39 美元	2.88 美元	3.96 美元	3.96 美元+（超出首重 2 磅的部分）×0.35 美元/磅

（2）大件商品分段（仅适用于国内订单）。大件商品的物流配送费用如表 7-2 所示。

表 7-2　亚马逊物流配送费用（大件）

	小号大件	中号大件	大号大件	特殊大件
1 月~9 月	6.85 美元+（超出首重 2 磅的部分）×0.39 美元/磅	9.20 美元+（超出首重 2 磅的部分）×0.39 美元/磅	75.06 美元+（超出首重 90 磅的部分）×0.80 美元/磅	138.08 美元+（超出首重 90 磅的部分）×0.92 美元/磅

3. FBA 库存仓储费

（1）月度库存仓储费。

一般会在次月的 7 日到 15 日之间收取上个月的仓储费。仓储费因商品尺寸分段和月份而异。虽然标准尺寸商品通常小于超大尺寸商品，但其在储存时需要经过更复杂且成本更高的装架、装柜和装箱工作。但是，费用按立方英尺收取，这意味着标准尺寸商品的总仓储费用可能会低于超大尺寸商品（基于体积）。收费标准如表 7-3 所示。

表 7-3　仓储收费标准

月份	标准尺寸	超大尺寸
1 月~9 月	每立方英尺 0.64 美元	每立方英尺 0.43 美元
10 月~12 月	每立方英尺 2.35 美元	每立方英尺 1.15 美元

（2）长期库存仓储费。

每年 2 月 15 日和 8 月 15 日，亚马逊物流将进行库存清点。在这两天，在亚马逊运营中心的存放时间处于 6~12 个月的库存将接受每立方英尺 11.25 美元的长期仓储费评估。对于截至库存清点日，在亚马逊运营中心的存放时间超过 12 个月（含 12 个月）的商品，亚马逊会按每立方英尺 22.50 美元的标准评估长期仓储费。收费标准如表 7-4 所示。

表 7-4　仓储收费标准

库存清点日	受影响的库存	长期仓储费（每立方英尺）
2 月 15 日和 8 月 15 日	商品在运营中心存放了 6~12 个月	11.25 美元
2 月 15 日和 8 月 15 日	商品在运营中心存放了 12 个月或更长时间	22.50 美元

4. 移除订单费

移除费用按移除的每件商品收取。通常情况下，移除订单会在 10~14 个工作日内处理完毕。但是，在假日季和移除高峰期（2 月、3 月、8 月和 9 月），处理移除订单可能需要长达 30 天或更长时间。收费标准如表 7-5 所示。

表 7-5　移除订单费

服务	标准尺寸（每件商品）	超大尺寸（每件商品）
退还	0.50 美元	0.60 美元
弃置	0.15 美元	0.30 美元
清算	10%的清算收益	10%的清算收益

5. 退货处理费

退货处理费适用于在亚马逊上出售、并且属于亚马逊为其提供免费退货配送的分类的买家退货商品，包括以下分类：

（1）服装；

（2）钟表；

（3）珠宝首饰；

（4）鞋靴、手提包和太阳镜；

（5）箱包。

退货处理费等于某个指定的商品的总配送费用。该费用适用于在亚马逊上出售的属于我们为其提供免费买家退货配送的选定分类、并且实际被退回至某个亚马逊运营中心的商品。

在单个订单中向买家配送了多件商品时，单件商品要支付的退货处理费可能要高于总配送费用。

退货处理费示例如图 7-2 所示。

大号标准尺寸（不超过 1 磅）

	手提包 尺寸：8. 5×5. 8×1（单位：英寸） 商品重量：0. 35 磅 出库配送重量：1 磅
配送费用：1~9 月	2. 99 美元
退货处理费	2. 99 美元

图 7-2　退货处理费示例

我们以一件出库配送重量为 1 磅且在 1~9 月期间售出的手提包为例。这笔交易的亚马逊物流配送费用为 2. 99 美元。如果买家决定退回该商品，则您需要支付 2. 99 美元的退货处理费。

6. 计划外预处理服务费

如果运送到亚马逊的商品没有经过妥善预处理或贴标，就需要在亚马逊运营中心实施计划外预处理服务，例如贴标或塑料袋包装。目前，亚马逊物流对以下计划外预处理服务收取的费用如表 7-6 所示。

表 7-6　计划外预处理服务收费

问题类型	计划外预处理服务	初次发生：对第一个货件的每件问题商品收费	后续情况：对后续所有货件的每件问题商品收费
条形码标签缺失	为商品贴标	0.20 美元	0.40 美元
需要标签	为商品贴标	0.20 美元	0.40 美元
需要使用塑料袋	包装使用塑料袋封装商品	0.70 美元	1.40 美元
需要使用气泡膜包装	使用气泡膜封装商品	1.00 美元	2.00 美元
需要使用不透明塑料袋	包装使用不通明包装袋封装商品	1.20 美元	2.40 美元
需要封装	使用胶带封装商品	0.20 美元	0.40 美元
需要附上窒息警告标签	粘贴警告标签	0.20 美元	0.40 美元

FBA 海外仓模式比较适合三类消费品跨境电商出口企业使用。

第一类是刚刚开展跨境电商出口贸易的企业。这类企业开展跨境电商业务的时间短，未来业务发展走势不易把控，尚未在进口国建立稳定的跨境电商客户群，使用 FBA 海外仓模式，能够充分利用亚马逊跨境电商平台的品牌影响力，基于亚马逊平台固有客户群开发新客户，可以大大节约跨境电商出口市场开拓成本并快速建立消费客户群。

第二类是缺乏品牌效应和跨境仓储物流人才与管理经验的中小型消费品生产企业。这类企业在跨境电商业务方面尽管已经拥有了一定的顾客积累，但由于自有品牌影响力不足，加之独立开展跨境仓储物流业务的经营风险较大，采用 FBA 模式可以获得的最大好处就是能够利用亚马逊跨境仓储物流方面的业务网络来实现自己的商品配送，有效降低物流配送所引发的跨境出口贸易风险与成本。

第三类是品牌成熟但在目标国市场销量不大的耐用消费品跨境电商出口企业。此类企业的商品消费周期长，短期内消费数量可控，不存在紧急大量调货的情况，可采用定期稳量运输方式向进口国市场供货，以 FBA 海外仓模式作为目标国货物配送与售后服务形式，既能降低仓储运营成本，又不影响客户消费体验。

二、出口企业自建仓

出口企业自建仓模式指跨境电商出口企业自行在主要进口国境内投资建设仓储公司，完成海外仓储、通关、报税、物流配送等一系列业务环节。通常情况下，往往都是那些具有相当业务规模的出口卖家，具备采用自建仓模式的能力。出口企业自建仓模式最大的优点就是业务自由度高，最大的不足之处就是建仓与运营难度大。出口企业自建仓模式特征如下。

（一）仓储容量大，适用货物类型广

企业在进口国境内自建仓库，可根据海外市场需求数量和特点，选择仓库设置地点、仓储容量等。仓储货物类型和周期均不受其他业务关联方约束，跨境电商出口企业可以完全自由地处理相关事务，方便而及时地满足进口国批发商的进货需求。例如，亚洲最大的泳装跨境电商基地——辽宁葫芦岛的泳装产业已经在海外成功自建了10个海外仓，可根据欧美泳装消费的淡旺季调整库存，预先存储大量不同款式和型号的泳装，待市场需求启动时，第一时间把产品投放市场，抢占销售先机。

（二）树立品牌形象，方便发挥品牌效应

在海外目标市场自建仓储系统，向进口国经销商和消费者直观展示企业资产实力，树立企业优质品牌形象，有助于出口企业市场的扩大。出口企业可充分利用仓储空间的外观设计和展示，将企业自身或产品的LOGO刷涂到仓库外表，在消费市场当地形成广告宣传效应，带来企业产品的品牌溢价。

（三）建立立足点，业务拓展灵活便利

在进口国境内建设仓储基地，需要消费品跨境电商出口企业在进口国境内注册法人并依法取得进口权限。企业在海外建有立足点，方便根据业务量及公司经营战略进行调整，基于进口国投资者资源优势，利用其仓储所在地的资本、人力资源、业务合作伙伴等，及时调整业务运作模式，实施多样化经营管理，加快推动出口企业的成长和发展。

（四）建设成本高，运营风险大

跨境电商出口企业在海外自建仓面临的最大困难就是建设成本高、运营风险大。建设海外仓相当于在进口国境内新建一家企业，建仓初期所需资本投入比较大，加之其业务经营又涉及两国海关关务、法律事务、财务及税收事务等烦琐问题，如果出口企业消费品的海外销售数量不足，无法形成规模优势，反而会因自建仓投入过大而增加单件产品的国际物流与仓储成本，直接影响其国际市场竞争力。例如，在我国的仓库工人的最低成本约为每小时3

美元，而在美国的仓库工人的最低成本达到了每小时 15 美元。

（五）跨国经营管理要求高，人才短缺

跨境电商出口企业在海外自建仓所面临的另外一个关键问题是能够进行跨国经营管理的人才短缺。企业在海外自建仓并进行物流配送，无论是在我国自己的国际仓储和物流配送管理人才方面，还是在海外本地化经营管理方面，都面临着人才短缺、供不应求的情况。

出口企业自建仓模式的建仓成本高、仓储货物种类和数量自由等特点，决定了其只适合两类消费品跨境电商出口企业采用。

第一类是具有良好品牌效应的易耗性消费品大型出口贸易商。此类跨境电商企业出口的商品短期内消费数量大、品种多，消费者对物流配送速度要求高，其采用的自建仓模式能够较好地适应目标国消费品市场需求，并且能够巩固自身品牌形象，发挥品牌的市场影响力。

第二类是已经开展跨国经营的国内大型消费品生产企业。此类企业已经拥有开展跨国经营所需的人力资源，并积累了相关管理经验，甚至早就在目标国设立了分公司或子公司，形成了公司的全球产业链整合，其采用的自建仓模式能够充分满足公司全球化战略与布局需要，同时母公司也具备在海外自建仓的能力、资源和条件。

三、第三方海外仓

第三方海外仓服务模式介于企业自建仓模式与 FBA 模式之间。其具体做法是，跨境电商出口企业与进口国境内的当地专业仓储或物流公司合作，由进口国本地仓储物流公司定向、长期、专业化地提供海外仓储物流配送服务。第三方海外仓服务模式兼顾了前面两种模式的优点，业务适用范围较广、问题较少。第三方海外仓服务模式的特征如下。

（一）建仓成本低，物流管理风险小

第三方海外仓服务模式通常采用两种建仓方式。

一种方式是跨境电商出口企业直接租用进口国境内第三方物流公司现有的海外仓库，借助进口国境内的第三方物流公司自有管理信息系统、人力资源、业务网络对出口货物进行仓储、配送等管理，跨境电商出口企业需要向第三方物流公司支付仓储费用及进口国境内的物流操作费用。

另一种方式是跨境电商出口企业与进口国境内的第三方物流公司合作建设海外仓，成立一个新的仓储物流企业，由跨境电商出口企业投入资本、设备等，进口国第三方物流公司提供仓库、人力资源、服务网络等，双方共同管理和运营，这种方式下，跨境电商出口企业仅需支付货物的国际物流费用，无须负担进口国境内的物流费用。

无论哪一种第三方海外仓建仓方式，都能帮助跨境电商出口企业解决进口国境内本地化经营的难题。直接利用进口国境内现成的物流服务网络，可大大降低经营风险和成本，使物流配送业务短期内即可形成服务供应。

（二）排他性合作，方便实施品牌营销

在第三方海外仓服务模式下，跨境电商出口企业往往可在合作协议中要求第三方物流公司在运输、配送方面提供排他性服务，物流配送所使用的运输工具、服务人员的衣着服饰等均能标识跨境电商出口企业的LOGO等信息，有助于提高跨境电商出口企业品牌的曝光率。此外，出资合作建设第三方海外仓服务模式对跨境电商出口企业和进口国第三方物流公司而言，都具有一定的战略投资意味，可为双方进一步的经营模式创新提供良好的基础。

（三）服务质量和选址受制于第三方

跨境电商出口企业选择建立第三方海外仓服务模式，必须依靠进口国第三方物流公司服务网络与经营管理经验，第三方公司的物流覆盖网络、物流节点选址及其物流服务与管理水平将直接影响跨境电商出口企业海外仓战略实施的最终经济效益。跨境电商企业一旦选定了某家第三方海外仓，就意味着自身对该第三方物流节点与网络资源的全盘依托。一旦进口国第三方物流公司选择失误，极易导致跨境电商出口企业售后服务质量不能满足客户需求，从而对跨境电商出口企业品牌造成严重的负面影响；而如果能够找到一家优质的进口国第三方物流公司进行合作，跨境电商出口企业不仅能够解决商品的物流问题，而且能够在资金流、信息流、技术流层面获得进口国额外的溢出效应。

第三方海外仓模式是最近兴起的新模式，在目标国境内经由第三方为客户提供消费品。这种模式的建仓成本、风险和经营难度均介于FBA模式与自建仓模式之间。双方一般采取合作方式，因业务比较灵活，对跨境电商出口企业而言，拥有更为广阔的选择空间。在通常情况下，第三方海外仓模式更适合那些已经实施品牌建设且日出货量较大的中型消费品生产企业，特别是相同产地的同类消费品生产企业形成产业联盟时，更倾向于采用第三方海外仓模式将联盟企业旗下产品以整体打包的形式运至第三方仓库，通过这种产业联盟下的物流仓储合作，实现跨境电商联盟企业与第三方物流企业的双赢。

四、边境贸易及边境仓

（一）边境贸易

1. 基本概念

边境贸易指两国接壤地区的居民之间的集市贸易。有两种形式：一种是边境小额贸易，又称“边民互市”，指相邻国家为照顾双方边境居民的需要，在接壤地区（一般为边境两边各 15 公里）准许居民在指定的边境口岸和集市上，在规定的金额、品种的范围内，进行生活必需品和生产资料的小额贸易。另一种是边境地方贸易，是指相邻国家为照顾双方边境毗连地区的建设事业和人民生活需要所采取的一种贸易方式，凡通过两国政府国有贸易机构或指定的企业，在规定的交换货物范围内和指定的口岸，互相进行商品交流。

我国边境贸易的特点是边贸企业规模小、容量小、合同数量小、市场窄，地域分散，国别分散。我国开展边境贸易的省、自治区有广西、云南、西藏、新疆、内蒙古、黑龙江、吉林，分别与越南、老挝、缅甸、印度、尼泊尔、巴基斯坦、哈萨克斯坦、吉尔吉斯斯坦、塔吉克斯坦、俄罗斯、朝鲜、蒙古国等国在边境地区开展贸易活动；从个体户到国有贸易公司都参与做边境贸易，贸易方式从最原始的易货贸易到最现代化的无纸贸易都存在。

2. 管理形式

（1）边民贸易。

边境贸易根据中国开展边境贸易的实际情况，参照国际通行规则，目前对中国边境贸易按以下形式进行管理：边境地区边民在边境线 20 公里以内、经政府批准的开放点或指定的集市上，在不超过规定的金额或数量范围内进行的商品交换活动。边民互市贸易由商务部、海关总署统一制定管理办法，由各边境省、自治区人民政府具体组织实施。

（2）边境小额贸易。

边境小额贸易指沿陆地边境线、经国家批准对外开放的边境县（旗）、边境城市辖区内（以下简称边境地区）经批准有边境小额贸易经营权的企业，通过国家指定的陆地边境口岸，与毗邻国家边境地区的企业或其他贸易机构之间的贸易活动。边境地区已开展的除边民互市贸易以外的其他各类边境贸易形式，今后均统一纳入边境小额贸易管理，执行边境小额贸易的有关政策。边境小额贸易的管理办法由商务部、国务院有关部门制定。

3. 运营相关问题

（1）税收问题。

每人每日价值在人民币 8000 元以下的，免征进口关税和进口环节税；超过人民币 8000 元的，对超出部分按法定税率照章征税。由海关总署据此调整有关监管规定。

边境小额贸易企业通过指定边境口岸进口原产于毗邻国家的商品，除烟、酒、化妆品以及国家规定必须照章征税的其他商品外，1996 年至 1998 年，进口关税和进口环节税按法定税率减半征收。

除边境贸易以外，与苏联、东欧国家及其他周边国家的易货贸易和经济技术合作项下进口的产品，一律按全国统一的进口税收政策执行。

（2）进出口管理。

边境小额贸易企业，根据商务部统一规定的经营资格、条件以及在核定的企业总数内，由各边境省、自治区自行审批。边境小额贸易企业名录须报商务部核准，并抄报国务院有关部门备案。未按规定批准并报备案的企业，一律不得经营边境小额贸易。开展边境小额贸易原则上不受贸易方式和经营分工的限制。

允许边境省自治区各指定 1 至 2 家边境小额贸易企业，通过指定边境口岸，经营向中国陆地边境毗邻国家出口边境地区自产的国家指定公司联合统一经营的商品，以及进口国家实行核定公司经营的进口商品。经营企业名单需报经商务部核准。

边境小额贸易企业凡出口国家实行配额、许可证管理的出口商品，除实行全国统一招标、统一联合经营的商品和军民通用化学品及易制毒化学品外，可免领配额、许可证，但要接受商务部和国家计委的宏观管理。在商务部切块下达的指标内，海关凭企业出口合同和各边境省、自治区外经贸管理部门下达的文件验放。

国家计委、国家商务部（国家机电产品进出口办公室）每年根据上一年度边境小额贸易进口情况和国内市场供求情况，专项给各边境地区下达一定数额的边境小额贸易进口配额。在核准的配额内，由商务部授权各边境省、自治区外经贸管理部门发放进口许可证。边境小额贸易企业凡进口国家实行配额管理的进口商品，海关凭边境省、自治区发放的配额证明和进口许可证放行。对边境小额贸易企业经营实行特定管理和登记管理的进口商品，也要适当简化手续，具体办法由国家计委、国家商务部（国家机电产品进出口办公室）分别与有关部门制定下达。

（3）商品管理。

边境地区经商务部批准有对外经济技术合作经营权的企业（以下简称为“边境地区外经企业”），通过与毗邻国家边境地区的经济合作进口商品，执行边境小额贸易的进口税收政策。其承包工程和劳务合作项下换回的物资可随项目进境，不受经营分工的限制。边境地区外经企业与毗邻国家劳务合作及工程承包项下带出的设备材料和劳务人员自用的生活用品，在合理范围内，不受出口配额和经营分工的限制，并免领出口许可证。

对边境地区外经企业与边境地区毗邻国家经济技术合作项下进出口的商品，海关凭商务主管部门的批准文件验放，具体管理办法由商务部和海关总署联合制定下达。

（4）贸易结算。

为了促进边贸结算效率的提高，鼓励边境地区互设账户进行资金结算和清算无疑具有多方面的积极意义。总体上说，和我国边贸比较活跃的国家和地区相比，我国金融机构目前具有相对较高的经营管理水平，市场化程度不断提高，加之人民币汇率稳定并呈现升值趋势，因此我国金融企业开展双边结算有利于拓展中国的金融机构的盈利空间。同时，也在一定程度上能够将人民币在周边国家和地区的流通状况纳入我国监测体系。近年来，在边境经贸往来中，人民币作为支付货币的规模在不断上升。但是由于法规上的空白和认识上的差异，人民币在周边地区和国家的真实流通规模难以掌握。如果支持和鼓励双边互设账户，有利于将人民币境外流通纳入监测体系。通过在周边国家和地区推进人民币结算业务，显然有利于人民币的区域化发展进程。

随着边境贸易的不断发展和人民币在周边地区流通范围的扩大，从推进人民币区域化和国际化进程的角度，应支持边境贸易中采用人民币结算，鼓励我国商业银行参与边贸的人民币结算业务。鉴于边贸结算中人民币现钞转运问题具有较大的成本，应支持商业银行在周边地区发行包括人民币借记卡在内的其他支付工具。在此基础上，应进一步将跨境人民币资金纳入我国国际收支和外汇市场信息监测的范围之内。因此，以边贸结算推动下的人民币区域化，本身不仅是人民币国际化的起步，同时也为中国边贸和国际贸易的发展提供了更大的便利，在此基础上，金融监管部门应当相应为人民币结算范围的扩大和规模的增长做好准备。

（二）边境仓

边境仓与海外仓类似，区别在于仓库的空间位置，海外仓存在于输入国，边境仓则处于输入国的邻国。具体指在输入国的邻国边境建设或租赁仓库，将商品预先送达该仓库，通过跨境电子商务实现销售，再从该仓库发货。如我国对俄罗斯的跨境电子商务交易，在哈尔滨或中俄边境的中方城市设立仓库。边境仓具有海外仓无法实现的优势，可以规避输入国的政治、税收、货币、法律等风险，并能有效利用区域政策，如南美自由贸易协定、北美自由贸易区等。

边境仓的服务包括产品的收货、分拣、质检、打码、仓储、发运等一系列服务，同时还提供多种增值服务：产品称重、产品拍照、包裹拍照、定制化包装等。

边境仓一方面对于卖家来说降低了客户仓储、物流成本，客户可以把自己的商品全部放到边境仓中，通过系统和边境仓对接，平台前端产生订单后，将信息推送到边境仓系统，由边境仓工作人员进行货物分拣、下架、打包、发运，减少了客户手工操作的差错率，同时也节省了商品在国内的配送时间，减少了物流配送周期的波动，避免大促期间国内物流爆仓对物流配送的影响；另一方面，对于买家来说，由于配送时间缩减，买家将获得更好的用户体验。边境仓将原来 25 天的时效缩短到 10 ~ 15 天（偏远地区除外），降低客户仓储、物流及收发货成本，降低客户仓储配送的差错率。

一般来说，存放在边境仓的商品都是市场供需比较强且稳定的商品，如果遇到滞销、卖不出去的，我们也会通过平台的一些活动进行处理，避免不必要的物流成本支出。

第三节 海外仓的运作管理

作为跨境电商发展的重要基础物流配套设施，目前在欧美以及一些新兴市场国家都出现了一批由中国企业建造的海外仓。和以远程销售为主的跨境直发类小包专线物流模式相比，海外仓发货模式的企业基本上都是在境外实名登记注册的公司主体，税务合规以及本土化运作的需求更为迫切。

目前能够自建海外仓的电商卖家，基本上都以大卖家为主，而且都有一些资本的注入。许多电商大卖家融资商业计划中的很大一部分支出就包括了海外仓的布局建设。对于自建海外仓的电商大卖家来说，海外仓其实只是整个生意链条中的一个配套设施，至于海外仓本身是否能够盈利并非其首要的考虑因素。而对于所有的物流企业建立的第三方海外仓来说，盈利能力非常关键。只有有了持续的盈利能力和良性的现金流，才得以支撑整个商业模式继续走下去。物流仓储作为一个在规模、成本和效率之间的寻求最优配置的商业模式，只有适当的规模才可以降低单位操作成本，只有通过不断对软硬件设施的投入和改善，才能提高效率。目前市面上 90%以上的海外仓企业还是处于一个持续投入的阶段，并没看到多少盈利。许多第三方海外仓还处于货量不足的“吃不饱”阶段。

大部分海外仓企业目前在本土化运作方面面临的一个最直接的瓶颈就是用工难。在欧洲、美国和日本等发达国家和地区，一个普通仓库人员的月薪要2000~3000美元。国外的劳动法规以及生活观念和国内差异较大。很多本土员工基本上都没有加班的意识和习惯。不少海外仓企业招聘的人员中其实很大一部分比例是华人或者外派劳务。由于语言文化和用工环境的差异，用工难的问题尤为突出。大部分能去国外的华人的家庭背景和经济实力都不会太差，作为年轻人谁会愿意天天去仓库搬货打包呢？现阶段市面上的海外仓企业中，很大一部分比例其实是由一些海外华人建立的。由于不少人是出于移民或者拿绿卡的需求进行的商业投资，其本身并非有从事物流仓储的经验。

海外仓之间的发展悬殊，不少海外仓在系统软件和仓储自动化方面还停留在比较初级的作坊式发展阶段，属于典型的劳动密集型作业，成本高、效率低。目前市面上个别有盈利能力的海外仓，其盈利点往往来自贴标、换标、中转、退货和维修等一系列增值服务，单纯依靠收取仓储费用的盈利非常有限。

海外仓企业通过整合头程的空海运干线运输、目的港清关和尾程派送资源等，以仓库为节点，将更多的资源和服务串联，以延伸其服务范围。一些企业通过分包模式建立的“仓中仓”概念，也可提高仓库使用率。

中国电商产业的发展在很多方面都是领先于世界的。以京东的仓配一体化B2C物流网络为例，其极致的物流体验和运营效率，连电商巨头亚马逊目前都还未达到。中国企业在海外仓商业模式上的核心竞争力，应当是输出国内优秀的电商仓储管理模式、软硬件设施以及运营经验，来对境外传统B2B模式的仓储资源进行赋能和改造升级。

这是一个资源互补和合作共赢的时代。中国企业“走出去”，不仅仅是产品和资本的输出，更是模式、经验、能力、管理和文化软实力的输出。未来的竞争建立在适度的规模之上，是成本、运营和效率的比拼，精细化的管控能力尤为关键。税务合规化、运营本土化是最基本的前提和基础。

一、海外仓的规划与布局

仓库主要由以下几部分组成：物品储存区，验收、分发作业区，管理室及生活间，辅助设施等。仓库布局是指在一定区域或库区内，对仓库的数量、规模、地理位置和仓库设施、道路等各要素进行科学规划和总体设计。仓库布局是根据库区场地条件、仓库的业务性质和规模、储存物品的特性及仓储技术条件等因素，对仓库的主要建筑物（库房、货棚、货场）、辅助建筑物、构筑物、货场、站台等固定设施和库内运输路线所进行的总体安排和配置，以最大限度地提高仓库储存能力和作业能力，降低各项仓储作业费用，更有效地发挥仓库在物流过程中的作用。仓库布局包括平面布局和空间布局。

（一）仓库规划原则

仓库规划方案应能做到以尽可能低的成本实现货物在仓库内快速、准确的流动。这个目标的实现要通过物流技术、信息技术、成本控制和仓库的组织结构的一体化策略才能达到。仓储系统的物流规划原则不是一成不变的，要视具体情况而定。在特定场合下，有些原则是互相影响的，甚至是互相矛盾的。为了做出最好的设计，有必要对这些原则进行选择和修改。

1. 系统简化原则

要根据物流标准化做好包装和物流容器的标准化，把杂货、粮食、饮料、食盐、食糖、饲料等散装货物、外形不规则货物组成标准的储运集装单元，实现集装单元与运输车辆的载重量、有效空间尺寸的配合，集装单位与装卸设备的配合，集装单位与仓储设施的配合，这样做会有利于仓储系统中的各个环节的协调配合，在异地中转等作业时，不用换装，提高通用性，减少搬运作业时间，减轻物品的损失、损坏，从而节约费用，同时也简化了装卸搬运子系统，降低系统的操作和维护成本，提高系统的可靠性，提高仓储作业的效率。

2. 平面设计原则

若无特殊要求，仓储系统中的物流都应在同一平面上实现，从而减少不必要的安全防护措施，减少利用率和作业效率低、能源消耗较大的起重机械，提高系统的效率。

3. 物流和信息流的分离原则

现代物流是在计算机网络支持下的物流，物流和信息流的结合解决了物流流向的控制问题，提高了系统作业的准确率，从而提高了系统作业效率。如果不能实现物流和信息流的尽早分离，就要求在物流系统的每个分、合节点均设置相应的物流信息识读装置，这势必造成冗余度，增加系统的成本；如果能实现物流和信息流的尽早分离，将所需信息一次识别出来，再通过计算机网络传到各个节点，即可降低系统的成本。

4. 柔性化原则

仓库的建设和仓储设备的购置需要大量的资金。为了保证仓储系统高效工作，需要配置针对性较强的设备；而社会物流环境的变化，又有可能使仓储货物品种、规格和经营规模发生改变。因此，在规划时，要注意机械和机械化系统的柔性和仓库扩大经营规模的可能性。

5. 物料处理次数最少原则

不管是以人工方式还是自动方式，每一次物料处理都需要花费一定的时间和费用，通过复合操作，或者减少不必要的移动，或者引入能同时完成多个操作的设备，就可减少处理次数。

6. 最短移动距离，避免物流线路交叉原则

移动距离越短，所需的时间和费用就越低；避免物流线路交叉，即可解决交叉物流控制和物料等待时间问题，又可保持物流的畅通。

7. 成本与效益原则

在建设仓库和选择仓储设备时，必须考虑投资成本和系统效益原则。在满足作业需求的条件下，尽量降低投资。

（二）仓库货区布置方法

1. 仓库平面布置

进行仓库平面布局时应遵循以下基本原则。

（1）便于储存保管。

仓库的基本功能是对库存进行储存保管。在进行平面布局时要利于物品的合理储存和充分利用库存容量，为保管创造良好的环境，提供适宜的条件。

（2）利于作业优化。

仓库作业优化是指提高作业的连续性，实现一次性作业，减少装卸次数，缩短搬运距离，使仓库完成一定的任务所发生的装卸搬运量最少。同时还要注意各作业场所和科室之间的业务联系和信息传递。

（3）保证仓库安全。

仓库安全是一个重要的问题，其中包括防火、防洪、防盗、防爆灯。仓库建设时要严格执行《建筑设计防火规范》的规定，留有一定的防火间距，并有防火防盗安全设施，作业环境的安全卫生标准要符合国家的有关规定，有利于职工的身体健康。

（4）节省建设投资。

要因地制宜，充分考虑地形、地质条件，利用现有资源和外部协作条件，根据设计规划和库存物品的性质能够更好地选择和配置设施设备，最大限度地发挥其效能。仓库中的延伸性设施——供电、供水、排水、供暖、通信等设施对基建投资和运行费用的影响都很大，所以应该尽可能集中布置。

2. 影响仓库平面布置的因素

（1）周围环境。

仓库周围的环境包括四邻及附近产生的有害气体、固体微粒、震动等情况及交通运输条件和协作方的分布等。

（2）存货特点。

存货特点是指仓库建成后存放的物品的性质、数量以及所要求的保管条件。

(3) 仓库类型。

仓库类型是指仓库本身的性质特点。例如综合仓库与专业仓库就会有明显的不同。

(4) 作业流程。

作业流程是指仓库作业的构成及相互关系。

(5) 作业手段。

自动化、机械化和人工作业在布局方面会有质的差别。

3. 仓库空间布置

现代仓库的立体规划是指现代仓库在立体空间上的布置，即仓库建筑高度的规划。仓库基建时，应因地制宜地将场地上自然起伏的地形加以适当改造，使之满足库区各建筑物、库房和货场之间的装卸运输要求，并合理地组织场地排水。

(1) 库房、货场、站台标高布局。

库房地秤标高与库区路面标高的关系，决定于仓储作业机械化程度和叉车作业的情况。由于机械在载重作业时的爬坡能力受到限制，如库房地秤与路面之间的高度相差较大时，会影响叉车的作业效率。最好使仓库的地秤和库区路面在标高上相等；不得已时，可使两者之间有不超过4%的纵向坡度。

货场一般沿铁路路线布置，多数是跨在铁路专用线两侧。在标高上，除确保铁路有专门的规定外，货场标高可适当略高或略低于铁路线。

装卸站台通常是以其一侧纵边面向铁路，另一侧面向汽车线路或装卸货场。站台的高度和宽度以物资搬运方式和运输工具的不同而不同。用汽车运输时，根据汽车的一般类型，站台应高出道路路面 0.9~1.2m。用火车运输时，站台的高度应与车厢底板相平。

(2) 合理利用地坪建筑承载能力。

仓库地坪单位面积的建筑承载能力因地面、垫层和地基的结构的不同而不同。例如，在坚硬的地上采用300毫米厚的片石，地面用200毫米厚的混凝土，其建筑承载能力为5~7吨/平方米。应当充分利用地坪的承载能力，采用各种货架存货，以充分利用空间，同时使用各种装卸机械设备配合作业，加速库存商品的周转。

（三）仓库作业功能区域布局

1. 仓库作业基本功能

仓储中心功能分区包括进货区、储存区、中转区、分拣区（可选）、流通加工区（可选）、仓库管理区、出货区等。

2. 仓库作业基本功能布置

根据当地的条件和物流需求，仓库作业功能分区布置必须对仓库各个作业区域以及区域之间的相互关系进行规划，其步骤如下。

（1）确定各个区域的关系。

①流程上的关系即建立物料流和信息流之间的关系；②组织上的关系即建立在各部门组织之间的关系；③功能上的关系即区域之间因功能需要而形成的关系。

（2）确定仓库货物的流动形式。

①直线形流动适合于出入口在厂房两侧、作业流程简单、规模较小的物流作业，无论订单大小和拣货多少都要经过厂房；②U 形流动适合于出入口在同侧的仓库；③T 形流动适合于出入口在厂房两侧的仓库。

（四）作业区空间位置布局

第一，确定仓储对外的连接形式；第二，确定仓储中心厂房的空间范围、大小和长宽比例；第三，确定物流中心由进货到发货的主要物流流动形式；第四，根据物流中心作业流程顺序安排各区域位置；第五，决定行政区与物流仓储区的关系。

1. 仓库供给与排水布局

仓库供给、排水主要是生活用水和消防用水。库区的排水包括两个方面：

（1）防洪问题，防止库外洪水冲淹仓库；

（2）库区场地排水问题，即将生活污水和雨水排出库外。

供给、排水管道在地下铺设埋入的深度，取决于库区所在地的气象条件。一般而言，北方深埋以防冻；南方浅埋，但应加固防压坏。

2. 搬运与库区布局

仓库布局需结合所选择的材料搬运设备，因为产品流程的通道将主要取决于材料搬运系统。

二、海外仓选址[①]

（一）海外仓选址应遵循的原则

1. 系统性原则

海外仓的选址要具备长远发展的眼光，确保全面统筹物流运输以及仓储能力，使配送区域的基础设施能够在一定时期内做好为跨界电商企业发展服务，并构建系统化物流网络。

---

① 梅宝林. 跨境物流中海外仓选址研究［J］. 南方企业家，2018（1）.

2. 适应性原则

海外仓的选址应该充分调研当地经济的发展趋势和潜力，同时结合该地区的物流资源以及政策法规，确保海外配送中心具有极强的适应性，使双方都能够通过海外仓实现最佳受益。

3. 协调性原则

海外仓的选址要平衡好物流网络的各个环节，力争海外仓在建设之后的生产、运营和管理都能够相互协调支撑。而且海外仓的设计还要从不同影响因素入手，进而通过定性及定量的分析方法或量化模型选出最适宜的选址方案。

4. 经济性原则

海外仓的建设成本十分重要，通常来讲，地址多选择在地价相对较低的地段，同时与客户或供应商距离较近，能够形成一定的辐射区域。因此海外仓的布局规划要遵循经济性原则，确保经济与效率的对应、统一。

5. 战略性原则

海外仓的选址应该本着战略的眼光，最大限度地将当下与未来发展需求统筹兼顾，而且必须理性调研并具有大局意识，使海外仓能够成为跨界电商经济增长的新动力。

（二）海外仓选址的流程

1. 充分做好前期市场调研工作

海外仓选址意义重大，因此首先要做好相关的信息收集工作，例如，当地国家的政治、经济发展现状及前景，尤其要掌握和了解当地消费人群的特征及市场动态与潜力。另外，还要集思广益，不仅要得到股东的支持，而且要广泛征集基层员工的想法，最终结合专家的指导，为海外仓建设调研提供信息保障。

2. 运用 SWOT 模型分析法

SWOT 模型是分析跨界电商海外建仓可行性与否的关键依据，该模型能够针对电商企业外在与内在的优劣势，分析得出企业海外仓建设中机会与威胁孰轻孰重。当得出外部机遇超出威胁以及内部建仓优势高于劣势的分析结论后，就说明外部建仓具有可行性，因此应该集中精力加大物流资源投入构建海外仓，以确保行业竞争优势的持久。

3. 宏观选址

海外仓选址应该积极考虑各种宏观影响因素，例如，当地政府政策、区域经济、人文因素、法律因素、地质和气候因素以及战略影响因素等。而宏观选址就是将上述的各个影响因素进行评分加总，即采用加权平均法为决策者提供细化的数据决策，以确保候选方案的质量。

4. 微观选址

微观选址的目的就是确保物流成本性价比最高，在此环节中需要明确海外仓服务的具体费用成本，进而利用层次分析法对物流方案展开对比，以量化出实际耗费最小且综合实力最为可靠稳定的优质方案。微观选址注重参数、套用公式的引入，更加体现了科学的严谨和细节的力量。

(三) 海外仓选址模型①

仓库选址将决定运输费用、库存成本等要素，尤其是海外仓，牵涉到跨境交易，更是需要慎重。我国许多学者对海外仓选址问题进行了研究，如张夏恒、马天山在分析我国跨境物流的基础上，提出建设海外仓对跨境电商发展有很大的促进作用。王春芝、高强用扎根理论的方法体系，从战略层面提炼协同系统的要素和结构体系。王晓博和李一军在物流配送中心选址模型上改变时间约束和变动费用条件，用定量化的启发式算法和层次分析法（AHP）得到物流配送中心选址评价指标权重，全面评估包含了专家评分，进而确定最优位置。

在现实运行中，一般的选址会考虑费用成本、距离、需求量、建仓固定费用、海运航运之间的运费差等因素。

对海外仓选址的目标决策问题描述如下：每个国家或者主要城市看成是一个供应或需求质点，海外仓的选址根据在综合考虑建仓成本、需求量、运输方式、运输距离、时间成本等因素下，在 n 个备选点中选出 m 个，在保证满足需求量的情况下，达到总成本最小、效率最高、利润最大。

在模型中 m 表示备选海外仓的数量；n 表示需求节点的数量；f_i表示建设海外仓需要的固定成本；Z_i $\{0, 1\}$ 为决策变量，0 指海外仓不建设，1 指建设；C_{hi}表示国际单位距离（公里）单位货物（万吨）的运输成本；X_{hi}表示从供应节点到海外仓的运输量；d_{hi}表示供应节点到海外仓的距离；W_{ij}表示境外单位距离（公里）单位货物（万吨）的运输成本；H_{ij}表示从海外仓到需求点的运输量；l_{ij}表示海外仓到需求点的距离；k 表示未设定海外仓时产生的时间惩罚成本的线性惩罚系数；t_{ij}表示从供应节点到达第 j 个需求点的时间；a_j表示货物到达的指定时间；ε_j表示时间敏感系数；z_j $\{0, 1\}$ 表示 $t_{ij}>a_j$，则 $z_j=1$，若 $t_{ij}<a_j$，则 $z_j=0$；D_j表示客户需求量。

海外仓选址决策模型可描述如下：

---

① 朱嘉彤，张毕西，胡丽娜，陈奕昕. 我国跨境电商海外仓选址问题研究［J］. 价值工程，2017，36（7）：78-80.

$$\min F = \sum_{i=1}^{m} f_i Z_i + \sum_{i=1}^{m} C_{hi} X_{hi} d_{hi} + \sum_{i=1}^{m} \sum_{j=1}^{m} [k(t_{ij} - a_{ij})]^{\varepsilon_j} z_j \tag{1}$$

$$s.\ t. \begin{cases} \sum_{h=1}^{l} \sum_{i=1}^{m} X_{hi} \geqslant \sum_{i=1}^{m} \sum_{j=1}^{n} H_{ij} \geqslant D_j \\ \sum_{i=1}^{m} Z_i \leqslant n \\ X_{hi},\ d_{hi},\ H_{ij},\ l_{ij} \geqslant 0 \\ Z_i \in \{0,\ 1\},\ z_j \in \{0,\ 1\} \\ \varepsilon_j \in \{0,\ 1\} \end{cases} \tag{2}$$

式（1）为目标函数最小总成本，包含三点：建设海外仓的固定费用、国际运输费用和境外物流费用以及因没有建设海外仓耽误货品以最快的时间到达的时间惩罚成本。总费用为三部分成本之和，按照要求一定的时间使总费用最小，即使得总费用函数（=固定费用+运输费用+时间成本）最小。

式（2）为约束条件，表示供应点到各海外仓的运输量要大于海外仓到各需求点的运输量，满足客户需求量；海外仓的建设数量应少于需求点的数量，运输量和距离都大于等于 0；Z_i {0，1} 为决策变量，0 指海外仓不建设，1 指建设；Z_j {0，1} 为是否需要时间惩罚的 0 到 1 的变量；时间敏感系数是 0 到 1 之间的实数，数值愈大，时间敏感性愈强。

模型假设：

（1）所有运送的货品均一次性运达海外仓及需求点；

（2）仅在需求点所在国家建立海外仓；

（3）一个海外仓可向多个需求点供货，一个需求点可以由多个海外仓供货，海外仓之间不互相协调补充；

（4）各需求点的当地需求量可预知；

（5）第 i 个海外仓到第 j 个需求点的货品的运输量要满足需求量；

（6）供应点、海外仓和需求点之间均看成质点，质点之间的距离为直线距离；

（7）若供应点到需求点之间设定海外仓，则使用海运，否则使用空运；

（8）海外仓到需求点之间全程使用空运。

三、海外仓运营流程

海外仓基本运作流程如图 7-3 所示。

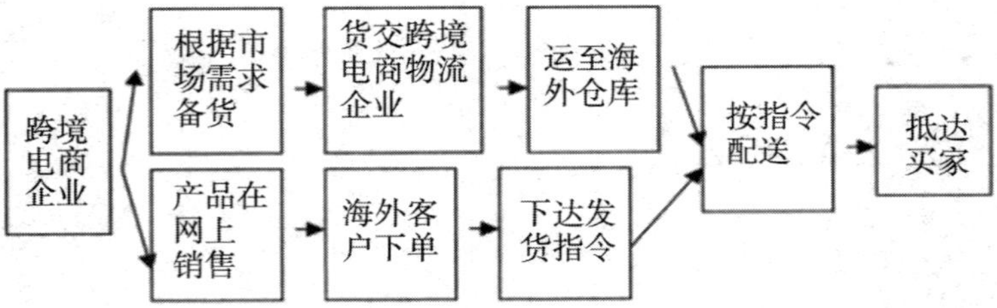

图 7-3　海外仓模式下的物流运作流程

海外仓模式下的物流运作流程为：跨境电商企业自行将商品运至海外仓储中心，或者委托跨境电商物流企业将货物运至跨境电商物流企业海外的仓库，该部分一般采取海运、空运方式。跨境电商企业通过跨境电商物流企业的物流信息系统，根据海外消费者的订单需求，远程操作海外仓库内的货物，跨境电商物流企业按照跨境电商企业的指令对货物进行存储、分拣、包装、配送等一系列的物流活动。

海外仓的运作流程分为三步：

第一步，卖家—国内仓库。

首先，卖家要将货物运输到海外仓服务商的国内集货仓中。

第二步，国际仓到仓运输（国内港到目的港）。

工作人员会根据要求整合货物，通过空运或海运将货物运输到海外的代理仓库。

第三步，海外代理仓库—尾程派送—海外买家。

一旦产品产生订单，境外海外仓工作人员会将货物挑拣给当地的物流人员，并由物流体系将货物交付到海外买家手中（最后一公里）。

（一）海外仓服务商的服务流程

海外仓服务商在整个流程中都扮演什么角色呢？海外仓服务商的主要功能如图 7-4 所示。

图 7-4　海外仓服务商的服务流程

卖家下单：首先，卖家要在海外仓服务官网上下单，与海外仓服务商进行对接。

首公里揽收：对接完成后，海外仓服务商会到卖家处进行揽货，并将货物运输至海外仓集货仓。

国内仓操作：在海外仓集货仓中，海外仓服务商工作人员会对货物进行一系列复查工作（重量复秤、体积复量、产品复查、产品分拣、产品贴标、货物打托）。

出口清关：完成复查工作后，工作人员会将货物装箱，进行出口报关，此时需要卖家提供公司材料、产品相关证书等报关资料。

进口清关：顺利报关运输至目的港后，还需要进行进口清关，海外仓服务商会预先支付一部分税金并代理清关。货物符合目的国清关规定后，会被放行离港，并由海外仓服务商运输至海外仓。

海外仓操作：货物抵达海外仓后，海外仓工作人员会进行拆箱，并完成分拣上架工作（拆箱服务、仓储服务、贴标服务、Wish 预约）。

尾程物流：一旦买家下单，则相关产品将由海外仓工作人员分拣给运输人员，并由当地的运输体系派送至买家手中。当然，尾程物流需要商家自行选择，建议商户按照当地的物流成本、配送距离和有效库存综合考虑，选择最优的配送服务。

（二）海外仓时间节点介绍

1. 国内段时间节点介绍

在国内这一段的时间节点如图 7-5 所示。总共有 6 个时间节点：截单、截仓、订舱、出库、报关和离港。

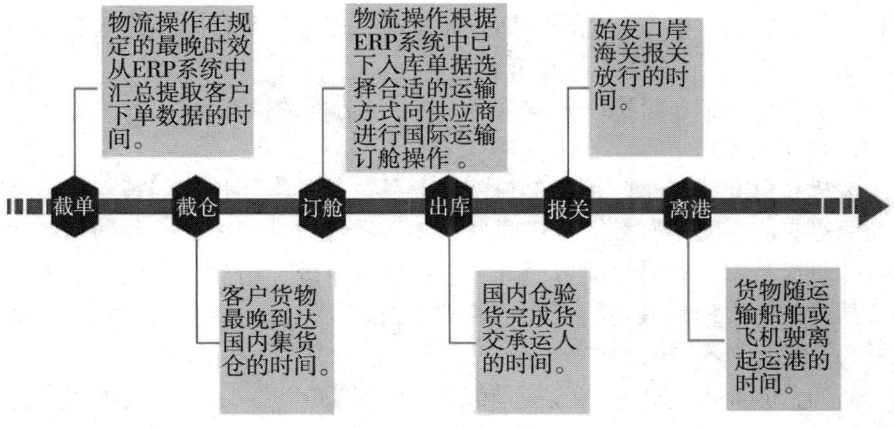

图 7-5　国内段时间节点

2. 国外段时间节点介绍

在国外段的时间节点如图 7-6 所示。总共有 4 个时间节点：到港、清关、提货和到仓。

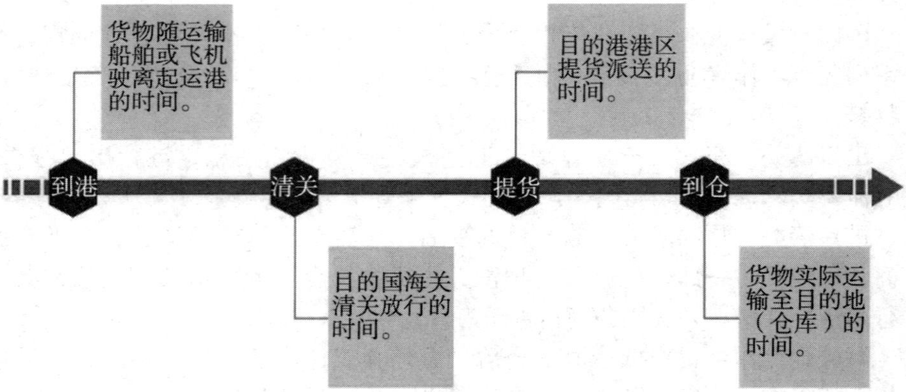

图 7-6 国外段时间节点

四、SKU 的含义及相关操作

（一）基本概念

SKU=Stock Keeping Unit（库存量单位），即库存进出计量的单位，可以是以件、盒、托盘等为单位。SKU 是对于大型连锁超市 DC（配送中心）物流管理的一个必要的方法。现在已经被引申为产品统一编号的简称，每种产品均对应有唯一的 SKU 号。对一种商品而言，当其品牌、型号、配置、等级、花色、包装容量、单位、生产日期、保质期、用途、价格、产地等属性与其他商品存在不同时，可称为一个单品。

在电商运营和仓储管理中，SKU 包含了三方面的信息。

1. 货品角度

从货品角度看，SKU 是指单独一种商品，其货品属性已经被确定。只要货品属性有所不同，那么就是不同的 SKU。属性包括很多，一般的理解的货品属性包括品牌、型号、配置、等级、花色、成分、用途等。也就是说同样的货品只要在人们对其进行保存、管理、销售、服务上有不同的方式，那么就需要被定义为不同的 SKU。

例如，iPone4 和 iPone4s 是不同的 SKU。同是 iPone4s，白色和黑色也分属不同的 SKU；同是 iPone4s 白色，但一个是 16G 内存，另一个是 32G 内存，它们也还是分属不同的 SKU。

又如 FA6008－0530－7A001 产品，一单为 BRAZIL 客户，一单为 GERMANY 客户，同款产品，客户不同，包装不同，使用 SKU 成品管理法就需要确定两个 SKU#：

81755　　FA6008-0530-7A001/A60 玻璃 AK450K06　3000K

35029　　FA6008-0530-7A001/A60 玻璃 AK450K06　3000K

2. 业务角度

从业务管理的角度看，SKU 还含有货品包装单位的信息。例如，

SKU#123 是指 330ml 瓶装黑啤（以瓶为单位）；

SKU#456 是指 330ml 瓶装黑啤（以提为单位，6 瓶为 1 提）；

SKU#789 是指 330ml 瓶装黑啤（以箱为单位，24 瓶为 1 箱）。

由于计量单位（包装单位）不同，为业务管理的需要，应划归于不同的 SKU，当然可以有单位转换的算法协助转换 SKU。又如，有袜子以双为单位是一个 SKU。如果其他参数都一样，只是以打为单位打成包（12 双），按包销售，它们也分属不同的 SKU。

3. 信息系统和货物编码角度

从信息系统和货物编码角度看，SKU 只是一个编码。不同的一种商品（商品名称）就有不同的编码。而这个编码与被定义的商品做了一一对应的关联，这样我们才可以依照不同 SKU 的数据来记录和分析库存和销售情况。当你使用 WMS 或者 ERP 系统的时候，你会发现每一个 SKU 编码是有精确的商品信息含义的。

一般来讲，SKU 是在某一体系（例如，公司或工厂）内部自定义和使用的，跨体系需要重新定义或做 SKU 转换。

（二）订单拣选操作

针对电子商务多订单、多品种、高批次的情况，有以下 5 个处理原则。

（1）按订单行区分，也就是说一个订单商品有多有少，如果只有一个商品出库，那么这张订单很容易完成，可以单独出来先做。也可以按照数据分析，订单拣选分等级，容易的先处理，复杂的后处理。

（2）按产品体积分区，大体积与小体积分开。体积大小没有具体规定，根据现场情况进行判断。

（3）按拣选频次分，也就是商品的 ABC 分类。

（4）订单汇总拣，再区分订单。

（5）拣选区和存储区分离，动态补货。

如果不考虑自动化设备，只考虑 WMS 系统，对以上 5 个处理原则可以进一步分析。

（1）如果按订单行区分，分离出单品拣选订单，那么每张订单只需一次拣选，系统要支持为这些批量的订单生成一次性任务，然后员工按最佳路线拣选、出库，可以很快完成。

（2）如果按体积分区的话，系统要支持自动库位判断上架，这个一般的系统都能支持。

（3）如果按订单汇总，汇总是要有前提的，不要所有订单都汇总，订单存在出库频次高的商品，或者一个品种不同订单需求量大，那么就要汇总，这个需要系统自动识别、智能处理。不汇总的订单，还是按单取货。

订单汇总后有两种方法处理：

（1）汇总的商品拣出来后人工播种到单个订单，这个适合订单行适量、品种多的订单。

（2）汇总的商品拣出来后上架到特定的拣货区，员工按单拣货。这个适合订单行适量、品种少的订单。如果订单没汇总，按订单拣货，也有相应的处理办法。

①每个拣货单按实际情况拆成拣选区的不同订单的小的拣货单位，系统可以生成任务按最佳路径批量拣选。在批量拣选的同时，既可以区分到各自的订单，也可以先汇总拣出，再区分到各自的订单。

②如果系统具有智能的功能，可以设计按一定的容量（拣货单数量、体积等）生成拣货任务，人只需要执行就可以了。

③系统自动平衡分配任务给拣货人员，员工只需执行。

（三）补货操作

一般系统支持手动补货，自动补货功能。可以按照库位容量，也可以按照某批订单需求补货。生成的补货任务需要多方面控制，不能影响拣货的执行。假设某个拣货存在补货，那么这个拣货任务不能释放给员工，一旦补货完成，任务自动释放。

但是补货任务也不能静态地等待员工来做，如果一段时间没有执行，那么这个补货任务会自动提高优先级。

由于不同的任务会分配到不同的组成员，那么某一设定组成员没任务时会自动跳到执行这个高优先级补货任务。

在订单管理中，在客户下达订单时，一般情况下，客户会使用 SKU 号下单，对于没有 SKU 号下单的客户，我们需要从包装物中获取 SKU 号，对于工程订单产品，工业包装没有条码的产品，我们可以自己编制内部使用的 SKU 号。SKU 号需包括产品型号、销往地区和包装信息等信息，如下所示。

（1）产品型号：FA6008-0530-7A001。

（2）销往地区：巴西。

（3）包装信息：彩盒+中箱+外箱+外箱标。

在包装管理中，同一 SKU 号所对应的包装材料上需体现同一 SKU 号，如果客户提供的包装上没有 SKU 号，我们需要在采购时在不影响外观的位置加印 SKU 号以便识别。在包装时，包装人员需要检查确认包装材料与线上所包产品 SKU 号的一致性，以杜绝混用包装物现象。包装 BOM（物料清单）可以用 SKU 来管理。

在仓库管理中，带包装的成品进出库需要使用带有 SKU 的编码。包装材料进出库也采用带有 SKU 的编码，方便识别、清点和管理。在仓库盘点时能有效地区分各种成品、半成品及未包装的自制品。

通常 SKU 会体现在包装上，或定义最小包装条形码中固定几位为 SKU 号。因为条形码是世界通用且唯一识别的，不会产生一个码对应两种产品的情况。

可以采用标准条码（13 位）的第 8～12 位作为产品的 SKU#，64885#、98778#如图 7-7 所示。

5 055268 648858

Verbatim#98778 1404-510
0 23942 98778 9

图 7-7　条形码

五、海外仓费用结构[①]

海外仓模式下的跨境电商企业仓储成本是指把货物放在海外仓库，为了服务于国外消费者而产生的一系列费用支出。对于跨境电商企业而言，首先要确定海外仓储成本的构成及其影响因素，然后针对每个因素进行成本控制，才能有效降低跨境电商海外仓储成本，因此，对海外仓储成本结构的分析如下。

（一）海外仓储成本结构及影响因素

海外仓储成本一般包括头程运输成本、综合关税成本、仓储服务成本、

① 秦新生．跨境电商企业海外仓储成本合理化方案［J］．对外经贸实务，2017（8）：38-40.

订单处理成本和本地配送成本。

1. 头程运输成本

头程运输成本是指把货物运送到海外仓库所产生的运费，一般包括内陆运输费，国际空运、海运费用。头程运输成本的影响因素有运输量、运输频率、体积、单位运输费率、运输方式等。运输量及运输频率由跨境电商企业的销售量所决定，运输费率由跨境电商企业和跨境电商物流企业协商确定。

2. 综合关税成本

综合关税成本是指货物出口到某国，需按照该国的贸易政策而征收的费用，这部分成本较高，包括关税和清关费用，综合关税成本与进口国的关税政策、商品特征等因素有关，各国关税结构较为复杂，随着关税构成和商品类属的不同，各国的税目和所征收的税率也不同，如美洲国家只有进口关税，欧洲国家分为进口关税和增值税，澳大利亚国家为进口关税、增值税和附加税。

以美国为例：关税起征点为200美金；综合关税=关税+清关杂税；关税=货值×税率。

此外，出口报关顺利与否也会产生清关费用，通关过程中经常因为货物不符合海关规定而被延期申报，不但导致一系列费用支出，而且也延长了交货时间，导致消费者无法准时收货。以深圳口岸为例，经公路口岸文锦渡和皇岗口岸运到中国香港地区，如果报关延迟的话，货运公司每天收取3000港币的压车费。

3. 仓储服务成本

仓储服务成本是指商品储存在仓库而产生的费用。淡季和旺季的仓储服务成本有所不同，一般下半年的海外仓储成本较高。仓储服务成本的影响因素有仓储重量、体积、仓储时间、产品特性以及仓储费率。其中，仓储费率由货物的性质、市场状况等客观条件决定，仓储数量和发货时间由跨境电商企业的日常运作时间决定。

4. 订单处理成本

订单处理成本是指买家对其产品下单后，由跨境电商物流企业海外仓内的作业人员对其进行拣货、搬运、打包而产生的费用。订单处理成本主要影响因素有订单处理时间、订单量和单位时间成本。

5. 当地配送成本

当地配送成本是指买家向跨境电商企业下单后，由第三方海外仓储物流企业或其合作企业配送至买家所产生的费用。这部分费用支出与配送量、单位配送成本有关。单位配送成本取决于货物的重量、价值、体积、特殊性、配送距离等因素。例如，易碎品对运输、仓储等物流环节要求较高，运费也较高。

（二）案例分析

美国加利福尼亚州一消费者通过中国某跨境电商平台购买了12台平衡车，现以深圳达方物流有限公司的服务报价为例委托该公司承运，根据以上成本结构及对其服务费用进行分析，可以看出头程运输成本及关税成本所占比重较大，其次是国外配送成本，因此跨境电商企业仓储成本管理的重点应放在头程运输成本、关税成本和海外配送成本。

1. 产品基本信息

产品重量：12kg。

产品尺寸：67×27×27（约0.05立方米）。

产品采购价：1000元。

2. 成本计算

假设通过海运发运100台平衡车到达深圳达方物流有限公司美国仓；海关税率：4%；海运费：1000元/立方米。

（1）头程运输成本（含关税成本）。

总海运费：5000元。

总关税：4000元。

总清关费：32元。

合计：9032元。

平摊到1台平衡车的头程运输成本：90.32元。

（2）仓储服务费（含订单处理费，一台平衡车的成本，设平均存储30天，按公布价计算）。

仓储体积收费：3元。

仓储价值收费：3元。

订单处理费：27元。

合计：33元。

（3）本地配送费［美国联合包裹速递公司（UPS）承运，一台的成本］。

发货到美国国内二区的成本：94.85元。

（三）跨境电商企业海外仓储成本合理化方案

1. 进行运输优化设计，降低头程运输成本

（1）灵活运用多种运输方式。跨境电商有快递、空运、海运拼箱和整箱、陆运5种运输方式。其中空运运费最高，陆运其次，海运费用最低。海运分为整箱和拼箱2种，货量达不到整箱的情况下，拼箱是最好的选择，货运量越多平摊的费用越低。

（2）合理选择远洋运输路线。以中国到欧洲航线为例，运达基本港和非基本港的运价差别较大，一般在 100～200 美元之间。因此，选择合适的海运企业，提供到基本港的海运服务有助于降低海运成本。交货期不紧急的话，可采用全程海运的方式。但是，海外仓模式下尽量不要采取散货方式，应以整箱或与其他跨境电商企业拼箱运输较为经济。

（3）精心进行运输包装设计。装运前对货物包装进行科学计算，参照集装箱的容积，根据货运量合理设计包装形式。假如设计成每纸箱装 20 件货物，则一个集装箱的空间不够，如果设计成容纳 25～35 件的纸箱，然后依照集装箱尺寸设计出纸箱的尺寸，得出最佳装箱方案，从而能够装满具有国际标准的集装箱，大大降低了运费。

2. 采用商品归类和避税方法降低综合关税成本

（1）对报关产品正确分类。详细的货物信息是进行科学合理归类和确定税率的前提条件。收发货人应向海关提供所归类货物的性质、结构、功能等技术参数信息，向海关申报货物的品名、规格等信息必须符合商品归类的要求，不同产品分类解释适用不同的税率。如国内某计算机设备企业的通讯产品出口到巴西，如归类为电信产品，巴西联邦税率为 17%；如果归为网络类产品，则为 2%。

（2）科学合理避税。利用转移定价法规避关税。跨国集团公司内部企业之间以降价的方式交易，减少缴纳关税的基数。比如，某商品正常价格为 800 美元，进入某国要交纳 80%从价进口税，跨国公司如降价至 400 美元进行内部交易，则少缴 50%进口关税。

利用国际避税地进行避税。国际避税地是指某国根据进出口政策所规定的、征收较低税率或者零税率的地区。例如，利用区域内关税同盟国或有关互惠协定的国家进行避税。也可通过自由港采取转运的方式降低关税，如中国到巴西直达运输的综合关税为 65% 左右，假如通过美国的迈阿密港转运，再利用其与南美贸易组织的贸易协定，能节约 5% 左右的关税。当然，也要考虑转运所节约的关税以及因此而带来的运费增加的因素，以便进行平衡决策。最后，针对关税较高和税收制度复杂的国家，可以聘请有经验的清关代理公司，能有效地降低跨境电商物流运输成本。

3. 提高库存周转率，降低仓储成本

因为热销产品具有较高的库存周转率，所以，采购进货时选择海外畅销品，这些产品在海外仓内储存的时间短、仓储费用低。此外，为了减少商品滞销，要准确预测海外市场需求，跨境电商企业利用大数据进行市场预测和产品分析，实施精选品类和准确预测补货周期，从而有效降低海外仓储成本。

4. 降低订单处理成本

构建海外仓储管理信息系统，跨境电商企业对跨境电商物流企业的服务流程进行监控管理，实时掌握海外订单的履行过程、峰值订单处理量、海外消费者满意度、海外仓库存等信息，提高跨境电商物流企业的订单执行效率、消费者满意度和配送时效。

5. 降低当地派送成本

为了提高配送效率，从海外仓服务能力、海外仓设备配置、与本土物流企业的合作经验等角度，精心选择跨境电商物流企业，选择距离海外消费者较近的本地海外仓，有助于提高配送效率，加快配送响应速度，提高配送质量。此外，还应严格考核跨境电商物流企业，降低配送差错率，尽量减少退换货数量。

六、库存管理方法

（一）库存管理的基本概念

库存管理是指在物流过程中商品数量的管理，库存多，占用资金多，利息负担加重。但是如果过分降低库存，则会出现断档。

库存管理是根据外界对库存的要求、企业订购的特点，预测、计划和执行一种补充库存的行为，并对这种行为进行控制，重点在于确定如何订货、订购多少、何时订货。

库存管理系统是生产、计划和控制的基础。本系统通过对仓库、货位等账务管理及入/出库类型、入/出库单据的管理，及时反映各种物资的仓储、流向情况，为生产管理和成本核算提供依据。通过库存分析，为管理及决策人员提供库存资金占用情况、物资积压情况、短缺/超储情况、ABC 分类情况等不同的统计分析信息。通过对批号的跟踪，实现专批专管，保证质量跟踪的贯通。

关于库存管理，在美国，有些企业的库存周期只有 8 天，但有些中国企业的库存周期长达 51 天，仅运输成本一项占销售额的比例就高达 20%～30%。从物流成本构成看，中国物流管理成本占总成本的 14%，而美国只有 3. 8%。对物流企业进行库存管理，其实就是降低其成本。物流企业作为供应链的一部分，不管是对库存进行管理还是要降低成本，都要在供应链的角度上来实行。由于我国物流业发展还处于起步到成熟的阶段，整体的物流规划能力的经验尚不足，并且物流信息化程度不高，许多物流管理还是人工管理，直接导致了仓储和库存成本居高不下。但从 20 世纪 60 年代以来企业信息化的趋势来看，物流企业的库存管理也需趋向于信息化、网络化和高度集成化，随着信息技术的高速发展和国外大型物流企业纷纷涌入中国，作为现代企业的物流管理的核心部分——库存管理，也要适应时代的发展。

库存控制（Inventory Control）又称库存管理。库存管理主要是“与库存物料的计划与控制有关的业务”，目的是支持生产运作。

库存管理同仓库管理的区别：仓库管理主要针对仓库或库房的布置，物料运输和搬运以及存储自动化等的管理；库存管理的对象是库存项目，即企业中的所有物料，包括原材料、零部件、在制品、半成品及产品及辅助物料。库存管理的主要功能是在供、需之间建立缓冲区，达到缓和用户需求与企业生产能力之间、最终装配需求与零配件之间、零件加工工序之间、生产厂家需求与原材料供应商之间的矛盾。

（二）库存的含义

“库存（Inventory）”一词的定义：“以支持生产、维护、操作和客户服务为目的而存储的各种物料，包括原材料和在制品、维修件和生产消耗品、成品和备件等”。

狭义：仓库里存放的东西。

广义：库存就是具有经济价值的任何物品的停滞与储藏，是供将来使用的所有闲置资源。

不同的企业对于库存管理历来有不同的认识。概括起来主要有以下三种。

一是持有库存。一般而言，在库存上有更大的投入可以带来更高水平的客户服务。长期以来，库存作为企业生产和销售的物资保障服务环节，在企业的经营中占有重要地位。企业持有一定的库存，有助于保证生产正常、连续、稳定进行，也有助于保质、保量地满足客户需求、维护企业声誉、巩固市场的占有率。

二是库存控制，保持合理库存。库存管理的目的是保持合适的库存量，既不能过度积压也不能短缺。让企业管理者困惑的是：库存控制的标准是什么？库存控制到什么量才能达到要求？如何配置库存是合理的？这些都是库存管理的风险计划问题。

三是“零库存”。主要代表是准时生产方式（JIT）。他们认为，库存即是浪费，零库存就是其中的一项高效库存管理的改进措施，并得到了企业广泛的应用。

（三）库存管理方法

1. 供应商管理库存（VMI）

最近的几年中，供应商管理库存（VMI，Vendor Managed Inventory）在商

品分销系统中的使用越来越广泛，有学者（Marke，1996）认为这种库存管理方式是未来发展的趋势，甚至认为这会导致整个配送管理系统的革命，支撑这种理念的理论非常简单：通过集中管理库存和各个零售商的销售信息，生产商或分销商补货系统就能建立在真实的销售市场变化的基础上，能够提高零售商预测销售的准确性、缩短生产商和分销商的生产和订货提前期、在链接供应和消费的基础上优化补货频率和批量。

2. 客户管理库存（CMI）

相对于VMI，CMI（Customer Managed Inventory）是另外一种和它相对的库存控制方式，配送系统中很多人认为，按照和消费市场的接近程度，零售商在配送系统中由于最接近消费者，在了解消费者的消费习惯方面最有发言权，因此应该是最核心的一环，库存自然应归零售商管理。持这种观点的人认为，配送系统中离消费市场越远的成员就越不能准确地预测消费者需求的变化。

3. 联合库存管理（JMI）

联合库存管理（Joint Management Inventory）是介于供应商管理库存和客户管理之间的一种库存管理方式，顾名思义，就是由供应商与客户共同管理库存，进行库存决策。它结合了对产品的制造更为熟悉的生产商或供应商以及掌握消费市场信息能对消费者消费习惯做出更快更准反映的零售商的优点，因此能更准确地对供应和销售做出判断。在配送系统的上游，通过销售点提供的信息和零售商提供的库存状况，供应商能够更加灵敏地掌握消费市场变化，销售点汇总信息使整个系统都能灵活应对市场趋势；在系统另一端，销售点通过整个系统的可视性可以更加准确地控制资金的投入和库存水平。通过在配送系统成员中减少系统库存、增加系统的灵敏度（Ellram and Cooper，1990；Battaglia，1993；Cooper，1993）。由于减少了需求的不确定性和应对突发事件所产生的高成本，整个系统都可以从中获益。在JMI环境下，零售商可以从供应商那里得到最新的商品信息以及相关库存控制各种参数的指导或建议，但是由于是独立的组织，零售商同样需要制订自己的库存决策。

七、仓库管理绩效

仓库管理绩效评价是指在一定的经营期间内仓储企业利用指标对经营效益和经营业绩以及服务水平进行考核，以加强仓储管理工作，提高管理的业务和技术水平。

（一）仓库管理绩效评价的意义和原则

仓库管理绩效评价的意义有四个方面。

（1）有利于仓储现代化管理水平的提高，通过持续不断的绩效评价提升仓库管理水平。

（2）有利于落实仓储管理的经济责任制，在绩效评价过程中，明确各方责任。

（3）有利于推进仓库设施装备的现代化改造，通过绩效评价，发现设施设备的缺陷，及时改进。

（4）有利于提高仓储的经济效益，通过绩效评价，提升管理水平，从而提高管理的效益。

仓库管理绩效评价的要遵循以下原则。

（1）指标全面：设定的指标体系应该具有代表性，能准确衡量评价仓库管理的方方面面。

（2）科学实用：设定的指标体系应该科学合理，符合实用性，对实际仓库管理具有意义。

（3）标准规范：评价准则和流程应标准且符合规范性。

（4）客观公正：评价方法和指标体系能客观地反映现实。

（5）可操作性强：评价方法具有可操作性，能够实施。

（二）仓库管理绩效评价指标体系的设定

仓库管理绩效评价指标包含仓库资源利用程度、仓储服务水平、商品储存效率、商品储存能力与质量等几个方面。以下介绍每个方面的具体指标及计算方式。

1. 仓库资源利用程度指标

（1）仓库利用率。

计算公式：

仓库面积利用率＝（仓库实际利用面积/仓库总面积）×100%

仓库容积利用率＝（仓库实际使用容积/仓库总容积）×100%

从公式我们可以看到：仓库面积利用率和仓库容积利用率越大，说明仓库利用效率越高。

（2）设备利用率。

计算公式：

设备能力利用率＝（设备实际载荷量/设备额定载荷量）×100%

设备时间利用率＝（设备每小时实际产量/设备每小时理论产量）×100%

应用目的：用来评价物流中心设施装备的配置是否合理。

（3）仓容利用率。

计算公式：

仓容利用率=（库存商品实际数量或容积/仓库实际可存商品数量或容积）×100%

单位面积保管量=（平均库存量/可保管面积）×100%

应用目的：用来评价仓容利用率和单位面积保管量。

（4）有效范围。

计算公式：

有效范围=（库存量/平均每天需求量）×100%

应用目的：用来评价库存量是否保持在合理的水平。

（5）设备完好率。

计算公式：

设备完好率=（期内设备完好台数/同期设备总数）×100%

应用目的：用来评价设备管理的水平。

2. 仓储服务水平评价指标

（1）缺货率。

计算公式：

缺货率=（缺货次数/顾客订货次数）×100%

应用目的：反映存货控制决策是否适宜，是否需要调整订购点与订购量的基准。缺货发生的原因可能在于：

①存量控制不好，或库存档案资料不正确；

②采购不及时；

③供应商交货不及时；

④库存与实际客户需求或生产需求不一致。

（2）顾客满足程度。

计算公式：

顾客满足程度=（满足顾客要求数量/顾客要求数量）×100%

应用目的：用来评价仓储服务的顾客满意程度。如果这个指标过高，原因不外乎以下几方面：

①产品品质不良；

②服务态度不佳；

③交货时间无法满足实际需求；

④交货延迟；

⑤和同行业比较有差距；

⑥客户本身存在的问题。

（3）准时交货率。

计算公式：

准时交货率＝（准时交货次数/总交货次数）×100%

应用目的：用来评价发货的及时性。

（4）货损货差赔偿费率。

计算公式：

货损货差赔偿费率＝（货损货差赔偿费总额/同期业务收入总额）×100%

应用目的：反映出货作业的精确度。

3．商品储存效率指标

（1）商品存储效率。

商品储存效率主要通过库存周转率来表示。

计算公式：

库存周转率＝（使用数量/库存数量）×100%

库存周转率＝（使用金额/库存金额）×100%

规定某个期限来研究金额时，需用下列算式：

库存周转率＝（该期间的出库总金额/该期间的平均库存金额）×100%

＝[该期间的出库总金额×2/（期初库存金额+期末库存金额）×100%]

应用目的：库存周转率对于企业的库存管理来说具有非常重要的意义。

（2）期间周转次数。

期间周转次数可以直接由库存周转率求得。

4．商品储存能力与质量指标

考虑仓租费、维护费、保管费、损失费、资金占用利息支出等，才能从实际费用上判断仓储的合理与否。

（1）仓库吞吐能力实现率。

计算公式：

仓库吞吐能力实现率＝（期内实际吞吐量/仓库设计吞吐量）×100%

应用目的：作为设定产品标准库存的比率依据，以供存货管理参考。

（2）仓储吨成本。

计算公式：

仓储吨成本=（仓储费用/库存量）×100%

应用目的：衡量公司每单位存货的库存管理费用。

（3）进、发货准确率。

计算公式：

进、发货准确率=（期内吞吐量—出现差错总量）/期内吞吐量×100%

应用目的：衡量仓储作业的品质，以评估仓储工作人员的细心程度，或是自动化设备的准确性功能。

（4）商品缺损率。

计算公式：

商品缺损率=（期内商品缺损量/期内商品总数）×100%

应用目的：用来评价储存的安全性指标。

（5）呆废料处理率。

计算公式：

呆废料处理率=（处理呆废料数量/全部呆废料数量）×100%

应用目的：用来测定物料耗损影响资金积压的状况。

一般仓库中呆废料发生的原因有下列几种：

①验收疏忽；

②产品变质；

③仓储管理不善，保管欠妥当；

④存量过多、过久；

⑤变更设计或企业产品结构的变化（出现新物料，致使旧物料废弃不用）；

⑥废弃包装材料，经济价值较低，经常集中一处以废料处理；

⑦订单取消或客户退货；

⑧市场的变化；

⑨采购不当。

（三）提高仓库管理绩效的途径

如何提高仓库管理的绩效，首先要建立仓库管理制度体系。所谓物料仓库管理制度体系，是指按照物料仓储管理系统构成的要求，将指导工作的原则性准则与方法进行高度概括性的汇总，从而形成一套行之有效、完整的管理制度体系。仓库管理制度包括以下方面：

1. 仓储业务计划管理制度

计划管理是仓储管理的一项基本制度。

2. 仓储业务定额管理制度

仓储业务定额管理制度，就是用数字指标来表现在一定的管理水平和劳动生产率的条件下，对仓储业务提出的具体要求。

（1）仓库面积定额：是规定合理地使用仓库面积的标准，也是正确地制订其他定额的基础。

（2）仓库储存量定额：是衡量仓库利用的指标，是仓库面积使用合理程度的标准，也是核算仓储收益和成本的基础。

（3）劳动生产量定额：是考核保管员、工人、司机的劳动工作效率和质量的指标。

（4）机械设备完好率定额：即仓库每天可以正常使用的机械占机械总数的比例，可按机械种类分别确定。

（5）机械设备耗油量定额：即根据机械设备的机种、功率，结合运距远近等条件，分别确定每台机械的作业吨或每小时耗油量。

（6）栈板物料定额：根据不同地区、不同仓库的具体情况，确定各种栈板物料的需要量、使用量和每年的耗用量。

（7）差错事故定额量：主要是指差错累计笔数占收货、发货总笔数的百分比。其计算公式：

$$差错事故率=差错累计笔数/收发货总笔数\times100\%$$

3. 仓储经济核算制度

仓储经济核算是对仓储经营成果进行检查和监督，促使精打细算、厉行节约，提高劳动生产率，降低仓储成本，改善经营管理，增加经济效益。

4. 仓库安全管理制度

仓库是商品储存的重要场所，必须搞好以防火为中心的仓库安全工作，以保证商品的安全。

（1）对仓库和商品的安全管理工作。

（2）对员工的安全管理。

5. 仓库岗位责任制

仓库岗位责任制就是对每个员工定岗位、定工作、定责任，把仓库的各项工作任务具体落实到每一个工作岗位的每一个人，做到责任明确，保证完成各项工作任务。

第四节 海外仓技术

一、海外仓管理系统

海外仓储意味着出口跨境电商将货物全部发到海外仓运营主体的仓库，由后者进行仓储、配送甚至库存管理。这需要两者之间密切的沟通和协调，包括库存的明细、货物的种类、SKU 条码的类别、结算费用的基准等。出口跨境电商每一次发货都要预报一遍。如果出口跨境电商在自己的货物库存管理、信息技术应用等方面做得不够好，就不太适合做海外仓储。

WMS 仓库管理系统是通过入库业务、出库业务、仓库调拨、库存调拨和虚仓管理等功能，综合批次管理、物料对应、库存盘点、质检管理、虚仓管理和即时库存管理等功能综合运用的管理系统，有效控制并跟踪仓库业务的物流和成本管理全过程，实现完善的企业仓储信息管理。该系统可以独立执行库存操作，与其他系统的单据和凭证等结合使用，可提供更为完整全面的企业业务流程和财务管理信息。

如何管理海外仓？实施海外仓管理系统（WMS）是必须的。

（一）海外仓管理系统（WMS）的实施要求

1. 科学合理的货架位信息

科学合理的货架位信息有利于对库存商品进行科学的养护保管，在商品的出入库过程中，根据货架位信息可以快速、准确、便捷地完成操作，提高效率，减少误差。

货架位信息应确保一个仓库的货架位采用同一种方式规则进行编号，以便于查找处理。

2. 条理化、明晰化的商品信息

商品信息的规范有利于进行库存商品的科学管理，合理的 SKU 编码有利于实现精细化的库存管理，同时有利于及时准确地拣货，提高效率，避免拣货失误。

商品 SKU 信息不完善，卖家将无法有效监控自己商品的详细库存，既不利于分析销售数据，进行及时采购补货，配货时订单信息也无法准确显示拣货信息。

3. 跨境电商 ERP 对接海外仓管理系统

目前，市面上很多跨境电商 ERP 都支持海外仓发货功能。以跨境天下 ERP 为例，通过与海外仓管理系统对接，可以将订单上传到海外仓管理系统，将订单标记为海外仓已确认订单。再由海外仓系统上传跟踪号到出口电商平台，在跨境天下 ERP 已出库中标记对应海外仓系统中的订单是否已经出库状态，标记为已出库后，海外仓系统中库存立即扣减，最后由海外仓进行发货。

在整个海外仓发货流程中，卖家可以通过跨境天下 ERP，在国内实时掌握海外仓库存信息和订单发货信息。将商品运到海外仓时，还可在系统中进行国内仓与海外仓之间的商品调拨，同时管理国内仓和海外仓。

（二）海外仓管理系统（WMS）的基本功能

基础功能：必须能够如实反馈仓库的存储结构、存储设备及存储的库存位置信息。具体反映在统计仓库的仓位（或者是其他存储单位）信息，如仓位的编码、仓位的位置；仓位本身的属性信息，如仓位的尺寸大小，仓位的存储设备（货架、托盘、堆场等）能够承受的重量、能够提供的物理空间特性，如恒温恒湿、防静电等；库存的存储信息就是放在哪个仓位，放了多少等，并能够通过多种维度来展示。

硬件控制功能：自动化的传送设备，如自动化上架、分拣设备等；无线操作设备，如条形码、手持设备、LED 电子指示灯等。

智能功能：系统需要根据一定的参数或数据来决定入库的货物放到哪些货架，产生仓库内调拨需求，根据但不限于销售订单、生产订单安排仓库下架，对订单进行组合或分割，规划最优拣配线路，指定并反馈拣配工作，分配拣配点或包装点，调动自动化设备自动进行拣配、包装，分配或自动送往装车月台等。

具体功能模块如下：

1. 基础资料管理

基础资料管理包含物料、包装、货位、库存、仓库、客户、供应商、货主、容器等基本信息的管理。

（1）物料管理：包含库存量单位、商品分类、物料长宽高、包装信息、重量信息以及其他高级信息（如最大库存、安全库存、盘点周期、是否需要双人校验、是否可以混载等）。

（2）容器管理：条码、容量、承重、装运限制等信息。

（3）仓库管理：包括仓库编码、名称、类型、是否虚仓、是否多仓、位置等信息。

（4）库区管理：将仓库分为自动库区、平面库区、车间库区、入库暂存区、出库暂存区、集货区、拣货区、补货区等。

(5) 货位管理：包含货位的基本信息、库位编码、货位类型、是否禁用、是否混载等。

2. 入库管理

入库管理包括收货、检验、组盘、标签打印、区域规划等。

常用上架策略如下：

(1) 按照不同的库区进行分配库位；

(2) 按照包装（托盘、箱、件）分配库位；

(3) 按照物资的属性（良品、残品）分配库位。

3. 库存管理

(1) 实时、准确、同步的库存查询。

(2) 账实相符的库存调整。

(3) 支持库内/仓内/仓间/虚实的库存移动。

(4) 对冻结的库存进行特殊标记。

(5) 当库存低于安全库存时，自动预警，触发补货。

4. 补货管理

(1) 包含自动补货和手动补货。

(2) 手动补货可以随时按需要进行。

(3) 自动补货是根据设置的 MAX 和 MIN 补货水位，自动触发。

5. 盘点管理

支持自动/周期/随机对库存进行盘点，并记录盘点差异。

6. 出库管理

根据 ERP 系统提供的订单，生成出库单，并进行配货，出库下架、拣货、包装、备货、集货以及装载发运。

其中的配货策略包含先进先出（FIFO）、先到期先出（FEFO）、拆零优先、最佳数量、最佳效率等。

集货包含按车集货、按单集货、按时间集货。

7. 任务管理

对任务进行管理。

8. 查询

进行各种统计信息查询，并进行数据分析，如滞库分析、周转率分析、进销存分析、绩效分析等。

9. 条码管理

(1) 支持指导/辅助两种模式；

（2）货品/货位条码管理；

（3）支持 RF 收货/上架/移动/盘点/拣货/发货。

10. 系统管理

包含对用户的管理、角色管理、权限管理等。

二、仓储自动化与智能化

自动化智能仓储是现代物流技术的核心环节和最新发展阶段，适合于大型、大量、大流量及高速物流的自动化处理。最大限度地提高物件周转速度和流通效率，加速仓库储备资金的周转，有效利用货物资源，并且最大限度地降低货物的破损率；能适应各种特殊要求，例如低温、黑暗、有毒、污染、易爆、易燃等特殊场合，实现无人化。其应用领域遍及汽车制造、化工、医药、橡胶、邮电、纺织、日用品、家电产品等各行各业。

目前，自动化智能仓储主要分类：自动化立体仓库、自动化智能货柜、自动化智能联体柜。

（一）自动化立体仓库

自动化立体仓库又称立库、高层货架仓库、自动化仓库。它是一种用高层立体货架存储物资，用自动控制的巷道堆垛起重机及其他机械进行搬运存取作业，用计算机控制管理的仓库，如图 7-8 所示。

图 7-8　自动化立体仓库

自动化立体仓库的主要功能如下：

（1）收货。仓库从供应商或生产车间接受各种材料、半成品或成品，供生产或加工装配使用。

（2）存货。将卸下的货物存放到自动化系统规定的位置。

（3）取货。根据需求情况从库房取得客户所需的货物。通常采取先入先出方式。

（4）发货。将取出的货物按严格要求发往客户。

（5）信息查询。能随时查询仓库的有关信息，包括库存信息、作业信息及其他信息。

自动化立体仓库的优点如下：

（1）节约场地空间，单位面积储存量为平库的4~7倍。

（2）节约人力成本60%以上。

（3）提升企业形象。

（4）改善库存管理，不留死角。

（5）智能管理，帐时同步，加速仓储物流运转速度。

（6）防盗防损。

（7）衔接融入企业管理系统。

自动化立体仓库主要由以下部分组成：

（1）高层货架：用于存储货物的钢结构的单元格，在单元内存放托盘。

（2）巷道堆垛机：用于自动存取货物的设备，按结构形式分为单立柱、双立柱和四立柱三种形式。

其中，单立住式堆垛机的机架结构有一根立柱，运行灵活方便，节省材料和空间，适用于起重量在1吨以下的物品。

而双立柱式堆垛机的机架结构是由两根立柱、上横梁和下横梁组成的一个矩形框架，其刚度结构好，行走稳定，载荷大，一般起重量为1~4吨，必要时可更大。

（3）输送系统：立体库的主要外围设备负责将货物运送到堆垛机处或从堆垛机将货物移走。输送机种类多，常见的有辊筒输送机、链条输送机、升降台、提升机、皮带机、AGV系统（自动导向小车）。

（4）自动控制系统：自动化立体仓库的计算机中心或中央控制室接收到出入库信息后，由管理人员通过计算机发出出入库指令，巷道机、自动分拣机及输送设备按指令启动，共同完成出入库的作业。

控制部分优势在于控制系列采用OPC协议与WMS和ECS通讯，可在脱机状态下调度所有输送设备，完成物料的自动输送。软件部分的管理系统优势在于实现对仓库物流的实时监测与优化调配，合理调度设备，最大化设备利用率，满足与上层系统的无缝对接，人机界面充分考虑实用性，操作简单，通俗易懂。

（二）自动化智能货柜

智能垂直提升货柜，以托盘为存储单元，通过载体的升降运动，将存放物品的托盘取出到工作台面前或者送到库内适合的货格里。存放货物时，通过入口处自动测高装置检测所存物品的高度，自动合理地安排存储位置，有效利用存储空间，如图 7-9 所示。

图 7-9　自动化智能货柜

垂直提升货柜主要由骨架、内部结构、外壳和电气四部分组成。骨架分为左、右支撑架，顶盖，底座等组件；内部结构主要由小车和托盘两部分组成。外壳由前板、拉伸门、后板和侧板组成；电气部分由 PLC、触摸屏、变频器、测高光幕、安全光栅及一些辅助器件组成，实现设备的运行控制和安全保护。

提升柜的升降小车采用四链条悬挂系统，保证小车不会前后倾斜和左右偏离。同时四链条悬挂系统为目前最安全、可靠性最好的传动系统。

（三）智能立体循环货柜

循环货柜是以料斗为存储单元的自动化存储设备，通过电机转动带动链条循环转动，实现“由货到人”的物料存储方式。操作者通过点击触摸屏，系统进行最优化路径选取，使物料快捷到达操作者手中。

循环货柜可最大限度地节约人力及充分利用现有空间，可远程集中控制，也可单独控制，提高工作现场和仓储管理水平，实现物料管理的现代化。其存储特点有：

（1）运动更平稳、更快速、更安全；

（2）柜体更加坚固，承载力更强；

（3）单货格承载量可达到 1 吨，整机载重可达到 60 吨；

（4）有效地利用空间高度，高度可达 30 米以上；

（5）可穿越楼层，根据需要在每个楼层设置取货口使得存取更加方便快捷。

智能立体循环货柜的结构图如图 7-10 所示。

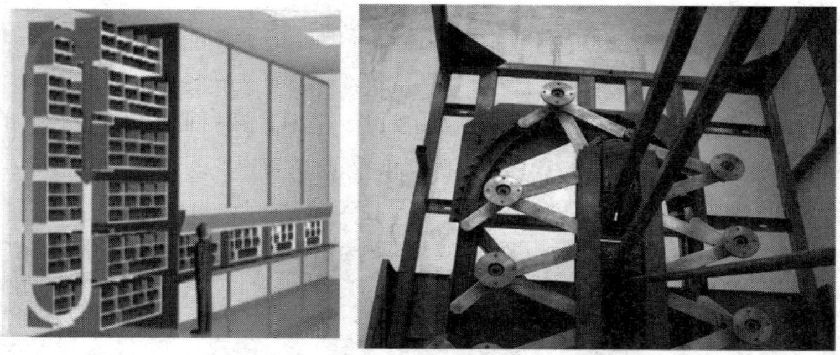

图 7–10　智能立体循环货柜结构图

智能立体循环货柜提升系统具有以下特点：

（1）选用出口型、高强度的加厚链条，抗拉强度可达最大负载时的 20 倍；

（2）铰链杆用钢板经调质处理，在保证强度的同时，可有效减少辅助空间，增加料斗的使用空间。

另外，电气控制系统具有以下特点：

（1）为了确保设备的稳定高效运行，所有电气部件均选用进口部件。

（2）设备取料口，选用国际安全精度最高的安全光幕。

载货料斗，具有以下特点：

（1）采用冷板经弯折、焊接、表面喷塑而成，坚固，刚性好；

（2）折弯 π 型件可以提供必要的抗扭转度和抗弯曲强度；

（3）可放置零件盒，能满足不同的储物要求；

（4）单料斗承载范围为 100～500kg。

循环柜和提升柜比较，具有以下特点：

垂直升降货柜为 90 年代的新产品，克服了垂直循环货柜的一些缺点。

（1）在使用循环货柜取货的过程中，取任何一件物品的时候，所有的物品都要一起旋转。但是使用提升货柜时只是存有所需物品的托盘需要运动。这样可以提高运行效率，使用时间长；

（2）循环货柜的空间使用效率不如提升货柜。由于提升货柜有物品高度检测系统及自动分配空间的功能，可以更加有效地利用货柜的空间；

（3）运动更平稳、更快速、更安全；

（4）柜体更加坚固，承载力更强，单货格承载量可达到 1 吨，整机载重可达到 60 吨；

（5）循环存储物品时考虑到柜体的前后偏载和单料斗的左右偏载，而提升柜只存在托盘的偏载，偏载率也小于料斗；所以要求物品要均载在料斗或托盘上。

相较而言，垂直升降货柜越高，性能价格比越高。

（四）自动化联体货柜

该产品存储空间由数组货柜构成，每组货柜以钢制托盘为存储单元，多组货柜共用一台托盘小车，小车在水平和垂直方向移动，实现“货—人”的全自动存取操作，有效提高了存取效率，优化了库存空间，如图 7-11 所示。

图 7-11　自动化联体货柜

自动化联体货柜由以下结构组成：

（1）面板；

（2）支撑隔距板；

（3）取货口的照明灯；

（4）操作者安全光幕；

（5）取货平台，内置称重装置；

（6）电气装置；

（7）顶盖；

（8）侧板，下面为检修门；

（9）立柱；

（10）存储区；

（11）托盘；

（12）链条，传动系统；

（13）托盘上放置的刀具；

（14）小车；

（15）托盘高度检测光幕；

（16）驱动系统，电机等。

联体智能货柜的特点：

（1）只要一套载货小车和一套控制系统对相邻的多台货柜的存储区展开作业，大幅度降低生产成本；

（2）可采用两个以上的多个存取口，根据客户对出入库需要分别设置的需求；

（3）整体的承载量也增加，积木式重型联体提升货柜的占地面积更大，比多台单机货柜摆放在一起的整体性更好，单托盘的承载量可达到500kg；

（4）该设备的存储量相当于同等数量的多台智能垂直提升货柜，性价比大大提高；

（5）技术先进，可靠性高，尤其用于存储物品种类多、批量大的仓储；

（6）重型联体货柜设计可使客户随意更改货柜高度。

第五节 本章配套案例

一、速卖通海外仓设置与商品发布

（一）申请海外仓设置权限

2015 年 2 月 6 日，速卖通平台新增海外发货地设置功能，卖家可设置海外发货地：美国、英国、德国、西班牙、法国、意大利、俄罗斯、澳大利亚、印尼，其他国家暂不支持。海外发货地设置功能仅向通过审核的卖家开放，需要先备货到海外，再提交申请，提供海外仓证明资料，通过审核后才能设置海外发货地。

部分类目暂未开放海外发货地设置功能，即使有海外仓也暂时不能设置，可以查看速卖通网站上提供的未开放类目。

1. 申请流程

申请流程如图 7-12 所示。

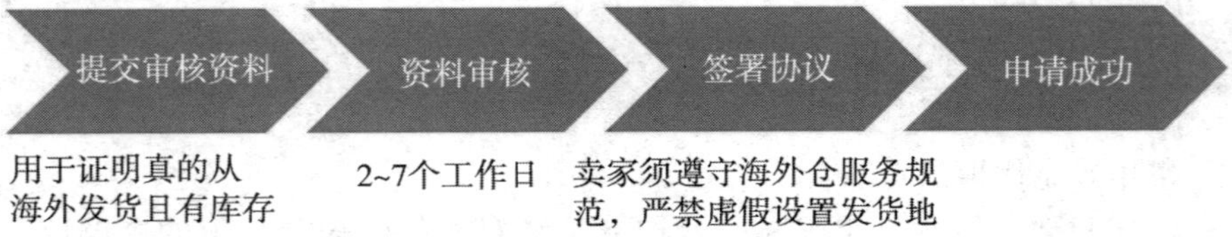

图 7-12　海外仓申请流程

2. 申请的注意事项

主账号和子账号都可以报名，申请成功后，系统会同时开通主账号以及所属子账号的权限。

若使用的是第三方海外仓，需要提供以下资料：

（1）合作物流商；

（2）客户代码（物流商给客户用的代码）；

（3）与第三方物流商签订的合同照片；

（4）使用第三方物流系统的后台截图（库存查询、订单管理页面）；

若使用的是自营海外仓，需要提供以下资料：

（1）海外仓地址；

（2）中国发货证明，如发货底单、发货照片、物流跟踪详情截图等；

（3）海外通关证明，如缴税证明等；

（4）仓库照片，将您的报名 ID 写在小纸条上（或打印）并放在当地最近的报纸上拍照，照片背景可看到门牌号或仓库实景。

如果没有通过审核，可能是以下原因：

（1）海外无库存（含货物在途）；

（2）提交的资料不全或无法证明有海外库存；

（3）海外仓所在地不在开通范围内（目前仅支持 9 个海外发货地：美国、英国、德国、西班牙、法国、意大利、俄罗斯、澳大利亚、印尼）。

（二）发布海外仓商品

点击发布或编辑产品，进入产品发布页面，正常填写商品信息。需要特别关注“发货地”和“运费模板”信息的填写。

1. 填写发货地

在发货地一栏勾选您的商品发货地，可同时勾选多个发货地，如图 7-13 所示。

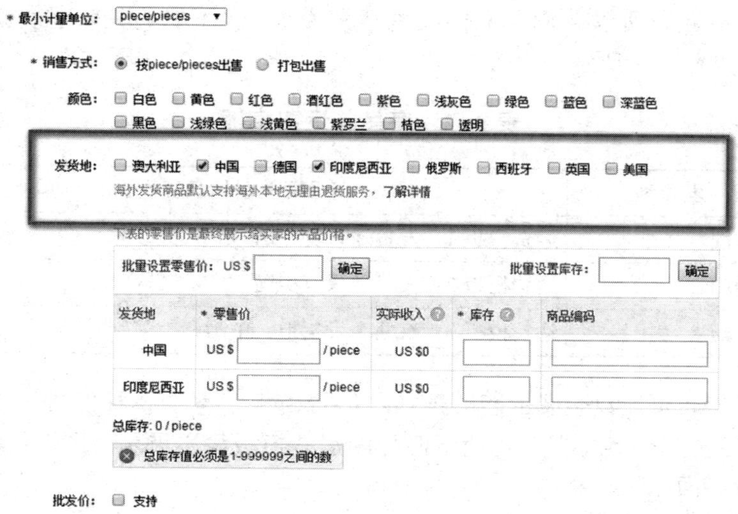

图 7-13　发布海外仓商品

目前运费模板中可选择的发货地设置仅有包含中国在内的 10 个国家，如果您的商品发货地不在其中，请选择发货地为中国。后续平台会根据卖家发货地分布新增支持的发货国家。

海外本地发货商品默认提供本地无理由退货服务。

（1）仅发件国和目的国一致的订单默认提供本地无理由退货服务。

例：卖家阿虎备货在美国仓的商品支持发往美国和加拿大，只有收货地为美国的订单才默认提供无理由退货服务。

（2）无理由退货服务承诺：若买家不喜欢所购买的商品，可选择在交易结束前提起无理由退货，退回商品（必须未使用过，不影响二次销售）。卖家提供的退货地址必须在本地，退货运费由买家承担。买家退回商品后需要卖家确认，若卖家对退回商品或退款金额存在争议，可向平台发起申诉。

海外发货商品发货期必须≤5 天，对海外发货商品您需要提前备货到海外仓。为保障买家收货时效，请设置发货期≤5 天，并在 5 个工作日内将货物发出。若设置的发货期>5 天，将无法获得海外发货标识、搜索筛选、平台活动等海外发货商品专享推广资源。

2. 选择运费模板

商品发货地必须和运费模板设置完全一致，您需要根据您的海外仓所在地新增或编辑运费模板。

例如，卖家莎莎有 3 个商品，商品发货地如表 7-7 所示，她需要分别设置 3 个不同的运费模板。因为“商品发货地”必须完全和“运费模板设置的发货地”一致，所以 A 商品只能关联运费模板 1，不能够关联运费模板 2 和模板 3，如表 7-7 所示。

表 7-7　商品与运费模板

商品	发货地	商品可关联的运费模板
A	中国	运费模板 1：发货地只有中国
B	美国	运费模板 2：发货地只有美国
C	中国 & 美国	运费模板 3：有两个发货地，中国和美国

产品发布页面只会展示能够选择的运费模板（运费模板发货地与商品选择的发货地完全一致），发货地不匹配的运费模板将不展示。图 7-14 所示为物流设置界面。

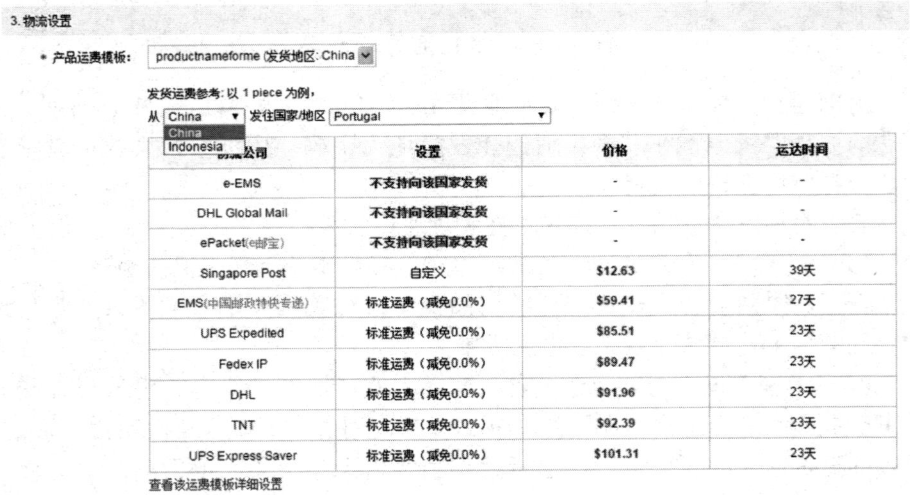

图 7-14　物流设置界面

商品发布成功后，卖家可以在商品管理页面通过运费模板筛选出海外发货的商品。

二、海外仓选品

1. 确定在哪个国家建立海外仓

选址海外仓时，通过选品专家热销词来确定。对于某个国家的某类商品，可上阿里巴巴速卖通平台搜索下载近期数据查看，选择成交指数高的商品进行研究，确定自己的选品，如在俄罗斯查看服装/配饰市场。

2. 通过目的国（地区）当地的电商平台了解和调查买家的市场需求

查询目的国（地区）的热门电商平台，了解当地需求，选品应根据每个国家（地区）的不同情况来选择。主流跨境出口电商平台如表 7-8 所示。

表 7-8 主流跨境出口电商平台

序号	平台名称	针对国家或地区	平台简介
1	Wish	美国	网址：http：//www. wish. com/ Wish 是新兴的基于 App 的跨境电商平台，主要靠价廉物美吸引客户，在美国市场有非常高的人气，核心品类包括服装、饰品、手机、礼品等，大部分都是从中国发货。Wish 主要针对北美移动端
2	Lazada	印度尼西亚，马来西亚，菲律宾，泰国等	网址：http：//www. lazada. com. my/ 东南亚地区最大的在线购物网站之一。获得德国创业孵化器（RocketInternet）桑威尔兄弟（SamwerBrothers）的支持，Lazada 的目标主要是印尼、马来西亚、菲律宾以及泰国用户
3	Jumia	非洲	网址：http：//group. jumia. com/ Jumia 是 2018 年三大平台中对国际商家开放和支持力度最大的平台，也是非洲目前最大的电商平台。业务覆盖非洲 23 个国家和地区的 8 亿消费群体。Jumia 目前面向国家卖家开放的站点有 5 个：尼日利亚、肯尼亚、摩洛哥、埃及、科特迪瓦。2018 年，Jumia 新增 7 个国际站，这意味着，中国卖家能够通过 Jumia 平台将产品卖到非洲 12 个国家和地区

表7-8 续1

序号	平台名称	针对国家或地区	平台简介
4	UMKA	俄罗斯	网址：http：//www. umkamall. com/ 俄语地区最大的中国商品在线购物网站。顾客可以通过移动装置或电脑网站访问该平台，该平台依托强大完善的仓配物流体系和境外管理团队本土化的核心优势，为俄语地区的网民提供优质商品、多种支付、及时派送、退换货物、专业客服等高标准的本地化的购物体验。中国零售商通过 UMKA 平台渠道可以简单、直接接触到俄语地区 12 个国家约 3. 5 亿的消费者。UMKA 平台上拥有大量的产品，产品种类涵盖电子产品、家庭用品、影音器材、户外运动产品、汽车配件等
5	Price Minister	欧洲	网址：http：//www. priceminister. com （https：//fr. shopping. rakuten. com/） PriceMinister 成立于 2000 年，并于 2010 年被 Rakuten 集团收购（日本乐天集团），是法国本土排名第二的综合型电商平台。超过 1/3 的法国人都是 Price Minister 的活跃用户。这也让 Price Minister 的同比年增长率高达 49%
6	Mercado Libre	拉丁美洲	网址：http：//www. mercadolibre. com 是拉丁美洲最大的一个电子商务平台，注册用户有 166 万，7. 8%的是卖家，有 20%的拉丁美洲网络用户的占比。隶属 ESG 集团，ESG 做跨境电商外贸一站式解决方案，包含外销品牌、平台运营、全球开店、物流、ERP 等服务。合作的平台总共有 17 个，Mercado Libre 是其中一个平台。帮助品牌做中国区招商。做本地化注册，本地语言产品描述、支付系统、客服、促销资源，ESG 可以跟平台拿到一些很特别的促销资源，可以给到 VIP 客户，包含绿色通道、物流渠道、支付、全程协助等资源

表7-8 续2

序号	平台名称	针对国家或地区	平台简介
7	Paytm	印度	网址：https：//paytm.com/ 印度目前只有2%的人口特别热衷于网上购物，预计将来会有一个爆发的增长速度。其次，中小城市的网上购买率特别高，达到42%，逐渐偏向于购买生活非必需品。Paytm以电子钱包起家，由软银开始投资，阿里巴巴随之注资，在印度，Paytm的用户量仅次于Facebook和WhatsApp。平台主要有两个入口，一个是钱包的入口，有2.4亿的用户。另外一个类似于像淘宝、天猫独立出来的App——Paytm Mall。有非常紧密线下的关系，500万家商户在用Paytm，与线下商户有非常紧密的联系，可以帮助中国的卖家触及中国的B2C、独特的O2O市场，分销渠道可以帮助卖家。线下体验店的建立是区别于亚马逊之外的独特的东西，接下来的6个月，会建立一千多个线下体验店。把Paytm Mall上面竞选的产品放在线下体验店里面，毕竟印度的线上市场只有2%，98%是属于线下市场的

三、计算海外仓头程及二程物流费用

海外仓费用由头程费用、税金、仓储及管理费和尾程费用组成。

（一）核算头程费用

1. 空运费用

空运费用=运费+清关费+其他费用（拖车费、文档费、送货费等）。

运费：按重量计算，有最低起运重量（一般为5千克以上）限制。

清关费：按单票数量及金额计算。

空运途径有客机行李托运、普货空运和商业快递。

空运会对重量轻、体积大的货物做计抛处理。重量计算方式为：

长（cm）×宽（cm）×高（cm）/6000

某国际物流企业的从我国到英国的空运费用报价如表7-9所示。

表 7-9　某国际物流企业的从我国空运到英国的费用报价

单价：元

运输方式	价格		
客机行李托运（OBC）	运费		37.00
	4PX 代清关	清关费/票	300.00
		提货费/kg	2.00
	客户自有 VAT 税号清关	清关费/票	1200.00
		提货费/kg	2.00
普货客运（Air Freight）	100kg 以内的运费		31.00
	100kg 及以上的运费		28.00
	4PX 代清关	清关费/票	300.00
		提货费/kg	2.00
	客户自有 VAT 税号清关	清关费/票	1200.00
		提货费/kg	2.00

例如，空运发 10kg 货物到英国仓的头程费用算法（4PX 代清关）：

通过客机行李托运（OBC）方式：

头程费用＝37×10（运费）＋300（清关费）＋2×10（提货费）
＝690 元（其他费用除外）

通过普货客运（Air Freight）方式：

头程费用＝31×10（运费）＋300（清关费）＋2×10（提货费）
＝630 元（其他费用除外）

2. 海运费用

根据集装箱货物装箱数量和方式可分为整箱（Full Container Load，FCL）和拼箱（Less Than Container Load，LCL）两种。对于整箱货来讲，整个集装箱/货柜的货物都是由一个托运人发运，或由一个收货人接收，以实际体积计算运费，体积分层计算，1 立方米（Cubic Meter，CBM）起运。表7-10所示为某国际物流企业的从我国海运到美国费用的报价。

表 7-10 某国际物流企业的从我国海运到美国的费用报价

单位：元

运输方式	体积区间	美国仓（每立方米）
海运（LCL）	0~5CBM	1200.00
	5.01~10CBM	1200.00
	10CBM 以上	1000.00
	时效（工作日）	30 天
	20GP	24000.00
	40GP	36000.00
	40HQ	36000.00
	时效（工作日）24~27 天	

说明：GP（General Purpose），一般称为平柜，比如 40GP，就是指 40 尺的普通箱。

HQ（High Cube），一般称为高柜，比如 40HQ，就是指 40 尺的高箱。

例如，海运发 500kg 共 5.78CBM 货物到美国仓的头程费用算法：

头程费用=1200×5.78=6936 元（其他费用除外）

3. 核算税金

主要跨境电商市场的税金计算方式如表 7-11 所示。

表 7-11 目前主要跨境电商市场的税金计算公式

国别	税金	税金计算公式	备注
美国	关税	税金=关税=货值×关税税率	—
英国	关税、VAT	税金=关税+VAT 关税=货值×关税税率 VAT=（货值+运费+关税）×20%	—
俄罗斯	关税、VAT	税金=关税+VAT 关税=货值×关税税率 VAT=（货值+运费+关税）×20%	食品及儿童用品的 VAT 税率为 10%；高科技产品、棉花、药物则免缴 VAT，奢侈品如烟、酒、汽车、石油及首饰等的 VAT 税率为 25%~90%

表7-11 续

国别	税金	税金计算公式	备注
德国	关税、VAT	税金=关税+VAT 关税=货值×关税税率 VAT=（货值+运费+关税）×19%	特定商品如食品、书籍、医疗设备和艺术品的供应以及特定活动（及文化活动）的服务适用7%的增值税税率
澳大利亚	关税、GST	税金=关税+VAT 关税=货值×关税税率 GST=（货值+运费+关税）×20%	GST（Good and Service Tax）是商品及服务税

例如，某跨境电商卖家发一批某品牌货物到德国海外仓，货值50万欧元，运费为5000欧元，适用关税税率为8.8%，欧元兑换人民币汇率为7.2862，请计算该批货物的应缴进口税金（以人民币计）。

关税=货值×关税税率=500000×8.8%×7.2862=320592.8（元）

VAT=（货值+运费+关税）×19%

=（500000+5000+500000×8.8%）×7.2862×19%

=760023.52（元）

税金=关税+VAT=320592.8+760023.52=1080616.32（元）

（二）核算仓储管理服务费

仓储管理服务费主要包括客户货物存储在海外仓库、处理分单和当地配送时产生的入库费用、仓储费、出库费用、订单处理费。

1. 仓储费

货物发到海外仓后，储存商品在仓库产生的费用就是仓储费，一般第三方公司为提高产品的销售率，会按一定时间周期（如周）收取相应费用。表7-12所示为某海外仓运营企业的仓储费报价。

表7-12 某海外仓运营企业的仓储费报价

单位：人民币（元）

单件产品体积	每周仓储费	计算单位
0.001CBM（含）以下	0.45	每件
0.001~0.02CBM（含）	0.65	每件
0.02CBM以上	40	每CBM

举例：

（1）某卖家发至某海外仓的某种产品单件体积为 0.8CBM，则单件该产品一周的仓储费（仓租）为 0.8CBM×40 元/CBM＝32 元。

（2）某卖家发至某海外仓的某产品单件体积为 0.0007CBM，则单件该产品一周的仓储费用（仓租）为 0.45 元。

（3）某卖家发 500 件产品至某海外仓，该产品单件体积为 0.0007CBM，则该批货物一周的仓储费用（仓租）为 0.45×500＝225 元。

2. 订单处理费

订单处理费指买家在平台上对卖家产品下单后，由第三方人员对其订单拣货打包产生的费用。表 7-13 所示为某海外仓运营企业的订单处理费报价。

表 7-13 某海外仓运营企业的订单处理费报价

单位：人民币（元）

产品分类	订单处理费/件
0～1000g	8
1001～5000g	10
5000～10000g	14
10001～30000g	18
30001～31500g	20
31500～50000g	40
50～70kg	70
70～100kg	90

当产品数量大于 1 件时就属于多件发货，可以相同的库存编码多件一起发货，可以不同库存编码多件一起发货，也可以多个订单合并发货。

（1）多件发货的运费。多件发货的运费按多件发货的总计费重量所对应的费用收取。

①使用需计泡的发货方式，多件发货时，总计费重量的计算（单件货物一般取体积重量和实际重量中较大者作为订单处理费计费重量）：

如果货物计费重量之和×0.2>1kg，多件发货总计费重量＝货物计费重量之和+1kg

如果货物计费重量之和×0.2<1kg，多件发货总计费重量＝货物计费重量之和×1.2

②使用不需计泡的发货方式，多件发货时，总计费重量的计算：

如果货物实际重量之和×0.2>1kg，多件发货总计费重量=货物计费重量之和+1kg

如果货物实际重量之和×0.2<1kg，多件发货总计费重量=货物计费重量之和×1.2

举例：

①2件相同产品一起发货，每件4kg，不计泡：

4kg×2×0.2=1.6kg>1kg，总计费重量=4kg×2+1=9kg，运费按9kg收取。

②2件相同产品一起发货，每件1.5kg，不计泡：

1.5kg×2×0.2=0.6kg<1kg，总计费重量=1.5kg×2×1.2=3.6kg，运费按3.6kg收取。

③2件不同产品，计泡，体积重量=长×宽×高/5000，各自的发货方式为：

第一件：12kg，体积=80×30×50cm^3，体积重量=80×30×50/5000=24kg>12kg。

第二件：12kg，体积=50×20×10cm^3，体积重量=50×20×10/5000=2kg<12kg。

（24kg+12kg）×0.2=7.2kg>1kg，多件发货计费重量=（24kg+12kg）+1kg=37kg。

多件发货的费用就是按上面多件发货的计费重量37kg所对应的费用收取。

（2）多件发货的处理费。按照单件货物的实际重量对应的处理费叠加。

举例：

①1件1kg货物和1件8kg的货物多件发货，订单处理费=8+14=22元。

②2件5kg的货物多件发货，订单处理费=10×2=20元。

多件发货的体积计算：

多件发货的总体积=每件的最长的长×最长的宽×高之和

①如果发件分别为120cm×10cm×5cm和100cm×80cm×20cm，一起发的尺寸是120cm×80cm×（20+5）cm。

②如果发件数量为3，每件尺寸为120cm×10cm×5cm，合并后尺寸是120cm×10cm×15cm。

第六节
本章练习

一、填空题

1. 海外仓是指国内企业将商品通过大宗运输的形式运往__________，在当地建立仓库、储存商品，然后再根据当地的销售订单，第一时间做出响应，及时从当地仓库直接进行分拣、包装和配送。

2. 从长远来看，__________日趋完善将进一步带动跨境电商产业链的升级。

3. 产品可以运用已有的数据工具，主要可以参考的工具有数据纵横中选品专家的__________，__________；搜索词分析中的__________。

4. 随着边境贸易的快速发展，边境贸易和__________也凸显出其重要作用。

5. 出口企业自建仓模式指跨境电商出口企业自行在__________境内投资建设仓储公司，完成海外仓储、通关、报税、物流配送等一系列业务环节。

6. 海外仓发货模式的企业基本上都是在__________实名登记注册的公司主体，税务合规以及本土化运营。

7. 仓库布局包括__________和__________。

8. 从货品角度看，SKU 是指单独一种商品，其__________已经被确定。

9. 头程运输成本是指把货物运送到海外仓库所产生的运费，一般包括__________、国际空运和海运费用。

10. __________是介于供应商管理库存和客户管理之间的一种库存管理方式。

二、单选题

1. 以下不适合用海外仓的产品主要有（　　）。

A. 尺寸、重量大的产品　　B. 单价和毛利润高的产品

C. 货物周转率高　　D. 薄利多销的产品

2. 以下哪个不是海外仓的优点？（　　）。

A. 提高物流成本　　B. 加快物流时效

C. 提高产品曝光率　　D. 提升客户满意度

3. 以下哪个不是海外仓的运营模式？（　　）。

A. 亚马逊 FBA 模式　　B. 出口企业自建仓模式

C. 第三方海外仓服务模式　　D. 海外仓库模式

4. 退货处理费适用于在亚马逊上出售、并且属于亚马逊为其提供免费退货配送的分类的买家退货商品，以下分类哪个不包括在内？（　　）

A. 服装　　B. 小家电

C. 珠宝首饰　　D. 鞋靴、手提包和太阳镜

5. 每人每日价值在人民币（　　）元以下的，免征进口关税和进口环节税。

A. 5000　　B. 7000

C. 8000　　D. 9000

三、计算题

1. 核算头程费用

以本章第五节中所列国际物流企业为例，核算某卖家空运发 5.8kg 货物到英国仓的头程费用（4PX 代清关）。

2. 我国出口某货物的成交价为 CIF 纽约 1000 美元（折合人民币约为 8000 元），已知运费折合为 1500 元人民币，保险费为 50 元人民币，出口税率为 15%，求应征关税税额。

3. 某进出口公司从美国进口硫酸镁 5000 吨，进口申报价格为 FOB 旧金山 325000 美元，运费每吨 40 美元，保险费率 3‰，当日的外汇牌价（中间价）为 1 美元≈8.64 元人民币。

第八章　跨境电商运输管理

【学习目标】

本章旨在让学习者了解跨境电商主要使用的运输方式，具体介绍集装箱和班轮运输的主要内容，如何选择合适的运输方式及主要的运输管理方法。

通过本章的学习，能够：

1. 掌握跨境电商运输管理的基本概念；
2. 掌握集装箱运输方式；
3. 掌握班轮运输管理的基本方法。

【本章重点】

本章着重介绍了跨境电商运输管理方式及运输管理问题，首先介绍跨境电商运输管理的基本概念，然后对集装箱和班轮运输两种重要跨境运输方式进行阐述。

【基本概念】

运输管理，集装箱运输，班轮运输

【建议学习时间】

2~3 课时

【引导案例】

国际公路运输案例——昆曼公路，如图 8-1 所示。

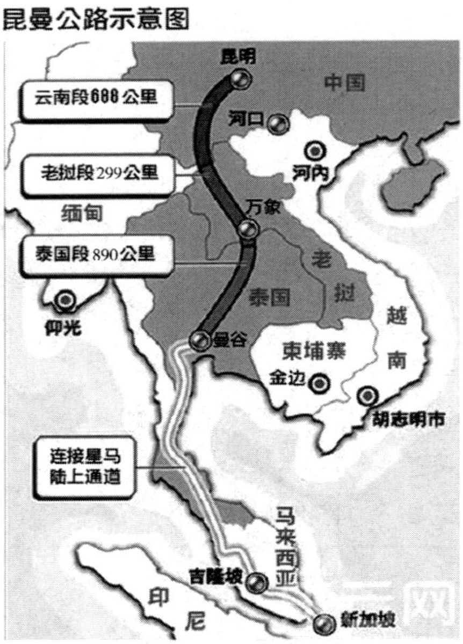

图 8-1 昆曼公路示意图

昆曼公路（昆曼高速公路）是中国的第一条国际高速公路，起于云南省会昆明，止于泰国首都曼谷，是亚洲公路网编号为 AH3 公路中的一段。全长约 1807 公里，中国境内 688 公里、老挝境内 229 公里、泰国境内约 890 公里。昆曼公路于 2008 年 12 月正式通车，主要进行“蔬菜换石油”的国际陆运，即由泰国公司把油通过昆曼公路用油罐车拉到中国磨憨口岸，中国向泰国出口新鲜蔬菜，用来缓解云南成品油供应长期紧张和泰国不易种植蔬菜的问题，而且还有利于打造“云菜”品牌，带动农民增收。

2013 年 6 月，云南省东南亚经贸合作发展联合会、老挝国家工商会、泰国城乡发展基金会三方举行的第二次中老泰昆曼经济走廊民间协调机制会议上，三方共同签署了“昆曼公路便利化运输民间先行解决方案”。根据方案，货物车辆从昆明腾俊国际陆港验关出发后，仅在老挝会有一次甩挂作业，即可直达泰国曼谷物流中心，全程 1800 多公里的昆曼公路中途不再掏箱验关，这将大幅节约物流的时间和成本。

方案确认了昆曼公路陆路运输试行路线为昆明（中国）—磨憨（中国）—磨丁（老挝）—会晒（老挝）—清孔（泰国）—曼谷（泰国）；陆水

联运试行路线为昆明（中国）—景洪港（中国）—清盛港（泰国）—曼谷（泰国）。支持昆明国际陆港和会晒物流中心开展甩挂运输试点建设，支持在磨憨使用货运专用通道。

具体操作方式为：货物车辆在昆明国际陆港出发，经磨憨货运通道，抵达老挝后加挂老挝车牌，货车使用双牌照通行到达老挝会晒物流中心，进行甩挂作业，进入泰国清孔使用泰国车牌，直达泰国曼谷物流中心。反之，货物车辆在泰国曼谷物流中心出发，经泰国清孔物流中心，进行甩挂作业，抵达老挝会晒物流中心使用老挝牌照，加挂中国牌照，经磨憨口岸直达昆明国际陆港。

“货物车辆从腾俊国际陆港出发，直接抵达曼谷物流中心，中途只有一次甩挂作业，不必再掏箱验关，物流时间预计从现在的72小时左右，缩短为48小时左右，减少1/3左右的时间，物流成本也将大幅缩减。”腾俊集团总经理陈明清认为，此次方案旨在促进政府《大湄公河次区域客货跨境运输协定》尽早完成法律程序，是昆曼公路通关便利化的一次民间先行推进。海关、工商、税务等政府职能，在腾俊国际陆港将实现一站式服务，将极大地缩短货物进出关的时间。”

第一节
跨境电商运输管理的基本概念

一、运输管理的定义

运输管理是指对产品从生产者手中到中间商手中再至消费者手中的运送过程的管理。它包括运输方式选择、时间与路线的确定及费用的节约。其实质是对铁路、公路、水运、空运、管道 5 种运输方式的运行、发展和变化，进行有目的、有意识的控制与协调，实现运输目标的过程。

跨境电商运输活动主要体现为国际物流运输活动，指为了实现跨境交易，通过国际公路运输、国际海洋运输、国际航空运输、国际铁路运输或多式联运的方式对跨境电商的商品进行采购、包装并输送到境外收货人所在国家或地区的物流活动。

二、跨境电商运输管理的意义

（一）运输管理能保证跨境交易顺利进行

一个跨境交易至少涉及两个以上的国家或地区，运输路径长且时间也比较长。为了保证跨境交易过程顺利进行，就必须进行管理。在运输过程中需要协调各个方面的资源来保障商品能按时按量地运输到目的地。

物流企业或运输企业的管理，就是对整个运输过程的各个环节——运输计划、发运、接运、中转等活动中的人力、运力、财力和运输设备，进行合理组织，统一使用，调节平衡，监督完成。以求用同样的劳动消耗（活劳动和物化劳动），运输较多的货物，提高劳动效率，取得最好的经济效益。

（二）运输中运输费所占比重大，是影响物流费用的重要因素

在物流业务活动过程中，对直接耗费的活劳动和物化劳动所支付的直接费用，主要有运输费、保管费、包装费、装卸搬运费、运输损耗费等。而其中运输费所占的比重最大，是影响物流费用的一项主要因素。特别在当前我国交通运输很不发达的情况下，更是如此。国外很重视对物流费用的研究，如日本曾对一部分企业进行了调查，在成品到消费者手中的物流费用中：保管费占 16%，包装费占 26%，装卸搬运费占 8%，运输费占 44%，其他占 6%；我国用于运输的费用也占物流费用的 40%左右。可见运输费在物流费中

所占的比重最大。因此，在物流各环节中，如何搞好运输工作，积极开展合理运输，不仅关系到物流时间问题，也影响到物流费用问题。物流企业只有千方百计节约运输费用，才能降低物流费用及整个的商品流通费用，提高企业经济效益，增加利润。

三、跨境物流运输的特点

（一）跨境货物运输是中间环节很多的长途运输

跨境货物运输是国家与国家、国家与地区之间的运输，一般运距较长。在运输过程中，往往需要使用多种运输工具，通过多次装卸搬运，交换不同运输方式，经由不同的国家和地区，中间环节很多。

（二）跨境货物运输涉及面广，情况复杂多变

货物在国际间的运输过程中，需要与不同国家、地区的货主、交通部门、商检机构、保险公司、银行、海关以及各种中间代理人打交道。同时，由于各个国家、地区的政策法律规定不同，金融货币制度不同，贸易运输习惯和经营做法也有差别，再加上各种政治、经济形势和自然条件的变化，都会对跨境货物运输产生较大的影响。

（三）跨境货物运输的时间性特别强

国际市场竞争十分激烈，商品价格瞬息万变，进出口货物如不能及时地运到目的地，很可能会造成重大的经济损失；某些鲜活易腐商品和季节性商品如不能按时送到目的地出售，所造成的经济损失可能会更加严重。为此，货物的装运期、交货期被列为贸易合同的条件条款，能否按时装运直接关系到重合同、守信用的问题，对贸易、运输的发展都会产生巨大的影响。

（四）跨境货物运输的风险较大

跨境货物运输由于运距长、中间环节多、涉及面广、情况复杂多变，加之时间性很强，因而风险也就比较大，为了转嫁运输过程中的风险损失，各种进出口货物和运输工具都需要办理运输保险。

（五）跨境货物运输涉及国际关系问题

在组织国际货物运输的过程中，需要经常同国外发生广泛的联系，这种联系不仅仅是经济上的，也会牵涉国际政治问题。对于各种运输业务问题的处理，常常也会涉及国际关系问题，是一项政策性很强的工作。因此，从事国际货物运输的人不仅要有经济观念，而且也要有国家政策观念。

四、主要跨境运输方式

目前，运输方式主要包括铁路运输、公路运输、水路运输、航空运输等。

（一）国际海洋货物运输

国际海洋货物运输是利用天然航道进行的国际物流运输，简称海洋运输。它是国际物流运输中使用最广泛的一种运输方式。

海洋运输具有成本低、能耗省、过程长、运量大等特点，与其他几种运输方式相比较有明显优势。

但受自然条件的限制与影响大，即受海洋与河流的地理分布及其地质、地貌、水文与气象等条件和因素的明显制约与影响；而且对综合运输的依赖性较大，河流与海洋的地理分布对运输有相当大的局限性，海洋运输航线无法在广大陆地上任意延伸。

海洋运输的营运方式有班轮运输和租船运输两种。

（二）国际铁路货物运输

铁路运输是利用铁路进行货物运输的方式，是利用铁路设施、设备运送旅客和货物的一种运输方式，在国际货运中的地位仅次于海洋运输。铁路运输与海洋运输相比，一般不易受气候条件的影响，可保障全年的正常运行，具有高度的连续性。铁路运输还具有载运量较大、运行速度较快、运费较低廉、运输准确、遭受风险较小的优点。

铁路运输也存在缺陷，如运输受轨道的限制、不能跨洋过海、铁路建设投资大使得其应用在一定的程度上受到限制。

我国对外贸易货物的铁路运输包括国际铁路联运、对中国香港地区的铁路运输和国内铁路运输三个组成部分。

（三）国际公路货物运输

公路运输是指以公路为运输线，利用汽车等陆路运输工具，进行跨地区或跨国的移动，以完成货物位移的运输方式。国际公路货物运输是指国际货物借助一定的运载工具，沿着公路跨及两个或两个以上国家或地区的移动过程。它是对外贸易运输和国内货物流程的主要方式之一，既是独立的运输体系，也是车站、港口和机场物资集散的重要手段。

公路运输生产点多、面广，公路运输最显著的运营特点是它的灵活性。表现在：空间上的灵活性，可以实现门到门运输；时间上的灵活性，可以实现即时运输，即根据货主的需求随时启运；批量上的灵活性，公路运输的启运批量最小；运行条件的灵活性，公路运输的服务范围不仅在等级公路上，还可延伸到等级外的公路，甚至许多乡村便道的辐射范围，普通货物装卸对场地、设备没有专门的要求；服务上的灵活性，能够根据货主的具体要求提供有针对性的服务，最大限度地满足不同性质的货物运送需求。

（四）国际航空货物运输

航空运输是指利用飞机运送货物的现代化运输方式。近年来，采用航空运输的方式日趋普遍，航空货运量越来越大，航空运输的地位日益提高。优点是速度快、安全性好、节省包装等费用、加快资金周转。但缺点是投资大、运量小、运费比较高、易受天气的影响等。

国际航空货物运输是指由跨国航空承运人办理两国之间空运的全程运输，并承担运输责任的一种现代化运输方式。经营方式有班机运输和包机运输两种。

（五）国际多式联运

国际多式联运是按照联运合同，以至少两种不同的运输方式，由多式联运经营人将货物从一个国境内的接管地点运至另一国境内的指定交付地点的货物运输方式。

国际多式联运又称国际联合一贯制运输，是在集装箱运输的基础上产生并发展起来的一种新型运输方式，有陆空联运、陆海联运、海空联运等方式。

（六）集装箱运输

集装箱运输是以集装箱作为运输单位进行货物运输的一种现代化的运输方式，它适用于海洋运输、铁路运输及国际多式联运等。

第二节 集装箱运输方式

一、国际集装箱运输概述

（一）集装箱基本知识

1. 基本概念

集装箱的英文名为 Container，是能装载包装或无包装货进行运输，并便于用机械设备进行装卸搬运的一种组成工具。

集装箱最大的成功在于其产品的标准化以及由此建立的一整套运输体系。能够让一个载重几十吨的庞然大物实现标准化，并且以此为基础逐步实现全球范围内的船舶、港口、航线、公路、中转站、桥梁、隧道、多式联运相配套的物流系统。

集装箱标准化历经了一个发展过程。国际标准化组织 ISO/TC104 技术委员会自 1961 年成立以来对集装箱国际标准做过多次补充、增减和修改，现行的国际标准为第 1 系列，共 13 种，其宽度均一样（2438mm）、长度有 4 种（12192mm、9125mm、6058mm、2991mm）、高度有 3 种（2896mm、2591mm、2438mm）。

2. 集装箱内部的尺寸

集装箱内部的最大长、宽、高尺寸：高度为箱底板面至箱顶板最下面的距离，宽度为两内侧衬板之间的距离，长度为箱门内侧板量至端壁内衬板之间的距离。它决定集装箱内容积和箱内货物的最大尺寸。

国际上通常使用的干货柜（DRYCONTAINER）有：

（1）外尺寸为 20 英尺×8 英尺×8 英尺 6 英寸，简称 20 尺货柜，内容积为 5898mm×2352mm×2390mm。

（2）40 英尺×8 英尺×8 英尺 6 英寸，简称 40 尺货柜，内容积为 12024mm×2352mm×2390mm。

（3）较多使用的 40 英尺×8 英尺×9 英尺 6 英寸，简称 40 尺高柜，为 11. 8m×2. 34m×2. 68m，配货毛重一般为 26 吨，体积为 68m^3。

（4）45 尺高柜：内容积为 13. 58m×2. 34m×2. 68m，配货毛重一般为 29 吨，体积为 86m^3。

（5）20 尺开顶柜：内容积为 5. 89m×2. 32m×2. 31m，配货毛重为 20 吨，体积为 31. 5m^3。

（6）40 尺开顶柜：内容积为 12. 01m×2. 33m×2. 15m，配货毛重为 30. 4 吨，体积为 65m^3。

（7）20 尺平底货柜：内容积 5. 85m×2. 23m×2. 15m，配货毛重为 23 吨，体积为 28m^3。

（8）40 尺平底货柜：内容积 12. 05m×2. 12m×1. 96m，配货毛重为 36 吨，体积为 50m^3。

（二）国际集装箱运输的基本概念

国际集装箱运输是指以集装箱为媒介，将托运人交运的货物从一国的某一地点运至另一国的某一地点，而由托运人支付运费的运输。

国际集装箱运输的主要特点：装卸机械化程度高和运输速度快，船期短，船舶周转快，货物运输包装费用省，安全可靠，货损货差少，适合多式联运，一票到底，方便货主的托运方和收货方。整个过程由集装箱承运人全程负责，即一份运输合同、一份运输单证、一张保险单、一次付费就能把货物交给收货人，这就大大简化了手续，加快了运输速度。

（三）国际集装箱运输开展的条件

1. 要有稳定而集中的货源和流向，货种是高档商品、高货价和高运费率、易碎货及日用杂货等。

2. 在整个运输过程中和各个环节上，要有现代化、高效率的集装箱专用装卸设备和运输船舶。

3. 要有健全和高效的管理机构与管理制度，保证各个环节不受阻和有条不紊的顺利运行。

4. 要有完整的水运和内陆的运输网络，保证港口、各中转站的集装箱能及时地集中和疏散。

5. 集装箱和货物的包装都要按照统一的规格实行标准化，以提高货物装箱和集装箱装卸的效率。

（四）国际集装箱运输的交接方式和交接地点

1. 整箱交接

（1）门到门交接：门到门交接的货物一般为整箱货。此种交接形式适合只有一个发货人、一个收货人，由承运人负责内陆运输。

（2）场到场交接：这是一种在装船港堆场接收货物，并将其运至卸船港码头堆场交货的交接方式。

（3）门到场交接：在发货人的工厂或仓库接收货箱后，由承运人负责运至卸船港集装箱码头堆场交货，目的地的内陆运输则由收货人自己负责安排。

（4）场到门交接：这是指在装船港集装箱码头堆场接收货箱，由承运人负责运至收货人工厂或仓库交货的交接方式，即整箱接收、整箱交付。

2. 拼箱交接

在这种交接方式下集装箱的具体交接地点只有一种情况，即站到站。这是指发货人将货物送往起运地或集装箱货运站，货运站将货物拼装后交承运人，承运人负责运至目的地或卸箱港的集装箱货运站进行拆箱，当地的货运站按件交给各个有关收货人。

3. 整箱交货、拆箱收货

集装箱具体的交接地点有以下两种情况。

（1）门到站交接：在发货人的工厂或仓库接收货箱后，由承运人负责运至目的地集装箱货运站交货，即整箱货接收、拼箱货交付。

（2）场到站交接：这是一种在装船港集装箱码头堆场接收货箱，并将其运至目的地集装箱货运站的交接方式。

4. 拼箱交货、整箱收货

（1）站到门交接：这是一种承运人在起运地集装箱货运站接收货箱，并将其运至收货工厂或仓库的交接方式。

（2）站到场交接：这是一种承运人在起运地集装箱货运站接收货箱后，负责运至卸船港集装箱码头堆场，整箱交付收货人的交接方式。

二、集装箱运输系统

（一）集装箱运输系统构成要素

集装箱运输系统的基本构成要素如下。

1. 适箱货源

并不是所有的货物都适合于集装箱运输。从是否适用于集装箱运输的角度，货物可分成四类。

（1）物理与化学属性适合于通过集装箱进行运输，且货物本身价值高，对运费的承受能力大的货物；

（2）物理与化学属性适合于通过集装箱进行运输，货物本身价值较高，对运费的承受能力较大的货物；

（3）物理与化学属性适合装箱，但货物本身价值较低，对运费的承受能力较差的货物；

（4）物理与化学属性不适合装箱，或者对运费的承受能力很差，从经济上看不适于通过集装箱运输的货物。

以上第一种货物称为“最佳装箱货”，第二种货物称为“适于装箱货”，第三种货物称为“可装箱但不经济的装箱货”，第四种货物称为“不适于装箱货”。

集装箱运输所指的适箱货源，主要是前两类货物。对于适箱货源，采用集装箱方式运输是有利的。

2. 标准集装箱

前面罗列了国际标准集装箱的含义。除了国际标准集装箱外，各国还有一些国内和地区标准集装箱，如在我国国家标准中，就有两种适于国内使用的标准集装箱（5D 与 10D）。

3. 集装箱船舶

集装箱船舶经历了一个由非专业到专业转化的过程。最早的集装箱船舶是件杂货与集装箱混装的，没有专门装载集装箱的结构。发展到现在，在国际海上集装箱运输使用的集装箱船舶，均已专业化，而且船型越来越大。内河运输的集装箱船，大多是由原来的驳船改造的。

4. 集装箱码头

与集装箱水路运输密切相关的是集装箱港口码头。集装箱水路运输的两端必须有码头，以便装船与卸船。早期的集装箱码头也与件杂货码头交叉使用，是在件杂货码头的原有基础上配备少量用于装卸集装箱的机械，用于处理混装的件杂货船舶上的少量集装箱。这类码头目前在我国一些中小型的沿海港口和内河港口还经常可以看到。现代化的集装箱码头已高度专业化，码头前沿机械配置、场地机械配置、堆场结构与装卸工艺配置均完全与装卸集装箱配套。

5. 集装箱货运站（CFS）

集装箱货运站在整个集装箱运输系统中发挥了“承上启下”的重要作用，是一个必不可少的基本要素。集装箱货运站按其所处的地理位置和不同的职能，可分为设在集装箱码头内的货运站、设在集装箱码头附近的货运站和内陆货运站三种。集装箱货运站的主要职能与任务是集装箱货物承运、验收、保管与交付；拼箱货的装箱和拆箱作业；整箱货的中转；实箱和空箱的堆存和保管；票据单证的处理；运费、堆存费的结算等。

6. 集装箱卡车

集装箱卡车主要用于集装箱公路长途运输、陆上各结点之间（如码头与码头之间、码头与集装箱货运站之间、码头与铁路办理站之间）的短驳以及集装箱的“末端运输”（将集装箱交至客户手中）。

7. 集装箱铁路专用车

集装箱铁路专用车主要用于铁路集装箱运输，即主要用于集装箱的陆上中长距离运输和所谓的“陆桥运输”。

（二）集装箱运输系统的主要关系人

1. CY（Cntr Yard，集装箱堆场）

注意：CY 仅指集装箱码头里的堆场，不可指其他地方的集装箱堆场。

2. DR（Door）

DR 指 Shipper 或 CNEE（Consignee）的工厂或 W/H（Warehouse，仓库）的大门。

注：有些人将 Door 写作 House。

3. CFS（Cntr Freight Station，集装箱货运站）

集装箱货运站又叫拼装货站或中转站。主要为拼箱货（LCL）服务，它是 LCL 办理交接的地方。其主要职能：对出口货，从发货人处接货，把流向一致的货拼装在柜中；对进口柜，负责拆柜并交货给收货人。

大多 CFS 设在港口内或港区附近，少数设于内陆，称为内陆货站（In

Land Depot）。

除以上三个外，集装箱运输系统的关系人还有班轮公司（Liner，实为Actual Carrier）、无船承运人（或译为无船承运业务经营者）（NVOCC＝Non—Vessel Operating Common Carrier）、集装箱出租公司（Cntr Leasing Co.）、船代公司（Ocean Shipping Agency Co.）、货代公司（Freight Forwarder、Forwarding Agent）、外轮理货公司（Tallying Co.）、全程联运保赔协会（P&I）、海关、功率铁路承运人等。

三、国际集装箱运输流程

（一）FCL 和 LCL 流程

集装箱货物的交接主要有两种不同的形态。

一种叫整箱货（Full Container CargoLoad，FCL），其流程如图 8-2 所示。

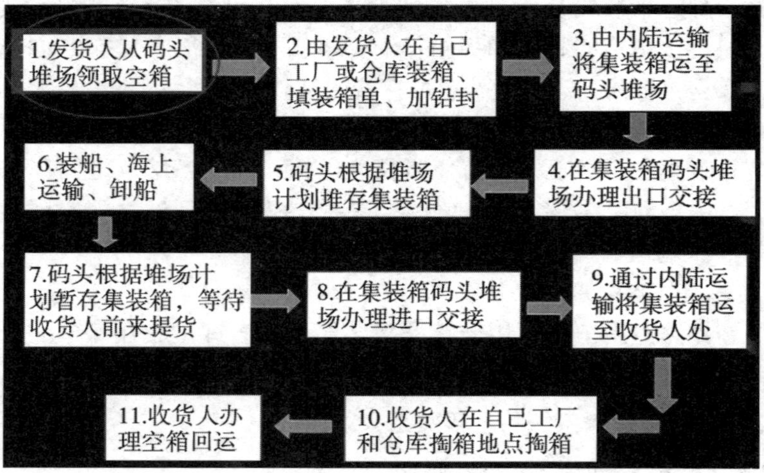

图 8-2　集装箱整箱（FCL）流转过程

一种叫拼箱货（Less than Container CargoLoad，LCL），其流程如图 8-3 所示。

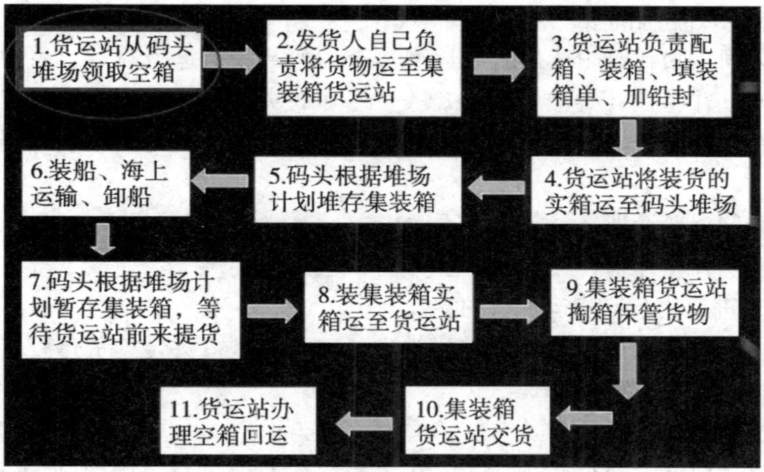

图 8-3　集装箱拼箱（LCL）流转过程

（二）集装箱码头进口业务流程及其具体操作

在集装箱进口货运业务中，码头主要负责卸船（Discharging）、箱货的暂时堆存（Storage）、箱货的交付（Delivery）等业务。全过程可分为四个阶段。

1. 卸船前的准备

（1）收集整理进口资料。

为了确保集装箱船舶能及时靠泊和顺利卸货，船公司或代理需在规定的时间内向集装箱码头提供船舶动态信息和进口集装箱单证资料（EDI 报文），以便为进口卸船作业做好充分的准备工作。因此，对于远洋航线定期班轮，一般要求船公司或其代理在船舶到港前 72 小时，向集装箱码头提供如下进口集装箱货运单证资料：

①进口舱单（Cargo Manifest）；

②进口船图（Bay Plan）；

③集装箱箱号清单（Container List）；

④危险品箱清单及准单（Dangerous Cargo List）；

⑤冷藏箱、特种箱和捎带散杂货清单；

⑥集装箱残损单（Exception List）。

对于近洋航线船舶，则要求船舶抵港前 24 小时，能通过传真形式，向集装箱码头发送货物和箱位信息，其内容如下：船箱位、提单号、箱型、箱号、货名、重量、整拼箱货物情况、收货人、合同号、特种货物资料等。如果船舶载有危险品货物，船公司或代理必须向海事局申请办理“危险货物载运申报单”手续，将其中的一份交给码头计划部门。

（2）制订船舶靠泊计划。

船公司在收到船舶从最后装运港寄来的集装箱货运资料后，应预计船舶到港时间，并将预计到港时间（ETA）通知码头，同时船公司按集装箱码头要求，在规定时间内，尽早将有关进口集装箱货运资料送交集装箱码头。主要包括：

①船舶近期计划（目前基本不做）；

②船舶昼夜计划。

（3）进口集装箱货运资料的签收。

集装箱码头的单证管理员收到船公司提供的进口集装箱货运资料后，要核数、签收、复印和分发。

（4）编制卸船计划。

码头计划员收到有关进口集装箱的货运资料后，应认真及时地进行分析、核对，然后根据计划靠泊方向，按船图编制集装箱卸船计划，即编制集装箱卸船顺序单。集装箱卸船顺序单按照集装箱的船箱位编制。编制的原则是由后往前、由上到下、由里向外，逐层编制。为了避免卸船作业出差错，要求最好一次编完。

为能尽量缩短船舶在港停泊时间，码头堆场必须制订进口卸船计划。集装箱船卸船作业与装船作业往往同时进行，因此，在制订计划时，必须同时考虑装船作业与卸船作业。

（5）安排堆存计划。

进口箱在码头堆场堆放得合理与否，不但会影响卸船计划的顺利进行，而且还会影响货主提箱，即交货计划的进行。码头堆场必须充分考虑进口集装箱的箱量、箱型、危险品、交货地等因素，制订合理的堆存计划（Yard Plan）。

在制订堆存计划时，一般要考虑以下几点堆存原则：

①不同尺寸的集装箱分开堆放；

②空箱与重箱分开堆放；

③整箱和拼箱分开堆放；

④同一提单号的大票货集中堆放；

⑤中转箱单独堆放；

⑥特种箱堆放在特种堆场；

⑦危险品箱堆放在危险品堆场；

⑧冷藏箱堆放在冷藏箱堆场。

堆场计划员根据上述堆存原则，在船舶作业开工前至少 8 小时，完成卸船堆存计划。

2. 卸船作业

（1）核对计划。

船舶到港后，码头进口业务员或桥边指挥员上船向船方领取随船到港资料，包括船图、舱单资料，并向船方了解有关进口箱货位的实载情况。如果实载情况与原始资料有出入，应迅速调整卸船计划，同时更正相应的堆存计划。

（2）开工准备。

综合控制员在开工前将卸船顺序单、船图各一份交给船边验箱员；其余的交给桥边指挥员、堆场指挥员、外轮理货员。

卸船作业开始前半小时，装卸工拆除船上的绑扎，并协助验箱员和理货员检查箱子的外表状况。如发现集装箱有残损，验箱员和理货员要做好集装箱的设备交接单的缮制工作。双方认可后，各持一份。

（3）桥吊卸船及验箱。

卸船作业开始，船边验箱员按卸船顺序单上列明的卸船顺序，核对桥吊下的集装箱箱号，检查外表及铅封是否完好。如果箱号正确，外表及铅封完好，则在卸船顺序单上填上该箱的实卸时间；如果箱号有误或外表及铅封有损，则应该在该集装箱箱号后注明异常情况，并立即会同理货员向船方提出，请船方确认。然后，由外轮理货员加封、做好记录，并缮制设备交接单。集装箱如在装卸过程中有残损，应认真填制集装箱设备残损报告单，并由负责人签字。

（4）桥吊卸船及验箱。

桥吊司机将集装箱吊到等在码头前沿的集装箱拖车上，船边验箱员按卸船顺序单上列明的堆场计划箱位，指令集卡将箱运到指定堆场（目前，集卡通过无限终端获得指令）。

（5）堆场收箱。

卸船前控制室的场业控制员（场控）指挥轮胎吊到达指定堆场位置待命。集卡到达指定的堆场后，轮胎吊收箱。轮胎吊司机在箱落地后，将实际箱号和箱位及时通知控制室的控制文员，控制文员实时将箱号和箱位输入计算机内（目前，落箱信息通过无限终端由轮胎吊发送给场控）。

（6）复核和交接。

工班结束后，各当班人员应认真做好单证的复核、验箱和交接，上一班应向下一班交接完成情况以及未完成的作业。

3. 卸船结束后小结

（1）编制进口集装箱单船小结。

船舶卸船结束后，配载室进口文员将实卸箱号清单同进口舱单资料进行核实，完成溢缺校对更正后，编制进口集装箱单船小结。小结的内容包括船名、航次、靠泊时间、总卸箱数、开工和完工时间、溢缺清单、残损清单等。

（2）编制进口卸船清单。

编制进口卸船清单。

（3）资料汇总、分发、归档。

进口文员做完上述两项工作后，接着就要做交接工作，将全部单船进口资料和全部单证报表列明清单交单证管理员。单证包括：

①进口船图；

②进口舱单；

③卸船顺序单；

④进口卸船清单；

⑤残损箱“设备交接单”；

⑥进口单船小结；

⑦危险货物清单；

⑧集装箱残损单。

4. 箱货的交付（整箱交付、拆箱交付）等

为了使集装箱码头的卸船工作能顺利进行，防止进口货物在码头堆场的积压，同时不使集装箱闲置，加速箱周转速度，在集装箱运输中，一般都由船公司先向收货人发出提货通知。收货人接到提货通知后，凭正本提单到船公司换取提货单，随附费用账单和交货记录两联。收货人持上述单证随其他进口货物报关、包验单证、办理完“一关三检”、放箱、理货和办完陆管处手续后，到码头办理提货手续。

码头箱货交付作业根据货物交付条款 DOOR、CY、CFS 对应三种作业方式：整箱提运作业、拆箱车提（落驳）作业和仓库提货作业。

（二）装箱码头出口业务流程及其具体操作

在集装箱出口货运业务中，码头主要负责收箱（Receiving）、箱货的暂时堆存（Storage）、箱货的装船（Loading）等业务，主要体现为以下业务。

1. 船舶到港前的业务

船舶到港前的业务包括资料搜集、发放空箱、制作装船船图、集港待装。

与进口业务一样，集装箱码头要顺利地完成出口集装箱装船作业，必须预先收到出口集装箱的单证资料，以便做好各项准备工作。因此，集装箱码头一般要求船公司或其代理在出口箱装船前八天提供如下必要单证资料：出口用箱计划，出口装货清单。

集装箱码头单证管理员签收上述单证后，要做好分单工作。将出口装货清单和预配清单交给配载计划员，将用箱计划交给箱务管理员，如系拼箱货，还应将出口装货清单复印后交给货运站（目前码头公司把拼箱货外包出去，仓库一般不做拼箱）。

（1）拼箱货作业装船准备工作。

拼箱货物于 CFS 装箱后，运至码头堆场准备装船。货运站向码头堆场交箱时，应提供以下单证资料：

①装箱单；

②场站收据；

③出口许可证；

④特种货物清单。

（2）整箱货作业装船准备工作。

整箱货指达到一个或一个以上集装箱容积的 75%或箱重负荷的 95%的货物。整箱货一般由托运人到集装箱码头提取空箱（需办理设备交接单手续），运回自己的仓库装箱，装箱完毕后，再运回码头等待装船。集装箱运输方式不采用直接装船，而是集港待装，一般船到港前 3 天会开港进箱，如遇天气问题，延期开港。

2. 装船作业

（1）出口重箱的进场。

确定进场时间和进场堆存方式。集装箱出口装船，无论是整箱、拼箱或空箱，一般都必须先移到码头堆场等待装船（集港待装），但有时也有船边直装的集装箱（直装），如某些不能在堆场存放的危险品箱。为了确保装船作业能顺利进行，码头一般规定出口箱的进场的截止期限（一般为装船作业开始前的 10 小时），如果出口箱到港区时间超过规定的期限，码头可以根据实际情况决定是否同意进场。集装箱装船前要经过三道放行：船公司（截港）、海关（截关）、码头（放关）。

（2）编制配载图。

码头配载计划员应根据事先掌握的出口箱货情况，进行船舶的预配载和实配载工作，编制船舶的配载船图，交控制室作为指挥装船作业的依据。船公司或其代理在出口箱进场的前一天，将预配船图送交码头配载计划，码头配载员根据装箱单、货代送来的经海关放关的场站收据和预配船图进行配载制作。船图在送船方确认签字后方能生效，如船方根据实际情况有所改动，配载员应进行调整。

配载工作完成后，配载员根据船图和出口箱的场箱位编制装船顺序单，将出口箱装船顺序单在电脑中生成，利用网络系统将信息发送至控制室，作为控制室指挥装船作业的依据。

控制室收到信息后，打印装船顺序单，一式数联，自己留底一份，其余交现场班。各生产人员在装船前半小时进入各自的工作岗位。

（3）堆场发箱。

堆场员按控制室的指令发箱。发箱时，核对箱号，指挥场地机械发箱，并在装船顺序单上做注销记录。目前是集卡按照指令到达相应位置等待，轮胎吊司机接到场控指令发箱。

（4）船边验箱及装船。

集卡或其他水平运输机械将集装箱运至码头前沿，船边验箱员在船边按顺序号核对箱号，并检查集装箱的外表状况和铅封。如发现有残损，应立即会同外轮理货员编制设备交接单，双方签字，各持一份。桥边指挥员（接到控制室船控指令后）指挥桥吊将集装箱吊至指定的船箱位，外轮理货员记录下集装箱的实际船箱位。

桥边指挥员将装船的进度及时通知控制室的桥边指挥员，桥边指挥员确认后，通知电脑文员在电脑中进行出口箱的装船确认工作（无线终端实现，一旦装船确认，在船图上会有显示）。

集装箱正式装船后，船长在“码头装卸作业签证”上签字，表示船方确认集装箱已装船。

3. 装船结束工作

（1）交接工作。

工班结束后，船边验箱员将装船顺序单等单证交桥边指挥员汇总，由桥边指挥员和外轮理货员办理交接手续。

堆场员将做完的装船顺序单交控制室船舶控制员签收。外轮理货员制作实际装船船图，交船公司。

（2）单证处理。

集装箱码头堆场必须缮制各类货运单证，以便与船舶办理集装箱的交接手续。所需缮制的单证主要有：

①危险品货物清单；

②冷藏箱清单；

③装货清单；

④设备交接单。

四、集装箱运输费用

（一）费用构成

1. 整箱/整箱：装港拖箱费+码头操作费+运费+卸港码头操作费+拖箱费。

2. 整箱/拼箱：船公司提供的拖箱费+码头操作费+运费+拆箱费。

3. 拼箱/拼箱：装箱费+运费+拆箱费。

4. 拼箱/整箱：装箱费+运费+码头操作费+船公司提供的拖箱费。

（二）运费

1. 包箱费率

以每个集装箱为计费单位，据中国远洋运输公司使用的交通部《中国远洋货运运价本》，有以下 3 种包箱费率。

（1）FAK 包箱费率：即对每一集装箱不分货类统一收取的费率。

（2）FCS 包箱费率：按不同货物等级制订的包箱费率。货物等级也是 1～20 级，但级差较小。一般低价货费率高于传统运输费率，高价货费率则低于传统费率；同一等级货物的实重货运价高于体积货运价。

（3）FCB 包箱费率：既按不同货物等级或货类，又按计算标准制订的费率。同一级费率因计算标准不同，费率也不同。如 8～10 级，CY/CY 交接方式，20 英尺集装箱货物如按重量计费为 1500 美元，如按尺码计费则为 1450 美元。

2. 最低运费方式

规定最低运费等级：如中远公司规定以 7 级货为最低收费等级，低于 7 级货均按 7 级收费。

规定最低运费吨：如远东航运公司规定，20 英尺箱最低运费吨实重货为 17.5 吨，尺码货为 21.5 立方米，W/M 为 21.5 运费吨。

规定最低箱载利用率。

3. 最高运费方式

规定最高计费吨，如在货物体积超过集装箱通常载货容积时，仍按标准体积收费。若按等级包箱费率计费，而箱内等级不同时，则可免较低货物等级的运费。

规定最高计费等级，不高于该货物等级的货物，均以规定的最高计费等级收费。

第三节 班轮运输方式

一、基本概念

（一）班轮运输的基本定义

班轮运输又称“提单运输”，是指托运人将一定数量的货物交由作为承运人的轮船公司，轮船公司按固定航线，沿线停靠固定的港口，按固定船期、固定运费所进行的国际海上货物运输。多用于运输量少、货价高、交接港分散的货物，是海上货物运输中使用最为广泛的一种方式。轮船公司或其代理人在接受交付托运的货物后签发提单，提单是班轮运输合同的形式和证据。

班轮运输最早出现于 19 世纪初，美国首先采用。1818 年，美国黑球轮船公司开辟了纽约—利物浦的定期航线，用帆船进行运输，用以运送海外移民、邮件和货物。1824 年，英国跟随美国之后，开辟了伦敦、汉堡、鹿特丹之间以蒸汽机船经营的班轮航线，19 世纪 40 年代又扩展到中东、远东和澳大利亚。此后，日本、德国、法国等轮船公司均经营班轮运输，设有横渡大西洋、太平洋的环球运输航线。中国于 19 世纪 70 年代开始沿海和长江开展班轮运输。20 世纪初，在长江和其他内河开展班轮运输。中华人民共和国成立后，开辟了大连—上海定期定港班轮货运航线。1961 年，中国远洋运输总公司成立，开始建立中国远洋运输船队和国际班轮航线。

（二）班轮运输的特征

班轮运输有“四定一负责”特点。航线、停靠港口、船期、运费率固定。承运人负责装和卸。

1. 具有“四固定”的特点，即是固定航线、固定港口、固定船期和相对固定的费率。这是班轮运输的最基本特征。

2. 班轮运价内包括装卸费用，即货物由承运人负责配载装卸，承托双方不计滞期费和速遣费，也不规定装卸时间。

3. 承运人对货物负责的时段是从货物装上船起，到货物卸下船止，即“船舷至船舷”（Rail to Rail）或“钩至钩”（Tackle to Tackle）。

4. 承运双方的权利义务和责任豁免以签发的提单为依据，并受统一的国际公约的制约。

5. 班轮运输面向大量的货主，单个货主所托运的货物数量不多，但通过班轮运输的货物，在海上运输中往往价值较高。

（三）班轮运输的作用

1. 有利于一般杂货和不足整船的小额贸易货物的运输。班轮只要有舱位，不论数量大小、挂港多少、直运或转运都可接受承运。

2. 由于“四固定”的特点，时间有保证，运价固定，为贸易双方洽谈价格和装运条件提供了方便，有利于开展国际贸易。

3. 班轮运输长期在固定航线上航行，有固定设备和人员，能够提供专门的、优质的服务。

4. 由于事先公布船期、运价费率，有利于贸易双方达成交易，减少磋商内容。

5. 手续简单，货主方便。由于承运人负责装卸和理舱，托运人只要把货物交给承运人即可，省心省力。

（四）开展班轮运输必须具备的条件

1. 班轮运输必须配备技术先进、设备性能齐全的船舶。

2. 班轮运输必须具备充足的货源条件。

3. 开展班轮运输必须配备技术熟练、高素质的海员。

4. 开展班轮运输必须要有一套适宜于小批量、多批次接受货物运送的货运程序。

二、班轮运输的程序

（一）揽货和订舱

1. 揽货和订舱的概念

揽货（Canvassion）是指从事班轮运输的船公司为使所经营的班轮运输船舶在载重量和舱容上得到充分利用，力争做到“满舱满载”，以期获得最好的经济效益而从货主那里争取货源的经营行为。

订舱（Booking）是托运人（Shipper）或其代理人向承运人（Carrier），即班轮公司或它的代理机构申请货物运输，承运人对这种申请给予承诺的行为。

2. 订舱与国际贸易术语

订舱与国际贸易成交条件的关系：以 FOB 价格条件成交的，由进口商负责订舱；以 CIF 或 CFR 条件成交的，由出口商负责订舱。

（二）装船与卸货

1. 装船的一般形态

由于货物的多样性，货物不能都集中到船边，因此班轮运输的货物一般都不采用直接装船的方式。而是采用集中装船的模式。

（1）仓库收货，集中装船——主要是针对件杂货；

（2）堆场收货，集中装船——主要是针对集装箱；

（3）中流作业——船舶在锚地，以小船靠大船，直接过驳的方式装船。

2. 卸货的一般形态

与集中装船的模式相对应，班轮运输一般都是采用“集中卸货，仓库（堆场）交付”的卸货方式。

（三）交付货物

1. 交付货物的基本手续

（1）船公司代理通知收货人；

（2）收货人缴清各项费用，凭提单换取提货单；

（3）船公司代理签发提货单（D/O）；

（4）未交清各项费用的，船公司可根据提单“留置权条款”扣留货物。

2. 交付货物的方式

（1）集装箱一般都是 CY 交货；

（2）拼箱货一般都是仓库交货；

（3）船边交付货物也称“现提”；

（4）货主选择卸货港或变更卸货港交付货物，有两种方式：选择或变更卸货港是班轮航线的挂靠港；托运人在班轮抵达第一卸货港之前 24 小时提出申请；

（5）凭（银行）保函交付货物。

三、主要货运单证及其流程

（一）在装货港编制使用的单证

1. 托运单（Booking Note，B/N）

托运单也叫订舱单，是托运人向船公司或其他承运人订舱托运时提供的书面申请，一般按船公司的统一格式提供。该单证一经承运人确认便作为承、托双方订舱的凭证，亦意味着承、托双方对货物运输的合同关系即告建立，托运单样式如图 8-4 和 8-5 所示。

承运人确认订舱要给出书面确认（Booking Confirm），其中最主要的是给出订舱号（ Booking NO. ）。

订舱单的主要内容应包括：

（1）托运人名称，收货人名称，通知人名称；

（2）货名、件数、包装式样、标志、重量、尺码；

（3）装货港，卸货港，目的地；装运期限；

（4）其他特别要求，如不能转船运输、运费到付、对签发提单的要求、指定或限制某些船公司等。

海运出口托运单

托运人：

Shipper

编号：　　　　　　　　船名：

No.　　　　　　　　　S/S

目的港：

For

<table>
<tr><td>标记及号码
Marks & Nos.</td><td>件数
Quantity</td><td colspan="4">货　　名
Description of Goods</td><td colspan="2">重量公斤
Weight Kilos</td></tr>
<tr><td></td><td></td><td colspan="4"></td><td>净
Net</td><td>毛
Gross</td></tr>
<tr><td></td><td></td><td colspan="4"></td><td></td><td></td></tr>
<tr><td colspan="6"></td><td colspan="2">运费付款方式</td></tr>
<tr><td colspan="6">共计件数（大写）
Total Number of Packages in Writing</td><td colspan="2"></td></tr>
<tr><td>运费计算</td><td colspan="4"></td><td>尺寸
Measurement</td><td colspan="2"></td></tr>
<tr><td>备注</td><td colspan="7"></td></tr>
<tr><td>抬头</td><td>Order of</td><td>可否转船</td><td></td><td>可否分批</td><td colspan="3"></td></tr>
<tr><td rowspan="2">通知</td><td rowspan="2"></td><td>装期</td><td></td><td>效期</td><td>提单张数</td><td colspan="2"></td></tr>
<tr><td>金额</td><td colspan="5"></td></tr>
<tr><td>收货人</td><td></td><td>银行编号</td><td></td><td>信用证号</td><td colspan="3"></td></tr>
</table>

图 8-4　托运单 1

HYUNDAI
MERCHANT MARINE CO., LTD.

Hyundai Merchant Marine (Hong Kong) Ltd.
現代商船(香港)有限公司
總辦事處 ：香港九龍尖沙咀廣東道9號
港威大廈第6座1601-6 及14室
Tel: 2514 4100 Fax: 2537 9366, 2537 9396
碼頭辦事處：新界葵涌貨櫃碼頭南路18號和黃物流中心
行政大樓三樓307-308A室
Tel: 2419 0118 Fax: 2419 0100
Chang Wan Container Service Ltd. (創運倉)
流浮山屏廈路
Tel: 2472 4398 Fax: 2472 0387

Export Booking Note

(Export Empty Collection / Full Acceptance Order)

Booking Number: YAU0206790 Issue Date :2009/08/12 11:29:02

Customer SHENZHEN SENBANG INT'L FREIGHT CO		**Empty Pickup** 取吉櫃地點 HIT/HONG KONG INTERNATIONAL TERMINAL L TEL: 24078833 FAX:
Actual Shipper		
Contact Person RITA LIU	Telephone Number 0755-2669511	
CY Closing date 2009/08/16	CY Closing time 12:00:00	**Full Delivery** 交重櫃地點 HIT/HONG KONG INTERNATIONAL TERMINAL L TEL: 24078833 FAX:
S/I cut off date	S/I cut off time	
Appointed date 2009/08/07	Appointed time 11:28:58	

Hauller Mode	Gross Weight	Place of Receipt HONG KONG
Vessel CAP VICTOR	Voyage 727S	Loading Port HONG KONG
Discharge Port SYDNEY, AUSTRALIA	Place of Delivery SYDNEY, AUSTRALIA	Seal Number
Number of Container 1	Container Size 20' - X 8'6"	Container Type DRY CONTAINER

Remarks

STOWAGE:

一路通：15445

深圳市森邦国际货运有限公司
商务部

Important Notice To Shipper

- Please secure valid export license before sending cargo to terminal, otherwise, shipper is responsible for all consequences.
- CETS ID: 15394042000 EDI Address: 15394042000.CETS.HK
  Company Name: Hyundai Merchant Marine (HK) Ltd.
- Vessel not responsible for cargo shut out.

```
 - 3 days free detention include pick up and return day
 - Please provide relevant document to prove cargo origin EX china
   to extend total 7 days free time.
** - Sample for B/L fax : (852)3184 6426    E-mail : hkias@hmm.com.hk
```

司機注意：請撕下此部份來換取貨櫃封條
封條種類 :(HIGH SECURITY SEAL)

图 8-5　托运单 2

2. 装货单（Shipping Order，S/O）

装货单不是单独一份文件，而是俗称“五联单”中的第一联，它是托运人在重柜交进码头后，凭“入闸纸”及电脑联网信息到专门的打单公司制作的。

五联单的各联：（1）装货单（S/O）俗称关单，用于报关，海关盖章放行后又叫“海关放行条”；（2）场站收据（又叫收货单，D/R）；（3）海关存查联；（4）船代留底；（5）托运人留底。

3. 收货单（D/R）

又叫场站（大副）收据。

4. 提单（B/L）

海运提单简称提单。

5. 装货清单（Loading List，L/L）

装货清单是承运人或其代理根据装货单留底，将全船待装货物按目的港和货物性质归类，依航次、靠港顺序排列编制的货物总明细表。其内容包括装货单编号、货名、件数、包装形式、毛重、估计尺码及特种货物对装运的要求或注意事项的说明等。

装货清单是船上大副编制配载计划的主要依据，又是供现场理货人员进行理货，港方安排驳运，进出库场以及承运人掌握情况的业务单据。

6. 载货清单（Manifest，M/F）

载货清单是一份按卸货港顺序逐票列明全船实际装运货物的汇总清单。它是在货物装船完毕后，由船公司的代理人根据大副收据或提单编制的，编妥后再送交船长确认。载货清单又称“舱单”，其内容除逐票证明货物的明细情况外，还应说明船名及国籍、开航日期、到货港、目的港等内容。

舱单是国际海运中一张非常重要的随船单证，是证明船舶所装货物合法性的重要文件。各国海关如怀疑船舶所载货物而对船舶进行检查时，船长应提交舱单，如果船长不能提供合法的舱单，或舱单上所记载的货物与船舶实际所装运的货物不符时，海关将视为走私处理。

7. 危险货物清单（Dangerous Cargo List）和集装箱危险货物装箱证明书

在承运危险货物时，承运人除要将所运危险货物列入装货清单，并在备注栏内注明有关特殊性外，还会根据托运人提供的相关危险品申报资料填制危险品清单。

托运人提供的相关危险品申报资料包括集装箱危险货物装箱证明书，包装危险货物安全适运申报单，船舶载运危险货物申报单。

危险品清单一般须记载以下一些主要内容：托运人的姓名和地址；收货

人的姓名和地址；危险品货物的品名、危险级别（Class）、联合国编号（UN. NO.）、件数、重量和体积；集装箱的箱号、积载位置、卸货港等。

8. 货物积载图

货物积载图是根据装货清单编制的，以图示的形式来表示货物在船舱的位置的文件，它是装卸公司和理货公司安排装船作业的指导文件。

（二）在卸货港编制使用的单证

1. 卸（理）货报告（Outturn Report）

卸货报告事实上是一份更详细的进口载货清单，它是根据在卸货港卸下的全部货物的情况重新按票汇总而编制的。它较载货清单增加了卸货方式、实交数量、溢卸数量、残损数量和备注栏等项目。对货物的外表状况、内容、残损、溢短等情况，均在卸货报告的备注栏内批注，并经过装卸公司和船上大副共同签字确认。

理货报告也是日后收货人向承运人提出索赔的证明材料之一。

2. 提货单（Delivery Order，D/O）

提货单是轮船公司交给收货人用以从船上或仓库提取货物的凭证。

（三）班轮运输流程

班轮运输包括以下步骤：

1. 托运人向船公司在装货港的代理人（也可直接向船公司或其营业所）提出货物装运申请，递交托运单，填写装货联单。

2. 船公司同意承运后，其代理人指定船名，核对装货单与托运单上的内容无误后，签发装货单，将留底联留下后退还给托运人，要求托运人将货物及时送至指定的码头仓库。

3. 托运人报检、投保后将货物运至港口仓库。持装货单及有关单证向海关办理货物出口报关、验货放行手续，海关在装货单上加盖放行图章后，货物准予装船出口。

4. 船公司在装货港的代理人根据留底联编制装货清单送船舶及理货公司、装卸公司。

5. 大副根据装货清单编制货物积载计划交代理人分送理货、装卸公司等按计划装船。

6. 托运人将经过检验及检量的货物送至指定地点准备装船。

7. 货物装船后，理货长将装货单交大副，大副核实无误后留下装货单并签发收货单。

8. 理货长将大副签发的收货单转交给托运人。

9. 托运人持收货单到船公司在装货港的代理人处付清运费（预付运费的

情况下）换取正本已装船提单。

10. 船公司在装货港的代理人审核无误后，留下收货单签发提单给托运人。

11. 托运人持提单及有关单证到议付银行结汇（在信用证支付方式下），取得货款，议付银行将提单及有关单证邮寄到开证银行。

12. 货物装船完毕后，船公司在装货港的代理人编妥出口载货清单送船长签字后向海关办理船舶出口手续，并将出口载货清单（MF）交船随带，船舶启航。

13. 船公司在装货港的代理人根据提单副本（或收货单）编制出口载货运费清单连同提单副本、收货单送交船公司结算代收运费，并将卸货港需要的单证寄给船公司在卸货港的代理人。

14. 船公司在卸货港的代理人接到船舶抵港电报后，通知收货人船舶到港日期，做好提货准备。

15. 收货人到开证银行付清货款取回提单（在信用证支付方式下）。

16. 卸货港船公司的代理人根据装货港船公司的代理人寄来的货运单证，编进口载货清单及有关船舶进口报关和卸货所需的单证，约定装卸公司、理货公司联系安排泊位，做好接船及卸货准备工作。

17. 船舶抵港后，船公司在卸货港的代理人随即办理船舶进口手续，船舶靠泊后即开始卸货。

18. 收货人持正本提单在船公司在卸货港的代理人处办理提货手续，付清应付的费用后，换取代理人签发的提货单。

19. 收货人办理货物进口手续，支付进口关税。

20. 收货人持提货单到码头仓库或船边提取货物。

四、班轮运价与运费

（一）运价与运价本

班轮运输承运人为完成货物运输而从托运人那里取得的报酬，称为班轮运费（Freight）；而计算班轮运费的费率，则称为班轮运价。班轮运价一般是以运价本的形式对外公布的。

1. 班轮运价本的种类

（1）按运价的制订者划分。

①班轮公会运价——加入公会的会员船公司使用的运价，任何一家会员船公司无权修改和调整。

②班轮公司运价——由班轮运输公司自行制订并负责调整或修改的运价。

③双边运价——由船、货双方共同商定、共同遵守的运价。

④货方运价——由货方制订，船方接受采用的运价。

（2）按运价制订的形式划分。

①单项费率运价：分别对各种不同的货物在不同的航线上逐一制订的运价。它以商品名称为纵列，以航线（港口）为横排，查询起来非常方便。

②等级运价：它由“商品分级表”和“运价表”两部分组成。先将全部货物划分为若干个等级，然后为不同等级的货物在不同的航线和港口间运输制订某一运价。同一等级的货物运价相同。它以商品等级为纵列，以航线（港口）为横排。

③航线运价：不分运输距离的长短，只按航线、货物名称或等级制订的运价。也就是按区域划分航线，在同一区域内的基本港无论远近，同一运价。非基本港则另收一附加费。集装箱班轮运价多采用这种形式。而且，除特殊货物外，不再对商品分级。

2. 运价本的内容

（1）说明及有关规定——相当于运价本的总则及条款部分。

①几乎所有班轮公司都规定：运价本是提单的组成部分。

②“港口条款”。即将一些并非承运人规订，而是有关港口或政府的特别规定或习惯做法，以运价本条款的形式列明，以明确责任，避免纠纷。

（2）商品分级表——列明各种货物所属的运价等级和计费标准的一览表。

我国将远洋运输的货物分为20个级别。货物运价分级表不可能将成千上万的商品货物一一列名，只能选取每一级别货物中有代表性的、标志性的货物列名，称为“列名货物”，其他的则用“集合名称”或“未列名的XXX”表示。

（3）航线费率表——由基本港、货物等级、费率三部分组成。

（4）附加费率表——①以公告或通知的形式表现的附加费率；②在运价本中以附加说明的形式表现的附加费率；③单独以附加费率表形式表现的附加费率。

（二）计费标准

计费标准是指计算运费时使用的计费单位。在班轮运输中，主要使用的计费标准是按容积和按重量计算运费的；对于高价值货物，则按其货价的一定百分比计算运费；对于某些特定的商品也会按其实体的个数或件数计算运费。

各种不同的商品应按何种计费标准计算运费，在船公司制订的运价表中都有具体的规定。通常都有如下各种符号表示。

1. 以“W”表示：指该种商品应按商品的毛重计算运费。在实际业务中，一般规定凡一吨重量货物的体积小于40立方英尺或1立方米的货物按其重量计收运费。重货按重量计收运费。

2. 以“M”表示：指该种商品应按尺码或体积计算运费。在实际业务中，一般规定凡一吨重量货物的体积大于40立方英尺或1立方米的货物按其尺码计收运费。轻泡货按体积计收运费。

3. 以“W/M”表示：指该种商品分别按商品的毛重和体积计算运费，并选择其中运费较高者收取运费。

4. 以“Ad. Val.”表示：指该种商品按其FOB价格的一定百分比计算运费，这种运费也称为从价运费。

5. 以“Ad. Val. Or W/M”表示：指该种商品按其FOB价格的一定百分比计和毛重、体积计算运费，并选择其中运费较高者收取运费。

(三) 计费方法

1. 班轮运费的构成

班轮运输应收取的运费分为基本运费和附加费两部分。基本运费是对任何一种货物都要计收的运费；附加运费是视不同情况而加收的运费。

(1) 基本运费。

在班轮运输航线上为基本港之间的运输而制订的运价称为基本运价或基本费率。

基本港：班轮运输的船舶在某一航线上定期或经常挂靠的主要港口。

(2) 附加费。

附加费名目繁多，而且经常变动。常见的有：

①超重、超长、超高附加费。

在运输中，如货物的重量和尺寸超过某一标准，则相应加收超重、超长附加费。我国规定的具体标准：单件货物的重量超过5吨的为超重货，长度超过9米的为超长货。

②直航附加费。

直航附加费是指托运人要求承运人将其所托运的货物从装船港装船后，不经过转船而直接运抵航线上某一非基本港时所增收的附加费。

③转船附加费。

转船附加费是指货物必须在中途挂靠港口换装另一船舶才能运到目的港时，承运人加收的附加费。

④港口附加费。

港口附加费是指由于港口拥挤，或者港口作业效率较低，或者港口收费较高等情况加收的附加费。常见的有港口拥挤附加费。

⑤燃油附加费。

燃油附加费是指因国际市场上燃油价格上涨，船舶的燃油费用支出超过原核定成本，承运人为补偿燃油费用的增加而收取的附加费。

此外还有旺季附加费、战争风险附加费、特殊柜型附加费、特殊货物附加费、汇率变动附加费等。

2. 班轮运费的计算方法

（1）杂货班轮运费计算的基本步骤。

①确定装货港与目的港属于哪个航线，是不是基本港；

②确定货物是普通货物还是特殊货物；

③从货物分级运价中查出运价等级；

④从航线费率表中查出该级货物的基本运价；

⑤从附加费率表中查出该货物的各项附加费计费办法及费率；

⑥按公式具体计算。

（2）杂货班轮运费的计算公式。

基本公式：$F = Fb + \sum S$。

式中：F—总运费；

Fb—基本运费；

S—各附加费。

其中：$Fb = f \times Q$。

式中：f—基本运价；

Q—计费吨。

①如果附加费是按基本运费的一定百分比来计算（从价计收）的，则附加费总额为：

$$\sum S = (S1+S2+S3+\cdots+Sn)\ Fb$$
$$= (S1+S2+S3+\cdots+Sn) \times f \times Q$$

式中：S1、S2、S3…Sn 为各项附加费率，所以，总运费为：

$$F = Fb + \sum S$$
$$= f \times Q + (S1+S2+S3+\cdots+Sn)\ f \times Q$$
$$= (1+S1+S2+S3+\cdots+Sn)\ f \times Q$$

例如：某批货物 10000 吨，基本港运价为 30 美元/吨；非基本港中转附加费为基本运费的 20%；港口拥挤附加费为基本运费的 10%；危险货物附加费为基本运费的 25%。

则：$F = (1+20\%+10\%+25\%) \times 30 \times 10000$
$= 1.55 \times 30 \times 10000 = 465000$ 美元

②如果附加费率是按每计费吨加收若干元（从量计收）的形式规定时，则附加费的总额为：

$\sum S = (S1+S2+S3+\cdots+Sn) \times Q$

此时，运费总额的计算公式为：

$F = Fb+\sum S$
$= f \times Q+(S1+S2+S3+\cdots+Sn) \times Q$
$= (f+S1+S2+S3+\cdots+Sn) \times Q$

例如：某批货物 10000 吨，基本港运价为 30 美元/吨；非基本港中转附加费为为 6 美元/吨；港口拥挤附加费为 3 美元/吨；危险货物附加费为 7 美元/吨；

则：$F = (30+6+3+7) \times 10000 = 460000$ 美元

第四节 本章配套案例

一、班轮运费的计算

（一）班轮运费的构成

班轮运费由基本运费和附加费两部分构成。

1. 基本运费

基本运费是指货物从装运港到目的港所应收取的费用，其中包括货物在港口的装卸费用，它是构成全程运费的主要部分。

根据货物的不同，班轮运费的计收方法和标准主要有以下几种。

（1）按货物重量（Weight）计算，以“W”表示。如 1 公吨（1000 公斤）、1 长吨（1016 公斤）或 1 短吨（907.2 公斤）为一个计算单位，也称重量吨。

（2）按货物尺码或体积（Measurement）计算，以“M”表示。如 1 立方米（约合 35.3147 立方英尺）或 40 立方英尺为一个计算单位，也称尺码吨或容积吨。

（3）按货物重量或尺码计算，选择其中收取运费较高者计算运费，以“W/M”表示。按惯例凡一重量吨货物的体积超过 1 立方米或 40 立方英尺者即按体积收费；一重量吨货物体积不足一立方米或40立方英尺者，按毛重计收。

（4）按货物FOB价收取一定的百分比作为运费，称从价运费，以“AD VALOREM”或“ad. val.”表示。这原是拉丁文，按英文（即According to Value）是按照价值的意思。一般适用于高值货物。

（5）按货物重量或尺码或价值，选择其中一种收费较高者计算运费用“W/M or ad. val.”表示。

（6）按货物重量或尺码选择较高者，再加上从价运费计算，以“W/M plus ad. val.”表示。

（7）按货物的件数计收，对包装固定，包装内的数量、重量、体积也固定的货物计收；另外对那些用其他方法难以计收的商品，如汽车、活牲畜等，按“每头”（per Head）计收；车辆有时按“每辆”（per Unit）计收；起码运费按“每提单”（per B/L）计收。

（8）按议价［临时议定的价格（Open Rate）］计收运费。由承、托运双方临时议定的价格收取运费。一般多用于大宗低价货物，如粮食、煤炭、矿沙等。

（9）按起码费率计收，是指按每一提单上所列的重量或体积所计算出的运费，尚未达到运价表中规定的最低运费额时，则按最低运费计收。

根据一般费率表规定：不同的商品如混装在一个包装内（集装箱除外），则全部货物按其中收费高的商品计收运费。同一种货物因包装不同而计费标准不同，但托运时如未申明具体包装形式时，全部货物均要按运价高的包装计收运费。同一提单内有两种以上不同计价标准的货物，托运时如未分列货名和数量时，计价标准和运价全部要按高者计算。这是在包装和托运时应该注意的。此外，对无商业价值的样品，凡体积不超过0.2立方米，重量不超过50公斤时，可要求船方免费运送。班轮费率表中还有起码运费的规定：每张提单的最低运费，根据不同地区、是否转船等情况决定。

2. 附加费

班轮运费中的附加费是指针对某些特定情况或需做特殊处理的货物在基本运费之外加收的费用。附加费名目很多，主要有超重附加费、超长附加费、直航附加费、转船附加费、港口拥挤附加费、选港附加费。此外，还有港口附加费、燃油附加费、变更卸货港附加费、绕航附加费等。在基本运费的基础上，加收一定百分比；或者是按每运费吨加收一个绝对值计算。

（二）班轮运费的计算方法

计算班轮运费，一般可使用下列计算公式。

（1）当附加费为绝对值时：班轮运费=基本费率×运费吨+附加费。

（2）当附加费是百分比时：班轮运费=基本费率×运费吨×（1+附加费百分比）。

（三）案例

某企业出口柴油机一批，共 15 箱，总毛重为 5.65 公吨，总体积为 10.676 立方米。由青岛装中国远洋运输公司轮船，经中国香港地区转船至苏丹港，试计算某企业应付船公司运费多少？

解：

（1）首先，按柴油机的英文名称 Diesel Engine 查阅货物分级表，柴油机属于 10 级，计算标准为 W/M。

（2）然后在中国内地—中国香港地区航线费率表中查出 10 级货从青岛运至中国香港地区的费率为每运费吨 22 美元，香港中转费为 13 美元。

（3）再从中国香港地区—红海航线费率表中查出 10 级货的费率为 95 美元。

（4）最后查附加费率表，了解到苏丹港要收港口拥挤附加费，费率为基本运费的 10%. 由于该批货物的尺码吨（10.676 运费吨）较重量吨（5.65 运费吨）高，而其计费标准为 W/M，应按尺码吨计，因此，该批货物每一运费吨的运费应为 22 +13+95+95×10% = 139.5 美元，共需支付总运费 = 10.676×139.5=1489.302 美元。

二、集装箱运输案例

（一）集装箱标志

为了方便集装箱运输管理，国际标准化组织（ISO）拟定了集装箱标志方案。根据 ISO790-73，集装箱应在规定的位置上标出以下内容。

第一组标记：箱主代码、顺序号和核对号。

箱主代码：集装箱所有者的代码，它由 4 位拉丁文字母表示；前 3 位由箱主自己规定，并向国际集装箱局登记；第 4 位字母为 U，表示海运集装箱代号。

例如，中国远洋运输（集团）公司的箱主代码为 COSU。

顺序号：集装箱编号，按照国家标准（GB1836-85）的规定，用 6 位阿拉伯数字表示；不足 6 位，则以 0 补之。

核对号：用于计算机核对箱主号与顺序号记录的正确性。核对号（见表 8-1）一般位于顺序号之后，用一位阿拉伯数字表示，并加方框以示醒目。

表 8-1 核对号计算中箱主代码字母的等效数字

字母	A	B	C	D	E	F	G	H	I	J	K	L	M
数字	10	12	13	14	15	16	17	18	19	20	21	23	24
字母	N	O	P	Q	R	S	T	U	V	W	X	Y	Z
数字	25	26	27	28	29	30	31	32	34	35	36	37	38

将前四位字母对应的等效数字和后面顺序号的数字（共计 10 位）采用加权系数法进行计算求和。计算公式为：

$S=\sum C_i \times 2_i$

最后以 S 除以模数 11，求取其余数，即得核对号。

例题：求中国远洋运输公司的集装箱 COSU800121 的核对号。

第二组标记：国籍代号、尺寸代码和类型代号。

国籍代号：用 3 位拉丁字母表示，说明集装箱的登记国，例如，“RCX”为“中华人民共和国”的代号。

尺寸代号：由 2 位阿拉伯数字组成，用于表示集装箱的尺寸大小。例如，20 表示 20 英尺长、8 英尺高的集装箱。

类型代号：由 2 位阿拉伯数字组成，说明集装箱的类型，其中 00~09 为通用集装箱，30~49 为冷藏集装箱，50~59 为敞顶集装箱。

第三组标记：最大总重和自重。

最大总重（Max Gross）：又称额定重量，是集装箱的自重和最大允许载货量之和。最大总重量单位用公斤和磅同时标出。

自重（Tare）：集装箱的空箱重量。

（二）集装箱进口清关流程

1. 接到客户的全套单据后，要查清该进口货物属于哪家船公司承运、哪家作为船舶代理、在哪儿可以换到供通关用的提货单。注：全套单据包括带背书的正本提单或电报放货（简称为“电放”）副本、装箱单、发票、合同。

注意事项：

（1）提前与船公司或船舶代理部门联系，确定船到港的时间、地点，如需转船应确认二程船名。

（2）提前与船公司或船舶代理部门确认换单费、押箱费、换单的时间。

（3）提前联系好场站，确认好提箱费、掏箱费、装车费、回空费。

2. 凭带背书的正本提单（如是电报放货，可带电报放货的传真件与保函去船公司或船舶代理部门换取提货单和设备交接单）。

注意事项：

（1）背书有两种形式，如果提单上的收货人栏显示“TO ORDER”，则由“SHIPPER”背书；如果收货人栏显示其真正的收货人，则需收货人背书。

（2）保函是由进口方出具给船舶代理的一份请求放货的书面证明。保函内容包括进口港、目的港、船名、航次、提单号、“件重尺”（件数、重量、尺寸）及进口方签章。

（3）换单时应仔细核对提单或电放副本与提货单上的集装箱箱号及封号是否一致。

（4）提货单共分五联，白色提货联、蓝色费用账单、红色费用账单、绿色交货记录、浅绿色交货记录。

（5）设备交接单：它是集装箱进出灌区、场站时，用箱人、运箱人与管箱人或其代理人之间交接集装箱及其他机械设备的凭证，并兼管箱人发放 集装箱的凭证的功能。当集装箱或机械设备在集装箱码头堆场或货运站借出或回收时，由码头堆场或货运站制作设备交接单，经双方签字后，作为两者之间设备交接的凭证。

集装箱设备交接单分进场和出场两种，交接手续均在码头堆场大门口办理。出码头堆场时，码头堆场工作人员与用箱人、运箱人就设备交接单上的以下主要内容共同进行审核：用箱人名称和地址，出堆场时间与目的，集装箱箱号、规格、封志号以及是空箱还是重箱，有关机械设备的情况，正常还是异常等。

进码头堆场时，码头堆场的工作人员与用箱人、运箱人就设备交接单上的下列内容共同进行审核：集装箱、机械设备归还日期、具体时间及归还时的外表状况，集装箱、机械设备归还人的名称与地址，进堆场的目的，整箱货交箱货主的名称和地址，拟装船的船次、航线、卸箱港等。

3. 进口商检。通过海关商品编码书可确认该票货物是否需要商检。需要提前做商检的进口货物，还要到商检局做商检。商检也需尽早进行。

4. 进口动植检。如需动植检，也要在报关前拿箱单、发票、合同、报关单去代报验机构申请报验，在报关单上盖放行章以便通关，验货手续可在通关后堆场进行。

5. 根据发货人提供的报关资料及堆场或拖车提供的柜号、封签制作正确的申报资料。申报资料包含发票、箱单、从船公司换回的提货单、报关委托书、进口货物报关单等。

注意事项：

（1）接到客户全套单据后，应确认货物的商品编码，然后查阅海关《税则》，确认进口税率、确认货物需要什么监管条件等。

（2）换单时应催促船舶代理部门及时给海关传舱单，如有问题应与海关舱单室取得联系，确认舱单是否转到海关。

（3）当海关要求开箱查验货物时，应提前与场站取得联系，调配设备将所查箱子调至海关指定的场站（事先应与场站确认好调箱费、掏箱费）。

6. 海关通关放行后应去三检大厅办理三检。向大厅内的代理报验机构提供箱单、发票、合同报关单，由他们代理报验。报验后，可在大厅内统一窗口交费。并在白色提货单上盖三检放行章。

7. 商检手续办理后，去港池大厅交港杂费。

港杂费用结清后，港方将提货联退给提货人供提货用。

8. 所有提货手续办妥后，可通知事先联系好的堆场提货。

注意事项：

（1）首先应与港池调度室取得联系、安排计划。

（2）根据提箱的多少与堆场联系足够的车辆，尽可能按港方要求的时间内提清，以免产生转栈堆存费用。

（3）提箱过程中应与堆场有关人员共同检查箱体是否有重大残破，如有，要求港方在设备交接单上说明。

9. 重箱由堆场提到场地后，应在免费期内及时掏箱以免产生滞箱。

10. 货物提清后，从场站取回设备交接单证明箱体无残损，去船公司或船舶代理部门取回押箱费。

第五节 本章练习

一、名词解释

1. 班轮运输
2. 揽货
3. 订舱

二、判断题

1. 海洋运输具有成本低、能耗省、过程长、运量大等特点，与其他几种运输方式相比较有明显优势。（　　）

2. 在国际贸易中，以 CIF 价格条件成交的，由进口商负责订舱。(　　)

3. 集装箱出口装船，无论是整箱、拼箱或空箱，一般都必须先移到码头堆场等待装船（集港待装）。(　　)

4. 轮船公司或其代理人在接受交付托运的货物前签发提单，提单是班轮运输合同的形式和证据。(　　)

5. 订舱（Booking）是托运人（Shipper）或其代理人向承运人（Carrier），即班轮公司或它的代理机构申请货物运输，托运人对这种申请给予承诺的行为。(　　)

三、填空题

1. 班轮运输，又称__________。是指托运人将一定数量的货物交由作为承运人的轮船公司，轮船公司按固定航线，沿线停靠固定的港口，按固定船期、固定运费所进行的国际海上货物运输。

2. 托运人向船公司在装货港的代理人（也可直接向船公司或其营业所）提出货物装运申请，递交__________，填写__________。

3. 指出下列单证英文简称所对应的单证名称：S/O __________；B/L __________；D/R __________；D/O __________；M/F __________。

4. 写出下列专用名词的英文简称：

集装箱堆场__________；集装箱货运站__________；整箱货__________；拼箱货__________。

5. 班轮运价一般是以__________的形式对外公布的。

6. 班轮运输应收取的运费分为__________和__________两部分。

四、简答题

1. 什么是班轮运输？简述班轮运输的主要特点。

2. 简述订舱单的主要内容。

3. 简述拼箱货出口业务的一般流程。

五、不定项选择题

1. 在实际工作中，俗称为“舱单”的单证，指的是（　　）。

A. 收货单　　B. 订舱单　　C. 载货清单　　D. 装货清单

2. 货运代理实践中，俗称的“关单”指的是（　　）。

A. 装货单　　B. 收货单　　C. 装货清单　　D. 载货清单

3. 提货单是集装箱运输业务中的一份重要的单证，它的英文简称是

（　　）。

A. D/O　　B. S/O　　C. D/R　　D. B/L

4. 危险货物托运单上要提供危险货物的货名、性质等详细信息，其中，“UN NO.”表示的是（　　）。

A. 危险货物的级别　　B. 国际海运危规的页码

C. 危险货物包装的类别　　D. 危险货物的联合国编号

5. 航线运价是指（　　）。

A. 由船、货双方共同商定、共同遵守的运价

B. 由班轮运输公司自行制订并负责调整或修改的运价

C. 不分运输距离的长短，只按航线、货物名称或等级制订的运价

D. 分别对各种不同的货物在不同的航线上逐一制订的运价

6. 航线费率表由（　　）组成。

A. 港口条款　　B. 费率　　C. 货物等级　　D. 基本港

7. 班轮运费的计费标准可以有（　　）。

A. 按货物的毛重　　B. 按货物的体积

C. 按货物的 FOB 价格　　D. 按货物实体的个数或件数

六、知识应用题

1. 按照集装箱出口货运流转程序，排列以下业务环节：__________；__________；__________；__________；__________；__________；__________；__________；__________；__________；__________；__________。

（1）订舱；（2）提空箱；（3）出提柜纸；（4）报关；（5）订舱确认；（6）装箱；（7）交还重箱；（8）放行条送交船公司；（9）制作五联单；（10）签发场站收据（重柜入闸纸）；（11）领取提单；（12）装船

七、计算

B 货主从北京托运 5.8T、3.6m^3 的高锰酸钾至印度新德里，启运港天津，卸货港孟买，B/L 显示 Door to CFS，已知高锰酸钾为 5.1 类危险品，海运费加收 50%，北京—天津运费 15 美元/吨，天津—孟买基本运费 80 美元/吨，孟买—新德里运费 25 美元/吨，孟买加收港口拥挤费 3 美元/吨，CFS 装/拆箱费 6 美元/吨，请计算该票货物的全部运费？

第九章　跨境电商物流服务成本及产品定价

【学习目标】

本章旨在让学习者了解跨境电商涉及的物流服务及其产生的费用有哪些，交易过程中的产品成本构成和产品定价方式，以及对应的物流成本管理与控制方式。

通过本章的学习，能够：

1. 掌握跨境电商涉及的物流服务及其费用；
2. 掌握跨境电商的产品成本构成和产品定价方式；
3. 掌握跨境电商物流成本管理和控制的方式。

【本章重点】

本章主要分析跨境电商物流服务成本及产品定价方式。首先列举了跨境电商物流服务成本及其运营成本构成，然后介绍了跨境电商产品定价方式，接着阐述进行跨境电商物流成本控制的方式。

【基本概念】

跨境电商物流服务，跨境电商运营成本，产品定价，物流成本控制

【建议学习时间】

2~3 课时

第一节 跨境电商物流服务及运营成本

一、跨境电商物流服务及其成本

跨境电商包括进口和出口两大类。

进口跨境电子商务的运营成本主要包括营销成本、税务成本、物流成本（采购成本、仓储成本以及订货成本）等。而库存管理的优劣，对于跨境电商采购成本、税务成本、物流成本、仓储成本和订货成本都有较大的影响。

出口跨境电商的运营成本主要包括以下内容。

（一）平台的费用

1. 入驻费用：不同平台的不同类目的入驻费用有所不同，基本年费都在1万以上。有些平台（如 eBay 平台）称为上架费用，有些平台（如亚马逊）称为平台费用，类似于月租费。

2. 成交费用：如速卖通是按每笔成交额的5%收取，而亚马逊是按成交额的8%~15%比例收取，其他的平台也有相应的收取规则。

3. 平台的推广费用：速卖通有直通车，跟淘宝的直通车类似。其他的像亚马逊，也有一些付费的推广。

4. 其他费用。

（二）站外引流推广费用

这一点可参考其他书籍或资料，对于一些中小卖家来说，先做好站内流量就已经足够了。

（三）外币结汇损失的费用

跨境电商大多数以外汇（如美元、英镑、欧元等）结算，这些汇率每天都有变化，这一方面的结汇损失也要计入成本。

（四）人工成本、办公用地成本

每个企业中成本最高的应该算是人工成本了，在跨境电商企业中同样存在。

（五）运输物流成本

跨境电商与国内电商的区别除了面向的用户群体不一样之外，最大的区别就在于国际物流。所以，后面部分将着重分析物流成本。

二、物流成本

物流成本包括采购成本、仓储成本、包装成本、装卸搬运成本、流通加工成本、运输成本、商检通关成本等。

（一）采购成本

当前跨境电商主要存在两种采购模式。

第一，集中采购模式，也就是跨境电商整合各个生产经营单位所需要的零散采购计划，并且通过合同类物资，提高境外采购的数量，并以此为筹码与境外供应商进行洽谈，实现采购成本控制的目的。

第二，分散采购模式，跨境电商的各个生产经营单位都具有独立的采购权，能够根据内部需要来进行采购管理。

分散制度采购模式的特征在于具有较强的灵活性，各个部门可以根据临时情况或紧急需要来自行购买材料，并且能够节约成本，管理上也较为方便，采购部门能够及时与其他部门进行交流，提高了效率。而集中采购最大的优势在于能够降低价格，减少采购发生的成本，并且与供应商之间能够进行信息的对称交流，对供应商能够进行进一步的了解，能够准确获得产品的信息，有利于选择更加合适的供应商成立长期合作关系。这样既可以提高企业的效益，又能够降低自身的采购风险。从当前的情况来分析，许多跨境电商都不会一成不变地选择一种采购模式，通常会根据企业的运营、需求及规模来决定采购途径，当前影响跨境电商采购模式的因素：客户的需求，由于客户点名要求从某一供应商那里采购货物，这种情形不利于采用集中采购；需求通用性的高低，总公司会根据子公司各部门的需求来进行采购，如果通用性越高，则集中采购的优势更加明显；跨境采购过程中如果大批量物资或价格由于批量变化幅度较大的话，采用集中采购能够降低采购成本，特别是一些产品容易受到政治或经济因素的较大影响，集中采购对跨境电商来说能够带来更大的收益。

采购成本主要包括以下费用：购买存货的相关税费、运输费、装卸费、保险费以及其他可归属于存货采购成本的费用。

（二）仓储成本

企业为完成货物储存、保管业务而发生的全部费用，包括仓储业务人员费用，仓储设施的折旧费、水电费、维修保养费、燃料与动力消耗费等。

（三）包装成本

企业为完成货物包装业务而发生的全部费用，包括包装业务人员费用、包装材料消耗、包装设施折旧费、维修保养费、包装技术设计、实施费用以及包装标记的设计、印刷等辅助费用。

（四）装卸搬运成本

企业为完成装卸搬运业务而发生的全部费用，包括装卸搬运业务人员费用、装卸搬运设施折旧费、维修保养费、燃料与动力消耗等。

（五）流通加工成本

企业为完成货物流通加工业务而发生的全部费用，包括流通加工业务人员费用，流通加工材料消耗、加工设施折旧费、维修保养费，燃料与动力消耗费等。

（六）运输成本

企业为完成货物运输业务而发生的全部费用，包括从事货物运输业务的人员费用，车辆（包括其他运输工具）的燃料费、折旧费、维修保养费、租赁费、养路费、过路费、年检费、事故损失费、相关税金等。

（七）商检和通关成本

商检费用、报关费用。

三、营销成本

营销成本是指企业由产品最初所有者到最终所有者的营销过程中花费的代价，是企业利润的必要投入，包括信息成本、设计成本、谈判成本、契约成本、运营成本、税收成本、协作成本与诉讼成本等。营销成本中，有些与销售额有直接关系，称为变动费用；有些与销售额并无直接关系，称为间接费用，例如营销管理人员薪金。但直接费用与间接费用有时是很难划分的。

营销成本主要包括以下三方面的费用。

1. 直接推销费用：直接销售人员的薪金、奖金、差旅费、训练费、交际费及其他相关费用。

2. 推广费用：广告媒体的成本、产品说明书的印刷费用、赠品及展览会的费用、推广部门的薪金等。

跨境电子商务营销手段主要包括以下几个方面。

海外搜索引擎营销：搜索引擎优化（SEO），关键词竞价排名，不同国家的本土化搜索引擎。

海外社交媒体营销：全球主要社交网站。

海外电子邮件营销模式：电子邮件营销方式。

以上每种方式的收费方式有所不同。

3. 其他市场营销费用：营销管理人员薪金佣金等。

四、税务成本

跨境零售进口的模式还可分为“直购进口”与“保税进口”，“直购进口”模式是指符合条件的电商平台与海关联网，境内消费者跨境网购后，电子订单、支付凭证、电子运单等由企业实时传输给海关，商品通过海关跨境电商专门的监管场所入境。“保税进口”模式，又称 B2B2C 模式或备货模式，是指商家预先将海外商品大批量运至国内保税仓备货，当消费者在网上下单后，由国内保税仓进行配货打包，并为单个订单办理通关手续，再委托国内物流公司派送到消费者手中。

（一）跨境进口电商

对于跨境零售进口电商业务，相关主体的税务处理如下。

1. 电商平台

电商平台的收入主要有平台服务费，直营、直采取得的产品差价收入，广告收入。

（1）平台服务费。电商平台向卖家收取的平台服务费及按照卖家交易量收取的佣金手续费均按“信息技术服务—信息系统增值服务（电子商务平台服务）”缴纳增值税。

（2）自营、直采取得的产品差价收入。有些电商平台产品全部或部分为自营，获取商品购销差价，对此按照销售货物缴纳增值税。

（3）广告收入。电商平台提供的各类视频、链接等广告服务，除按“文化创意服务—广告服务”缴纳增值税外，还需缴纳文化事业建设费。

2. 境内消费者

《关于跨境电子商务零售进出口商品有关监管事宜的公告》（海关总署公告 2016 年第 26 号）、《财政部、海关总署、国家税务总局关于跨境电子商务零售进口税收政策的通知》（财关税 2016 年 18 号）出台后，境内个人消费者通过天猫国际等跨境电商平台购物，需按进口货物征收关税、进口环节增值税与消费税（以下简称“新规”）。操作要点如下。

（1）新规适用于属于“跨境电子商务零售进口商品清单”范围内的以下商品。

①所有通过与海关联网的电子商务交易平台交易，能够实现交易、支付、物流电子信息“三单”比对的跨境电子商务零售进口商品。

②未通过与海关联网的电子商务交易平台交易，但快递、邮政企业能够统一提供交易、支付、物流等电子信息，并承诺承担相应法律责任进境的跨

境电子商务零售进口商品。

（2）个人消费者是进口货物的纳税义务人，电子商务企业、电子商务交易平台企业或物流企业可作为代收代缴义务人。实务中，一般由电子商务平台或电子商务企业（卖家）代收代缴，境内消费者支付的款项中包含了进口环节的税收。

（3）个人单次交易限值为人民币 2000 元，年度交易限值为人民币 20000 元。在限值以内进口的跨境电子商务零售进口商品，关税税率暂设为 0%；进口环节增值税、消费税暂按法定应纳税额的 70% 征收。超过单次限值、累加后超过个人年度限值的单次交易，以及完税价格超过 2000 元限值的单个不可分割商品，均按照一般贸易方式全额征税。需要注意的是，对于跨境零售进口商品，作为一项特殊规定处理，而不同于一般贸易，这里的完税价格是指实际交易价格（包括货物零售价格、运费和保险费）。个人消费者税费标准如表 9-1 所示。

表 9-1　个人消费者税费标准

	未超限额	超过限额
关税	0	关税 = 实际交易价格×关税税率
增值税	增值税 =（实际交易价格）÷（1-消费税税率）×增值税税率×70%	增值税 =（实际交易价格）÷（1-消费税税率）×增值税税率
消费税	消费税 =（实际交易价格）÷（1-消费税税率）×消费税税率×70%	消费税 =（实际交易价格）÷（1-消费税税率）×消费税税率

（4）海关放行后 30 日内未发生退货或修撤单的，代收代缴义务人在放行后第 31 日至第 45 日内向海关办理纳税手续。自海关放行之日起 30 日内退货的，个人可申请退税，并相应调整个人年度交易总额。

（5）根据财关税 2016 年 18 号文件，不属于跨境电子商务零售进口的个人物品以及无法提供交易、支付、物流等电子信息的跨境电子商务零售进口商品，按现行规定执行。这里的按现行规定执行，是指对于无法提供三单比对的进口商品或是非个人自用的物品，征收行邮税。行邮税不是一个独立的税种，是指对旅客行李物品、个人邮递物品以及其他个人自用物品，除另有规定以外，均由海关按照“入境旅客行李物品和个人邮递物品进口税税率表”征收的进口税（包括关税和增值税、消费税）。根据海关总署公告 2010 年第 43 号规定，应征进口税税额在人民币 50 元（含 50 元）以下的，海关予以免征。2019 年 4 月新规出台的同时，行邮税税率相应调整，从原先的 10%、

20%、30%和50%四档税率调整为13%、25%和50%。表9-2所示为非个人自用的物品税。

表9-2 非个人自用的物品税

税目序号	物品名称	税率（%）
1	书报、刊物、教育用影视资料；计算机、视频摄录一体机、数字照相机等信息技术产品；食品、饮料；金银；家具；玩具、游戏品、节日或其他娱乐用品	13
2	运动用品（不含高尔夫球及球具）、钓鱼用品；纺织品及其制成品；电视摄像机及其他电器用具；自行车；税目1、3中未包含的其他商品	20
3	烟、酒；贵重首饰及珠宝玉石；高尔夫球及球具；高档手表；化妆品	50

（6）对于非个人的企业跨境进口商品，按一般进口货物的相关规定征收关税、进口环节增值税与消费税。

3. 境外商家

境外商家不适用于我国境内税法的相关规定。

4. 其他服务提供商

在跨境进口业务中，物流与支付结算是两个关键环节。

物流公司收取的运输费用按“交通运输服务”缴纳增值税，其中，涉及国际运输服务的可适用增值税零税率，如果是以无运输工具承运方式提供国际运输服务的免征增值税。物流公司收取的仓储费用按“物流辅助服务—仓储服务”缴纳增值税，增值税一般纳税人可以选择适用简易计税方法适用征收率3%。

结算公司收取的费用按“金融服务—直接收费金融服务”缴纳增值税。

（二）跨境出口电商

1999年，阿里巴巴实现了跨境出口的互联网化，发展至今，跨境出口电商经历了信息服务、在线交易、全产业链服务三个阶段。预计2017年，跨境电商在进出口贸易总额中的渗透率将达到20%左右，其中跨境出口占跨境贸易的比重在80%以上。根据对象不同，跨境电商可分为B2B、B2C、C2C，根据服务方式的不同，跨境电商可分为第三方开放平台与自营型平台或是两者结合。随着跨境出口电商的发展，物流是跨境出口电商的关键环节，常见的有EMS、中邮小包、TNT、UPS等，为了改善用户体验、降低物流成本，越来越多卖家开始自建或寻找第三方海外仓备货。

对于跨境出口电商，相关主体的税务处理如下。

1. 电商平台

根据电商平台性质的不同、提供服务的差异，电商平台通常涉及下列收入。

（1）平台服务费：跨境出口电商平台一般会收取刊登费（如 eBay）、平台月费（如亚马逊）、技术服务费（如速卖通）等，均需按"信息技术服务—信息系统增值服务"计算缴纳增值税。值得一提的是阿里巴巴的速卖通，自 2016 年 1 月开始，对所有平台按照所属行业，分别收取技术服务费，收取的服务费将按不同的行业以不同的年销售总额来进行返还，对此，速卖通在收到技术服务费时缴纳增值税，当根据销售业绩返还一定比例服务费时，按照《财政部、国家税务总局关于全面推开营业税改征增值税试点的通知》（财税 2016 年 36 号）规定的销售折扣处理，开具增值税红字发票冲减销售收入、增值税销项税额。

（2）成交手续费：跨境出口电商平台会根据各自的业务规则收取不同比例的成交手续费，例如，亚马逊根据不同行业收取不同比例的佣金（如表 9-3 所示），需按"商务辅助服务—经纪代理服务"缴纳增值税。

表 9-3 佣金比例

商品分类	佣金比例
金条、银条	5%
手机通信、数码、数码配件、电脑、办公用品、大家电、个护健康、美容化妆、食品	8%
图书、音乐、服装鞋靴、箱包配饰、运动户外休闲、家居（床上用品、卫浴、厨具、家居装修、园艺、工具）、小家电、玩具、母婴、酒类、乐器、汽车用品、其他	10%
宠物用品、钟表	12%
珠宝首饰	15%

（3）其他。

①需要注意的是，境内商家入驻境外的跨境电商平台出口商品，例如入驻 Wish 平台（跨境电商界的黑马，主打跨境电商平台移动端），平台向境内的单位或个人收取的服务费，属于财税 2016 年 36 号文件第十三条规定的"境外单位或者个人向境内单位或者个人销售完全在境外发生的服务"不征增

值税。

②《国家税务总局关于外贸综合服务企业出口货物退（免）税有关问题的公告》（国家税务总局公告2014年第13号）规定，为国内中小型生产企业出口提供物流、报关、信保、融资、收汇、退税等服务的外贸企业为外贸综合服务企业，该类企业以自营方式出口国内生产企业与境外单位或个人签约的出口货物，符合文件规定的具体条件的，可由外贸综合服务企业按自营出口的规定申报退（免）税。据此，一达通、外综服等B2B平台即可以外贸综合服务平台的身份提供出口贸易服务并申报退免税。

2. 境内商家

（1）根据《财政部、国家税务总局关于跨境电子商务零售出口税收政策的通知》（财税2013年96号）规定，电子商务出口企业出口货物［财政部、国家税务总局明确不予出口退（免）税或免税的货物除外，下同］，同时符合下列条件的，适用增值税、消费税退（免）税政策。

①电子商务出口企业属于增值税一般纳税人，并已向主管税务机关办理出口退（免）税资格认定。

②出口货物取得海关出口货物报关单（出口退税专用），且与海关出口货物报关单电子信息一致。

③出口货物在退（免）税申报期截止之日内收汇。

④电子商务出口企业属于外贸企业的，购进出口货物取得相应的增值税专用发票、消费税专用缴款书（分割单）或海关进口增值税、消费税专用缴款书，且上述凭证有关内容与出口货物报关单（出口退税专用）有关内容相匹配。

（2）根据财税2013年96号规定，不符合上款规定，但同时符合下列条件的，适用增值税、消费税免税政策。

①电子商务出口企业已办理税务登记。

②出口货物取得海关签发的出口货物报关单。

③购进出口货物取得合法有效的进货凭证。

（3）从事一般跨境出口业务（非零售业务），即B2B的境内商家，其向境外销售商品按一般货物出口办理，根据具体情况进行增值税退（免）税。

3. 境外消费者

境外消费者不适用于我国境内税法的相关规定。

4. 其他服务提供商

同“跨境进口电商”部分。

【案例】北京乐可可商贸有限责任公司。

北京乐可可商贸有限责任公司 2017 年入住亚马逊平台后，公司初创工作遇到了很多问题，特别是物流管理工作成为公司经营过程中的最大短板，也因此浪费了不少资金和管理费用，结合实践工作中出现的很多问题，深感经营跨境电商物流管理工作的重要性，那么，如何寻找物流管理工作的缺失和疏漏、如何控制物流成本、如何保证物流高效准时、如何才能有效改善物流工作、如何优化物流工作等系列问题亟待深思和解决。因此，在公司的发展中，跨境物流运营成本的降低，是跨境电商物流管理工作中的重中之重。

回顾公司初创阶段，因为物流原因出现的一些具体问题归纳如下。第一，初涉境外电商，没有选品经验、没有营销经验、不熟悉各大物流公司，不明白国际物流费用很高。所以，在选择产品上，更多地凭个人喜好选择产品，常常疏忽了产品大小、重量，物流公司在计算费用时有两种模式：一种按体积计算，一种按重量计算，不管哪种计算方式，他们会选择对他们最划算的结算方式。为此，前期我们选择的产品经常出现产品体积偏大、超重的情况，当结算物流费用时才发现物流费用超过了产品本身的价格。由于跨境电商平台发货有两种模式：一种是自发货，就是当买家购买货物后我们选择物流公司直接发货给顾客；另一种是发海外仓，平台给顾客配送，就是多产品多数量集中发货到国外的仓库，公司做的亚马逊平台，货件到了海外仓，亚马逊平台每天会按货物所占体积计算收取仓储费，所以，前期选择产品太过随意是造成物流运费、仓储费偏高的最直接原因。然后，对于物流公司的选择，没有做太多考察，没有对物流公司实力做评估，没有严格按合同要求，没有对合作物流公司的具体航线和承载能力进行考核。为此，当圣诞节前期公司批量发货到海外仓后，平时一般最多半个月能到达，但节日期间，物流承载饱和，很多货件运送时间超过 25 天。等公司的圣诞产品到达海外时，顾客已从其他商家那里购买了圣诞产品，为此，本公司发往海外仓的货物出现积压和滞销，无形中增加和浪费了物流费用。所以，管理工作没有计划是导致物流费用增加的间接原因。第二，对突发情况的出现没有评估风险，没有及时与顾客和平台客服沟通。2017 年，北京因为特殊情况全城做消防检查，很多物流公司不让运行，货物到不了北京，也很难出去，当我们的自发货顾客购买了产品，我们延迟了一些时间发货，平台延迟发货率突然增高，顾客到圣诞节收不到产品对店铺进行投诉，因此一度造成平台冻结账户一个多月之久。虽然这个突发情况出现是间接原因，但没有及时有效地去与顾客和平台客服沟通，没有征得顾客的谅解和平台的支持。这是管理疏漏的严重问题。第三，还有一些特殊情况发生，比如货件丢失、个别物流公司没有双清关资格，货件被海关扣留等，出现这些情况没有第一时间及时处理。

以上问题不胜枚举，所有这些问题不只是一家电商所面临和经历的，很多电商都会遇到这样那样类似的问题，往往很多问题都是经历后才会去反思去改进。那么，跨境电商如何解决和改善这些物流问题呢？

第一，在选品上需要注意几点：一是控制好产品包装成本，不要选择体积过大、过重的产品，如果体积偏大，不能太重；如果偏重，体积不能偏大，重量最好不要超过两千克。可以通过包装尺寸标准化。控制装卸搬运成本，批量运输减少次数等，从而达到减少成本的目的。二是不能选择违禁产品，以免被扣押，最好不选择带电产品，很多物流公司没有清关能力，平台也会审核带电产品，有的带电产品海外仓不接收。

第二，企业的管理层做决策一定要把企业发展中的物流运输成本控制上升到战略高度，高度重视物流运输成本控制，提出对策，从整个物流运输的效率、成本、服务等全盘考虑，对接好优秀的物流服务公司，尽可能选择大的物流公司，选择具备专业化、科学化管理信息系统，能够有效地查询和监督物流运程的公司。通过多家公司比较，对其物流运输成本的数据做出分析比较，了解物流运输活动并通过对比分析历史数据，再做出有效调整。同时，一定要多比较几家进行综合评估，价格比较、送货时间周期比较、配送方式比较、合同条款比较，签订合作协议时制订好细则，有约在先，尽量控制好风险，双方达成协议，一切按规则行事。

第三，做好计划，完善成本控制体系，以现代化的理念进行物流运输成本控制。跨境电商没有一套合理完善的成本控制体系，将会变得无序而忙乱，为此，需要提前做好计划，拟定好相应的成本控制计划。首先需要进行好成本核算，做好充分的运输准备，保证货物的包装质量，避免顾客退货，填写正确货物运单等。时时跟踪货物运输情况至货物安全抵达。当货物到达海外仓，要进行统计整理，做到心中有数，等货物销售剩下一定数量后再进行及时补货。不出现断货压货，才能有效控制成本。

第四，发货频率对成本的把握也至关重要。发货的数量控制也是电商企业成本控制的一个非常重要的环节，因为很多电商企业主要做代理销售，自己很少生产，产品从不同的供货商那里批发过来，一般都需要付现款，那么，资金的投入对电商的实力就是一个重要考量，除了货款，货物的起订量和储备需要提前计划和决定。首先需要对供货商做仔细调查，查看公司资质是否是正规经营，参看供货能力和实力，生产厂家所处地域以及供货周期等一系列工作需要协谈，订购产品的数量和价格息息相关，为此，供应商的生产地理位置、供货能力、供货时间等综合能力需要进行充分考核，不能让采购时间太长，发货还需要有保障。由于电商行业讲求时效，加上货物需要发往海外仓，如果补货不及时，就出现断货，一方面资金周转不灵，另一方面原有销售好的产品排名会掉下去，还会影响顾客购物体验，无法满足顾客需要，引发顾客不满，影响品牌或企业形象，并造成客户流失。所以，充足的货源保障非常重要。但是，也不能发过多货物到海外仓，发货太多太频繁，产品在一定的时间内没法及时销售出去，就会造成货物积压、企业资金流动变缓或周转不灵，为此，发货频率和数量多寡对企业物流控制成本也非常重要，各个公司增补货需要结合自身实际情况调节。销售节日产品，一定要提前做好工作计划，安排好时间，选择好物流方式，大量产品可以提前发海运，成本会比空运低很多。遇到特殊情况需要及时与顾客和平台客服沟通，说明情况，请求平台帮助并给顾客合理解释，或者第一时间和顾客商量进行退款让顾客另外选择。

综上所述，在电子商务全球化、市场竞争越来越激烈的时代，跨境电商企业如何优化自身的物流运输体系及控制好物流成本方案，有很多管理工作亟须完善和优化。

第一、选择良好的物流公司，只有物流，才能让商品到达消费者手中，否则，一切经营活动就是一纸空谈。电商活动完成的必要条件和基础靠物流，如何控制好物流运输成本，提高企业资金周转的速度和经营效率，使电商企业更好地发展。需要合作物流公司整体提升技术水平和服务质量，保护好货件提升整体技术水平，把握好物流运用过程中的各个环节，好的物流公司管理的各个环节水平需要科学化，需要满足市场所需，物流和卖家双方才能达到合作共赢、共同繁荣。

第二、企业在选择物流公司时，一定要选择大的物流公司，他们的管理流程化、科学化，往往他们的运营成本还更低。再就是，大的物流公司口碑良好，他们会做好清关报税等问题，货件更有保障，为此，在众多的国际物流企业里，优中选优，挑选出最适合本公司的国际物流公司，需要经过前期合作然后才能判断是否长期合作。目前，国内的阿里巴巴重点推出了国际跨境物流服务，带动了合作伙伴顺丰、申通、圆通等走出国门，开展海外仓仓储以及境外转运，也可供境外电商参考选择，更多地需要多比较多选择。选择好物流公司后，需要建立长期的合作关系，当达到一定数量时，可以和对方谈优惠价格，这和销售中的“薄利多销”一个道理。第三，控制好选品的体积和重量也很关键，当然，不能一味局限产品的大小和体积，因为产品再轻再小，销售不出也没任何意义，对于电商生意好与坏，产品的选择与好坏是重要的前提条件。什么产品容易被市场接受、容易受欢迎，必须明确定位。选择什么产品、选择销售哪个平台和哪个国家等，只有消费者认可了产品，产品才会被购买。再就是，把握好发货频率和数量，各个境外电商企业需要根据企业自身实力去决定。

电商全球化的时代，跨境电商对我国经济的发展起着举足轻重的作用，特别是对90后一代的就业，他们更多选择和喜欢电商平台，他们对潮流和信息化有着敏锐直觉。但对物流成本控制需要进行更多的学习和把握、控制，这是电商经销活动中的关键环节，良好地控制物流成本，能有效地提高公司的效益和市场竞争力，企业的发展才会更加成功！

第二节 跨境电商产品定价①

近几年跨境电子商务发展快速，无论是传统的进出口外贸企业，还是原先做内贸或电子商务的企业，还有一些自主创业的小微企业或个人，都会尝试利用跨境电商来提升自身企业的竞争力或寻找创业的机会。特别是很多个人和小微企业都开展了跨境电子商务，但对产品如何定价的方法和技巧还不是很熟悉，而产品的定价问题又是跨境电商业务能否成功的关键。

一、跨境电商中产品出口的成本与费用

（一）生产企业直接进行跨境电商出口

生产企业直接进行跨境电商出口，即B2B或B2C，生产厂家通过互联网直接向企业或消费者提供产品或服务，流通环节减少甚至到一对一，使销售成本降低。跨境电商产品的批发业务，一般在互联网上报的是FOB价，购买数量有最低起订数量，具体交货条件可以和供货商进一步具体沟通商量。

FOB价格构成和传统外贸类似，（生产或加工成本＋费用＋利润-出口退税）/银行外汇买入价。生产成本是制作商生产某一产品所需的投入，加工成本是加工商对成品或半成品进行加工所需的成本。国内费用项目较多，和传统外贸一样主要有加工整理费用、包装费用、保管费、国内运输费用、证件费用、装船费、银行费用（贴现利息、手续费等）、预计损耗、邮电费等，一般企业会折合成国内费用率进行简单计算。在进行跨境电商时还要计算的费用有自建网站商城或使用跨境平台的费用以及电商运营的费用，可以称之

① 吕宏晶. 跨境电子商务中产品定价的方法与技巧［J］. 对外经贸实务. 2016（2）：69-71.

为跨境电商运营费用。结合外贸业务常常采用的出口成本核算公式，生产企业直接进行跨境电商出口的成本核算：

FOB 价 =（实际成本 + 贷款利息 +出口业务定额费 + 包干费 + 跨境电商运营费用）/（1-银行手续费率-销售利润率）/ 银行外汇买入价

如果客户询问或要求使用 CFR 或 CIF 成交，还要进行价格换算，这里关键是如何确定国际运费和国际保险费。国外运费的计算情况相对复杂，要视具体情况的不同来具体分析。如果成交数量多，要安排出口运输，和传统外贸相同；如果成交数量少，可以走邮政小包或跨境物流；如果在海外建有海外仓，可能先是一般贸易出口再进行海外本地配送。国际保险费因国际运输的不同而相应改变。如果生产企业做的是零售业务即 B2C，可以在批发价格的基础上增加利润率，如果没有海外仓的话，一般国际运输走邮政小包。

（二）个人购进产品通过电商平台出口

在鼓励大众创业的大背景下，很多个人购进产品通过跨境电商平台出口，当然常常采用先有国外订单后购进产品的形式。此时跨境电商产品的价格构成：（采购价+费用+利润）/ 银行外汇买入价。其中，采购价是从产品供应平台或从工厂批发或零购的成本价，可含税，如果能提供增值税发票，可以享受退税。费用主要包括跨境物流运费、交易平台费用，如技术服务费及推广费佣金等，关税（如果用邮政小包等个人物品申报的零售出口一般在出口目的国不用交纳关税）及其他费用。利润指的是合理利润，可以根据跨境电商产品的实际情况、竞争者的价格以及市场变化情况确定合理的利润率。根据出口价格换算原则，再把本国人民币价格折算成外币价格，需要上述之和除以银行外汇买入价，银行外汇买入价可以实时查看各大银行的外汇牌价获得。

二、跨境电商产品的定价

跨境电商产品的定价要考虑的因素有很多，如产品类型（爆款、引流款、利润款）、产品的特质（同质性、异质性、可替代程度）、同行竞品价格水平、店铺本身的市场竞争策略等，最基本的可以采用的定价方法有成本导向定价与竞争导向定价的方法。

（一）成本导向定价法

成本导向定价法比较简单易懂，指在产品单位成本的基础上，加上预期利润作为产品的销售价格。采用成本导向定价方式的关键点：一要准确核算成本，二要确定适当的利润加成率也就是百分比。根据成本价加费用加利润来定产品的销售价格，确定完产品的销售价格后，决定上架价格，要依据营销计划的安排确定。

例如，从1688平台采购或从工厂采购某产品，成本是7元人民币每件，共100件，包装质量为370克（每件的包装重量为25克），国内快递费或运输成本为8元人民币，银行美元买入价按1美元=6.4元人民币计算，假设平台目前的平均毛利润率（15%），还有固定的成交平台的技术服务费或佣金费率5%，及部分订单产生的联盟费用3%~5%。我们可以按以下步骤计算推导。

首先，计算跨境物流费用，查询中国邮政小包价格表，按照第10区运费即最贵的运费报价包邮（价格：176元/kg。挂号费：8元，折扣8.5折），则跨境物流费用为：运费×折扣×计费重量+挂号费=176×0.85×25/1000+8=11.74元人民币。

下一步计算销售价格，销售价格=（采购价+采购运费+跨境物流单位运费）÷（1-平台佣金费率-联盟费用）÷（1-利润率）÷银行外汇买入价=（7+8/100+11.74）÷（1-0.05-0.05）÷（1-0.15）÷6.4=3.844美元/件。其中，5%的联盟佣金或营销费用不是所有订单都会产生，但以5%作为营销费用，较为合理。

其中还可以加入可预知风险，如可能投入的丢包及纠纷损失，如果按邮政小包丢包率1%来算，可以推算出：销售价格=（采购价+采购运费+跨境物流单位运费）÷（1-平台佣金费率-联盟费用-丢包率）÷（1-利润率）÷银行外汇买入价=（7+8/100+11.74）÷（1-0.05-0.05-0.01）÷（1-0.15）÷6.4=3.888美元/件。

（二）竞争导向定价法

竞争导向定价：定价基本依据是市场上同行相互竞争的同类商品的价格，特点是随着同行竞争情况的变化随时来确定和调整其价格水平。如想要了解某商品同行的平均售价，具体做法是：在自己想要进入的跨境电商买家平台搜索产品关键词，按照拟销售产品相关质量属性和销售条件，依照销售量进行大小排序，可以获得销量前10的卖家价格；如果想获得销量前10卖家的平均价格，可以按照销量前10的卖家价格做加权平均，再根据平均售价倒推上架价格。

例如，在全球速卖通买家网页，搜索产品关键词打底裤（leggings），依照销售量进行大小排序，搜索同行竞争卖家的价格，如果搜索到的前10的卖家的价格差别很大，有益的参考价值有限，就需要依据前10的卖家的店铺、销量、价格等计算其价格加权平均数，得到平均售价作参考。这种通过计算权量的定价方法，理论上行得通，实际上应用得不多。

采用竞争导向定价法，更多地要依据商品的差异性和市场变化因素。如果企业商品进入一个新的电商平台，可以参照销售商品十分近似的企业的售价试水，并不是比竞争对手低的价格才是最好的定价。在与同行的同类商品的竞争中，最重要的是不断培育自己商品的新卖点，培育新的顾客群，通过错位竞争和差别化定价方法，才会找到商品最合理的价格定位。按照销量前10 的卖家价格做加权平均。

三、跨境电商产品的定价技巧

网上卖东西与网下有很大的不同，各个电商平台有自己的特点和适应人群、定价区间和策略。而且网上消费者有订货时间、地点分散，商品种类、时效性不同，订货批量不大等特征，经常使用的定价策略有免费策略、差别定价策略、动态订货时间不同定价策略以及联盟定价策略等，在具体运用中，跨境电商产品的价格定位有以下几个技巧。

（一）依据不同电商平台销售相同产品的定价技巧

许多网上产品的价格已经相当透明，为广大卖家所熟知，因而卖家对自己想经营的产品的价格及价格变化，要保存较高的敏感度，要通过对比不同跨境电商平台销售相同产品的价格来定价，这种方法或技巧很简单易用，但是也容易引起问题，如同样的玩具产品，外形式样相同但材质不同，价格差别有的很大，因而买家购买后在不了解的情况下容易引起纠纷。所以，卖家一定要了解某类不同档次产品的市场价格，具体做法可以通过搜索选项找出该产品价格从高到低的排序，并分析产品质量对应价格的情况。如现在想了解打底裤的国际价格，可以在亚马逊、eBay、速卖通上分别搜索，会发现亚马逊平台上的价位高一些，而且在冬季，质地厚、保暖性强的打底裤更畅销，价位也当然要高于春秋季节；如果在跨境电商平台上没有完全找到与自己销售的同质的产品时，可以找同类产品中类似的材质或款式样式产品的价格作为参考；如果所在的电商平台没找到同类同质的产品，可以把利润控制在20%左右，作为定价依据。

（二）依据市场买家不同特点的定价技巧

不同的跨境电商平台所对应的消费群体各有特点，要仔细研究市场买家特点，从而确定不同的产品价格。如跨境电商平台买家是经营网点或实体店的中小批发商，其特点是库存量小、产品订购频繁、产品的专业性不强，一般是同时经营几条产品线，比较注重和在意的是转售利润空间，注重卖家产品的专业性及售后服务质量的高低。根据这类买家的特点，小巧轻便的产品可以打包销售，设置免运费；跨境电商平台卖家的批发价一般要比国外直售单价至少低 30%，低的这部分 30%给买家转售留下了利润空间，又包含其转售产品的基本费用成本。如果跨境买家是个人消费者，定价要稍高；如果是个人定制的产品，价格要更高一些。作为卖方，要重视消费者行为对商品定价的影响，如跨境消费者的上网频率、购买方式、习惯传统及对商品的喜好程度等。

（三）依据卖方企业不同的经营目标的定价技巧

卖方企业的经营目标不同，制订出的价格策略也会不同。比如，在进入跨境电商市场初创时期，经营用户规模比较小，可以采用低价甚至是免费定价策略来快速获得用户、提高流量，采用多种营销手段使访问者转化成潜在的购买者和实际购买者。

如果实行个性化、差别化经营策略，专业化运作的专门出售某类商品的平台或网站，定位明确，有利于吸引大批忠实的消费者，在产品定价方面，可以推出高中低三个价位：低档做引流吸引客户，中档作为赚取利润的主要来源，高档提升总体的品牌质量。比如，推主品牌的同时，推出子品牌或副品牌，彼此不产生品牌形象冲突，可以在大品牌的统领下，推出三个系列，不同系列的产品价格差别很大，用差别定价技巧可以不流失客户，并能赚取更多的利润。

（四）依据物流费用的优惠程度定价的技巧

合理设置运费或跨境物流运费，特别是新手卖家应该给予足够的重视。针对单位价值较低的产品，可以设置免运费，比较容易吸引客户，也便于隐藏高额运费。卖方在上架产品前，应对每个产品进行称重并计算相应的运费，合理设置包装方式，尽量将运费成本降到最低，并让利于买家，会在价格上获得更多的竞争优势，利于产品的销售。卖方一定要提高物流反应速度，提升消费者满意度，选择高质量的第三方物流或在有足够实力的情况下发展自己的物流体系，注重商品需求与退货为随机条件下的逆向物流定价策略，更有利于企业制订更具实效性且符合商品市场实际情况的价格策略，使成本消耗更低和收益更高。

（五）合理运用定价区间的小技巧

进行跨境电商产品定价时，可以合理运用定价小技巧，如同价销售术或分类型同价销售法、价格分割法、非整数法和弧形数字法等。同价销售术或分类型同价销售法，如设置 1 元、10 元、50 元、100 元商品区等；价格分割法，可以采用较小的单位报价或用较小单位商品的价格进行比较两种形式；非整数法，能激发消费者的购买欲望，即把商品的零售价格定成带有零头结尾的非整数的做法，如以每件 1 元的价格销售的商品，价格变成 9 角 8 分；

弧形数字法，用带有弧形线条的数字进行定价，如 5、8、0、3、6 等。

补充阅读材料：速卖通定价策略。

在速卖通里，对排序起着重要影响的两大因素分别是销量以及关键词。而影响销量的最关键因素在于价格，讲价格之前先解释一下几个名词。

上架价格（List Price，LP）：很好理解，即是我们产品在上传的时候所填的价格。

销售价格/折后价（Discount Price，DP）：即产品在店铺折扣下显示的价格。

成交价格（Order Price，OP）：用户在最终下单后所支付的单位价格。

那么，在这几个价格直接的联系是这样的：

销售价格=上架价格×折扣

成交价格=销售价格-营销优惠（满立减、优惠券、卖家手动优惠）

了解了这几个价格的关系，那么我们就可以有针对性地对不同定位的产品采取不一样的定价策略。

1. 狂人策略

研究同行业卖家、同质产品的销售价格，确定行业最低价，以最低价减（5%~15%）为产品销售价格。用销售价格倒推上架价格，不计得失确定成交价。

那么，上架价格又可以两种思路来做：

A. 上架价格=销售价格/（1-15%）；

B. 上架价格=销售价格/（1-30%）。

A 策略成本较高，可以用重金打造爆款，简单、粗暴、有效。但不可持续，风险较大。

B 策略略微保守一些，可以通过后期调整折扣来让销售价格回到正常水平。

两种定价思路都可以在 15%折扣下平出或者略亏，将产品作为引流爆款。

2. 稳重策略

比较稳妥的方式是通过计算产品的成本价，根据成本价+利润来确定产品的销售价格。

产品的销售价格确定后，根据店铺营销的安排，确定上架价格。

例如，产品成本是 3 美元，按照速卖通目前的平均毛利润率（15%），还有固定成交速卖通佣金费率 5%，及部分订单产生的联盟费用 3%~5%。我们可以推导：

销售价格=3 美元÷（1-0.05-0.05）÷（1-0.15）=3.92 美元

再保守点，销售价格=3 美元÷（1-0. 05-0. 05-0. 15）=4 美元

那么，其中 5%的联盟佣金并不是所有订单都会产生，但考虑到部分满立减、店铺优惠券直通车等营销投入，以 5%作为营销费用，基本没有差错。

当然，这其中还可以加入丢包及纠纷损失的投入，按照邮政小包 1%的丢包率来算，又可以得到：

销售价格=3 美元÷（1-0. 05-0. 05-0. 01）÷（1-0. 15）=3. 96 美元

再保守点，销售价格=3 美元÷（1-0. 05-0. 05-0. 15-0. 01）=4. 05 美元

得到销售价格后，我们需要考虑该产品是通过活动或者作为一般款来销售。

假如作为活动款，那么，按照平台通常活动折扣要求 40%来计算：

上架价格=销售价格÷（1-0. 4），平时打 40%折扣，活动最高可以到 50%。

3. 作为一般款销售

上架价格=销售价格÷（1-0. 3），平时打 30%折扣。

建议折扣参数不低于 15%，因为平台大促所要求的折扣是这个数字，不高于 50%，因为折扣过于大了容易产生虚假折扣的嫌疑。而根据速卖通官方的统计，折扣在 30%左右，是买家最钟情的折扣，属于合理预期范围。

对于 50%折扣的活动要求，基于以上定价的模式，基本上相当于平出，不会亏本或者略亏，假如客户购买两个及两个以上，有盈利。

第三节 跨境电商物流成本控制

物流成本控制是根据计划目标，对成本发生和形成的过程以及影响、成本的各种因素和条件施加主动的影响，以保证实现物流成本计划管理的一种行为。从跨境电商企业的生产经营过程来看，成本控制包括成本的事前控制、成本事中控制和事后控制。成本事前控制是整个成本控制活动中最重要的环节，它直接影响以后各作业流程成本的高低。事前成本控制活动主要有跨境物流配送中心的建设控制，物流设施、设备的配备控制，物流作业过程改进控制等。成本的事中控制是对物流作业过程实际劳动耗费的控制，包括设备耗费的控制、人工耗费的控制、劳动工具耗费和其他费用支出的控制等方面。成本的事后控制是通过定期对过去某一段时间成本控制的总结、反馈来控制成本。通过成本控制，可以及时发现存在的问题，采取纠正措施，保证成本

目标的实现①。

物流成本控制是跨境电商物流的核心概念之一，如何计算？与国内的电商物流成本控制有什么区别？这些问题关系到跨境电商物流实践的核算和评价。控制是调节系统能达到预期目标的一切手段。所谓跨境电商物流成本控制是采用特定的理论、方法、制度等对跨境电商企业物流各环节发生的费用进行有效的计划和管理。

跨境电商已经成为我国经济发展的新动力。但是，物流成本占总成本的很大比重，与传统行业相比，物流成本控制问题对于跨境电商企业而言更为重要。跨境电商物流成本优化有助于专业外贸服务升级。与跨境电商贸易过程有关的信息流、商流、物流和资金流呈网状从传统的双边方向向多边方向发展。跨境电商物流系统不够完善、信息技术系统不能满足物流的快速发展、物流市场集中度低、物流局部环节成本偏高等，这些都无形中增加了跨境电商物流成本，影响跨境电商作用的发挥，也会影响到消费者的购物体验。因此，探讨跨境电商物流成本优化问题，具有很强的现实意义。

一、跨境电商物流发展现状②

（一）跨境电商物流多种运作形态并存

邮政国际小包快递占比较大。据统计，中国跨境电商以邮政系统投递的方式进行出口业务的包裹占据整个投递的70%，其中中国邮政占有约50%的份额。虽然邮政网络基本上覆盖了整个世界，但它的传输时间很长，包裹丢失率也很高。

1. 国际快递运输

主要由UPS、FedEx、DHL、TNT四大巨头组成。国际快递速度较快、客户体验好，但其价格昂贵。例如使用UPS从中国寄包裹运送至美国，最快可在48小时内到达。

2. 建立海外仓

卖家先将货物存储到海外仓库，然后根据订单情况再进行货物的分拣、包装以及规模化递送。虽解决了小包裹时代成本高昂、配送周期漫长的问题，但也存在容易压货、运维成本高等问题。

3. 跨境专线物流

此种运作方式一般是通过航空包舱方式将货物运输到国外，再通过合作

① 沈涛．物流企业会计［M］．上海：立信会计出版社，2005.

② 方芳，李慧敏．跨境电商物流成本优化及对策研究［J］．物流科技，2019（2）.

公司进行目的地国的国内派送。这种方法通过规模经济来降低成本，但中国的覆盖范围相对有限，需要扩大覆盖范围。

（二）各平台寻求适合自身的新模式

1. 阿里构建跨境物流体系

自2015年起，阿里巴巴为支撑天猫国际的海外直购服务，借助旗下菜鸟网络开始搭建跨境物流体系，消费者最快可以在一天之内收到海淘包裹。菜鸟网络在与圆通快递合作后，打通了国内—东北亚（韩国）、中国香港地区—内地跨境快件通道，国内部分地区可实现次日达。此外，菜鸟网络还与俄罗斯、新加坡、芬兰等国的当地合作伙伴进行数据对接，开发适合中国用户的快递产品。

2. 京东选择与第三方物流合作

面对跨境电商物流的困境，京东选择了与国际大型第三方物流公司合作，该合作促进了京东跨境电商业务的扩展，现已遍及其他五十多个国家和地区。在国内，京东还在宁波、杭州、广州开设了保税区的口岸服务，为商家解决了备货及仓配问题，缩短了产品运输时间，满足了全球购产品及时配送的需要。

3. 其他平台的模式选择

唯品会、聚美优品等公司为解决跨境电商物流问题，采用自建或合作的方式建立海外仓此外，唯品会、聚美优品等公司还积极与上海、杭州等地保税区合作，尝试跨境保税的模式，以此确保为用户提供更为稳定、更高效的物流服务。

（三）政府重视并引导发展跨境电商物流

建设100个电子商务海外仓是《“互联网+流通”行动计划》提出的计划之一，该计划是商务部于2015年提出的。“扩大跨境电商试点，支持企业建设一批出口产品‘海外仓’”这一举措是在2016年的政府工作报告明确提出的。随着“一带一路”倡议的推进，商务部已形成了一些促进“海外仓”建设的工作思路，降低物流运输成本就是下一步将重点推进的五项工作之一。

二、跨境物流成本控制步骤

跨境电商企业要控制物流成本，要按照以下步骤来逐步实现。

1. 首先了解服务的对象。他们有何需求？如何能以较高的服务水平达到客户的满意？这个很重要，很多时候企业往往会因为降低成本而降低对客户的服务水平，结果成本降低了，企业的销售也降低了，反而导致企业整体成本的上升以至竞争力的消失。因此我们务必首先明确顾客服务要求，这些要求和标准是不允许有所降低的。跨境电商企业面向的客户一般是海外客户，要通过充分的市场调研了解当地市场情况和客户的需求。

2. 要了解物流成本的组成。跨境企业的物流成本一般包括仓储成本、运输成本、信息成本、管理成本，各项成本一定要细化。如仓储成本：一切和仓储活动相关的成本，包括订单成本、货物利息、货物折旧损耗、进货成本、入库成本、拣货成本、配货成本、流通加工成本、搬运成本、仓库各类设施设备折旧、各类人工成本等。运输成本：相关单位运输成本、本单位车辆使用各项成本（保险费、年审费、油费、路桥费、折旧费、维修费、人工费等）、第三方物流平台的服务费用等。信息成本：系统开发摊销费、系统维护费、系统相关设施设备折旧费。管理成本：各类管理人员的人工费用。

3. 了解业务的分布区域以及当前的服务、成本等。货源在哪里？客户在哪里？仓库在哪里？现在是如何服务的？现在的服务情况如何？现在的成本如何？现在的运输方式如何？需要详细了解每一块的情况。了解你的客户在哪里？他们的需求有哪些？需求量如何？客户需求的货源在哪里？对不同的运输方式成本进行比较与分析，对不同的承运商服务、成本进行比较与分析。

4. 考虑按照现在的客户布局，安排最佳的货物流向，分析不同组合的成本与服务情况，确定仓库布局，确定仓库的服务客户，确定商品的流向，确定经济的库存分布，确定最佳的运输方式，确定最佳承运商。

5. 将第四步细化成企业的业务流程与操作规范，同时制订各类监控、分析报表。不断分析客户的需求，安排最佳的库存分布；不断分析成本的变化；不断考核各类承运商的服务水平、成本；做好各类费用的审核。

物流成本的降低是一个不断持续的过程，首先明确要做什么，然后知道会产生哪些费用，之后了解现状，再设计最佳的实现模式，最后加强监控，不断地完善优化。

三、物流成本控制方法

物流成本控制方法包括绝对成本控制法和相对成本控制法。

（一）绝对成本控制

绝对成本控制是把成本支出控制在一个绝对金额以内的成本控制方法。绝对成本控制从节约各种费用支出、杜绝浪费的途径进行物流成本控制，要求把运营过程发生的一切费用支出都列入成本控制范围。标准成本和预算控制是绝对成本控制的主要方法。

（二）相对成本控制

相对成本控制是通过成本与产值、利润、质量和功能等因素的对比分析，寻求在一定制约因素下取得最有经济效益的一种控制方法。

相对成本控制扩大了物流成本控制领域，要求人们在努力降低物流成本的同时，充分注意与成本关系密切的因素，诸如产品结构、项目结构、服务质量水平、质量管理等方面的工作，目的在于提高控制成本支出的效益，即减少单位产品的成本投入，提高整体经济效益。

两种方法对比如表 9-4 所示。

表 9-4　两种方法对比

比较项目	绝对成本控制	相对成本控制
控制对象	成本支出	成本与其他因素的关系
控制目的	降低成本	提高经济效益
控制方法	成本与成本指标之间的比较	成本与非成本指标之间的比较
控制时间	主要在成本发生时或发生后	主要在成本发生前
控制性质	属实施性成本控制	属决策性成本控制

四、跨境电商物流成本控制的措施①

（一）建立供应商优化体系

跨境电商企业要想建立一个良好的供应商优化体系，就要先树立起长远的战略观念，把供应商这一环节纳入企业战略合作的范畴，以此来实现在供应商进货这一物流环节上对物流成本实行控制。在选择供应商和管理方面，跨境电商企业要学会摒弃传统的成本管理思路，从多个维度去考虑问题，构建多维供应商管理体系。可通过经济批量订货，积极洽谈，并同时采取互利的措施督促其提升运输的质量，改进运输方案，通过长期稳定的战略合作关系来实现自身物流成本的控制。

（二）国家政策支持

国家应该出台完善物流基础设施和运营水平的相关政策，跨境电商企业自身也要简化物流环节以及操作流程，简化操作手续，缩短送货时间，积极地协调跨境物流的各个环节，使其形成统一，只有这样，才能够达到节省物流成本、控制物流成本的目的。

① 张瑛杰. 跨境电商物流成本控制的研究［J］. 全国流通经济，2018（33）.

（三）战略成本管理工具应用

跨境电商企业应将战略成本管理视为控制物流成本的一种工具，并将战略成本管理的分析工具运用到解决企业发展中所面临的问题上。战略成本管理是更加科学与全面的一种思想，在国外它的理论已经相当科学和成熟，并且这种思想在竞争激励的企业中的运用尤其广泛，且不论企业的规模是大还是小，均取得了较好的效果，因此，它对于我国发展不成熟、中小企业较多的跨境电商行业也是十分适合的。战略成本管理对环境、价值链等因素都进行了分析，它有效地打破了传统成本管理只局限于会计数据的这一局限性，它能在完善企业成本管理的同时，强化企业的竞争优势，帮助企业突破竞争重围，更加科学有效地控制企业的物流成本，有利于企业的长期发展。

（四）合理避税

通过充分利用国际避税地的方式来进行避税。利用区域内的关税同盟国或在有互惠协定的国家内来实行避税，同时也可以使用自由港，采取转运的方式来实现降低关税的目的。不过，要想采用这些方式来进行避税，一定要充分考虑到转运所节约的关税和因此而带来的运费的增加等因素，要综合这些信息之后再来做出平衡决策。另外，对于那些税收制度较复杂和关税较高的国家，可以选择聘请有经验的清关代理公司的方式来有效地降低企业的物流成本。

（五）与物流平台建立合作关系

跨境电商企业可以和物流平台之间达成友好战略合作。这样有利于促进物流平台主动完善自身的基础设施，使物流平台在运输信息更新方面更加及时、全面，使运输过程也更加透明，使丢货、货损、延误等情况减少，也就会使得跨境电商企业的物流成本降低。同时，这种方式也使物流平台也收获了稳定的客户，是能够使双方互利双赢的一种战略合作。

第四节 本章配套案例

一、跨境电商产品的定价设计

（一）开速卖通涉及哪些费用的问题

1. 进货价；
2. 进货国内运费；

3. 国际运费=（重量×运费单价）×折扣；
4. 海关报关费；
5. 利润=成本×利润率；
6. 平台费（销售额的5%）；
7. 营销活动折扣；
8. 直通车；
9. 联盟；
10. 刷单。

（二）定价公式

价格=国内成本/汇率×定价率/平台费率/（1-活动折扣）
　　=(进货价+国内运费+国际运费+海关报关费）/汇率×（1+实际利润率）/（1-平台费率）/（1-活动折扣）
　　=[进货价+国内运费+（重量×运费单价×折扣）+海关报关费]/汇率×利润率/（1-平台费率）/（1-活动折扣）

（三）实例

一件衣服产品的重量为0.5公斤，进货价40元，运费单价96元/公斤，折扣0.88，海关报关费8元，汇率6.2，利润率20%，平台费率5%，活动折扣30%，产品定价多少？

把常数都代入公式：

价格=国内成本/汇率×定价率/平台费率/（1-活动折扣）
　　=(40+5+96×0.5×0.88+8）/6.2×（1+20%）/（1-5%）/（1-30%）
　　=25.68美元

这个公式的实际含义是，销往俄罗斯，平时以30%的折扣销售，实际利润率是20%。销往欧美，利润率会更高；销往南美，利润率会稍低，在15%的样子。(未包含联盟及直通车)

二、跨境电商节约物流成本的小技巧

1. 慎重选品：首先，卖家在选品的时候就可以把物流考虑进去，因为同等价值的产品，小体积的物流费用会更低，利润率更高，所以在大体积产品和小体积产品之间，卖家应更多地考虑小体积产品。

2. 巧妙设计包装：卖家可以参照集装箱的容积，根据订单数量来设计包装。比如一个纸箱一般装12件，但是一只货柜装不下的话，就可以改成一个纸箱装15件或20件。再根据集装箱内箱尺码设计纸箱的尺码，研究出一种最佳装箱方案，达到一个最理想状态。这样省下来的费用会相当可观。

3. 熟悉运输路线：比如到欧洲港口，虽然多数船公司有基本港和非基本港的区别，但其运费差别最起码也在100 ~200美元之间。但不同船公司的划分会有所差别，了解不同公司的划分情况可以通过选择运输公司争取到基本港的运价。再比如，美国东岸港口的运输方式有全水路和大陆桥两种方式，而二者之间价差有几百美元。如果不赶船期，可以向船公司要求全水路方式。

4. 与物流机构合作，争取折扣：对不同地域、不同平台、不同体量甚至不同品类的卖家而言，每个月各自支出的运费成本有所不同。因此，一方面，卖家可以寻求低收费的物流商进行合作；另一方面，可以基于自身的销量和订单，与物流商签订长期合作协议，并享受运费折扣，基本的折扣都会在9折左右，而淡季时运费的折扣力度可能会达到8.5折。

5. 精心规划头程运输：不同的内陆运输方式有不同的成本，一般来讲，火车运输价格最便宜，但发货、提货手续复杂，适合量大而且不赶交货时间的单。卡车运输最简单，时间快，价钱比火车稍微贵一些，最贵的是在工厂或仓库直接装集装箱，只适合那些不宜多次装卸的易碎品。在FOB条件下，在进行装船前的头程运输安排的时候，在FOB条款下，收费会非常混乱，且无章可循，而且这种收费常常超出当时报价时对运费成本的预算。对此，有以下建议。

（1）和客户确认FOB条款下双方费用的起始，坚持货交到仓库后责任完结，至于仓库到码头的拖车费用、码头费之类全部包含在二程的海运费里面由收货人支付。

（2）在洽谈订单时以CIF条件成交，掌握运输，安排主动权。如果以FOB条件成交，提前与买家指定的运输公司联系，书面确认好所有的费用。这样一方面可以防止货物已出运后运输公司再加收费用；另一方面如果中间有太离谱的地方，可以再和买家商谈，要求更改运输公司或者是要求买家承担某些收费项目。

6. FBA仓库最大程度避免分仓：在同等500公斤货物发往美国洛杉矶的前提下，发往同一个仓库的物流成本是26元/kg，分仓发往不同仓库的物流成本是28元/kg，同一批货物去同一个目的地，物流成本或可节约1000元。

7. 实际发货数量不要太过饱和：卖家在发FBA的时候，实际的发货数量不要太过于饱和，通常发货数量可以控制在95%左右，因为FBA数量的多少实际上有时候决定了这批货物的仓库分配，且发往不同仓库的成本要比集中发往同一个仓库低。

8. 多种物流结合运营：卖家可以尝试将国际物流、海外仓、FBA 三种方式结合运营的方法。如果产品是“爆款”，可以先走国际物流把大批量的产品运到国外，然后部分放入海外仓，部分选择 FBA 入库。而在旺季来临时，可以先将海外仓货物转入 FBA，缩短了 FBA 商品的入库时间，或使用 FBA 上门收货功能，让 FBA 从海外仓提货送达买家手中。

9. 控制发货次数，优化物流计划：对 FBA 卖家来说，如果发货太多，就会容易出现库存积压、额外的长期仓储费，甚至导致资金周转困难；如果发的货太少，又会断货，造成不好的用户体验，影响账号。所以，卖家应该结合产品销量、发货周期、资金成本、发货频率等信息制订一个更有效率的发货计划，这样也能更好地把握成本变化。

10. 产品互相搭配销售：这里有两种做法比较常见，一种是同款产品，多件销售享优惠价，比如 3 件 8 折；另一种是互补性产品，可以推荐客户一起购买，比如卷发棒+气垫发梳。产品相互搭配进行销售，能有效降低 FBA 成本，比如某产品售价 20 美元，卖给了 5 个不同的客户，卖家需要支付 5 次 FBA 运费。但如果这 5 件产品是一个订单，一起销售，卖家只需支付一次 FBA 运费。

11. 选择合适的物流商或者货代：选择物流商，关键还是在于如何选择方便买家、也适合自己的运输方式，对于卖家来说可以按以下原则选择。

（1）安全性好、可跟踪性强，尽量可以让买家随时了解物品运送状态。

（2）时效性好、可控性强。物品需在买家期望的运送时间内送达（通常来说买家期望值随着物品价格升高而提高，如果买家可在当地购得相同商品时，买家期望值也会较高）。

（3）服务好、性价比高。在确保不违反第一、第二原则的前提下选择性价比更高的物流方式。

第五节 本章练习

一、单选题

1. 以下哪一个是 FOB 计算公式？（　　）

A. （产品成本+国内费用-出口退税+利润）/汇率 +海运费

B. （产品成本+国内费用-出口退税+利润）/汇率

C. （产品成本+国内费用-出口退税+利润）/汇率 +保费

D. （产品成本+国内费用-出口退税+利润）/汇率 +海运费+保费

2. 在 CIF 术语下，以下是买方义务的为（　　）。

A. 出口国报关　B. 进口国清关　C. 租船订舱　D. 购买保险

3. 一份完整的报价单包含（　　）。

A. 价格，贸易术语，产品名称，规格，包装，MOQ，付款方式，报价有效期

B. 价格，贸易术语，产品名称

C. 价格，贸易术语，产品名称，规格，包装

D. 价格，贸易术语，产品名称，规格，包装，MOQ，付款方式

4. 客户希望我们找船，把货物运到澳大利亚的悉尼港，但是保险由他们来购买，在这种情况下，我们应该给客户报（　　）价格。

A. CIF Sydney　B. FOB Shanghai　C. CFR Sydney　D. CIF Shanghai

5. 金砖 5 国是指哪 5 个国家？（　　）

A. 中国、欧洲、美国、德国、法国

B. 中国、泰国、俄罗斯、日本、巴西

C. 中国、印尼、俄罗斯、南非、巴西

D. 中国、印度、俄罗斯、南非、巴西

6. 以下报价的基本原则错误的是（　　）。

A. 争取有利交易条件　B. 宁低勿高

C. 知己知彼　D. 有舍有留

7. 在 CIF 术语下，以下是买方义务的是（　　）。

A. 进口国清关　B. 购买保险　C. 出口国报关　D. 租船订舱

二、多选题

1. 如下描述中，正确的是（　　）。

A. CFR＝成本+运费　B. CIF＝成本+运费

C. CFR＝成本+运费+保险费　D. CIF＝成本+运费+保险费

2. 下列组合中，属于外贸业务中蚕食策略应用的是（　　）。

A. 买汽车+装潢、保险　B. 摩托艇+水上安全

C. 价格+支付条件+运输　D. 以上都不对

3. 如下描述中，正确的是（　　）。

A. CFR = 成本+运费　　B. CFR = 成本+运费+保险费

C. CIF = 成本+运费　　D. CIF = 成本+运费+保险费

三、判断题

1. 通过对外贸流程的学习，我们发现在往来磋商阶段主要围绕价格术语和付款方式进行洽谈。(　　)

2. 非价格因素在外贸业务谈判中具有非常重要的地。(　　)

参考文献

［1］宋海英，许琳. 海外仓——电商时代物流业发展的必然趋势［J］. 全国商情（经济理论研究），2015（3）.

［2］孙琳. 中国跨境电商物流现状及对策的研究［J］. 全国流通经济，2018（32）：12-13.

［3］马翠平. 新时代下跨境电商的物流困惑及对策分析［J］. 山东工业技术，2019（2）：245，234.

［4］平文英. 跨境电子商务物流模式创新与发展趋势［J］. 商情，2018（30）：50.

［5］高原. "一带一路"背景下我国跨境电商物流体系的协调发展研究［J］. 商情，2018（1）：42-43.

［6］黄晓梅. 跨境电商 ERP 系统设计与实现［D］. 大连理工大学，2016.

［7］齐二石，田青，宋宁华. 物流系统规划设计方法综述［J］. 天津大学学报（社会科学版），2003（3）：225-228.

［8］张冠男，刘丽艳，王丹. 跨境进口 B2C 电商的库存管理研究［J］. 经济研究导刊，2017（26）：57-58.